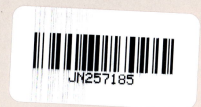

日本の問題を＝解く

◎関 三郎

鳥影社

まえがき

2012年末に発足した安倍首相のアベノミクスにより円安、株高となりデフレ脱却、景気回復の兆しが見えてきました。これは大変良い事です。また2020年の東京オリンピック・パラリンピックが決定されました。これも日本全体を明るくするものであり大変良い事です。しかし、現在の日本は未曽有の危機にあります。平成バブル崩壊後の閉塞感の20年、6年前のリーマンショック、そして3年前の東日本大震災、福島原発事故と大きな不幸が日本を襲いました。更に少子高齢化、膨れ続ける社会保障費、巨額の財政赤字、疲弊する地方、地方の病院の閉鎖、日本企業の世界市場での地盤沈下、更に最近の尖閣諸島や竹島問題など多くの問題があります。現在の日本は過去2000年の日本の歴史の中で最大の危機にあります。日本の問題を解決する事はなによりも急がれます。そのため筆者は本書により日本の問題の解決策を説明します。この詳細は本書で説明します。ここでは読者の皆様が本書を読み易くなるように本書の特徴を説明します。これにより「日本の問題を解く」という題名は大変大きなテーマですが、見通しを持ってお読み頂けると思います。

本書の特徴は3点です。

1番目の特徴は、本書は「問題の原因」と「解決策」に焦点を当てて説明します。多くの読者の皆様は『日本の問題を解く』という題名から「問題に焦点を当てて説明している」と感じていると思います。もちろん「問題」も説明しますが、それが「主」ではありません。「主」に説明するのは「問題の原因」と「解決策」です。この理由は現在の日本は様々な問題がありますが、ほとんどの日本人は日本の問題を理解しているからです。漠然としたものではありますが、ほとんどの日本人は日本の問題を理解しています。しかし、「閉塞感の20年」が示すように課題は「問題の原因」と「解決策」更に日本の進むべき進路、つまり「日本の国家ビジョン」が良く分からない事です。そのため本書はこれらの疑問に直接答えます。これにより「解決策」は日本の問題を解決し、「日本の国家ビジョン」を実現する事をご理解頂けます。

２番目の特徴は、本書は大変ユニークな本です。筆者も今までこのような本を見た事がありません。日本の問題を解くという本を執筆していると、いつのまにかこのような本になっていました。ここには理系・文系の学問のエッセンスと過去2000年の日本と欧米のすべての知識と知見が集約されています。そのため大変ユニークな本です。これを視点を変えて言えば、日本の問題を解くというのは理系・文系の学問のエッセンスと過去2000年の日本と欧米のすべての知識と知見が必要という事です。それだけ日本の問題を解くというのは大変な事であり難しい事です。同様に理系・文系の学問のエッセンスと過去2000年の日本と欧米のすべての知識と知見を簡潔に説明するのも至難の業です。これを説明するのは膨大なページ数を必要とします。

そのため筆者はこれらを要約した「10個の概念」を導きました。
これが、
①「石高主義と蓄積主義」　②「人間の５元徳」
③「思い・考え重視と鶴亀算・方程式の思考パターン」
④「マン→ヒューマン→ミドルクラスの人々」
⑤「真理→原理→テクノロジ・法律・予算・政府」
⑥「個人の尊重が民主主義の要諦」　⑦「価値と原理と手順の統論」
⑧「正義化」　⑨「人間の進歩の方法論」
⑩「賢民賢国」です。
この「10個の概念」により日本の問題を統一的に解きます。これにより読者の皆様も「日本の問題を解ける」と実感できます。

しかし、これらは日本には存在しない言葉です。そのためこれらを分かり易く説明するのは本当に大変でした。ここで筆者に大きな幸運が訪れました。それは昨年、2013 年に解決策の 9 つの実例が現れてきた事です。これには本当に驚き、嬉しく、そして心強く思います。そのため本書の 3 番目の特徴は、これらの実例から解決策を説明します。これにより読者の皆様も容易にご理解頂けます。読者の皆様のご理解とご賛同を得て、解決策が実行され、日本の問題が解決され、日本の国家ビジョンが実現される事をなによりも願っています。

関　三郎

平成 26（2014）年 10 月 8 日

日本の問題を解く

—目次—

日本の問題を解く

1章　本シリーズの概要

本シリーズは「日本の問題を解く」の通り、日本の問題の原因を明らかにし、解決策を説明します。本書は本シリーズの概要を説明します。本書により本シリーズの概要を説明する理由は3つです。

1つは本シリーズは12章で構成され、解決策は最後の12章で説明されるためです。具体的に言えば、本シリーズを執筆し終えた時、本シリーズのページ数は2,100ページ、冊数で言えば5冊でした。そのため解決策を理解する前に4冊を読まなければなりません。これは大変まどろっこしく感じると思います。そのため本書により解決策の概要を説明します。

2番目は「日本の問題は解決できる」と読者の皆様に実感して頂くためです。現在の日本は過去2000年の日本の歴史の中で最大の危機にあります。そのため誰もが言いようのない不安を抱いています。しかし、日本の問題は十分解決できます。是非本書から「日本の問題は解決できる」と実感して頂ければと思います。

3番目は、解決策は大きな影響を与えるためです。一例を挙げれば、新たな教育を実施し、日本国憲法を訂正し、法律や予算の作成方法を改めます。このように大きな影響を与えます。そのため解決策とこれらを導いた知識と知見の妥当性を十分ご理解頂ければと思います。

この中で筆者が最も重視するのが「日本の問題は解決できる」と読者の皆様に実感して頂く事です。そのため本書も一番最初の1.1章で「解決策の要点」を説明します。これを解決策の9つの実例に基づいて説明します。これにより解決策を直感的にご理解頂けます。次に1.2章で解決策を導いた知識と知見を「日本の問題の分析の概要」として説明します。これから「問題の原因」、「解決への道筋」、「解決策の実践知識」を十分ご理解頂けます。これを踏まえて 1.3 章で「日本の問題の概要」を説明し、1.4 章で「解決策の概要」を説明します。これにより「日本の問題は解決できる」と実感して頂けます。では解決策の要点から説明します。

1.1章　解決策の要点

本章は「解決策の要点」を説明します。これを4つの章に分けて説明します。最初に1.1.1章で「日本の問題の解決策と実例と筆者」を紹介します。次に1.1.2章から1.1.6章で「解決策の要点」を説明し、1.1.7章で「日本の問題の解き方」を説明し、1.1.8章で「解決策の本質」を説明し、最後に1.1.9章でこれらを導いた「筆者の52年間の考察」を説明します。これにより「解決策の要点」を体系的にご理解頂けます。

では「日本の問題の解決策と実例と筆者の紹介」から説明します。

1.1.1 章　日本の問題の解決策と実例と筆者の紹介

本章は 1.1 章の最初の章として全体的な紹介をします。最初に日本の問題の解決策を紹介し、次に実例を紹介し、最後に解決策を導いた筆者の略歴と「筆者の 52 年間の考察」を紹介します。これを踏まえて以降の章で実例から解決策を説明します。では最初に「日本の問題の解決策」から紹介します。これを次に示します。

①「郷の道理」から「愛と真理と正義」による「日本人の再生」
②「国家の尊重」から「個人の尊重」による「日本人の成長と進歩」
③「鶴亀算の法律・予算」から「方程式の法律・予算」による「健全国家の確立」
④「官僚的」から「NPM の正義化」による「最適成長国家の実現」
⑤「自然科学」から「サービス科学」による「日本企業と日本経済の再生と成長」

ご覧の通り、この 5 つの解決策により政治、経済、財政、社会保障などのすべての日本の問題を解きます。しかし、お気づきの通り、これらは大変理解し難いと思います。この理由は、日本の問題は大変複雑で難しいため解決するには「新たな概念」が必要なためです。解決策は「新たな概念」により表現されています。そのため大変理解し難いと思います。これを逆に言えば、これらの「新たな概念」が日本に普及、浸透していないため日本は問題を抱えてしまったと言えます。これらの「新たな概念」は次章以降で説明します。

ここでは以降の説明を理解し易くするため解決策の形式と中味の特徴を説明します。解決策の形式の特徴は「何から何による何の実現」という表現にあります。ご覧の通り、5 つの解決策はすべてこの形式で統一されて表現されています。ここで「何から」は「問題の原因」、「何による」は「解決への道筋」、「何の実現」は「解決策の価値」です。要約すると「問題の原因→解決への道筋→解決策の価値」です。この統一された形式で解決策は表現されています。この意味は1.1.7章で説明します。次章以降はこの形式に基づいて説明します。

次に中身の特徴を説明します。これは2つあります。

1つは解決策は現在の問題と将来に対応するものに大別されます。具体的に言えば、1番目から3番目の解決策は現在の問題、4番目と5番目の解決策は欧米の新たな潮流、つまり将来に対応します。これにより解決策を一過性のものではなく永続的なものにする事ができます。

2番目は解決策の表現に関するものです。これは一般的に表現されています。なお、これも理解し難い理由と思います。一般的に表現している理由は、問題の現象に惑わされず、問題の本質を解き明かし、根本的な解決策にするためです。これを正確に言えば、解決策は「各分野の具象化された解決策」を「一般化した抽象化された解決策」になっています。そのため昨年、2013年に現れてきた実例を「各分野の具象化された解決策」として説明できます。またこの説明から、読者の皆様は皆様の問題解決にこれらの解決策を適用できる事をご理解頂けます。

では次に解決策の実例を紹介します。これを次に示します。

解決策	解決策の実例
1番目の解決策	⑴ 1月8日に浜田宏一エール大学名誉教授、現内閣官房参与の出版された『アメリカは日本経済の復活を知っている』という著作
	⑵ 7月17日にシンガーソングライターのさだまさし氏の出版された『風に立つライオン』という著作
	⑶ 11月3日に北岡伸一国際大学長の「外交課題」に関する読売新聞に寄稿された記事
2番目の解決策	⑷ 2月28日の安倍首相の施政方針演説
	⑸ 4月4日に黒田東彦《はるひこ》日銀総裁の発表した新たな金融政策の原理

３番目の解決策　⑹ ４月４日の黒田東彦日銀総裁の新たな金融政策の記者会見

⑺ ９月８日のIOC総会の滝川クリステル女史のプレゼンテーション

⑻ ７月13日に上田正仁東大教授の出版された『東大物理学者が教える「考える力」の鍛え方』という著作

⑼ ８月27日に川村隆経団連副会長、日立製作所会長の「大学改革」に関する読売新聞に寄稿された記事

ご覧の通り、１番目から３番目の解決策には明確に実例があります。最初に筆者の感想を言えば、これらの９つの実例が昨年、2013年に現れてきた事に本当に驚き、嬉しく、また大変心強く思っています。９つの実例は立場は異なれど、日本のリーダーの方々の日本の問題を解決する全身全霊を傾けた努力の結果であり結論です。これは『日本の問題を解く』という本を５年９カ月、執筆してきた筆者としてはなによりも嬉しく思います。また９つの実例から解決策を容易に説明できるようになりました。そのため実例の皆様方には大変感謝しています。なお、４番目と５番目の解決策は先に説明したように欧米の新たな潮流に対応するものです。そのためまだ実例はないので欧米の新たな潮流のポイントを説明し、次に解決策の要点を説明します。

では最後に筆者の略歴とこれらを導いた「筆者の52年間の考察」を紹介します。筆者は国立東京工業高等専門学校で電気工学を学び、卒業後、アメリカのコンピュータ会社の日本IBMに入社しました。37年間勤務し、36年間は研究所で液晶や光磁気ディスク、また経路最適化ソフトウエアやモデリング言語などの研究、開発、マネジメントに携わり、その後１年間はモデリング言語のコンサルタントとして活動し、57才の時に本書を執筆するため37年間のIBM人生を終え定年退職しました。日本IBMに在職していた時の筆者の日本国への貢献を挙げれば、1.1.9章で説明するように、

①「25年程前に通産省に地デジをアドバイス」

②「日本の液晶開発を先導」

③「自動車業界への経路最適化ソフトウエアの啓蒙、普及」

です。そのため４番目として是非本書により日本の問題解決に貢献できればと思っています。

次にもう１つの業績を紹介します。これは５番目の解決策の「解決への道筋」として示されている「サービス科学」です。サービス科学は2005年からIBMが全米の主要大学と共に今後人類が確立する新たな科学として提唱しているものです。同様に筆者も15年間の研究から2005年にサービス科学を発見、定義しました。そのためサービス科学を日本に啓蒙、普及するのが筆者の「使命」と自覚しています。

この略歴から分かるように筆者を文系・理系で言えば、「理系の人間」です。しかし、もう１つの業績として「筆者の52年間の考察」があります。これは12才から63才までの52年間にわたる日本と欧米の過去2000年の歴史の考察です。この動機は子供の頃の「なぜ日本は第二次世界大戦でアメリカに負けたのか」という素朴な疑問です。日本は何が弱かったのか、アメリカは何が強かったのか、そして負けた根本の原因は何かです。そのため日本と欧米の歴史、文化、宗教、科学、政治、経済と学び、20才の時に導いた結論が「石高主義と蓄積主義」です。これは日本人と欧米人の「精神風土」を定義した筆者の言葉です。日本人の「精神風土」が「石高主義」、欧米人の「精神風土」が「蓄積主義」です。「石高主義と蓄積主義」は極めて汎用的な理論です。そのため、なぜ日本はアメリカに負けたのかを説明するだけでなく、「日本の木の文化と欧米の石の文化」、「日本の農耕民族と欧米の狩猟民族」、更にベネディクト女史の「日本人の恥の意識とアメリカ人の罪の意識」も大変整合性良く説明できます。また日本IBMに入社した事は大変幸運でした。37年間のアメリカ人との研究、開発から「石高主義と蓄積主義」を十分検証できました。更に「石高主義と蓄積主義」を発展できた事です。この時の疑問は「文明とは何か、人間とは何か、日本人と欧米人の思考パターンの差は何か、国家・国民とは何か」です。この考察を63才まで継続し、合計23個の結論を導きました。次にこれらを示します。

図１　筆者の52年間の考察の結論

結論	内容	期間
第1期：3才から40才：7個の結論		
(1) 愛と真理と正義の健全な精神	・人間の基本的要件に目覚める	3才から11才
(2) 石高主義と蓄積主義	・日本と欧米の精神風土の定義	12才から20才
(3) 人類のシナリオ	・人類の進歩の道筋の定義	21才から30才
(4) 愛と科学技術と民主主義	・文明の定義	31才から40才
(5) 日本風の理解	・日本の問題の原因の定義	31才から40才
(6) 正義と利益の同時の実現	・人類の経済活動の定義	31才から40才
(7) 真理→原理→テクノロジ	・テクノロジの開発方法の定義	31才から40才
第2期：41才から57才：3個の結論		
(8) 解き方の真理	・普遍的解き方の定義	41才から57才
(9) 思い・考え重視と鶴亀算・方程式の思考パターン	・日本人と欧米人の思考パターンの定義	41才から57才
(10) サービス科学の発見と定義	・新たな科学の発見と定義	41才から57才
第3期：58才から60才：5個の結論		
(11) 人間の5元徳	・愛と真理と勇気と節制と正義の定義	58才から60才
(12) 日本人も欧米人も同じ平等な人間	・人間は平等という真理の定義	58才から60才
(13) 真理の活用	・問題の解き方の基本要件の定義	58才から60才
(14) 郷の道理	・石高主義の悪しき弊害の定義	58才から60才
(15) 賢民賢国	・日本の国家ビジョンの定義	58才から60才
第4期：61才から63才：8個の結論		
(16) 価値と原理と手順の統論	・人間のすべての営みの定義	61才から63才
(17) 真理→原理→テクノロジ・法律・予算・組織	・真理と原理に基づく問題解決の定義	61才から63才
(18) 文明史観	・４つの文明史観の定義	61才から63才
(19) 日本の問題を解く原理	・解明の原理と解決の原理の定義	61才から63才
(20) 正義化	・正義の実践方法の定義	61才から63才
(21) 人間の進歩の方法論	・サービス科学の役割の定義	61才から63才
(22) マン→ヒューマン→ミドルクラスの人々	・人間の成長と進歩の定義	61才から63才
(23) 個人の尊重が民主主義の根幹	・民主主義の要諦の定義	61才から63才

ご覧の通り、23個の結論を導きました。この23個の結論から日本の問題の解決策は導かれています。また前書きで紹介した「理系・文系の学問のエッセンス」と「過去2000年の日本と欧米のすべての知識と知見」とこれらを要約した「10個の概念」も導かれています。2005年に導いたサービス科学もこの１つです。なお、考察期間は自ら学ぼうと思った12才から63才までの52年間としています。これらをどのように導いたかは1.1.9章で説明します。ここでは以降の説明を理解し易くするため３点を説明します。

１つはサービス科学は５番目の解決策として大変重要なものですが、筆者は日本の問題を解き明かす技法としても使用します。これにより日本の「問題の原因」や「解決への道筋」を容易にご理解頂けます。

２番目は「根本原因」を明らかにするため筆者は日本人の思考パターンを欧米人の思考パターンと比較しながら解き明かします。これにより「なるほど、そういう事だったのか」と「根本原因」を理解できます。

3番目は「思考パターン」だけではなく、更に根底にある「精神風土」まで遡って解明します。これにより「根本原因」を十分ご理解頂けます。

これらをすべて前記の9つの実例から説明します。そのため「問題の原因」と「根本原因」また「解決策の妥当性」を十分ご理解頂けます。「精神風土」や「思考パターン」更には新たな科学の「サービス科学」と大変難しく感じられると思いますが、すべて実例と事実に基づいて説明しますので容易にご理解頂けます。

なお、次章の説明の前に2つお断りしておきます。1つは以降の説明では「日本国民」や「日本人」や「日本」という言葉を頻繁に使用します。そのため「筆者は何様か」と感じられるかもしれません。もちろん「筆者は何様」と思っている訳ではありません。この理由は日本の問題を解くため「日本国民・日本人・日本」を客観的に観察するためです。もう1つは、敬称は故人は省略しています。

では「1番目の解決策の要点」から説明します。

1.1.2 章　1 番目の解決策の要点

本章は「1 番目の解決策の要点」を説明します。1 番目の解決策は「郷の道理から愛と真理と正義による日本人の再生」です。これを前章で紹介した⑴「浜田宏一内閣官房参与の著作」、⑵「シンガーソングライターのさだまさし氏の著作」、⑶「北岡伸一国際大学長の記事」から説明します。これを前半と後半に分けて説明します。前半は「解決策の形式」の ①「問題の原因」→ ②「解決への道筋」→ ③「解決策の価値」の 3 つに分けて「解決策の要点」を説明します。後半は ①「問題の原因」の「根本原因」や他の問題例も説明し、次に ②「解決への道筋」の「根拠」と「日本風の理解」を説明します。また更なる原因や筆者の定義する「新たな概念」の言葉を説明します。これから根本原因と解決策の妥当性を十分ご理解頂けます。なお、あらかじめ説明すると ②「解決への道筋」の「日本風の理解」は非常に重要です。これが問題の根本原因と言っても過言ではありません。そのため ②「解決への道筋」の「日本風の理解」も十分説明します。最後に解決策の一例として「カルチャーの市民教育」を説明します。これらの説明順番は 1 番目から 5 番目の解決策すべて同じです。

では ①「問題の原因」から説明します。

これは「郷の道理から愛と真理と正義による日本人の再生」から分かる通り、「郷の道理」です。「郷の道理」は「郷に入っては郷に従え」の「郷の道理」です。「郷の道理」を一般的に言えば、「組織の論理」または「村の論理」です。昨今「郷」は「村」と良く表現されます。次に「郷の論理」を⑴「浜田宏一内閣官房参与の著作」で言えば、「日銀流理論」です。「日銀流理論」は浜田氏が著作で「白川氏（筆者注、日銀総裁）はなぜ日銀流理論に染まってしまったのか」と説明するように「日銀」という「郷の道理」です。この事は「なぜ日銀流理論に染まってしまったのか」という表現からご理解頂けると思います。また浜田氏が「日銀流理論」を「経済学 200 年の常識の無視」と説明するように経済学の「日本風の理解」です。要約すると「日銀流理論」は「日銀」という「郷の道理」であり、また「経済学200年」の「日本風の理解」です。これが日本のデフレの原因でした。この事はアベノミクスにより「日銀流理論」が改められ円安、株高となりデフレ脱却の兆しが見えてきた事からご理解頂けると思います。なお、浜田氏は「アベノミクスの生みの親」です。浜田氏は著作で日本のデフレの原因は「金融政策はデフレに効かない」という「日銀流理論」にあると真正面から批判し、「金融政策はデフレに効く」という「経済学200年の常識」を説明しています。お分かり頂ける通り、浜田氏の著作はアベノミクスの嚆矢《こうし》となるものです。

次に(2)「シンガーソングライターのさだまさし氏の著作」及びこの発端となっている1987年に発表された「風に立つライオン」という歌曲から「郷の道理」を説明します。これをさだ氏は著作で次のように説明しています。「私は日本の医療の傲慢なあり方が不満で日本を出てきた」、「それはおそらくそんな場所で闘わざるを得ない勤務医の親友や、大切な医者仲間の置かれた環境を慮ってのことだと思います」です。お分かり頂ける通り、「日本の医療の傲慢なあり方」は「日銀流理論」と同じく医療という「郷の道理」です。この状況をさだ氏は「風に立つライオンの歌曲」で次のように歌っています。「やはり僕たちの国は 残念だけれど／何か大切な処で 道を間違えたようですね」です。この「何か大切な処で道を間違えた」原因が「郷の道理」と考えています。これをさだ氏は直感的に感じ1987年に「風に立つライオン」という歌曲を発表し、今回の東日本大震災と福島原発事故を契機として「風に立つライオンという小説」にまとめたと考えています。

次に(3)「北岡伸一国際大学長の記事」から「郷の道理」を説明します。なお、浜田氏やさだ氏の著作は「日銀流理論」や「日本の医療の傲慢なあり方」という「郷の道理」に正面から取り組んでいます。それに対して「北岡伸一国際大学長の記事」は「外交課題」が主題であり「郷の道理」を主題とするものではありません。そのため北岡氏の記事は「積極的平和主義」が肝要と説明し、具体的には「日本の安全保障環境が悪化する中で、外交と安保を束ねる基本方針が必要だということで、国家安全保障会議（日本版NSC）を創立した上で、戦略をつくろうということになりました」と説明しています。ここで大変重要なのがこの理由です。記事の冒頭で次のように説明しています。「日本の政策決定の阻害要因となっているのが、縦割り行政です。役人は優秀ですが、所属組織に対する忠誠心が強すぎる。日本が敗戦に至ったのも、陸軍と海軍の対立で、統合された良い政策が取れなかったことが一番の理由です」です。お分かり頂ける通り、「縦割り行政」、「役人の所属組織に対する強い忠誠心」、「陸軍と海軍の対立」は「省益あって国益なし」の「省益」という「郷の道理」です。この「郷の道理」の「縦割り行政」が「日本の政策決定の阻害要因」です。この事から北岡氏も同様な理解、認識を持っている事をご理解頂けると思います。以上から「日銀流理論」や「日本の医療の傲慢なあり方」や「縦割り行政」などの「郷の道理」が「日本の問題の原因」である事をご理解頂けると思います。

次に②「解決への道筋」を説明します。

これは「愛と真理と正義による日本人の再生」の通り、「愛と真理と正義」です。これを浜田氏の著作から「愛」と「真理」と「正義」に分けて説明します。「愛」はアメリカにいても「浜田氏の祖国、日本を愛する心」です。「デフレの日本」を救いたいという「浜田氏の愛」です。これが『アメリカは日本経済の復活を知っている』という著作を生み出した源と考えています。次に「真理」は「金融政策はデフレに効く」という「経済学200年の常識」です。これが浜田氏の日本国民に伝えたい「真理」です。「正義」はこの「真理」を日本国民に伝えるために『アメリカは日本経済の復活を知っている』という本を執筆し出版した事です。これが浜田氏の実践された「正義」です。要約すると「日本を愛する心」から「金融政策はデフレに効く」という「真理」を日本国民に伝えようと本を出版した「正義」です。これが浜田氏の実践された「愛と真理と正義」です。この事は容易にご理解頂けると思います。

次に③「解決策の価値」の「日本人の再生」はアベノミクスにより「日

本人の気持ちが前向きになった事」です。その結果、円安、株高となり多くの企業が赤字から黒字になった事です。また企業経営者が賃上げを表明した事です。日本人、日本企業、日本は元気になった事です。これが「日本人の再生」です。「日本人の再生」という言葉は大変重い印象を与えますが、日本人の気持ちが前向きになった事から容易にご理解頂けると思います。以上から ②「解決への道筋」の「愛と真理と正義」と ③「解決策の価値」の「日本人の再生」をご理解頂けると思います。

次に後半の説明として ①「問題の原因」の「郷の道理」の「根本原因」と他の問題例を説明します。最初に「根本原因」から説明します。これは「思い重視の思考パターン」と考えています。広辞苑で説明するように「思う」は「物事の条理・内容を分別するために心を動かす」です。これは「考える」の「あれこれと思量し、ことを明らかにする」と大きく異なります。「思う」のポイントは「物事の条理・内容を分別する」ために「心を動かす」にあります。これが正しく働けば「思いやり」となり大変良い事です。しかし、マイナス面は「場の雰囲気」そして「組織の論理」を重視し、正論が正論として通らなくなる事です。これが「郷の道理」を生み出し様々な問題を生み出します。これを浜田氏は著作で次のように説明しています。「周りに合わせる。和を乱さない。そして空気を読む。そうしなければ仲間に入れてもらえない……だが問題は業界内の“和”などではないはずだ。こと経済にかんしては、日本の、その国民の将来がかかっているのである。空気を読まず、和を乱してでも、自分が正しいと思ったことを、いうべきときに、はっきりという必要がある」です。お分かり頂ける通り、「周りに合わせる」、「和を乱さない」、「空気を読む」は「思い重視の思考パターン」です。これが「郷の道理」の根本原因です。この事をご理解頂けると思います。

「郷の道理」は日本の社会に広く浸透しています。そのため次に他の問題例を説明します。これは３年前の東日本大震災と福島原発事故です。この原因も「思い重視の思考パターン」から生まれた「郷の道理」そして「日本風の理解」と考えています。最初に「郷の道理」から説明します。これを東日本大震災で言えば、「地球にはマグニチュード９を超える大地震、また20メートルを超える大津波がある」という「地球の真理」を地震学者は「いや日本にはそのような大地震、大津波は起こらない」という「郷の道理」で退けていた事です。また福島原発のある地域は869年の巨大地震である貞観《じょうがん》地震に襲われた「真実」が研究者から指摘されていました。それに対して東電などの原子力関係者は「貞観地震の真実」を「多数意見ではない」という「郷の道理」で退けていました。更に「原子力の安全神話」という「郷の道理」を国民に唱え続けていました。お分かり頂ける通り、「郷の道理」が今回の大災害を招いた原因と考えています。更にもう１つの原因は「学問の日本風の理解」と考えています。「学問の日本風の理解」は「学問の理論を尊重しても真実、真理を軽視する事」です。今回の大災害で言えば、「マグニチュード９を超える大地震、また20メートルを超える大津波がある」という「地球の真理」や「868年の巨大地震」の「貞観地震の真実」を軽視した事です。真理、真実を重んじるのは学問の基本です。学問が正常に機能していれば、今回の大災害を防止または被害を最小限に食い止めていたハズです。しかし、現実は逆です。「郷の道理」が「学問」を排除していました。「学問」はまったく機能しませんでした。これは浜田氏が「日銀流理論」を「経済学200年の常識の無視」と説明するのとまったく同じです。まさに「学問の日本風の理解」も今回の大災害の原因と考えています。更に最近の問題を挙げれば、みずほ銀行の暴力団融資です。この原因は合併しても以前の会社の「郷の道理」が温存されていた事です。これを昨年11月２日(2013年）の読売新聞は次のように報道しています。「これらの不祥事の原因をたどると出身行の事情を優先し、会社全体の利益を後回しにする“旧行意識”に行き着く」です。「出身行の事情」を優先する「旧行意識」はまさに「省益あって国益なし」の「省益」と同じく「郷の道理」です。このように「郷の道理」は「官・民」を問わず様々な分野に存在し、多くの問題を起こしています。そのため「郷の道理」を解決する１番目の解決策は日本の問題解決で最も基本となります。

では次に ②「解決への道筋」の「愛と真理と正義」の「根拠」と「日本

風の理解」また更なる原因や筆者の定義する「新たな概念」の言葉を説明します。最初に「愛と真理と正義」の「根拠」から説明します。これは3つあります。1つは「欧米の近代化」です。1.2.2 章で説明するように筆者は「欧米の近代化」の萌芽は「ルネッサンス：愛」→「宗教裁判：真理」→「市民革命：正義」と考えています。つまり「愛と真理と正義」が「欧米の近代化」の「原動力」と考えています。これから1番目の解決策の「愛と真理と正義」は導かれています。2番目の根拠は 1.1.9 章で説明する筆者の小学生の「愛と真理と正義」の原体験です。これが「愛と真理と正義」の最も基本となっています。3番目は平成 18 年度に改正される前の「教育基本法」です。これは「真理と正義を愛し」つまり「真理と正義を愛する国民を育成する」と定めています。この3つが「愛と真理と正義」の「根拠」です。前2者は 1.1.9 章と 1.2.2 章で説明します。後者の「教育基本法」は次に説明します。では ②「解決への道筋」の「愛と真理と正義」の「日本風の理解」を説明します。前述の通り、平成 18 年度に改正される前の「教育基本法」は「真理と正義を愛し」つまり「真理と正義を愛する国民を育成する」と定めています。しかし、日本人で小学、中学、更に高校、大学を通じて「真理と正義の重要性」を教えられた方はどなたもいないと思います。戦後教育は「教育基本法」の定める「真理と正義の重要性」を教えてきませんでした。これも隠された日本の大きな問題です。これが ②「解決への道筋」の「愛と真理と正義」の「日本風の理解」です。この根本原因は「郷の道理の国、日本」では「真理と正義」は軽視されるからと考えています。この例を挙げれば、「真理や正義」と言えば、「何を青臭い事を言う」と一蹴され、「そのような綺麗事で世の中は生きていけないよ。酸いも甘いも噛み分けていくのが大人であり社会だよ」と逆に諭されます。

更にこれを良く示すのが平成 18 年度の教育基本法の改正です。「真理と正義を愛し」から「真理と正義を希求し」と改正しました。「愛し」から「希求し」への改正です。これも「真理と正義の軽視」を明確に示しています。なお、これに対しても「“愛し”は“男女の愛し”を連想させ、法律の用語としては相応しくなく、むしろ“希求し”の方が、法律用語としては格調があって良い」と感じると思います。まさに「そのように感じた」から文科省の官僚も与野党の国会議員も「愛し」から「希求し」に改めたのだと思います。しかし、「真理と正義」は「希求し」つまり「希望し、求めるもの」ではありません。「愛し」つまり「絶対必要なもの」です。この事は浜田氏の実践された「愛と真理と正義」からご理解頂けると思います。このように ②「解決への道筋」の「愛と真理と正義」には「日本風の理解」があります。これはまた「愛と真理と正義」の実践も同じです。これを一言で言えば、「思いで行動」つまり「目先の利益や自分の都合を優先」です。これを浜田氏の著作で説明すれば、次の通りです。「なぜ、白川氏は“日銀流理論”に染まってしまったのだろうか。組織の中で生きると、無意識の内にそうなってしまうのか。いや、むしろ、そうしなければ、彼が総裁になることは不可能だったのかもしれない」です。お分かり頂ける通り、いささか辛辣に言えば、「日本のデフレの解決」よりも「総裁になりたい」という「思いで行動」です。同様にさだ氏も著作で次のように説明しています。「普通、お医者はね、みんな自分のできるやり方で患者を治そうとするんだね。もっと良い方法や、自分より上手な人がいてもそちらへはなかなか患者を回さない。ここが問題なんだ。ま、保身というと酷過ぎるが、それで良しとするのが日本の医療の現状だよ」です。お分かり頂ける通り、これもいささか辛辣に言えば、「患者の病を治す」よりも「自分の収入を増やしたい」という「思いで行動」です。このように「愛と真理と正義」の実践には「日本風の理解」があります。これが「総裁になりたい」や「自分の収入を増やしたい」という「思いで行動」つまり「目先の利益や自分の都合を優先」です。これも日本の問題の大きな原因です。

このように日本の問題の原因は「思い重視の思考パターン」、「思いで行動」、「郷の道理」、「日本風の理解」と階層構造である事が分かります。そのため筆者は「思考パターン・行動パターン・社会の営み」の３つの階層に分けて原因を解明します。最下層が「思考パターンの原因」です。この例が「思い重視の思考パターン」です。中間層が「行動パターンの原因」、この例が「思いで行動」です。上位層が「社会の営みの原因」、この例が「郷の道理」や「日本風の理解」です。これにより「日本の問題」と「問題の原因」は大変複雑ですが、統一的に解き明かす事ができます。この例を挙げれば、「郷の道理」は「思考パターンの階層」では「思い重視の思考パターン」から生まれる「問題」ですが、「社会の営みの階層」では「日銀流理論」という「問題の原因」となり「日本のデフレ」という「社会の問題」を生み出します。また「郷の道理」は「行動パターン」の「思いで行動」や「社会の営み」の「日本風の理解」などの原因により下支えされています。このように「日本の問題」と「問題の原因」は大変複雑ですが、階層構造により統一的に解き明かす事ができます。

では次に筆者の定義する「新たな概念」の言葉を説明します。これは「マン」と「ヒューマン」です。「マン」は「郷の道理に従う人間」、「ヒューマン」は「愛と真理と正義を実践する人間」です。具体的に言えば、「マン」は「日銀流理論に従っていた人間」それに対して「ヒューマン」は「愛と真理と正義」を実践した浜田氏であり、さだ氏であり、北岡氏です。「マン」と「ヒューマン」とカタカナで表現している理由は適切な日本語がないためです。敢えて訳せば「マン」は「人間」、「ヒューマン」は「真人間」ですが、これでは差が良く分からないと思いますので「マン」と「ヒューマン」を使用します。英語の「マン」、「Man」の意味は「男」ですが、原義は「Mankind」、「人類」から分かるように「動物」に対する「人間」です。また「Officer and men」、「将校と兵隊」から分かるように「命令に従う人間」です。それに対して「人間」の「本性」の「慈悲、愛」を純化させた言葉が「Human」、「ヒューマン」です。そのため筆者は「マン」を「郷の道理に従い欲望のままに生きる人間」それに対して「ヒューマン」を「郷の道理に拘束される事なく愛と真理と正義を実践する人間」と定義します。この定義で先の言葉を言えば、「総裁になりたい」は「出世欲のままに生きる人間」であり、「自分の収入を増やしたい」は「金銭欲のままに生きる人間」です。いささか辛辣ですが、定義に従えば、こうなります。では最後に1番目の解決策の一例として「カルチャーの市民教育」を説明します。これは浜田氏の実践された「愛と真理と正義」と同様に筆者が世界に誇る「聖徳太子・親鸞聖人・二宮金次郎・福沢諭吉・東郷平八郎・永野重雄・松下幸之助」などの偉人の実践された「愛と真理と正義」に基づいて「日本の良さ」を教えます。これにより「郷の道理」に拘束される事なく「愛と真理と正義」を実践する人間を育成できると考えています。これを前述の「マン」と「ヒューマン」で言えば、「郷の道理に従い欲望のままに生きるマン」から「郷の道理に拘束される事なく愛と真理と正義を実践するヒューマン」を育成します。これが「カルチャーの市民教育」の目的です。では次に「2番目の解決策の要点」を説明します。

1.1.3 章　2 番目の解決策の要点

本章は「2 番目の解決策の要点」を説明します。

2 番目の解決策は「国家の尊重から個人の尊重による日本人の成長と進歩」です。これを ⑷「安倍首相の施政方針演説」と ⑸「黒田東彦日銀総裁の発表した新たな金融政策の原理」から説明します。説明の順番は前章と同じです。前半で ①「問題の原因」→ ②「解決への道筋」→ ③「解決策の価値」を実例に基づいて説明します。後半で ①「問題の原因」の「根本原因」と ②「解決への道筋」の「根拠」と「日本風の理解」を説明します。なお、あらかじめ説明すると ②「解決への道筋」は日本人には大変理解し難い概念です。そのため前半では ②「解決への道筋」の概要を説明し、後半の ②「解決への道筋」の「根拠」から ②「解決への道筋」を説明します。具体的に言えば、②「解決への道筋」の「3 つの基本概念」を理解し難い原因も含めて説明します。この時に「日本国憲法第 13 条の個人の尊重」や「日本国憲法の原理」や「日本人の鶴亀算の思考パターン」も説明します。これらも大変難しく感じると思いますが、事実に基づいて分かり易く説明します。これにより ②「解決への道筋」も十分ご理解頂けます。

では ①「問題の原因」から説明します。

これは「国家の尊重から個人の尊重による日本人の成長と進歩」から分かる通り、「国家の尊重」です。「国家の尊重」は、筆者が「個人の尊重」として対比して考え出した言葉です。次にこれを ⑷「安倍首相の施政方針演説」から説明します。最初に「国家の尊重」に関係する言葉から説明します。これは施政方針演説の冒頭で引用している「一身独立して一国独立する」です。この言葉は福沢諭吉が「学問のすすめ」で教えている言葉です。この意味は「国民一人一人が学問を学ぶ事により独立する事ができ、そして世のため人のために貢献する事により国家も独立できる」です。安倍首相がこの言葉を引用した事は 2 つの事を示しています。1 つは現在の日本はまさに「一身独立して一国独立する」が求められている事、もう1つは今までの日本はそうではなかった事です。つまり180度逆の「一国独立して一身独立する」だった事です。次に筆者は「一国独立して一身独立する」を「国家の尊重」それに対して「一身独立して一国独立する」を「個人の尊重」と定義します。なお、明治の日本は欧米の植民地にされる事なく国家として独立する事がなによりも重要でした。そのため「国家の尊重」は歴史の必然です。問題は現在も「国家の尊重」である事です。これが「官尊民卑」など様々な問題を生み出しています。安倍首相の施政方針演説を筆者の言葉で言えば、「国家の尊重」から「個人の尊重」への転換を示すものです。そのため福沢諭吉が明治の時代に「学問のすすめ」で教えた「一身独立して一国独立する」の「個人の尊重」の到来を実感します。

次に ②「解決への道筋」を説明します。これは既にお分かり頂けるように「個人の尊重」です。「個人の尊重」は先に説明したように「国民一人一人が学問を学ぶ事により独立する事ができ、そして世のため人のために貢献する事により国家も独立できる」です。この例を挙げれば、前章で説明した浜田氏であり、更に新たな例が (5)「黒田東彦日銀総裁の発表した新たな金融政策の原理」です。「新たな金融政策の原理」は「日銀が世の中に流し込むお金の量を増やす事」です。これにより市中に出回るお金の量が増え円安、株高となりデフレ脱却の兆しが見えてきました。お分かり頂けるように「個人の尊重」は「郷の道理」に拘束される事なく学問の解き明かした「真理」や「原理」を実践し、社会の問題を解決する事です。これにより③「解決策の価値」の「日本人の成長と進歩」も実現できます。言うまでもなく「閉塞感の20年」は日本、日本人は内向きであり萎縮、縮んでいました。これが「新たな金融政策の原理」により大きく改善されました。このように学問の解き明かした「真理」や「原理」に基づいて社会の問題を解決する事が「個人の尊重」です。なお、ここで読者の皆様は「社会の問題を解決する事が、個人の尊重なの」と疑問を持たれると思います。これは良く分かります。これについては本章の冒頭で説明したように後半で説明します。ここでは1番目の解決策と2番目の解決策のポイントを説明します。1番目の解決策は「社会の問題を解決するため日銀流理論などの郷の道理、つまり誤りを指摘し、次に正しい事、つまり真理を伝える事」、2番目の解決策は「真理に基づく原理により社会の問題を解決する事」とご理解頂ければと思います。

では後半の説明として①「問題の原因」の「国家の尊重」の「根本原因」を説明します。これは2つと考えています。1つは「郷の道理」に基づく「人の分離」です。もう1つは「国家の統治機構の尊重」です。「郷の道理に基づく人の分離」が底辺にあり、次に直接的な原因が「国家の統治機構の尊重」と考えています。最初に「郷の道理」に基づく「人の分離」から説明します。これを分かり易く言えば、「郷の長老」と「長老に従う人間」です。これを浜田氏の著作で説明すれば、次の通りです。「日銀クラブの会見に総裁が出席する時は、記者たちは“起立、礼”をして総裁を迎えていたという、まさに異常な光景というほかない。まるで学校のようだが、日銀総裁と記者との関係は、まさに先生と生徒のように、“教えてあげる”立場と、“教えてもらう”立場となっていた。だから“生徒”である記者は総裁に対して（日銀に対して）へりくだる。記者たちは、日銀から教えてもらわないと記事を書くことができないのである。そんな関係であれば、メディアが日銀を批判することなどありえないのである」です。お分かり頂ける通り、「教えてあげる人間」と「教えてもらう人間」と日本では人を分離します。同様にさだ氏も著作で次のように説明しています。「頼むから、患者が発する“お医者様”っていう卑屈で悲しい言葉の響きを感じられる医師になってくれ……いいか、患者というものがいかに卑屈な思いで“お医者様”を見上げているか、その視線の哀しさを理解しろ……どうしたらこの苦しみを救って頂けるのだろうか、どうすれば気持ちよく治療して頂けるのだろうか。どうか“お医者様”のご機嫌を損ねぬように、と卑屈に気遣っているのをちゃんと感じる心根を持ってくれなかったら、俺はお前らを許さない」です。お分かり頂ける通り、「治す人間」と「治してもらう人間」に分離します。このように日本では医療も日銀も「人」を「分離」します。これはまた北岡氏の説明するように「陸軍と海軍の対立」のように「人」を「分離」します。このように「人の分離」は日本の社会の隅々に存在します。この「人の分離」が「教えてあげる人間＝霞が関の官僚」と「教えてもらう人間＝国民」を生み出し、「国家の尊重」を生み出していると考えています。なお「国家の統治機構の尊重」は後半で説明します。

次に ②「解決への道筋」の「個人の尊重」の「根拠」を説明します。これは３つあります。１番目は「日本国憲法第 13 条」です。なお、本章の冒頭で説明したように ②「解決への道筋」の「個人の尊重」は大変理解し難い概念です。そのため「日本国憲法第 13 条」の源になっている「アメリカ独立宣言」も説明します。「アメリカ独立宣言」が「日本国憲法第 13 条」の源である事は「日本国憲法第 13 条」の「生命、自由及び幸福追求」と「アメリカ独立宣言」の「生命、自由、および幸福の追求」は同一である事からご理解頂けると思います。「アメリカ独立宣言」も適宜説明する事により「個人の尊重」と後半の説明も容易にご理解頂けます。では次に「日本国憲法第 13 条」と「アメリカ独立宣言」と関連する法律を示します。

図２　個人の尊重と真理・原理・正義の重要性

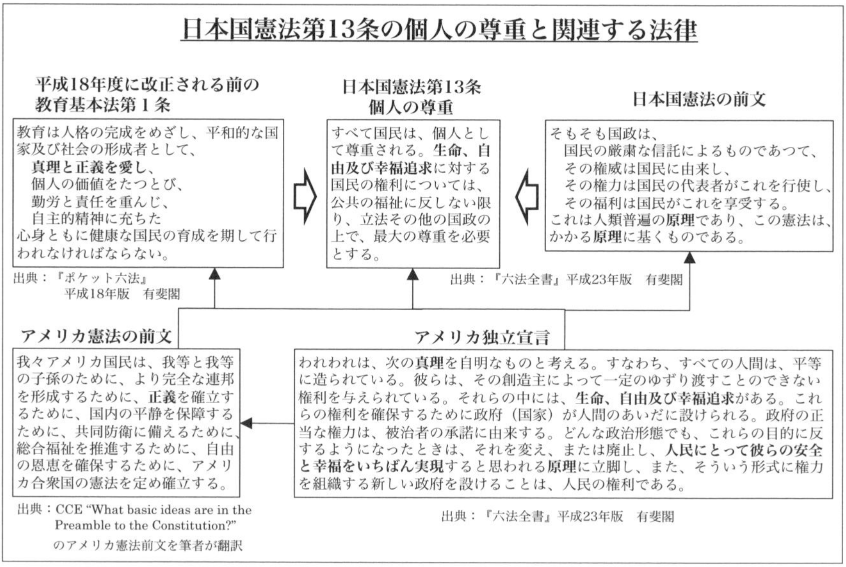

ご覧の通り、「個人の尊重」は「日本国憲法第 13 条」で「すべて国民は、個人として尊重される」と明確に定められています。そのため「日本国憲法」に基づいて 2 番目の解決策を一般的に言えば、「憲法第 13 条」で定められている事を「しっかり実践しましょう」という事です。これは 1 番目の解決策も同じです。図 2 の左上の平成 18 年度に改正される前の「教育基本法第 1 条」には「真理と正義を愛し」と定められています。そのため 1 番目の解決策も「教育基本法」で定められた事を「しっかり実践しましょう」という事です。共に法律で定められている事を「しっかり実践しましょう」という「当たり前」の事です。しかし、前章で説明したように「郷の道理」が「真理と正義を愛し」を妨げています。また本章で説明するように「国家の尊重」が「個人の尊重」を妨げています。「国家の尊重」の底辺にある根本原因は先に説明しました。では、これを解決すれば「個人の尊重」を実現できるのでしょうか。筆者はそうではないと考えています。「国家の尊重」の場合、根本原因は本章の冒頭で説明したように「個人の尊重」は日本人には大変理解し難い事、具体的に言えば、「個人の尊重」の「3 つの基本概念」は大変理解し難い事、また「個人の尊重」や「個人の尊重」に「関連する様々な概念」の「日本風の理解」があるためです。そのため以降はこれらも併せて説明します。

では次に 2 番目の根拠を説明します。これは「欧米の近代化」です。既に説明したように筆者は「欧米の近代化」の萌芽は「ルネッサンス→宗教裁判→市民革命」そしてその中心は「産業革命」と考えています。これを正確に言えば、「ルネッサンス：愛→宗教裁判：真理→市民革命：正義→産業革命：原理」と考えています。お分かり頂ける通り、筆者は「産業革命の要点」は「原理」と考えています。「原理」が「産業革命」を生み出した「原動力」と考えています。次にもう 1 つの「産業革命の要点」は「ミドルクラスの人々」と考えています。「ミドルクラスの人々」は社会の「最下層の人々」でもなく、「国王」でもなく、社会の「中間層の人々」です。この例を挙げれば、福沢諭吉も「学問のすすめ」で説明するように「蒸気機関のワット」や「蒸気機関車のスティーブンソン」です。つまり産業革命は日本のように国家の主導する「国家の尊重」としてなされたのではなく「民」すなわち「ミドルクラスの人々」の主導する「個人の尊重」としてなされました。これが欧米に「個人の尊重」を確立したと考えています。では「産業革命以前」と「産業革命以後」では何が変わったのでしょう。これを理解する事により「個人の尊重」の「根幹となる概念」をご理解頂けます。

そのため次にこの事を「産業革命の要点」の「原理」から説明します。最初に容易に分かる事は「産業革命以前」と「産業革命以後」は「技術」が大きく変わった事です。「産業革命以前」は職人が「過去の経験や勘」から「様々なモノ」を創っていました。それに対して「産業革命以後」は当時誕生しつつあった物理学などの科学の解き明かした「真理」から「原理」を発明し、「蒸気機関」などの「テクノロジ」を創造した事です 。では、なぜこうなったのかと言えば、「圧倒的に優れたモノ」を創れるからです。この代表例が「蒸気機関」です。「蒸気機関」はワットの発明したものと知られていますが、ワットが「蒸気機関」を発明したのではありません。「蒸気機関」はワット以前の職人が経験や勘から発明したものです。ワットの功績は物理学の解き明かした「真理」から、科学的な方法により圧倒的に熱効率の良い「新たな蒸気機関の原理」を発明した事です。具体的に言えば、熱力学の解き明かした「潜熱」という「真理」に基づいて「シリンダー」に「復水器」を加えた「新たな蒸気機関の原理」を発明した事です。これにより「熱効率の問題」は解決され「ワットの蒸気機関」は広く普及しました。ワットが「新たな蒸気機関の原理」を発明できた理由は、大学内に工房を持ち、教授に依頼され実験機材を造る職人だった事です。これがワットに物理学を学ぶ機会を与え「新たな蒸気機関の原理」を発明できたと考えています。お分かり頂けるように「産業革命以前」と「産業革命以後」の差は近代学問の「真理」から「問題」を解決する「原理」を発明し、「テクノロジ」を創造する事です。これが根本的に異なる点です。この要点は「真理→原理→テクノロジ」です。ここで重要なのが「真理→原理→テクノロジ」は「個人の尊重」の「根幹となる概念」である事です。しかし、これも大変理解し難いと思います。

そのため次に筆者がこの事を理解した３番目の根拠を説明します。これは「IBMの企業理念」です。実は「IBMの企業理念」も「個人の尊重」でした。なお、筆者が「個人の尊重」の「意味」を理解したのは入社して13年目です。英語の言葉には日本語に翻訳しても理解できない言葉があります。33才で研究所の管理職となり研修でIBMの創業者の息子の本を読み、初めて「個人の尊重」の「意味」を理解しました。これを一言で言えば、「人間が持てる力、能力を思う存分発揮し、成長、進歩し、幸福を実現する事」です。お分かり頂ける通り、これは「日本国憲法第13条」の「生命、自由及び幸福追求」や「アメリカ独立宣言」の「生命、自由、および幸福の追求」と同じです。また清里高原の「清里開拓の父」と呼ばれるアメリカ人のポール・ラッシュの言葉と大変良く似ています。これは「最善を尽くせ、そうすれば一流になれる」です。これも「IBMの個人の尊重」と大変良く似ています。以上から「個人の尊重」は欧米に広く浸透している事をご理解頂けると思います。なお「IBMの個人の尊重」と福沢諭吉の「一身独立して一国独立する」の同一性は後半で説明します。では「最善を尽くせ」つまり「人間が持てる力、能力を思う存分発揮する」をどう実践するのでしょう。ここで重要なのがIBMのもう１つの言葉です。これは「Think」、「考えよ」です。つまり「良く考え」て「人間が持てる力、能力を思う存分発揮する事」です。では「考える」とは何かと言えば、広辞苑の説明するように「あれこれと思量し、ことを明らかにする」です。次に重要な事は、既に学問には多くの人々の「ことを明らか」にした結論が「真理」として説明されている事です。そのためこれを学び、活用する事は有用です。次に「真理」に基づいて顧客や社会の「問題」を考えると「このようにすれば解決できる」という「原理」を発明でき、新たな「テクノロジ」を創造できます。つまり「真理→原理→テクノロジ」です。これが「IBMの個人の尊重」の「具体的な意味」です。しかし、率直に言って「個人の尊重」から「真理→原理→テクノロジ」を想起できる日本人は極めて稀と思います。このように「個人の尊重」は大変理解し難いものです。

しかし、ここで重要な事は「個人の尊重」の「根幹となる概念」の「真理→原理→テクノロジ」は「法律・予算・政府」も同じである事です。次にこの事を「法律」から説明します。これは図２の右下の「アメリカ独立宣言」の「前半」で「人間は平等という真理」が定められ、「後半」で「人民にとって彼らの安全と幸福をいちばん実現すると思われる原理」が定められている事から、「真理→原理→アメリカ独立宣言」つまり「真理→原理→法律」をご理解頂けると思います。また「人民にとって彼らの安全と幸福をいちばん実現すると思われる原理」から「政府」は立脚します。そのため「真理→原理→政府」もご理解頂けると思います。更に 1.3.3.1 章で説明するようにアメリカ政府の予算も「真理」と「原理」に基づいています。そのため「真理→原理→予算」もご理解頂けると思います。これらをまとめて前書きで紹介した「10 個の概念」の ⑤「真理→原理→テクノロジ・法律・予算・政府」を導いています。この意味は「真理」に基づいて「問題」を解決する「原理」を発明し、「テクノロジ・法律・予算・政府」を創造する事です。これが「個人の尊重」の「1 番目の基本概念」です。そして「近代化の精神」です。「近代化」を示すのが「1776 年」です。ワットが新たな蒸気機関を創ったのは「1776 年」です。またトーマス・ジェファーソンがアメリカ独立宣言を起草したのも「1776 年」です。共に「1776 年」です。そのため筆者は ⑤「真理→原理→テクノロジ・法律・予算・政府」を「近代化の精神」と定義します。しかし、「近代化の精神」は日本では普及していません。この最大の原因は明治以来、日本は「真理→原理→テクノロジ」を発明する「世界の研究所」ではなく、「欧米の発明したテクノロジ」の改良をする「世界の工場」だった事です。これが日本に「近代化の精神」を浸透させなかった最大の要因と考えています。更に本章の冒頭で説明したように「個人の尊重」の「3 つの基本概念」は大変理解し難い事、また「個人の尊重」や「個人の尊重」に「関連する様々な概念」の「日本風の理解」があるためです。

そのため次に ②「解決への道筋」の「個人の尊重」の「日本風の理解」から説明します。これは「人の命は地球よりも重い。個人を尊重するのは当たり前」です。お分かり頂ける通り、これは「人間が持てる力、能力を思う存分発揮し、成長、進歩し、幸福を実現する」の「個人の尊重」ではありません。また「学問の真理を学び、問題を解決する新たな原理を発明し、テクノロジ・法律・予算・政府を創造する」という「近代化の精神」もありません。「人の命は地球よりも重い」は「個人の存在」つまり「個人の尊厳」を重視します。しかし、「個人の尊重」は「本人の努力」を最も重視します。この理由は「幸福」とは与えられるものではないからです。自らの努力によって実現するものだからです。では、なぜ日本人は「個人の尊重」をこのように「日本風に理解」するのでしょう。これは２つの原因があると考えています。１つは１番目の解決策で説明した「思い重視の思考パターン」です。つまり「人の命は地球よりも重い」という「思い」を表現するためと考えています。もう１つは「当初の筆者」のように「個人の尊重」の意味が良く分からないからだと思います。この原因は先に説明したように「個人の尊重」の「３つの基本概念」は大変理解し難い事、また「個人の尊重」に「関連する様々な概念」が「日本風に理解」されているためです。

なお、先に説明したように「個人の尊重」の「３つの基本概念」は大変理解し難いものです。そのため最後に説明し、最初に「個人の尊重」に「関連する様々な概念」の「日本風の理解」から説明します。これは３つあります。具体的に言えば、①「“原理”を“原則”と日本風に理解」、②「“安全と幸福”を“安全と安心”と日本風に理解」、③「“人々の”を“公共の”、つまり“官僚・公務員の”と日本風に理解」です。最初に以降の説明を容易にするため「個人の尊重」の「３つの要点」を説明します。これは「原理→世のため人のため→幸福」です。この意味は「問題」を「原理」により解決し、「世のため人のため」に貢献し、「幸福」を実現する事です。これが「個人の尊重」の「要点」です。ここで「原理」は「近代化の精神」からご理解頂けると思います。次に「世のため人のため」は「福沢諭吉」の「一身独立して一国独立する」からご理解頂けると思います。最後に「幸福」は「IBMの個人の尊重」や「日本国憲法第13条」や「アメリカ独立宣言」からご理解頂けると思います。しかし、大変残念な事は、これらも「日本風に理解」されています。

そのため最初に「原理」に関して、①「“原理”を“原則”と日本風に理解」から説明します。1.3.3.2 章で説明するように日本の法律では「Principle」、「原理」は「原則」と訳され、様々な問題を生み出しています。この一例は「原則禁止、しかし、例外は認める」です。つまり本来絶対護らなければならない「原理」をいとも簡単に変更する事です。では、なぜ「原理」を「原則」と日本風に理解するのでしょう。この原因は1番目の解決策で説明したように「真理」の軽視であり、先に説明した「テクノロジ」の改良であり、更に「日本人の鶴亀算の思考パターン」と考えています。「日本人の鶴亀算の思考パターン」は次章で説明します。ここでは「要点」を次に説明します。これは「自然の変化のメカニズム」の「解明」よりも「自然の変化の兆候」を「鋭い感性によりいち早く察する事」です。つまり「変化のメカニズム」＝「変化の仕組み」＝「原理」の解明よりも「変化の兆候」＝「変化の規則」＝「原則」を重視します。そのため「原理」を「原則」と日本風に理解すると考えています。そして深刻な状況をもたらしています。次にこの事を図2の右上の「日本国憲法の原理」から説明します。「日本国憲法の原理」は「そもそも国政は、国民の厳粛な信託によるものであって、その権威は国民に由来し、その権力は国民の代表者がこれを行使し、その福利は国民がこれを享受する。これは人類普遍の原理であり、この憲法は、かかる原理に基づくものである」です。ここで多くの日本人は「日本国憲法の原理」を「という事を定めた原則」と感じると思います。つまり ①「国政は、国民の厳粛な信託によるもの」と「いう事を定めた原則」と感じると思います。また ②「その権威は国民に由来し」、③「その権力は国民の代表者がこれを行使し」、④「その福利は国民がこれを享受する」も、それぞれ「という事を定めた原則」と感じると思います。しかし、これらは「原理」つまり「実現する仕組み」です。この事は ① から ④ をつながったものと理解するとご理解頂けます。つまり ①「国政は、国民の厳粛な信託によるものである」→ ②「その権威は国民に由来する→ ③「その権力は国民の代表者がこれを行使する」→ ④「その福利は国民がこれを享受する」の通り、「前半の前提」と「後半の主命題」とつながっています。つながっている意味は「実現する仕組み」つまり「原理」です。そのため「日本国憲法の原理」は「原理」です。この事は「日本国憲法の原理」は「アメリカ独立宣言」の「彼らの安全と幸福をいちばん実現すると思われる原理」を「具象化した原理」と理解すると、更に良くご理解頂けると思います。次に「日本国憲法の原理」は２つある事を示します。

図３　日本国憲法の前文の価値と原理

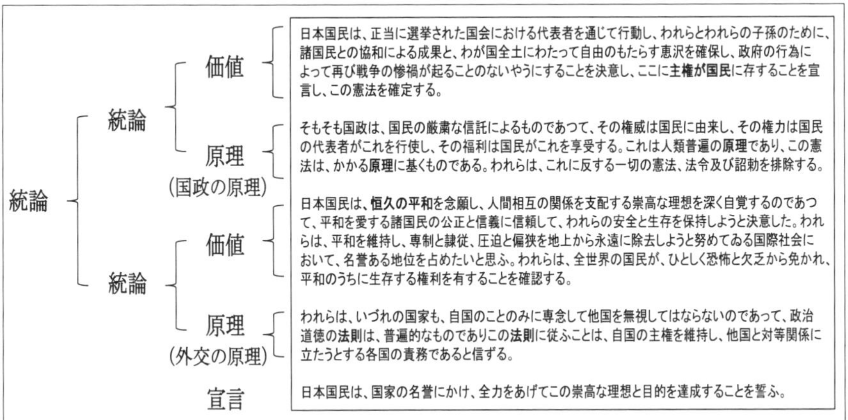

出典：『ポケット六法』平成18年版　有斐閣

ご覧の通り、日本国憲法には前段の「国政の原理」と後段の「外交の原理」と２つあります。先に説明した「日本国憲法の原理」は「国政の原理」です。この「価値」は ③・④の通り、また図３で太字で示すように「国民主権」です。「外交の原理」は「いづれの国家も、自国のことのみに専念して“他国を無視”してはならないのであって」→「政治道徳の法則は、普遍的なものでありこの法則に従ふことは」→「自国の主権を維持し、他国と対等関係に立たうとする各国の責務」の通り、「原理」です。この「価値」は図３で太字で示すように「恒久の平和」です。「恒久の平和」は「他国を無視」して実現できません。これは自明です。「日本国憲法の原理」は度々参照しますので、十分ご記憶頂ければと思います。なお、図３の「統論」は次章で説明します。

次にもう1つ大変深刻な状況を説明します。これは「国家の統治原理」を軽視し、「国家の統治機構」を重視する事です。これが先に紹介した「国家の尊重」の「根本原因」の「国家の統治機構の尊重」です。ここで「国家の統治原理」は「日本国憲法の原理」です。日本国憲法には、前述の通り、「原理」があります。しかし、日本では「日本国憲法の原理」はまったく忘れ去られています。この事は読者の皆様も実感されると思います。多くの読者の皆様は「日本国憲法の原理」と説明され、「えーそんなのあったの。学校で教えてもらってないけど」と感じると思います。戦後教育は民主主義の最も根幹となる「日本国憲法の原理」を教えてきませんでした。これも隠された日本の大きな問題です。この原因は「国家の統治原理」よりも「国家の統治機構」を重視するためです。これは直観的にご理解頂けると思いますが、最も重要なのは「原理」であり「原理」を実行する「機構」ではありません。「機構」は「原理」の次に重要なものです。しかし、日本では逆になっています。「機構」つまり「国家の統治機構」を重視し、「原理」つまり「日本国憲法の原理」は「経済学200年の常識の無視」と同様にまったく無視されています。では、なぜ「原理」を軽視し、「機構」を重視するのでしょう。この根本原因も「日本人の鶴亀算の思考パターン」と考えています。次章で説明するように「日本人の鶴亀算の思考パターン」は「原理」よりも「原理」を実行する「機構」つまり「手順」を重視します。そのため「日本国憲法の原理」よりも「国家の統治機構」という「手順」を重視すると考えています。

しかし、ここで疑問が湧いて来ると思います。それは「原則」が「規則」ならば「原理」の「実現する仕組み」を何によって肩代わりしているのかです。これが「制度」です。日本では「制度」が「原理」の代わりを果たします。次に「制度」の問題を説明すると、「原理」が明らかにされないため「制度」の元になる「法律」を作成した官僚が「最終判断者」となる事です。これが1.3.3.1章で説明するように「官僚・公務員の尊重」となり「官尊民卑」などの問題を生み出します。しかし、「制度」からこのような「問題」が生まれているという理解、認識は日本にはまったくないと思います。そうではなく「制度」は「国民皆保険制度」や「社会保障制度」のように社会の「安全と安心」を支える「最も重要な根幹」と理解、認識されていると思います。しかし、この前提となっている「安全と安心」がそもそも「日本風の理解」です。

そのため次に「幸福」に関して、②「“安全と幸福”を“安全と安心”と日本風に理解」を説明します。最初に「安全と幸福」の根拠を示すと、日本国憲法第13条の「生命、自由及び幸福追求に対する国民の権利」とアメリカ独立宣言の「安全と幸福をいちばん実現すると思われる原理」です。しかし、大変残念な事は「安全と幸福」も「安全と安心」と日本風に理解されています。言うまでもなく「安心」は国家権力という大きな力によって保障されるものです。しかし、重要な事は国家権力の大きな力に安住する事ではなく、自らの努力によって「幸福」を実現する事です。これが「個人の尊重」です。では「幸福」をどのように実現するのでしょう。これは日本のデフレを解決するために、浜田氏が「真理」を伝えた事であり、黒田氏が「真理」に基づく「原理」を実践した事です。つまり「真理」や「原理」に基づいて社会の問題を解決する事です。これにより人々から感謝され「幸福」を実現できます。しかし、この説明に対しても、先に説明したように疑問が浮かぶと思います。それは「個人の尊重って、自分がしたい事をするんじゃないの？　社会の問題を解決する事が個人の尊重って、矛盾するんじゃないの？」と感じると思います。これは良く分かります。しかし、「個人の尊重」は「自分がしたい事をする」のではありません。これは「IBMの個人の尊重」も同じです。「IBM」で「個人がしたい事をする」のではありません。先に説明したように「顧客の問題」を学問の「真理」に基づいて解決する「原理」を発明し、テクノロジとして開発、提供し、顧客から評価される事です。これが「IBMの個人の尊重」です。しかし、この説明に対しても「えーそうなの。なんだか個人の尊重って、よく分からない」と感じてくると思います。これに答えるには「個人の尊重」以前に「個人」、「Individual」そして「その集合体」としての「人々」、「People」、更に「人々の」の英語の「Public」を正確に理解する事が必要です。

そのため次に「世のため人のため」に関して、「Public」の ③「“人々の”を“公共の”、つまり“官僚・公務員の”と日本風に理解」を説明し、次に「人々」と「個人」を説明します。最初に「Public」の訳語を説明すると「公共の」です。しかし、「Public」の英語の意味は「人々の」です。この事はイギリスの「公家」から明らかです。イギリスにも日本と同様に「公家」があります。これは居酒屋の「パブ」です。イギリスの「パブ」の正式な名前は「Public House」、「パブリック・ハウス」つまり「公家」です。お分かり頂ける通り、「公共の」と言っても、日本とイギリスは意味が大きく異なります。日本の「公家」は朝廷に仕える「貴族」です。それに対してイギリスの「公家」は「パブ」つまり「人々の」集まる「居酒屋」です。これから「Public」は「人々の」をご理解頂けると思います。なお、更に正確に説明すれば、アメリカの辞書の Webster（以降、Webster と略）の「Public」の最初の意味は「of people」です。「of」は、ご存じの通り、「何々の」という前置詞です。「people」は「人々」です。そのため「of people」は「人々の」です。これから「人々の」をご理解頂けると思います。次に「Public」を「公共の」と訳した時の問題を説明します。これは「市の、県の、国の」と「日本風に理解」されます。つまり「公共の公園・道路・橋・ダム」は「“人々の”公園・道路・橋・ダム」ではなく「“市・県・国の”所有物」つまり「“市・県・国の”公園・道路・橋・ダム」と理解され、「市・県・国の」は「市・県・国を支える“官僚や公務員の”」と理解され、最後は「官僚・公務員の」と理解されます。つまり「Public」の「人々の」という意味は「官僚・公務員の」と逆の意味に理解されます。

では、これはどのような問題を生み出すのでしょう。これはまさに「個人の尊重」を定める「日本国憲法第 13 条」の「日本風の理解」です。次にこれを図 2 から抜粋して示します。これは「すべて国民は、個人として尊重される。生命、自由及び幸福追求に対する国民の権利については、公共の福祉に反しない限り、立法その他の国政の上で、最大の尊重を必要とする」です。気づかれたと思いますが「公共の福祉に反しない限り」の「公共の」

は、アメリカの策定した日本国憲法の英文では「Public」という言葉が使用されています。これを「公共の」と訳しています。ではこの問題は何でしょう。これは「公共の福祉に反しない限り」は「官僚・公務員の福祉に反しない限り」と日本風に理解され、更に「官僚・公務員の考える福祉に反しない限り」また「福祉」は省略され「官僚・公務員の考えに反しない限り」と日本風に理解される事です。つまり「個人の尊重」は「官僚・公務員の考え」に「反しない範囲」で認められると「日本風に理解」されてしまう事です。そのため「個人の尊重」よりも「官僚・公務員」が「上」つまり「国家の尊重」が「上」になってしまう事です。すなわち「個人の尊重」を定める「日本国憲法第 13 条」に「国家の尊重」が表現されている事になります。これを解決するには 1.3.3.1 章で説明するように英文を正しく訳して「人々の幸福な状態を妨げない限り」と改める事が必要です。「人々の幸福な状態を妨げない限り」を分かり易く言えば、「人に迷惑をかけない」です。そして大変驚きますが、福沢諭吉も「学問のすすめ」で「一身独立する」とは「人に迷惑をかけない」と説明しています。福沢諭吉の慧眼《けいがん》には敬服します。では、なぜ「人々の」を「官僚・公務員の」と「日本風に理解」するのでしょう。この原因は「Public」の元になっている「People」、「人々」や「People」を構成する「Individual」、「個人」の概念が日本には浸透していないためです。

そのため次に「People」、「人々」と「Individual」、「個人」を説明します。これを「One for all, all for one」、「一人は全員のために、全員は一人のために」から説明します。なお、この言葉はラグビーの精神を表現する言葉です。ここで「all」に対応するのが「People」、「人々」です。では「One」に対応する言葉は何でしょう。これが「Individual」、「個人」です。つまり「“Individual”、“個人”は“People”、“人々”の“一員”」です。これから先程の「人に迷惑をかけない」も良く分かると思います。「個人」は「幸福」を「追求」しても良いが「“人々”の“一員”」であり「人々に迷惑をかけてはいけない」という事です。つまり「個人」、「Individual」という概念には「People」、「人々」の「一員」という意味があります。次に重要な事は「一人は全員のために」が「社会の問題を解決する事」であり、福沢諭吉の「一身独立して一国独立する」の「世のため人のため」です。これから福沢諭吉の「一身独立して一国独立する」と「個人の尊重」とは同一である事をご理解頂けると思います。お分かり頂けるように「一人は全員のために、全員は一人のために」が「個人の尊重」の「2番目の基本概念」です。では「個人」から構成される「人々」を統合するのは何でしょう。これが「真理」と「原理」です。つまり「個人」が「真理」や「原理」を共有する事により「人々」として統合でき一国独立できます。これが「個人の尊重」の「3番目の基本概念」です。そのため図2のようにアメリカ独立宣言には「真理」と「原理」が定められ、日本国憲法には「原理」が定められています。

お分かり頂けるように「個人の尊重」には大変深い意味があります。これを要約すると ①「真理→原理→テクノロジ・法律・予算・政府」、②「一人は全員のために、全員は一人のために」、③「個人・人々が真理・原理を共有する事により国家として統合できる」です。これが「個人の尊重」の「3つの基本概念」です。この中で最も重要なのが ①「真理→原理→テクノロジ・法律・予算・政府」の「近代化の精神」です。これが「産業革命」そして「アメリカ」を生み出したと言っても過言ではないと考えています。しかし、率直に言って「個人の尊重」の「3つの基本概念」は大変理解し難いと思います。そのため今までの説明を要約する形で、この理由を説明します。①「真理→原理→テクノロジ・法律・予算・政府」の理解し難い理由は、前述の通り、「原理」を軽視する「鶴亀算の思考パターン」です。この事は今までの説明から容易にご理解頂けると思います。

次に ②「一人は全員のために、全員は一人のために」つまり「個人は人々の一員」の理解し難い理由は、日本には「家族」という意識はあっても「個人」や「人々」という意識が希薄なためです。この根本原因は本シリーズで説明するように「過去数千年間、我が田で生計を営んできた石高主義の悪しき弊害」と考えています。これを良く示すのが、テレビドラマでは「お父さんは家族のために一生懸命頑張った」という文言が「あたかも正論」のように繰り返される事です。福沢諭吉は「学問のすすめ」で「家族のためだけに働くならば蟻の家族と同じ」と説明しています。もし、福沢諭吉がこの台詞を聞けば「それでは、蟻の家族と同じ」と言うでしょう。言うまでもなく、人間は「蟻」ではありません。「世のため人のため」に働くのが人間です。これが「一身独立して一国独立する」の「個人の尊重」です。これをさだ氏の「風に立つライオン」の歌詞で言えば、「あなたや日本を捨てたわけではなく／僕は「現在」を生きることに 思い上がりたくないのです／空を切り裂いて 落下する滝のように僕はよどみない 生命を生きたい／キリマンジャロの白い雪 それを支える紺碧の空／僕は風に向かって立つライオンでありたい」です。これを筆者の言葉で言えば、「家族のため・総裁になりたい・自分の収入を増やしたい」という「現在を生きることに思い上がりたくない」です。「世のため人のため」に生きるのが「よどみない生命」であり「風に立つライオン」です。これが浸透しなかった原因は「我が田で生計を営んできた石高主義の悪しき弊害」と考えています。これを一般的に言えば、「日本人の公共精神の低さ」であり「イギリス人などの公共精神の高さ」です。そして「我が田で生計を営んできた石高主義の悪しき弊害」が「個人」や「人々」を日本に醸成しなかったと考えています。最後に③「個人・人々が真理・原理を共有する事により国家として統合できる」の理解し難い理由は、①と②のためと考えています。

お分かり頂けるように「個人の尊重」は日本人には大変理解し難い概念です。そのため「個人の尊重」を実現するのは大変困難と考えられます。しかし、筆者が大変嬉しく思うのは昨年「日本のデフレ」を解決するため浜田氏が「真理」を伝え、黒田氏が「原理」を実践した事です。そして安倍首相が施政方針演説で「一身独立して一国独立する」を国民に呼び掛けた事です。そのため「国家の尊重」から「個人の尊重」へ十分転換できると考えています。この事は読者の皆様にも十分ご理解頂けると思います。では最後に2番目の解決策の一例として「シビライゼーションの市民教育」を説明します。これは「個人の尊重」を定める「日本国憲法第13条」や「真理・原理」に基づく「近代化の精神」などの「個人の尊重」の「3つの基本概念」や

「日本国憲法の原理」更に「民主主義の基本概念」などを教えます。これを1.2.5章で説明するアメリカの市民教育に基づいて行います。これにより1番目の解決策のカルチャーの市民教育により「マン」から「ヒューマン」に育成した人々を「原理」により社会の問題を解決する「ミドルクラスの人々」の母体となる「市民」へ育成し、「個人の尊重」を実現できると考えています。では次に「3番目の解決策の要点」を説明します。

1.1.4 章　3 番目の解決策の要点

本章は「3 番目の解決策の要点」を説明します。3 番目の解決策は「鶴亀算の法律・予算から方程式の法律・予算による健全国家の確立」です。これを ⑹「黒田東彦日銀総裁の記者会見」、⑺「滝川クリステル女史のプレゼンテーション」、⑻「上田正仁東大教授の著作」、⑼「川村隆経団連副会長、日立製作所会長の記事」から説明します。①「問題の原因」は「鶴亀算の法律・予算」、②「解決への道筋」は「方程式の法律・予算」、③「解決策の価値」は「健全国家の確立」です。

前半は ②「解決への道筋」の「方程式の法律・予算」の基本概念となる「価値と原理と手順の統論」及び欧米人と日本人の思考パターンを説明します。次に日本の法律と ①「問題の原因」の「鶴亀算の法律・予算」と ②「解決への道筋」の「方程式の法律・予算」を説明します。最後に ③「解決策の価値」の「健全国家の確立」と ②「解決への道筋」を前記の実例から説明します。

後半は ①「問題の原因」の「根本原因」と ②「解決への道筋」の「根拠」と「日本風の理解」を説明します。

では ②「解決への道筋」の「方程式の法律・予算」の基本概念となる「価値と原理と手順の統論」を次の図に基づいて説明します。

図４　日本国憲法と方程式の類似性

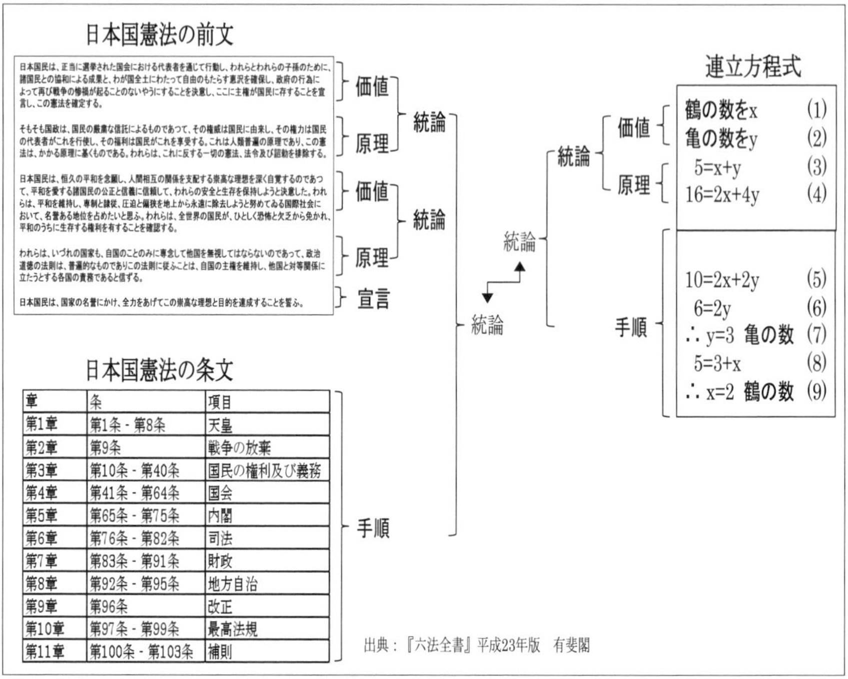

章	条	項目
第1章	第1条 - 第8条	天皇
第2章	第9条	戦争の放棄
第3章	第10条 - 第40条	国民の権利及び義務
第4章	第41条 - 第64条	国会
第5章	第65条 - 第75条	内閣
第6章	第76条 - 第82条	司法
第7章	第83条 - 第91条	財政
第8章	第92条 - 第95条	地方自治
第9章	第96条	改正
第10章	第97条 - 第99条	最高法規
第11章	第100条 - 第103条	補則

ご覧の通り、これは日本国憲法と方程式の両者の類似性を示したものです。これが「価値と原理と手順の統論」です。日本国憲法の「前文」には前章で説明したように「価値」と「原理」が定められ、次に「条文」には「原理」を実行する「手順」が第１条から第 103 条に定められています。なお、このような説明は「初めて聞く」と感じると思いますが、これはそのように説明されれば、容易にご理解頂けると思います。これは連立方程式も同じです。「鶴や亀の数を x や y と定義」する (1) や (2)式を、一般的に言えば、「求める数の定義」つまり「価値」です。次に (3)式や (4)式の連立方程式を、一般的に言えば、「問題を解く原理」つまり「原理」です。この「原理」を実行する「手順」が (5) から (9)式の計算です。そのため連立方程式も一般的に定義すれば、「価値と原理と手順の統論」です。なお、ここで「統論」という言葉が出てきますが、これは後半で説明します。「連立方程式のこのような説明も初めて聞く」と感じると思いますが、これもそのように説明されれ

ば、容易にご理解頂けると思います。なお、これは筆者が「日本国憲法」や「連立方程式」をサービス科学したものです。更に文系と理系の学問、更に欧米人の思考パターンをサービス科学した結論です。これを学問で説明すれば、すべての学問には人間の問題を解決する「価値」があり、価値を実現する「原理」があり、原理を実行する具体的で技術的な「手順」があるという意味です。これは後半で説明するプレゼンテーションや次章で説明するプロジェクト・マネジメント、また5番目の解決策で説明する「方法論」も同じです。これらもすべて「価値と原理と手順の統論」に基づいています。これが先にサービス科学を日本の問題解決の技法として使用すると説明した事です。サービス科学は1.1.6章と1.2.8.2章で説明します。ここでは学問も含めて「人間の営み」を科学する、つまり「人間の営み」に真理、法則性を見出すのがサービス科学とご理解頂ければと思います。お分かり頂けるように欧米人の思考パターンは「価値と原理と手順の統論」に基づいています。

それに対して「日本人の鶴亀算の思考パターン」は大きく異なります。次にこの事を「鶴亀算」から説明します。最初に容易に分かる事は「鶴亀算」には「求める数の定義」や「連立方程式を導く事」がない事です。つまり「価値と原理」が明示されません。そうではなく答えを求める「計算」という「手順」が解答用紙に記述されます。次に「鶴亀算」にも「求める数の定義の価値」と「問題を解く原理」に相当する「解き方」はあります。しかし、これは解答者の頭の中にあるだけです。外部には示されません。つまり「鶴亀算」の特徴は「価値と原理」を明かさず「手順」のみを明かします。これが「日本人の鶴亀算の思考パターン」の特徴です。更にもう1歩踏み込んで説明すれば、「鶴亀算」では計算の時に常に「鶴亀」という「実体」を意識して「計算」します。具体的に言えば、「鶴と亀を入れ替えれば、足の数はどうなるか」と考える事です。しかし、人間は同時に2つの事を考えるのは苦手です。また常に「実体」に関する情報を記憶し、計算の途中で使用します。そのため鶴亀算は本質的に複雑な方法です。それに対して「連立方程式」は「求める数をxやyと定義」した後はすべて「数」という「抽象化された概念」で問題を解きます。そのため「計算」に集中できます。また「実体」に関する情報、つまり「鶴亀の専門知識」も連立方程式に組み込まれているため計算の途中で必要ありません。そのため理解、実行し易いやり方です。これから「鶴亀算」の短所を言えば、「第３者が理解し難い事」、「複雑」、「専門知識が途中で必要」です。これらを一言で言えば、「第３者が理解し難い事」です。これが「日本人の鶴亀算の思考パターン」から生じる「問題の本質」です。そして３番目の解決策で説明する日本の法律や予算の問題の本質です。また「第３者が理解し難い事」つまり「価値と原理を明かさない事」が「教えてあげる人間」と「教えてもらう人間」すなわち「郷の長老」と「長老に従う人間」を生み出します。

またこのように理解できると「日本人の鶴亀算の思考パターン」からもう１つ大変重要な事が分かります。それは、日本人は物事の本質を見抜く「抽象化」が大変苦手という事です。この事は前述の日本人は抽象化しない「実体」で問題を解く事からご理解頂けると思います。それに対して欧米人は「抽象化」が大変上手です。この事も前述の抽象化された「数」という概念で問題を解く事からご理解頂けると思います。これは日本の問題を解く時に大変重要な意味があります。具体的に言えば、２つの意味があります。１つは、１番目の解決策で説明した浜田氏の「日銀流理論は経済学200年の常識の無視」と喝破、つまり本質を見抜いた「抽象化」です。これにより「日銀流理論」は改められました。このように「抽象化」は問題を解く上で非常に重要です。２番目は、日本人は「抽象化」が苦手なため「問題の実体」つまり「問題の現象」に目を奪われ一時的な対応となり、根本的な解決策とはならない事です。そのため筆者は、前述の通り、すべての学問を抽象化した「価値と原理と手順の統論」に基づいて問題を解きます。これにより「鶴亀算の思考パターン」から生じる「複雑な問題」も十分解明できます。なお、以降の説明では「価値と原理と手順の統論」に焦点を当てて説明しますが、この元になる「抽象化」の重要性もご記憶頂ければと思います。

では次に「価値と原理と手順の統論」に基づいて「日本の法律や予算」を説明します。これは既に推察できると思います。「日本の法律や予算」は「価値と原理」は明かさず「手順」のみを明かします。具体的に言えば、日本の法律は「目的や理念」などを定めた「総則」と国、都道府県、国民の役割を克明に定めた「手順」から構成されます。つまり「日本の法律」を喝破、抽象化すれば「総則＋手順」です。ここで問題は「総則」が大変あいまいである事です。これを一般的に言えば、「美辞麗句の霞ヶ関文学」です。これは「価値と原理」が大変あいまいです。それに対して「手順」を詳細に定めます。しかし、第３者の国民に大変理解し難いものです。言うまでもなく、人間は「手順」を詳細に説明されても理解できません。これは頭の良い、悪いは関係ありません。物事を理解する上で必要なのは、「なぜ」を説明する「価値」と「勘所」の「原理」です。これを説明されれば容易に理解できます。しかし、日本の法律はそうではありません。「価値」と「原理」はあいまいで「手順」を詳細に説明します。これは予算も同じです。1.3.3.1章で説明するように日本の予算は「勘定科目」と「予算の金額」という「手順」を延々と羅列します。その予算でどのような国民の問題を解決するのか、つまり「価値」と価値を実現する「原理」が説明されません。そのため第３者の国民には大変理解し難いものです。筆者はこのように「第３者が理解し難い法律・予算」を「鶴亀算の法律・予算」と定義します。それに対して欧米の法律・予算は「価値と原理と手順の統論」として定められ、理解し易いです。この事は、1.2.8.3章や1.3.3.1章で説明するイギリス政府の法律やアメリカ政府の予算から読者の皆様も実感できます。このように「第３者が理解し易い法律・予算」を「方程式の法律・予算」と定義します。「鶴亀算」と「方程式」は「日本人の鶴亀算の思考パターン」と「欧米人の方程式の思考パターン」から命名しています。

　では「日本の鶴亀算の法律・予算」から生じる問題とはどのようなものでしょう。この一例が「閉塞感の20年」です。なぜ「閉塞感の20年」に陥ったのかと言えば、原因を明らかにできないためです。誰もが「巨額の財政赤字」や「税金の無駄遣い」や「官僚の天下り」を「問題」と感じています。しかし、解決できません。この理由は原因が明らかにできないためです。では、なぜ原因を明らかにできないのかと言えば、これらの問題の元になっている法律や予算の「価値と原理」とりわけ「原理」が明らかにされていないためです。そのためすべてが巨大なベールに包まれています。これが「閉塞感の20年」です。これを打破したのが「浜田氏の伝えた真理」や「黒田氏の実践された新たな金融政策の原理」です。この要点は「真理」や「原理」から解決した事です。そのためこれらを抜本的に解決するのが「価値と原理と手順の統論」に基づく3番目の解決策です。これにより国民も「法律・予算」の「価値と原理」を容易に理解でき③「解決策の価値」の「健全国家の確立」を実現できます。言うまでもなく、国民に理解できない法律・予算の国家は「健全国家」ではありません。これでは「閉塞感の20年」が「閉塞感の30年、40年」と更に継続されます。

しかし、このように理解してくると、3番目の解決策を実践するのは大変困難と考えられます。この理由は明らかです。「鶴亀算の思考パターン」から「方程式の思考パターン」に改める事が必要だからです。これは大変な事です。更にもう1つの根本的な理由があります。それは日本には過去2000年間「価値と原理と手順の統論」の「統論」という言葉がなかった事です。ここで「統論」は筆者が日本の問題を解くために「総論」と対比して考え出した言葉です。筆者は「統論」を「考えを1つにまとめたもの」それに対して「総論」を「思いを1つにまとめたもの」と定義します。これは「総論賛成、各論反対」から良く分かると思います。なぜ「各論反対」になるのかと言えば、「総論」として「思い」は1つにまとまっていても、その「思い」を実現する「考え」が「統論」として「1つにまとまっていない」ためです。そのためこれを解決するには「思い」、「総論」を実現する「考え」を1つにまとめる「統論」が必要です。しかし、日本には過去2000年間「統論」という言葉がありませんでした。そのため「統論」を導くのも大変困難と考えられます。その結果「価値と原理と手順の統論」に基づく「方程式の法律・予算」を策定する3番目の解決策を実践するのは大変困難と思われます。しかし、筆者が本当に嬉しく思ったのは昨年、2013年にこれらを実践する例が現れてきた事です。これが先に紹介した4つの実例です。これは、⑹「黒田東彦日銀総裁の記者会見」、⑺「滝川クリステル女史のプレゼンテーション」、⑻「上田正仁東大教授の著作」、⑼「川村隆経団連副会長、日立製作所会長の記事」です。これらはすべて「価値と原理と手順の統論」の実践であり、有用性を説明するものです。

そのため次にこれらの実例を説明します。最初に ⑹「黒田東彦日銀総裁の記者会見」と ⑺「滝川クリステル女史のプレゼンテーション」から説明します。この２つはまさに「価値と原理と手順の統論」の実践です。「黒田氏の記者会見」で説明すれば、パネル３枚を使って金融緩和の「目標」つまり「価値」を「2%のインフレ目標」と説明し、次に「価値」を実現する金融政策の「原理」と「手順」を「統論」として分かり易く説明しました。これは今までの日銀総裁そして日銀の説明と大きく異なります。これには黒田氏の大きな努力を感じます。これにより国民、市場も容易に理解でき円安、株高が一層加速されました。お分かり頂けるように「黒田氏の記者会見」は「価値と原理と手順の統論」の実践です。これは「滝川クリステル女史のプレゼンテーション」も同じです。これも「価値と原理と手順の統論」の実践です。「おもてなし」という「日本の価値」は「日本の伝統と近代化された東京の都市機能の融合」という「原理」で実現され、次に原理を実行する「手順」を「タクシー運転者のマナー」や「30 億円の拾いモノの届出」や「センスあるブティック」や「美味しいレストラン」などの事実に基づいて説明しました。お分かり頂けるように「滝川女史のプレゼンテーション」も「価値と原理と手順の統論」の実践です。これも「日本」の決定に大きく貢献したと思います。なお、今回の日本のプレゼンテーションにはイギリス人のコンサルタントが貢献しています。しかし、重要な事は理解し、実践し、結果に結び付ける事です。今回の「結果」は「理解、実践した事」を良く示しています。

更に筆者が大変嬉しく思ったのは「価値と原理と手順の統論」という言葉は使用していませんが、同様な考えを説明する方々が昨年、2013 年に現れてきた事です。これには大変驚き、嬉しく、そして心強いと思っています。そのため次に ⑻「上田正仁東大教授の著作」を説明します。上田氏は『東大物理学者が教える「考える力」の鍛え方』という著作で「考える力」として「諦めない人間力＋考える力＋マニュアル力」の３点を挙げています。これは明確に「価値と原理と手順の統論」に対応します。具体的に言えば、「諦めない人間力＝価値」、「考える力＝原理」、「マニュアル力＝手順」です。このように明確に対応します。また上田氏は「考える要点」として「分かった事、分からない事」を常に整理しておく事、また「本質を見抜く事」の２点を挙げています。前者の「分かった事、分からない事」を常に整理しておく事は筆者も30年以上実践している事です。そのため大変賛同できます。これが本書の冒頭で説明した「ことを明らかにする」の「考える」です。また後者の「本質を見抜く事」を挙げているのは、既に説明したように「日本人は抽象化が苦手」という筆者の理解とまったく一致します。そのためこれも賛同します。

次に ⑼「川村隆経団連副会長、日立製作所会長の記事」も同じ事を説明しています。川村氏は「大学改革」で「世界に通じる学生育成」として３点を説明しています。１番目は「専門知識と汎用能力を備えた人材の育成」、２番目は「高度な専門性と幅広い分野にまたがる知識を有する“高度博士人材”の育成」です。共に共通しているのが「汎用能力」や「幅広い分野にまたがる知識を有する“高度博士人材”」から分かる通り、「普遍的知識」です。では「普遍的知識」とは何でしょう。これが「価値と原理と手順の統論」と考えています。これを前述のプレゼンテーションで説明すれば、「専門知識」を「価値と原理と手順の統論」という「普遍的知識」に基づいて説明する事です。つまり「価値と原理と手順の統論」という形式で説明する事です。これにより「専門用語」は初めて聞いても、それが「価値」を意味しているのか、「原理」を意味してるのか、また「手順」を意味しているのかが分かるため容易に理解できます。この事から「価値と原理と手順の統論」は「普遍的知識」である事をご理解頂けると思います。また「価値と原理と手順の統論」は、川村氏も説明するように国際ビジネスという「解」のない複雑な課題に対しても大変有効です。新たなビジネスの提供する「価値」は何か、価値を実現する「原理」は何か、原理を実行する「手順」は何かとトップダウン的に考える事により、国際ビジネスという「解」のない複雑な課題に対しても十分対応できます。この事は筆者のIBMでの体験から十分理解しています。このように上田氏や川村氏は「価値と原理と手順の統論」という言葉は使用していませんが、意味するところは同じです。これらが昨年、2013年に現れてきた事に本当に驚き、嬉しく、心強く思います。そして3番目の解決策は十分実践できると考えています。

では次に後半の説明として①「問題の原因」の「鶴亀算の法律・予算」の「根本原因」を説明します。これは既に説明したように「日本人の鶴亀算の思考パターン」です。しかし、前述の4つの実例からお分かり頂ける通り、容易に改める事ができます。次に②「の解決への道筋」の「方程式の法律・予算」の「法律」の「根拠」は先に示した図4であり、1.2.8.3章で説明するイギリス政府の財政安定化規律法です。「予算」の「根拠」は1.3.3.1章で説明するアメリカ政府の予算です。次に②「解決への道筋」の「方程式の法律・予算」の「日本風の理解」は容易にご理解頂けると思います。日本では「法律・予算」をこのように理解するという考え方はまったくありません。「法律」は「文系の学問」であり、「数学」は「理系の学問」であり、両者はまったく異なるものと理解されています。更に学問だけではなく人も「文系の人間」と「理系の人間」に分離します。これは官僚も同じです。「文官」と「技官」に分離します。更に江戸時代に遡って言えば、「公家」と「武家」に分離します。両者を統合する「文武両道」や「公武合体」という考えはありますが、過去2000年の日本の歴史で大勢は占めるのは「文系」と「理（武）系」に分離する考えです。この最大の原因は「思い重視の思考パターン」と考えています。ここで「思い」は「人間に対する配慮」です。「人間に対する配慮」を最も重視するのが「文系の人間」それに対して「権力や領土や富」を優先するのが「理（武）系の人間」という理解、認識です。これが過去2000年の間の日本人の理解、認識と考えています。この一例が既に説明したように法律では「原理」を「原則」と日本風に訳す事です。この理由は「文系」の学問の対象は「人間」であり、「自然」や「機械」を対象とする「理系」の学問とは大きく異なるという理解、認識から来ていると思います。そのため「自然」や「機械」に適用される「原理」ではなく「人間に対する配慮」をする「原則」と「日本風に理解」してきたと思います。その結果「原則禁止、しかし、例外は認める」も容認してきたと思います。しかし、「人間に対する配慮」として「最大の配慮」は「誰もが容易に理解できるように表現する事」であり「誰もが理解し、実践する事」です。法律は作成した官僚のみが理解できれば良いというものではありません。重要な事は誰もが理解でき、自らの意志で判断し、行動でき、幸福を実現する事です。そのため「法律も予算」も「価値と原理と手順の統論」として作成する事が必要です。この事は容易にご理解頂けると思います。

では、ここまで説明した事を川村氏の記事から説明します。これを川村氏は次のように説明しています。「教養教育を拡充し、学生の基礎力全般を強化することである。文科系には数学や自然科学の基礎を、理工系には人文・社会科学の基礎など、専門以外に多様な教養を身につけさせることが望まれる」です。お分かり頂ける通り、ここで重要な概念が「専門以外に多様な教養を身につけさせる」の「教養」です。では「教養」とは何でしょう。次にこれをiPod/iPhone/iPadを発明したアップルのスティーブ・ジョッブズの言葉から説明します。これは「我々の心を高鳴らせるのはリベラルアーツに結びついたテクノロジであり、人間愛と結びついたテクノロジである」です。この文言から最初に気がつく事は、エレクトロニクス技術やソフトウエア技術や通信技術などのIT技術という言葉がない事です。そうではなく「リベラルアーツに結びついたテクノロジ」であり「人間愛と結びついたテクノロジ」です。ここで重要な事は前者の「我々の心を高鳴らせるのはリベラルアーツに結びついたテクノロジ」はまさに川村氏と同じ考えです。

そのため次にこの事を英語の意味から説明します。「リベラルアーツ」を日本語に訳せば「教養」です。これから川村氏と同じ考えである事をご理解頂けると思います。しかし、「教養に結びついたテクノロジ」は大変理解し難いと思います。日本で「教養」と言えば、「多くの学問を幅広く、浅く理解する事」と理解されます。言うまでもなく「教養」で「テクノロジ」を発明する事はできません。では「リベラルアーツ」とは何でしょう。「リベラル」、

「liberal」は「自由」であり「アーツ」、「art」は「芸術」です。つまり「リベラルアーツ」は「自由な芸術」です。ここで重要なのが「art」のもう 1 つの意味です。これは Webster の説明するように「ヒューマンのモノを創る能力」です。お分かり頂けるように「リベラルアーツ」は「自由にヒューマンのモノを創る能力」です。では「自由にヒューマンのモノを創る能力」とは何でしょう。これが「価値と原理と手順の統論」という「普遍的知識を活用する能力」です。これが「産業革命」を生み出した人間の根源的な能力です。「価値」、つまり人々の困っている「問題」は何で、問題をどのような「原理」で解決するのか、また「原理」をどのような技術的な「手順」で実行するのかです。これが「産業革命」を生み出した能力であり「自由にヒューマンのモノを創る能力」です。これによりスティーブ・ジョッブズの説明する「リベラルアーツに結びついたテクノロジ」を発明できます。このように「リベラルアーツ」は「価値と原理と手順の統論という普遍的知識を活用する能力」です。そして川村氏の説明するように、これが「高度な専門性と幅広い分野にまたがる知識を有する“高度博士人材”」に必要な能力です。

そのため次に 3 番目の解決策の一例として「サービス科学の市民教育 1」を説明します。これは「高度博士人材」を育成します。つまり文系の学問にも理系の学問にも「価値と原理と手順の統論」を適用し、統一的に理解、実践できる人間を育成します。具体的に言えば、「Ph.D.」、「Philosopher Doctor」、「哲学博士」の「要件」を教育します。ご存じの方もおられると思いますが、アメリカには「Ph.D.」、「哲学博士」という「博士号」があります。学問の源は「ギリシャ哲学」つまり「哲学」です。これが現在の文系と理系の学問の源です。そのためアメリカでは数学、物理、経済学、心理学を問わず、すべて「Ph.D.」、「哲学博士」という「博士号」が授与されます。この要点は、すべての学問は「価値と原理と手順の統論」に基づくという普遍的知識、つまり「教養」を理解、実践する事です。この事を筆者は IBM での多くのアメリカ人の「Ph.D.」、「哲学博士」との 30 年以上にわたる共同研究から実感しています。アメリカ人の「Ph.D.」、「哲学博士」は専門分野に囚われずに様々な分野の問題に挑戦します。この能力が「価値と原理と手順の統論という普遍的知識を活用する能力」です。それに対して「日本の博士」は「郷の博士」です。つまり自分の専門分野を固く護り、専門外の分野には挑戦しません。そのため「サービス科学の市民教育1」では「価値と原理と手順の統論」を教えます。これにより「高度博士人材」つまり「Ph.D.」、「哲学博士」すなわち「哲学のある人間」の要件を満たす人材を育成でき「価値と原理と手順の統論」に基づく「方程式の法律・予算」を十分作成できると考えています。では次に「4番目の解決策の要点」を説明します。

1.1.5 章　4 番目の解決策の要点

本章は「4 番目の解決策の要点」を説明します。既に説明したように 4 番目と 5 番目の解決策は欧米の新たな潮流に対応するものです。そのため実例はないので、最初に欧米の新たな潮流のポイントを説明し、次に 4 番目と 5 番目の解決策の要点を説明します。では最初に欧米の新たな潮流を次に示します。

図 5　欧米の新たな潮流

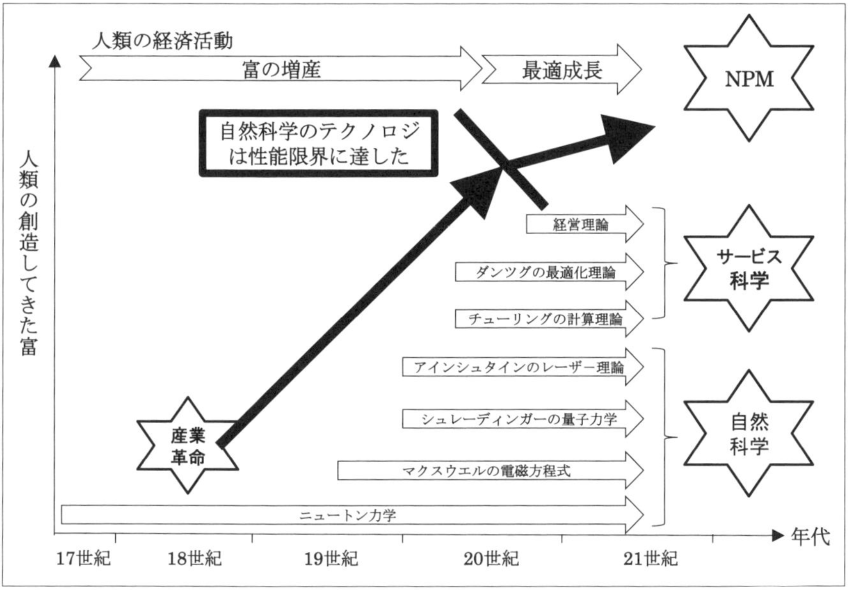

ご覧の通り、これは筆者の産業革命以来の人類の経済活動と欧米の新たな潮流に対する結論を要約したものです。なお、これは 1.2.8 章で説明するように筆者の 1 番目の「欧米の新たな潮流の文明史観」です。このポイントは 3 点です。これは ①「自然科学のテクノロジの性能限界」、②「富の増産から最適成長」、③「欧米の新たな潮流はサービス科学と NPM」です。

これらを説明した後で４番目の解決策の要点を説明します。

では ①「自然科学のテクノロジの性能限界」から説明します。これは自動車や電車や飛行機を見れば、良くご理解頂けると思います。これらの速度は一定または微増です。自動車の速度計の最高速度は過去数十年、時速180km/h です。飛行機の速度も時速 1,000 km/h 、電車の速度も時速 100 km/h です。自動車はドイツのポルシェのように時速 300km/h 近くのものもありますが、ほぼこれで限界です。また戦闘機には時速 3,000 km/h 近くのものもありますが、ほぼこれで限界です。また新幹線は時速 300 km/h を超える「のぞみも」あり、またリニア新幹線も開発されていますが、時速 1,000 km/h の飛行機より速くなる事はありません。これは急速に進化し続けてきたトランジスタ・LSI・光通信も同じです。kHz（キロヘルツ、1000 ヘルツ）→ MHz（メガヘルツ、100 万ヘルツ）→ GHz（ギガヘルツ、10 億ヘルツ）と指数関数的に高速化してきましたが、遂に GHz で限界に達してしまいました。もうこれ以上高速のトランジスタ・LSI・光通信を作る事はできません。この事は、昨今使用され始めた２つの CPU を使用するパソコンや数万個の CPU を使用するスーパーコンピュータからご理解頂けると思います。複数の CPU を使用する事は単一 CPU の性能限界を良く示しています。これはトランジスタ /LSI により駆動される光通信も同じです。これも GHz で性能限界です。このようにトランジスタ /LSI/ 光通信も「性能限界」に達しました。

では、なぜ性能限界に達したのでしょう。これはテクノロジの本質を考えてみれば明らかです。「テクノロジ」は科学が「真理」として解き明かした「物理現象」に基づいて「実現する仕組み」として「原理」を発明し、この「原理」を製造技術と材料技術により具現化、実用化するものです。そのため科学の解き明かしたすべての「真理」から「原理」を発明し、テクノロジとして具現化すれば、新たなテクノロジを発明する事はできません。そして大変重要な事は、人類は産業革命以来、自然科学の解き明かした「真理」から発明できる「原理」をすべてテクノロジとして実用化してしまった事です。そして遂に性能限界に達しました。これが「性能限界」という意味です。「自然科学のテクノロジの性能限界」という理解、認識は日本では希薄ですが、アメリカではそれなりのレベルの方は概ね知っている事です。そのため十分ご理解頂ければと思います。

次にこの事から大変重要な事が分かります。それは産業革命以来、人類は新たなテクノロジにより新たな富を増産してきましたが、遂に「富の増産」は終焉した事です。そのため今後は「サービス科学」に基づく「最適成長の時代」です。つまり ②「富の増産から最適成長」です。「サービス科学」は、先に紹介したように 2005 年に IBM が全米の主要大学と今後人類が新たに確立する科学として提唱しているものです。「最適成長」はアメリカの NII（National Innovation Initiative、アメリカイノベーション委員会）が 2004 年にブッシュ大統領に提出した「INNOVATE AMERICA」、「アメリカをイノベーションする」という「報告書」から明らかです。この報告書は「今後は最適成長の時代」である事を説明しています。次にこれを示します。

「INNOVATE AMERICA」の最適化の時代の説明の筆者の日本語訳

アメリカ競争力諮問会議の会長の D. L. Wince-Smith は 600 人の出席者を前に単純だが強力な NII のゴールを次のように定めた：競争力の柱となる経済成長、生産性、個人の繁栄が我々のイノベートする能力に益々結び付けられた将来のために我々の社会全体を最適化するための包括的な戦略を立ち上げる事

ご覧の通り、「社会全体を最適化する」のように「今後は最適成長の時代」を説明しています。では「最適成長」をどのように実現するのでしょう。これは「INNOVATE AMERICA」、「アメリカをイノベーションする」のタイトルから分かる通り、「イノベーション」です。「イノベーション」により「最適成長」を実現します。では「イノベーション」により「最適成長」をどのように実現するのでしょう。これが「サービス科学の実践」です。既に紹介したように「サービス科学」は人々の営みに真理、法則性を見出します。そ

のためサービス科学の実践は「人間の営みの方法」を最適化、つまり革新、イノベーションする事です。これにより「最適成長」を実現します。これは政府や行政も同じです。「政府・行政の営み」の「方法」の革新、イノベーションする事です。これが「NPM（New Public Management）」、「新公共経営」と呼ばれるイギリスなどの欧米で実践されている政府や行政の新たなやり方です。この事から ③「欧米の新たな潮流はサービス科学と NPM」をご理解頂けると思います。「サービス科学」は次章で説明します。本章は４番目の解決策に関連する「NPM」を説明します。「NPM の特徴」が「方法」の革新、イノベーションである事を明確に示すのが、1999 年にトニー・ブレア元イギリス首相が発行した「政府の近代化」という白書です。次にこれを示します。

図６　政府の近代化とは政府の機能する方法の近代化

To achieve these goals we must modernise the **way** government itself works:
① The **way** we devise our policies and programmes.
② The **way** we deliver services to individual citizens and businesses.
③ The **way** we perform all the other functions of a modern government.

出典：Modernising Government Presented to Parliament by the Prime Minister and the Minister for the Cabinet Office by Command of Her Majesty. March 1999. published by The Stationery Office

これらのゴールを実現するために我々は**政府の機能する方法を近代化**しなければならない。
① 我々が政策やプログラムを考案する**方法**
② 我々がサービスを個々の市民や企業に提供する**方法**
③ 我々が近代化された政府の他のすべての機能を実行する**方法**

ご覧の通り、「政府の機能する“方法”を近代化しなければならない」と明確に「方法の近代化」を説明しています。これは ①「我々が政策やプログラムを考案する“方法”」、②「我々がサービスを個々の市民や企業に提供する“方法”」、③「我々が近代化された政府の他のすべての機能を実行する“方法”」です。この中で日本の導入例は ②の「民営化」などがありますが大変遅れています。そもそも日本では「政府の近代化」つまり「政府の機能する方法の近代化」という理解、認識がまったくありません。これが日本の問題です。ではイギリスは NPM により何を実現したのでしょう。次にこれを示します。

図7　債務残高の国際比較（対GDP比）

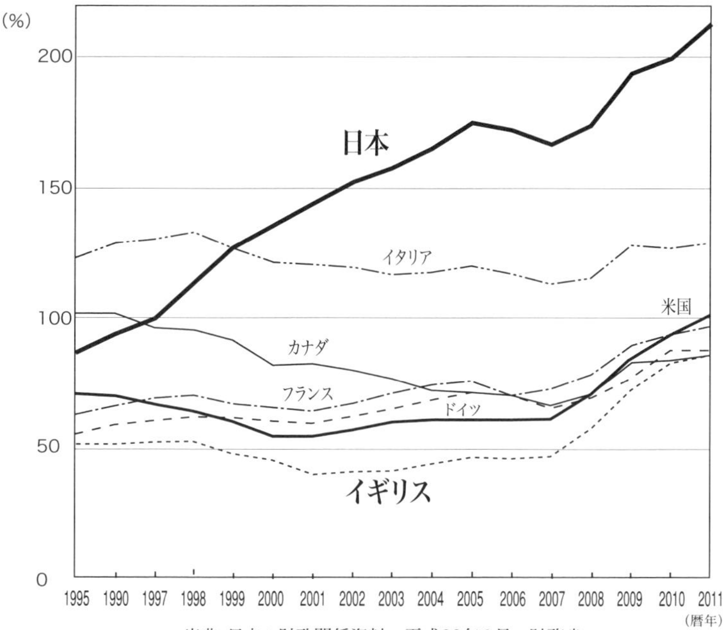

出典：日本の財政関係資料　平成23年9月　財務省

ご覧の通り、イギリスのGDPに対する債務残高の比率、つまり国の借金は先進国の中で最も低く且つ長期に安定しています。これがNPM、つまりイギリス政府・行政の「方法」の革新、イノベーションの成果です。それに対して対照的なのが日本です。GDPに対する債務残高の比率はうなぎ上りに上昇しています。2011年にGDPの2倍を超えています。これが良く言われる日本の巨額の財政赤字です。では、なぜ日本の債務残高は上昇しているのでしょう。この原因は明らかです。NPMの導入が遅れているからです。これが巨額の財政赤字を招いている根本原因と考えています。では、このままNPMを導入しないと日本はどうなるのでしょう。これは17年前の1997年に発表されたOECDのNPMの報告書を見れば明らかです。次にこれを示します。

図 8　欧米各国の NPM の導入状況

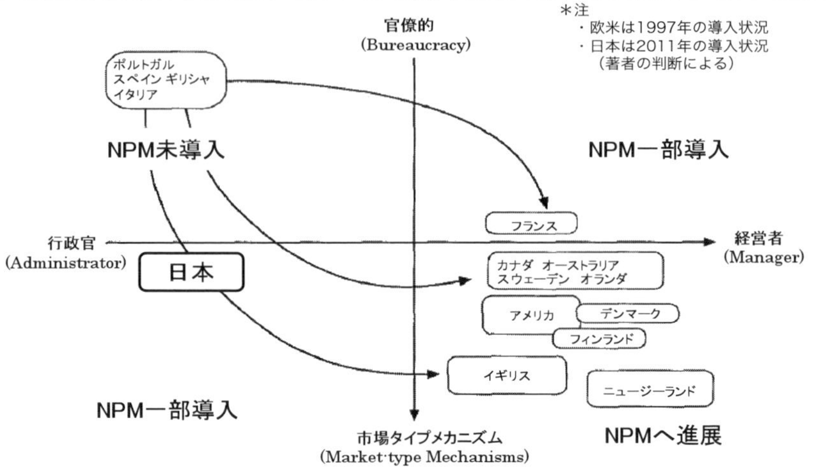

出典：IN SEARCH OF RESULTS: PERFORMANCE MANAGEMENT PRACTICES　OECD 1997　ISBN 92-64-15574-0
ポルトガル・スペイン・ギリシャ・イタリアについてはOECDの図1と表2を統合して筆者が理解し易いように編集

ご覧の通り、イギリス、ニュージーランド、オーストラリア、アメリカ、カナダやオランダ、及びフィンランド、デンマーク、スウェーデンなどの国々は積極的に NPM を導入しています。それに対してポルトガル、スペイン、ギリシャ、イタリアは導入していません。そして現在ギリシャやポルトガルは財政破綻しました。またスペインやイタリアは財政不安に陥りました。お分かり頂けるように NPM を導入しなければ財政破綻または財政不安に陥ります。17 年前の OECD の NPM の報告者はこの事を明確に示しています。では「NPM のポイント」は何でしょう。これは図 8 に示す通り、公務員が「行政官」から「経営者」になり「官僚的」ではなく「市場タイプメカニズム」により行政を営む事です。つまり「行政官－官僚的モデル」から「経営者－市場タイプメカニズムモデル」へ転換する事です。「行政官－官僚的モデル」と「経営者－市場タイプメカニズムモデル」は 1.2.8.3 章で説明します。ここでは後者の「経営者－市場タイプメカニズムモデル」つまり「公務員が経営者として市場タイプメカニズムにより行政を営む」を説明します。これがまさに 4 番目の解決策です。そのため次に 4 番目の解決策を説明します。

４番目の解決策の「解決への道筋」は「官僚的からNPMの正義化による最適成長国家の実現」から分かる通り、「NPMの正義化」です。「正義化」が「NPMの要諦」です。「正義化」に基づいて「公務員が経営者として市場タイプメカニズムにより行政を営む事」が４番目の解決策の要点です。「NPM」は先に説明しました。また「問題の原因」の「官僚的」の意味は1.2.8.3章で説明します。ここでは「正義化」を説明します。「正義化」は英語の「Justification」を筆者が訳した言葉です。「正義化」はイギリス政府が開発し、使用しているNPMの根幹となる「PRINCE2」という「プロジェクト・マネジメント」の最も重要な「原理」です。そのため４番目の解決策を一言で言えば、「プロジェクト・マネジメント」に基づいて行政を営む事です。これを図８のOECDの言葉で言えば、公務員が「経営者」つまり「プロジェクト・マネージャー」になり「市場タイプメカニズム」つまり「プロジェクト・マネジメント」の「正義化」により行政を営む事です。なお、「市場タイプメカニズム」が「プロジェクト・マネジメント」という説明はいささか理解し難いと思います。1.2.8.3章で説明するように「PRINCE2」の教科書は「プロジェクト・マネジメント」は「メカニズム」と説明しています。そのため「プロジェクト・マネジメント」は「メカニズム」とご理解頂ければと思います。

では「正義化」とはどのようなものでしょう。これは本シリーズで説明するように「問題定義＋正義化１＋正義化２」です。そのため次に「問題定義＋正義化１＋正義化２」の３つに分けて「正義化」の ①「実例」、②「根拠」、③「日本風の理解」を説明します。なお、先に説明したようにNPMの実例は、まだ日本にはありません。但し、類似なものが浜田氏や黒田氏の実践にはあります。そのためこれらの実践例から説明します。最初に説明の容易さから「正義化１」から説明します。「正義化１」は「正しい事を第３者が客観的に理解できるように説明する説明責任」です。この例を挙げれば、既に説明したように黒田氏がパネル３枚を使って新たな金融政策を「価値と原理と手順の統論」に基づいて説明した事です。次に「正義化２」は「正義と利益を同時に実現する事」です。つまり困っている人を本当に助ける事により、困っている人は健全に働く事ができ、新たな富、利益を生み出す事です。これは浜田氏の実践された「愛と真理と正義」や黒田氏の実践された新たな「金融政策の原理」により、多くの企業は「赤字」から「黒字」に転換できた事です。次に「問題定義」は1.2.8.2章で説明するように「問題を原理に基づいて解ける形式に表現する事」です。これを「日本のデフレ」で言えば、アメリカのノーベル経済学賞を受賞した経済学者の「クルーグマン」が「日本のデフレ」は経済学の解き明かした「真理」である「流動性の罠」に陥っている事を解き明かし、解決策を「日銀が世の中に流し込むお金の量を増やす」という「原理」にあると解明した事です。これが「問題定義」です。「問題定義」、「Problem Formulation」は日本ではあまり知られていませんが、是非ご理解頂ければと思います。なお、「正義化」の最も基本となるのは「問題を原理に基づいて解ける形式に表現する問題定義」です。つまり「価値と原理と手順の統論」に基づいて「問題を解ける形式に表現する事」です。そのため「正義化」は「価値と原理と手順の統論」に基づき、更に高度化したものとご理解頂ければと思います。これについては1.2.8.2章で説明します。

では次に「正義化」の②「根拠」を説明します。これを図9に示します。

ご覧の通り、これは2010年度の「イギリス政府の予算」の担当大臣のインパクト・アセスメントに対する署名文書の全体像を示しています。お分かり頂けるように、これは「正義化」の「問題定義＋正義化1＋正義化2」に明確に対応します。「問題を原理に基づいて解ける形式に表現する問題定義」は【1】「問題定義」に対応します。「正しい事を第3者が客観的に理解できるように説明する説明責任の正義化1」は【3】「政策決定の正義化」、「正義と利益を同時に実現する正義化2」は【5】「コストがベネフィットを正義化する」に対応します。なお、ここで筆者の感想を言えば、この一致には大変驚いています。これは本書の執筆のため偶然見つけたものですが、まさかこのように完全に一致する文書がイギリス政府の2010年度の予算に含まれているとは思っていませんでした。そのため大変驚くと共に筆者の「正義化」の定義は正しかったと安堵しています。

図９　イギリス政府の担当大臣の
インパクト・アセスメントに対する署名文書の全体像

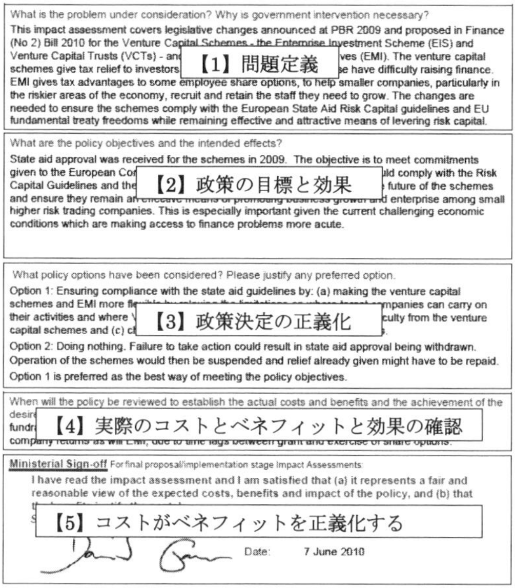

出典：Impact Assessments HM Treasury © Crown copyright 2010

では最後に「正義化」の ③「日本風の理解」を説明します。説明の容易さから「正義化１」の「正しい事を第３者が客観的に理解できるように説明する説明責任」の ③「日本風の理解」から説明します。これは良く知られている2500年前の孔子の「由らしむべし知らしむべからず」です。この意味は「国民を国家に従わせる、しかし、教えない」です。ここで教えないものが「国家の統治原理」です。「国家の統治原理」を教えないのが中国そして日本の過去2000年以上にわたる統治方法でした。では、なぜ「由らしむべし知らしむべからず」の統治方法がまかり通ってきたのでしょう。これは既に説明したように「価値と原理」を軽視し、「手順」を重視する「日本人の鶴亀算の思考パターン」と考えています。そのため「由らしむべし知らしむべからず」もまかり通ってきたと考えています。次に「正義と利益を同時に実現する」の「正義化２」の③「日本風の理解」は「正義と利益の分離」です。これを一般的に言えば、「建前と本音の分離」です。「建前と本音の分離」は過去2000年にわたる「日本の常識」です。日本では「建前と本音」を「使い分ける事」が「賢い」と理解されています。しかし、本当に「賢い」とは「建前と本音」を統合する「統論」を導く事です。これは自明です。では、なぜ日本では「建前と本音」を分離してきたのでしょう。この原因は1.2.1章で説明するように日本の「郷の道理により分離・調和する社会」であり「日本人の鶴亀算の思考パターン」のため「建前と本音」を統合する「統論」が日本にはなかったためと考えています。次に「問題定義」の③「日本風の理解」は前述の「クルーグマンの日本のデフレの問題定義」から分かるように日本では「問題定義」は浸透していません。その代わり「問題の現象」に気を奪われます。これを浜田氏は著作で次のように説明しています。「さらに日銀は、先述のとおり、“人口減や人口構成の変化がデフレを招く”という、経済学では考えられない俗論を研究するために国際会議を開いてる」です。このように現象に目を奪われ「俗論」がはびこります。これが日本の問題です。そのため4番目の解決策の「サービス科学の市民教育2」では「問題定義＋正義化1＋正義化2の正義化」を教えます。これにより「国家のプロジェクト・マネージャー」すなわち「国家の経営者」の要件を満たす人材を育成でき「イギリス政府」と同様に「正義化」を実践でき、巨額の財政赤字、更に多くの国政の問題も十分解決できると考えています。では次に「5番目の解決策の要点」を説明します。

1.1.6 章　5 番目の解決策の要点

本章は「5 番目の解決策の要点」を説明します。5 番目の解決策の「解決への道筋」は「自然科学からサービス科学による日本企業と日本経済の再生と成長」の通り、「サービス科学」です。本章は「サービス科学」の ①「実例」、②「根拠」、③「日本風の理解」を説明し、最後に ④「根本原因」を説明します。なお、「問題の原因」が「自然科学」という意味は、日本企業が「自然科学」のみに執着し、新たな科学である「サービス科学」への転換が行われていないという意味です。言うまでもなく、自然科学が問題の原因ではありません。これは自明です。ここで ②「根拠」は既に説明しています。また「サービス科学」の ③「日本風の理解」は前述の通り、日本企業は「自然科学」のみに執着している事です。

そのため本章は「サービス科学」の ①「実例」と ④「根本原因」を説明します。最初に「サービス科学時代」の新たなビジネスモデルから説明します。これはサービス科学の本質が、既に紹介したように「人間の営みの方法に真理、法則性」を見出す事から、人間の営みの「方法」を科学する事により「方法論・ツール・コンポーネント」を一体化して「システム」として統一的に開発、提供する事です。従来のように「ハードウエアの単体製品」の大量生産、大量販売ではありません。この ①「実例」を挙げれば、アップルの「iPod/iPhone/iPad」です。これらは皆同じですが「iPhone」で説明すれば、「アプリやデータ」をダウンロードする仕組みを「方法論」として開発し、次にこの「方法論」を実行する iPhone という「ツール」を開発し、この「ツール」で実行できるように「アプリやデータ」を「コンポーネント」として開発、提供する事です。これがサービス科学時代の新たなビジネスモデルです。そのため日本企業は新たなビジネスモデルに転換する事がなによりも急がれます。しかし、大変残念な事は、前述の通り、転換していません。これが日本の問題です。

では、なぜ転換できないのでしょう。また、そもそも、なぜ「サービス科学」そしてサービス科学時代の新たなビジネスモデル、更に「iPod/iPhone/iPad」のようなイノベーションに富む革新的なシステムを生み出せなかったのでしょう。次にこの④「根本原因」を説明します。これは2つと考えています。1つは日本の技術者は「自然科学に基づくテクノロジの性能はまだまだ改良できると過信していた事」です。そしてこの根底には「自然科学のテクノロジの性能限界」という理解、認識がなかった事です。では、なぜそうなのかと言えば、日本には新たなテクノロジを研究、開発する「科学技術者」がいないからと考えています。率直に言って、これがIBMと日本企業、そしてアメリカと日本の差です。そのためアメリカの「科学技術者」なら誰でも知っている「自然科学のテクノロジの性能限界」という理解、認識がなかった事です。次に、これを一般的に言えば、日本は「世界の工場」であり「世界の研究所」ではなかったという事です。更に1980年代に流行った言葉で言えば、「ヨーロッパはサイエンス、アメリカはテクノロジ、日本は製品、最後に儲けるのは日本」です。この言葉は日本の立場を良く示しています。日本は明治以来、欧米の発明したテクノロジを改良し、世界の工場として大量生産、販売し、繁栄してきました。しかし、これはそのまま日本の弱点です。つまり新たなテクノロジを発明する「科学技術者」がいません。これが根本原因と考えています。もう1つは、既に説明したように日本人は「抽象化」が大変苦手である事です。1.2.6章から1.2.8.2章で説明するようにサービス科学の主要技術のIT技術やソフトウエア技術の中核となる能力は「抽象化能力」です。しかし、日本人は抽象化が大変苦手です。そのため「サービス科学」やサービス科学時代の新たなビジネスモデルの「iPod/iPhone/iPad」のようなイノベーションに富む革新的なシステムを生み出せなかったと考えています。そのため5番目の解決策の「サービス科学の市民教育3」では「サービス科学」を教えます。これにより「サービス科学技術者」を育成し、「日本企業と日本経済の再生と成長」を十分実現できると考えています。

以上１番目から５番目の「解決策の要点」を説明しました。教育基本法や日本国憲法や方程式や鶴亀算の思考パターン更にはNPMやサービス科学と盛り沢山の内容でしたが、実例に基づいて説明したので容易にご理解頂けたと思います。また「日本の問題は解決できそうだ」と感じてきたと思います。

しかし、「解決策は大変高度なものであり、普通の人間には実践できない」また「日本は長い伝統と文化を持つ特殊な国であり、日本の問題は特殊な問題のため解決できない」と思われている読者の皆様も少なくないと思います。また「筆者はどのような人物か、また解決策をどう導いたのか」と疑問も抱かれると思います。そのため次章以降の３つの章でこれらを説明します。これから「解決策は誰でも理解、実践できる事」、「日本の問題は十分解決できる事」、「筆者の実績と人となり及び解決策を導いた経緯」をご理解頂けます。これにより「解決策の要点」を更に深く、体系的にご理解頂けます。では「日本の問題の解き方」から説明します。

1.1.7 章　日本の問題の解き方

本章は「日本の問題の解き方」を説明します。最初に「日本の問題の原因の特徴」を説明し、次に「日本の問題を解く原理」と「日本の問題を解く枠組み」を説明します。これから「解決策は誰でも理解、実践できる事」をご理解頂けます。

では最初に「日本の問題の原因の特徴」から説明します。これは「やり方」であり「考え方」です。この例を挙げれば、「日銀流理論」などの「郷の道理」や「経済学200年の常識の無視」などの「日本風の理解」です。これらはすべて「やり方」であり「考え方」です。また「原則」や「制度」や「鶴亀算の法律・予算」もすべて「やり方」であり「考え方」です。これから「日本の問題の原因の特徴」は「やり方」や「考え方」である事をご理解頂けると思います。そのため重要な事は、これらの「廃止、棄却」といっても真の解決ではない事です。この理由は、これらの「以前の方法」に代わる「新たな方法」が提供されなければ、これらの「以前の方法」が復活してしまうからです。そのため「日本の問題の解き方」として大変重要なのが「新たな方法」を導く事です。併せて「新たな方法」の「実践知識」を分かり易く説明する事です。そうでなければ「新たな方法」も普及しません。また「問題の原因」の「根本原因」を解き明かす事です。これにより「根本原因」から解決できます。そのため「日本の問題の解き方」の要点は①「根本原因を解き明かす事」、②「新たな方法を導く事」、③「新たな方法の実践知識を分かり易く説明する事」です。この理解から筆者は「日本の問題を解く原理」と「日本の問題を解く枠組み」を導きました。次に「日本の問題を解く原理」を示します。

図 10　日本の問題を解く原理

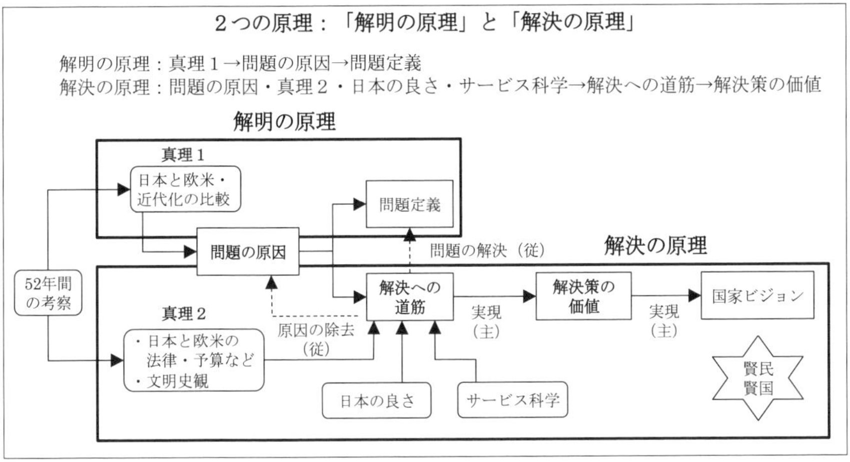

ご覧の通り、「日本の問題を解く原理」は「解明の原理」と「解決の原理」と２つあります。「解明の原理」は前述の ①「根本原因を解き明かす事」に相当し、「解決の原理」は ②「新たな方法を導く事」と ③「新たな方法の実践知識を分かり易く説明する事」に相当します。ここで「原理」としている理由は「真理に基づく実現する仕組み」にするためです。これを「解明の原理」で言えば、「真理１→問題の原因→問題定義」です。この意味は「真理１」に基づいて「問題の原因」を明らかにし、この「問題の原因」に基づいて「問題定義」を行うという意味です。そのため大変重要となってくるのが「真理１」です。これは筆者の 52 年間の考察から導いた 1.2.1 章の「日本と欧米の比較」つまり「日本人と欧米人の思考パターン・行動パターン・社会の営みの比較」や 1.2.2 章の「日本と欧米の近代化の比較」です。これから「郷の道理」や「国家の尊重」などの「問題の原因」を導きます。次に「問題定義」は前章の「日本のデフレの問題定義」で説明したように「問題を原理に基づいて解ける形式に表現する事」です。ここで重要なのが「解ける形式」です。これを「原因と問題」を「一対」つまり「原因→問題」の形式で表現します。これにより原因が明らかにされ「解ける形式」になります。1.3 章の「日本の問題定義の概要」では「原因→問題」の形式で問題を定義します。

次に「解決の原理」は「問題の原因・真理２・日本の良さ・サービス科学→解決への道筋→解決策の価値」です。この意味は「問題の原因・真理２・日本の良さ・サービス科学」から「解決への道筋」を導くという事です。ここで「問題の原因」は前述の「解明の原理」で導いた「問題の原因」です。なお、この事から「解決策の形式」は「解決の原理」に基づいている事をご理解頂けると思います。次に「真理２」は２つあります。１つは既に説明した「教育基本法」、「日本国憲法」またアメリカ政府やイギリスの政府の予算や法律、イギリス政府の PRINCE2 や「政府の近代化白書」更に IBM のサービス科学です。もう１つは筆者の「文明史観」です。「真理２」で重要な事は、教育基本法や日本国憲法、アメリカ政府やイギリス政府、更に IBM だから「正しい」つまり「真理」と理解する事ではありません。そうではなく、それらを「文明史観」に基づいて「妥当性」を判断する事が必要です。そのため筆者の「文明史観」から、これらの「妥当性」を説明します。これにより読者の皆様も十分ご理解頂けます。なお、文明史観は４つあります。１番目と２番目は既に説明した図５の「欧米の新たな潮流の文明史観」と「ルネッサンス：愛→宗教裁判：真理→市民革命：正義→産業革命：原理」の「欧米の近代化の文明史観」です。残り２つは以降で説明します。次に解決策は「日本の良さ」を活かすものでなければなりません。これは筆者の根幹となる考えです。最後に「サービス科学」は既に説明したように「日本の問題」を解く技法として使用します。これにより「価値と原理と手順の統論」のように「普遍的知識」として「解決への道筋」を容易にご理解頂けます。では次に「日本の問題を解く枠組み」を示します。

図 11　日本の問題を解く枠組み

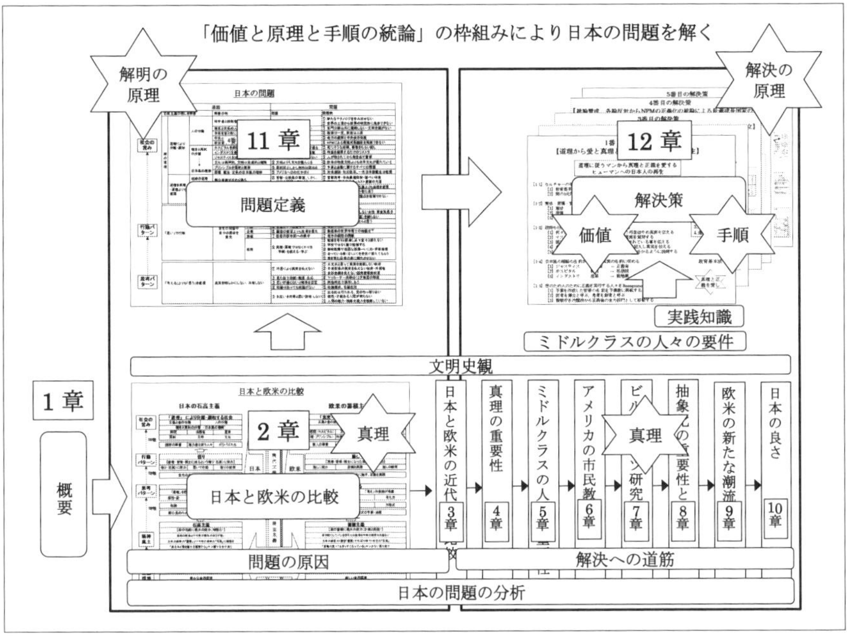

ご覧の通り、筆者は「価値と原理と手順の統論」に基づく「日本の問題を解く枠組み」により日本の問題を解きます。次にこれを本シリーズの構成から説明します。なお、該当する本書の章は目次を参照して頂ければと思います。「解明の原理」に対応するのが「2 章－ 3 章の「問題の原因（真理）」→ 11 章の日本の問題の定義」です。この意味は先に説明したように「2 章の日本と欧米の比較」と「3 章の日本と欧米の近代化の比較」を「真理」として活用し、「問題の原因」を明らかにし、これに基づいて 11 章で「問題定義」を行うという意味です。次に「解決の原理」に対応するのが「3 章－ 10 章の解決への道筋（真理）」→ 12 章の日本の問題の解決策」です。この意味は「3 章－ 10 章」を「真理」として活用し、これから「解決への道筋」つまり「解決策の具体的内容」すなわち「手順」を導き、これらの「手順」と「価値」をまとめて 12 章で「解決策」を説明するという意味です。ここで大変重要なのが図 11 に示すように「手順」として「ミドルクラスの人々の要件」と「実践知識」を説明する事です。「ミドルクラスの人々の要件」

は「市民・哲学のある人間・国家の経営者・科学技術者」などの「要件」です。これを「5章のミドルクラスの人々」から「9章の欧米の新たな潮流」で説明します。一例を挙げると「市民の要件」を「6章のアメリカの市民教育」から説明します。次に「実践知識」は「解決策の実践知識」です。これを「8章の抽象化の重要性と方法」と「9章の欧米の新たな潮流」で説明します。この例を挙げると「価値と原理と手順の統論」を導く「抽象化と統論の実践知識」や「問題定義＋正義化1＋正義化2」の「正義化の実践知識」また「方法論・ツール・コンポーネント」の「方法論の実践知識」です。更に「真理→原理→テクノロジ・法律・予算・政府」の「原理の実践知識」や1番目の解決策の「真理の実践知識」です。これらの「解決策の実践知識」を8章と9章で説明します。これらを「人間の営み」に共通する「普遍的知識」として説明します。これにより誰でも容易に理解、実践できます。これから「解決策は誰でも理解、実践できる事」をご理解頂けると思います。では次に「解決策の本質」を説明します。

1.1.8 章　解決策の本質

本章は「解決策の本質」を説明します。最初に「問題の原因の本質」→「解決への道筋の本質」→「解決策の価値の本質」を説明し、最後に「解決策の本質」を説明します。これから「日本の問題は十分解決できる事」をご理解頂けます。なお、以降の説明はここまでの全体的な説明とは異なり、内容に立ち入って説明します。そのためこの点に留意されて、お読み頂ければと思います。

では「問題の原因の本質」から説明します。既に説明したように「日本の問題の原因」は「思い重視の思考パターン」、「鶴亀算の思考パターン」、「思いで行動」、「郷の道理」や「日本風の理解」と考えています。ではこれらの本質は何かと言えば、「石高主義の悪しき弊害」と考えています。ここで「石高主義」は本書の冒頭で紹介したように筆者の「日本人の精神風土」を定義した言葉です。これは 1.2.1 章で説明します。ここでは「石高主義の悪しき弊害」をご理解して頂くため「石高主義と蓄積主義」の意味を説明し、次に一例として「思い重視の思考パターン」と「郷の道理」は「石高主義の悪しき弊害」として醸成された事を説明します。

では「石高主義と蓄積主義」の意味から説明します。「石高主義」の意味は「日本人は米の石高に努力する」それに対して「蓄積主義」の意味は「欧米人は麦の蓄積に努力する」です。この最大の差は 1.2.1 章で説明するように「米の収穫高」は豊かである事です。そのため日本では米を「蓄積」するという発想がまったく生まれなかったと考えています。この理由は明らかです。「蓄積」しなくても十分暮らしていけるからです。それに対して「麦の収穫高」は「米の収穫高」と比べると大変少ないです。筆者の生家は農家でしたので農作業を手伝い子供心に稲の束は重いが、麦の束は大変軽いと思いました。これが欧米人に麦の「蓄積」に努力する「蓄積主義」を醸成し、

「豊かな米の収穫高」が日本に「石高」に努力する「石高主義」を醸成したと考えています。日本の「石高主義」は江戸時代まで大名の規模を「石高」で表現していた事からご理解頂けると思います。これは現在も同じです。日本企業は「売り上げ」という「石高」を重視します。それに対して欧米企業は「利益」という「蓄積」を重視します。これから「石高主義と蓄積主義」を直観的にご理解頂けると思います。

次に「思い重視の思考パターン」と「郷の道理」は「石高主義の悪しき弊害」として醸成された事を説明します。既に説明したように「思う」の「物事の条理・内容を分別するために心を動かす」は「物事の条理・内容を分別する」と「心を動かす」の２つに分かれます。ここで「物事の条理・内容を分別する」は「論理の左脳」、「心を動かす」は「感性の右脳」が実行していると考えられます。そのため「思う」という思考パターンは「感性の右脳」と「論理の左脳」の連携によって実行されると考えられます。「感性の右脳」と「論理の左脳」つまり「2 つの CPU」の連携により問題を解くというのは実は大変複雑で高度な知的活動です。これはコンピュータ・サイエンス、計算機科学の教える通りです。では、このような高度な日本人の思考パターンを醸成してきたものは何でしょう。これは「稲作」と考えています。「稲作」で重要な事は自然の変化に素早く対応する事です。つまり空模様や天候や冷夏などの自然の変化を鋭い「感性の右脳」により素早く察知し、「論理の左脳」により過去の経験や勘から迅速に対応策を見出し石高を増やす事です。これが「感性の右脳」と「論理の左脳」の連携による「思う」という思考パターンを醸成したと考えています。そのため「思う」は大変優れた日本人の思考パターンです。これが「おもいやり」を生み出します。しかし、マイナス面は既に説明したように「場の雰囲気」そして「組織の論理」を重視し、正論が正論として通らなくなる事です。これはまさに「石高主義の悪しき弊害」です。次に「郷の道理」も稲作を考えると容易にご理解頂けます。稲作で重要な事は、稲作のやり方は「郷」の地形や雨量などの自然の条件によって微妙に異なってくる事です。これが「郷に入っては郷に従え」の「郷の道理」を生み出します。そして「郷の道理」に従う事は「郷」で生きていくための「必須条件」です。これが「郷の道理」を日本に定着させたと考えています。このように稲作を中心とした過去数千年の営みが「石高主義」を醸成し、そして「悪しき弊害」も生まれたと考えています。お分かり頂けるように「問題の原因の本質」は「石高主義の悪しき弊害」に要約できます。

これは「解決への道筋の本質」も同じです。これも「人間の５元徳」に要約できます。「人間の５元徳」は次章で説明するように「人間には愛・真理・勇気・節制・正義の５つの徳」が「生まれながらに備わっている」という意味です。１番目の解決策の「解決への道筋」の「愛と真理と正義」は「人間の５元徳」から導かれています。次に重要な事は、２番目から５番目の解決策の「解決への道筋」も「人間の５元徳を発展させたもの」として導かれている事です。具体的に言えば、２番目の解決策の「解決への道筋」の「個人の尊重」の「近代化の精神」の「真理→原理→テクノロジ・法律・予算・政府」の「原理」は「人間の５元徳」の「真理」を「発展させたもの」です。次に３番目の解決策の「解決への道筋」の「方程式の法律・予算」の本質の「価値と原理と手順の統論」は２番目の解決策の「原理」を「発展させたもの」です。また４番目の解決策の「解決への道筋」の「NPMの正義化」の「正義化」も「人間の５元徳」の「正義」を「発展させたもの」です。最後に５番目の解決策の「サービス科学」の要点は既に説明したように「方法論」です。これは２番目の解決策の「真理→原理→テクノロジ・法律・予算・政府」という「方法論」、３番目の解決策の「価値→原理→手順という統論」という「方法論」、４番目の解決策の「問題定義→正義化１→正義化２の正義化」という「方法論」を「発展させたもの」です。つまり５番目の解決策の「解決への道筋」の「方法論」はこれらの方法論を「発展させたもの」として導かれています。そのため５つの解決策の「解決への道筋」は「人間の５元徳」に基づき更に「発展させたもの」です。これが「解決への道筋の本質」は「人間の５元徳」に要約されるという意味です。これは「解決策の価値の本質」も同じです。これも「賢民賢国」に要約できます。「賢民賢国」の意味は「石高主義の悪しき弊害」に気がつき、

「坂本竜馬」の教えるように「石高主義の悪しき弊害」の「日本の洗濯」を行い、「人間の５元徳」に基づき「賢い人間・国」を実現する事です。具体的に言えば、「経済は一流、政治は二流」から「経済も政治も一流」と「世界の工場」から「世界の研究所」です。これが筆者の考える「解決策のゴール」であり「日本の国家ビジョン」です。これは福沢諭吉の「一身独立して一国独立する」を筆者が更に発展させたものです。このように「解決策の価値の本質」も「賢民賢国」に要約できます。

次にこれらをまとめと「解決策」は「石高主義の悪しき弊害→人間の５元徳→賢民賢国」と要約できます。これが「解決策の本質」です。ここでご理解頂きたい事は２点です。「問題の原因の本質」は「石高主義の悪しき弊害」と「日本固有のモノ」ですが、「解決への道筋の本質」と「解決策の価値の本質」は「日本固有のモノ」ではない事です。つまり「人間の５元徳」や「賢民賢国」のように「普遍的なモノ」、「グローバルのモノ」である事です。これにより解決策を普遍的、グローバルなものにする事ができます。もう１つは「石高主義の悪しき弊害」を一般的に言えば、「各民族の精神風土の悪しき弊害」です。そのため解決策を一般的に表現すれば、「各民族の精神風土の悪しき弊害→人間の５元徳→賢民賢国」です。つまり筆者は「日本の問題」は確かに日本固有のものですが、それは欧米もアラブもアフリカもアジアも「世界のどの民族も同じように精神風土の悪しき弊害」があり、「日本の問題」は「特殊な問題」ではないと考えています。良く「日本は長い伝統と文化を持つ世界でも珍しい特殊な国」という言い方がされます。これはその通りです。しかし、「日本の問題」は「特殊な問題」とは考えていません。各民族に共通に過去数千年にわたって醸成されてきた「精神風土の悪しき弊害」から生まれた「問題」と理解しています。そのため「日本の問題」は「特殊であり解決するのは困難」とは考えていません。また昨今、日本の「やり方」や「考え方」を自虐的に批判、酷評する方もおられますが、筆者はそのようには考えていません。どの民族にも「悪しき弊害」はあります。この事を筆者は37年間のIBM人生から良く理解しています。ドイツ人、イタリア人、フランス人、ロシア人、イギリス人、アメリカ人、更に韓国人や中国人との研究開発、また欧米に滞在した時の体験から十分理解しています。どの民族にも「悪しき弊害」はあります。そのため重要な事は「精神風土の悪しき弊害」の「洗濯」であり、グローバルな解決策により「賢民賢国」を実現する事です。これが「筆者の日本の問題を解く基本的考え」です。これは読者の皆様にも十分ご賛同頂けると思います。このように「日本の問題」は十分解決できます。この要点は「問題の原因の本質」を明らかにし、解決策を導く事です。これにより「日本の問題は十分解決できる事」をご理解頂けると思います。では次に解決策を導いた「筆者の52年間の考察」を説明します。

1.1.9 章　筆者の 52 年間の考察

本章は「著者の 52 年間の考察」を説明します。既に紹介したように「著者の 52 年間の考察」から図 1 で紹介した「23 個の結論」は導かれ、これから「解決策」は導かれています。また本書の冒頭で紹介した ①「地デジ」、②「液晶」、③「経路最適化ソフトウエア」の「日本国への貢献」も生まれています。そのため最初に「日本国への貢献」を説明し、次に「筆者の 52 年間の考察」を「筆者の人となり」を含めて説明します。これにより「筆者の実績と人となり及び解決策を導いた経緯」をご理解頂けます。

では ①「地デジ」から説明します。「地デジ」は 2011 年の 7 月 24 日から開始されました。これを今から 25 年程前に通産省（現在、経産省）にアドバイスしたのは筆者です。これは次のような経緯からアドバイスしました。当時の通産大臣から日本 IBM の社長にある依頼の手紙がきました。依頼はコンピュータ関連でナショナル・プロジェクトを立ち上げたいが、どのようなものにしたら良いかヒアリングしたいというものです。開発製造担当の副社長から「関君、説明しなさい」と指示があり、通産省の技官に説明しました。会議の冒頭に技官から「何年卒」と挨拶がありました。しかし、筆者は「東大」を卒業していないため「何年卒」と答えませんでした。そのため技官は「IBM の研究所には東大卒はいないのか」という大変傲慢な態度になり、筆者の説明を無視して資料に目を通し始めました。5 分ほどして「資料に書いてある事はすべて理解している」という顔でこちらを見ました。この傲慢、無礼な態度に「なぜ、このように仕様が決まったか、ご存じですか」と質問しました。この質問に対して技官は「知らない」と答えました。なお、技官は「東大」のコンピュータ・サイエンス、計算機科学の博士課程を修了した「工学博士」です。所属は通産省所管の電子技術総合研究所（現在、産業技術総合研究所）です。この調査のために本省の通産省に一時的に移籍し、肩書きは「課長補佐」です。「知らない」と答えましたので、以降

2時間、科学は何を解き明かし、現実は何を要求し、その狭間で「科学技術者」はどのように研究、開発していったかを説明しました。

そのため技官は筆者を大変信頼したようで説明が終わった時に、ある質問をしてきました。それは「今、通産省として一番困っているのはテレビ業界で、テレビにパソコン機能を追加したインテリジェント・テレビとNHKが開発を進めている40インチの高品位大画面テレビ、どちらを優先して開発していけばよいか、関さん、教えて下さい」というものです。そのため「こういう理由でインテリジェント・テレビは実現できません。そうではなくデジタル・テレビにしなさい」。しかし、「優先順位はこういう理由でNHKの40インチの高品位大画面テレビを先に商品化しなさい」また「デジタル・テレビはこういう理由で21世紀にしなさい」と答えました。技官は「ありがとうございます」と丁寧にお礼を述べ会議は終了しました。ここで、なぜ技官は筆者に専門外のテレビの事を質問してきたのか、また「科学技術者」という言葉が出てきますが、これらは1.2.4章で説明します。その後、1週間ほどして新聞報道でアメリカ政府やマイクロソフトが日本政府に「NHKの高品位大画面テレビ」の開発をやめ、テレビにパソコン機能を追加したり、デジタル・テレビの開発を要請している事を知りました。これは筆者の「NHKの40インチの高品位大画面テレビを先に商品化しなさい」というアドバイスと逆です。そのためアメリカの言い分に屈してしまうのかと思いましたが、日本政府は筆者のアドバイスを護り通してくれました。この事は1990年代に40インチの大画面プラズマ・テレビが商品化された事、また地デジは21世紀の2003年から試行放送が開始され、2011年に本格移行した事からご理解頂けると思います。日本のテレビ業界の発展と地デジ化に貢献できた事を嬉しく思います。

次に ②「液晶」は現在テレビだけでなく多くのデジタル機器に使用される日本を代表する産業に成長しました。液晶開発で世界に先駆けて大規模開発を開始したのは1.2.4章で説明するように日本IBMの研究所です。当時IBMが新たなテクノロジの大規模開発を始めると、そのテクノロジが本命となりました。すべての企業はそのテクノロジの開発を進めました。これは液晶も同様です。日本IBMの研究所が液晶の大規模開発を始めた事により薄型表示装置として液晶が本命となりました。液晶開発を日本IBMの研究所で提案し推進したのは筆者です。これによりアメリカIBMの社長に提案され、採用され、多額の研究開発費と製造会社設立の巨額の資金を提供して頂きました。この時に強く感じた事は「正論が正論として通るIBMの健全性」です。確かに当時「液晶を開発する」という考えは「正論」であり「正義」でした。これが実現できれば現在のノートブック・パソコン、また液晶テレビを実現できます。しかし、まだ誰も大規模開発していません。そのため「正論」が「正論として通るIBM」に大変すがすがしいものを感じました。筆者がIBMという会社を信じても良いと思ったのはこの時です。なお、更にもう1つ理由があります。これは後半で説明します。

次に ③「経路最適化ソフトウエア」の研究開発のきっかけは後半で説明するように「最適化理論」は「サービス科学」で大変重要という考えでした。そのため40代にそれまで開発していたハードウエアのテクノロジから経路最適化ソフトウエアに大きく転換しました。この時に得た知見は、その後の「サービス科学」の発見と定義に大きく貢献しています。これらは経路最適化ソフトウエアを日本の多くのお客様に啓蒙、普及、実践して得たものです。この中で特に日本の自動車業界への貢献を挙げる事ができます。筆者が啓蒙、普及した日本の自動車会社は経路最適化ソフトウエアを採用されました。これにより工場で生産した新車を全国のディーラー、販売店へキャリアカーで輸送する計画を経路最適化ソフトウエアにより作成できるようになりました。これは自動車業界への貢献のみならず毎日走行するキャリアカーを最適化でき、CO_2 を削減でき、地球温暖化防止にも大きく貢献します。自動車業界だけではなく地球温暖化防止にも貢献できた事を嬉しく思います。このようにIBMという企業を通じて日本国に貢献できた事を大変嬉しく思います。更に今後は本シリーズにより是非日本の問題解決に貢献できればと思っています。

では次に「著者の 52 年間の考察」を説明します。これを次の図 12 に基づいて説明します。

図 12　筆者の 52 年間の考察の結論の構成

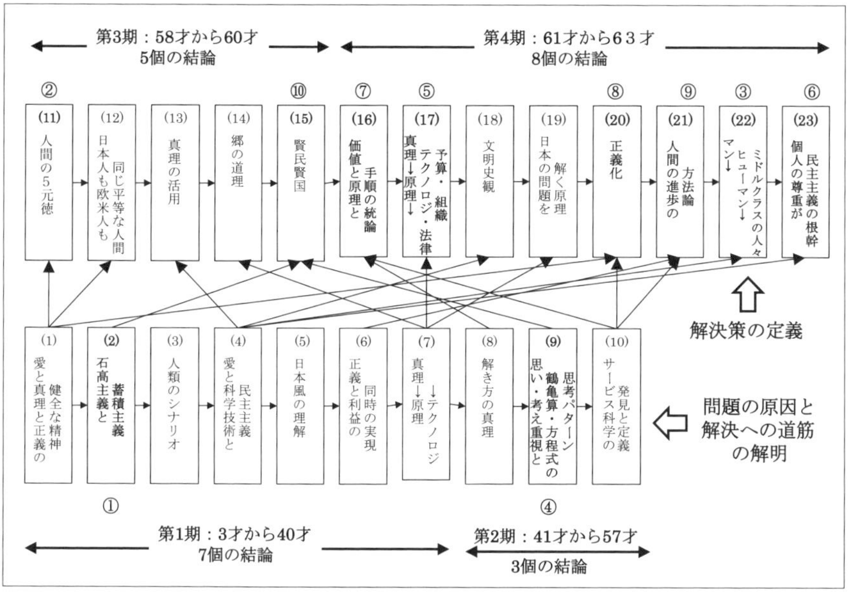

ご覧の通り、これは図 1 の「筆者の 52 年間の考察の結論」の「構成」を示したものです。「構成」は「下」の「問題の原因と解決への道筋の解明」と「上」の「解決策の定義」の 2 つに分かれます。「下」の「問題の原因と解決への道筋の解明」は「3 才から 57 才」に導いたものです。これは「3 才から 40 才」の「第 1 期」と「41 才から 57 才」の「第 2 期」に分かれます。「12 才から 20 才」は「日本の問題」を意識したものではなく「日本はなぜ第二次世界大戦で負けたのか」であり、21 才以降は「文明とは何か、人間とは何か、日本人と欧米人の思考パターンの差は何か、国家・国民とは何か」です。これが結果的に「問題の原因と解決への道筋の解明」につながっています。次に「上」の「解決策の定義」は日本 IBM の退職後、本書の執筆中に導いた結論です。これは「58 才から 60 才」の「第 3 期」と「61 才から 63 才」の「第 4 期」に分かれます。この時に前書きで紹介した「10

個の概念」の内、8個を導いています。具体的には「第3期」の ②と⑩の2個と「第4期」の ⑦、⑤、⑧、⑨、③、⑥の6個です。ここで「第4期」の「6個」は既に前章で「解決への道筋」つまり「解決策の要点」として説明しています。また、これらは図12から分かるように「第1期」と「第2期」から導かれています。そのため本章は「第1期」と「第2期」及び「第3期」の「考察の進展」を説明します。これを踏まえて最後に「10個の概念」と「5つの解決策」との対応を説明します。これにより「筆者の人となり」と「解決策を導いた経緯」をご理解頂けます。

では「第1期」の (2)「石高主義と蓄積主義」から説明します。なお、(1)「愛と真理と正義の健全な精神」は後半で説明します。ここでは (2)「石高主義と蓄積主義」のその後の発展を説明します。このきっかけはIBMで周囲の方々に説明した時のある質問でした。質問は「確かに石高主義と蓄積主義の説明は良く分かるが、ではなぜそのように日本人と欧米人が地球上に存在するのか」です。これは大変大きな質問であり、今までそのような事を考えた事はありませんでした。そのため20代に考察し、30才の時に導いた結論が (3)「人類のシナリオ」です。これは名前から分かる通り、人類全体に対する考察です。そのため考察の対象は極めて広範囲であり得られた知見は広範囲に及びます。この要点は「今後の人類の営みはすべて統合に向かう」です。これを現在の言葉で言えば、グローバル化であり、インターネットであり、更にはヨーロッパのEUにおける統一通貨による経済の統合です。このようにすべては地球規模の統合に向かっています。これが「今後の人類の営みはすべて統合に向かう」という意味です。次に自然に浮かんできた疑問は「では、人類が平和に健全に成長、進歩していくためには何が必要か」です。これが研究所の管理職となった30代の10年間に考察した疑問です。この時に導いた結論が40才の (4)「愛と科学技術と民主主義」です。「人類のシナリオ」が人類の進歩の大筋を明確にしたのに対して (4)「愛と科学技術と民主主義」は人類の進展をより具体的に解き明かしたものです。これは筆者のIBMでの体験と欧米などに滞在した時の体験から自然に導きました。この意味は「文明を支える柱」は「愛と科学技術と民主主義」です。

次に欧米の文明の概念を正確に理解すると、そうではない日本の実態に気がつきました。筆者が「日本の問題」の原因の ⑸「日本風の理解」に気がついたのはこの時です。そして様々な問題を生み出している事に気がつきました。特に「愛と科学技術と民主主義」の「日本風の理解」は明治以来、日本に定着し、ほとんどの日本人は気がついていません。

この一例を挙げれば、「科学技術」の実践の場としての「産業」です。「産業」は英語の「Industry」、「インダストリ」を訳した言葉です。「Industry」の語源は「Industrious」、「インダストリアス」、「勤勉な」という形容詞です。そのため「インダストリ」は「勤勉業」と訳すべきです。しかし、そのように訳していません。これが「産業、工業、企業とは利潤の追求」と「日本風に理解」している根本原因と考えています。なお、明治の日本人が「インダストリ」を「業」を「産」む「産業」と訳したのは良く理解できます。産業革命は「ワットの蒸気機関」から誕生し、「蒸気機関車・鉄道事業」などの新たな産業が産まれました。そのため「インダストリ」を「業」を「産」む「産業」と訳したと思います。しかし、産業革命の要点は「業」を「産」む「産業」ではありません。これは既にドイツの社会学者のマックス・ウェーバーの解明したように「隣人愛の実践」です。つまり自分を愛するように隣人を愛する「隣人愛の実践」として隣人に工業製品を提供するため「勤勉に働いた事」つまり「Industrious」、「インダストリアス」、「勤勉な」が産業革命を誕生させたというものです。そのため「インダストリ」という言葉は大変尊い言葉です。しかし、「産業」にはそのような尊い意味はありません。むしろ逆で、利潤を追求する「金儲けの集団」のような印象を受けます。この原因は「インダストリ」を「産業、工業、企業とは利潤の追求」と「日本風に理解」している事にあると考えています。

次に「日本風の理解」は「科学技術」だけでなく「愛と民主主義」にも存在します。この一例を挙げれば、「愛の実践」としての「慈悲院」と訳すべき「Hospital」、「ホスピタル」を「病院」と訳しています。これが死にそうな妊婦、患者をたらい回しする愛、慈悲のない医療がまかり通る根本原因と考えています。また「耐者」と訳すべき「Patient」、「ペイシェント」を「患者」と訳しています。「ペイシェント」は医者から見て「痛みや苦しみに耐える人」つまり「耐者」という意味です。これは「痛みや苦しみに耐える」から分かるように「心を寄せる慈悲、愛」のある言葉です。しかし、日本では「ペイシェント」を「病を患った人」、「患者」と呼びます。そして「そのような病を患った人が悪い」という見方をします。これも「治す人間」と「治される人間」と人を分離する理由と考えています。同様に「正義省」と訳すべき「Ministry of Justice」の「Justice」、「ジャスティス」を「正義」ではなく「法務」と訳し、「法務省」と訳しています。1.3.3.1 章で説明するように日本は「法律偏重の国」です。この原因は「Justice」、「ジャスティス」を「正義」と訳さず「法務」と訳している事にあると考えています。このように欧米の文明の概念の「日本風の理解」に気がつきました。

更に気がついたのが (6)「正義と利益の同時の実現」です。この意味は文字通り「正義と利益を同時に実現する事」です。これは筆者の IBM の体験が大きく影響しています。筆者が IBM に入社して最も日本と異なると感じたのは、アメリカ人は「正義と利益を同時に実現する事」です。それに対して日本では正義と利益、つまり金はまったく別物と考えます。これを一般的に言えば、「建前と本音」です。日本では「建前と本音」を使い分ける事が賢い事とされています。しかし、本当に賢いのは「建前と本音」を統合する「統論」を導く事です。これは自明です。次に「正義と利益の同時の実現」を一般的に言えば、「経営の要諦」です。更にもう 1 つ「技術の要諦」も導きました。これが既に説明した「個人の尊重」の「根幹となる概念」の (7)「真理→原理→テクノロジ」です。しかし、このような理解は日本では大変希薄です。これを実感したのが 30 代に液晶をアメリカ本社に提案した時です。当時、テクノロジの開発提案として何を提案するかについて侃侃諤諤《かんかんがくがく》の議論がありました。最終的に「液晶」と「あるモノ」が残りました。「あるモノ」を提案しているのは研究所長の技術補佐の方です。この方は筆者よりも年長で大変温和な方です。また東工大で工学博士を取得し高い識見をお持ちの方です。そのため筆者も大変尊敬していました。しかし、大変驚いたのは「テクノロジ」の意味を理解していませんでした。その方の「あるモノ」の説明を良く聞いてみると、明らかにテクノロジではなく「ある目的を持った専用回路」の設計です。そのためその事をご説明し、「液晶」にご賛同して頂きました。この時に日本では ⑺「真理→原理→テクノロジ」という理系の学問で最も重要な知識を教えていない事に気がつきました。確かに、この方は専門分野では大変優秀な博士ですが、「技術の要諦」を理解していませんでした。この知見も「正義と利益の同時の実現」と並んで日本の問題を解く上で大変重要な知見となっています。なお、なぜ筆者はこの事を理解していたのかと言うと、20代にもう一度物理を勉強し直したからです。この時に物理、つまり科学の解き明かした「真理」から電気・電子・半導体・通信工学や機械工学などの「原理」や「テクノロジ」が生まれている事を理解しました。これには物事を源流に遡って理解しようとする筆者の姿勢が大きく貢献していると考えています。このように「経営と技術の要諦」を理解した事は筆者の大きな自信となりました。これがその後の経路最適化ソフトウエアやモデリング言語などのソフトウエアの研究、開発で成功した要因と考えています。また「経営と技術の要諦」や「文明を支える３つの柱」そして「日本風の理解」や「日本の問題」に気づいたため、これらをまとめて執筆し、出版する事を強く意識するようになりました。

しかし、40代は仕事が忙しく、そのような時間はありませんでした。但し、考察は続けました。40代に考察し続けた疑問は「石高主義の悪しき弊害」や「日本風の理解」を生み出す日本人の思考パターンです。それに対してそうではない欧米人の思考パターンです。両者の本質的な差は何かです。なお、これに対しては「石高主義と蓄積主義」から概ね解答を導く事ができます。しかし、これは定性的、感覚的な説明です。人間の思考パターン、行動パターンを解明したものではありません。そのためもやもや状態が続きました。これが50代前半に「計算理論」つまり「計算の真理」を解き明かしたチューリングの1936年の論文を理解した頃にほぼ100%、日本人と欧米人の思考パターンを理解できました。この時に導いた結論が「第２期」の ⑻「解き方の真理」、⑼「思い・考え重視と鶴亀算・方程式の思考パターン」、⑽「サービス科学の発見と定義」です。⑻「解き方の真理」は「方程式」のように「問題の解き方」には誰でも客観的に理解、実践できる「普遍的な解き方」が存在するという意味です。また日本人と欧米人の思考パターンを100％理解し、導いた結論が既に説明した⑼「思い・考え重視と鶴亀算・方程式の思考パターン」です。

次に⑽「サービス科学の発見と定義」については導いた経緯を説明します。これを筆者の15年間考え続けた「ある質問」から説明します。この質問はIBMがサービスビジネスに戦略を転換させた1990年に催された新たな研究開発戦略を策定する会議で質問したものです。会議にはアメリカ・ヨーロッパ・日本の研究所からトップの研究員だけが招かれ、日本からは2人出席し、筆者はその1人でした。最初に座長から1時間ほど趣旨説明があり、最初に質問したのが筆者です。次に筆者の基本認識と質問を示します。これは①「テクノロジはApplied Scienceである。つまりテクノロジは科学に基づいて開発しなければならない」、②「今後IBMがサービスビジネスでテクノロジを開発していくとすれば、それはどのような科学に基づくのか」、③「従来のハードウエアのテクノロジは自然科学に基づいて開発してきた」、④「しかし、サービスビジネスの時代は、今までのように自然科学が新たなテクノロジを生み出すとは考えられない」、⑤「そのためそれはどのような科学なのか」、⑥「もし、その科学が分からず、単に経験やノウハウでソフトウエアやインターネットのテクノロジを開発するならば、それは18世紀の産業革命以前の16世紀の“ギルド時代”に戻る事だ」、⑦「そのような時代に逆行するような事をIBMはしてはならない」です。今振り返っても大変厳しい質問をしましたが、要約すれば「サービスを支える科学は何か」です。もちろんその解答が物理学を中心とした自然科学ではない事は明らかです。しかし、ここで重要な事は「我々は自然科学以外の科学を知らない事」です。そのため「それは如何なる科学か」という質問です。この質問に対しては誰も解答を出す事はできませんでした。そのため筆者自身への質問となり14年間、様々な専門書を読み、またそれに相当すると思われる経路最適化ソフトウエアの研究、開発を行い、考察し続け14年目の 2004 年のある日、解答が閃きました。そのため体系的にまとめ 15 年目の 2005 年に当時の座長に電子メールで送りました。なお、当時の座長はアメリカ IBM の基礎研究部門のトップとなり肩書きは IBM の上席副社長です。そのため組織の秩序が大変気になりましたが、15 年前に質問した方ですので「やっと、解答がみつかった」と電子メールで送りました。翌日彼から返事があり、アメリカの基礎研究所も「サービス科学」という同じ結論を 2005 年に発表した事を伝えてきました。また彼の部下からサービス科学の資料が送付され、これらを読み、同じ結論である事を知りました。これで 15 年間の考察の結論は誤っていなかったと大変安堵しました。

そして 35 年前に IBM に入社した「思い」を達成したと思いました。ここで IBM に入社した「思い」を説明すると、筆者はアメリカ人に使われるために IBM に入社したのではありません。そうではなく「世界一の頭脳と競争してみたい、そして勝ち、日本人もアメリカ人と同様に優秀な人間」である事を示したいという「思い」です。確かに日本は第二次世界大戦でアメリカに負けました。しかし、だからと言って、日本人がアメリカ人より劣るというものではありません。日本人もアメリカ人同様に優秀な人間であり、それを証明したいという「思い」で入社しました。なお、これに関して液晶を提案した時、記憶に残るアメリカ IBM の社長の言葉があります。それは「日本は第二次世界大戦でアメリカに負けた。日本はトランジスタ・ラジオという製品を創れても、トランジスタというテクノロジは創れない」です。そのため全身全霊を傾けて努力した結果、考えを改めて下さり、提案に賛同して頂きました。お分かり頂ける通り、これも IBM を信じても良いと思ったもう 1 つの理由です。そしてアメリカ IBM と同じく「サービス科学」を導く事ができました。そのため十分この「思い」を達成したと思いました。同時に「40 才の時に気づいた日本の問題の原因を説明する本」を執筆しようと思いました。そのため「サービス科学」の有用性をコンサルから確認した後、定年退職しました。

当初は 1 年で執筆は完了すると思いましたが 5 年 9 カ月かかりました。

この中で58才から60才の3年間で導いた結論が「第3期」の6個の結論です。⑾「人間の5元徳」と⑴「愛と真理と正義の健全な精神」は1番目の解決策の「愛と真理と正義」の根幹となっています。また⑿「日本人も欧米人も同じ平等」も分析の基本的考えとなっています。そのため⑾→⑴→⑿の順番で説明します。次に⒀「真理の活用」→⒁「郷の道理」→⒂「賢民賢国」を「筆者の日本の問題の解き方と進展」として説明します。

では⑾「人間の5元徳」から説明します。これはギリシャ哲学のアリストテレスの「真理・勇気・節制・正義」の4元徳に「愛」を加えたものです。「アリストテレスの4元徳」に「愛」を加えた理由は「真理・勇気・節制・正義」だけでは、また「愛」だけでは人類の問題を解決できないという筆者の理解、認識があります。これが日本と欧米の過去2000年の歴史を考察した筆者の結論です。この例を挙げれば、欧米の問題の原因は「思いやりなしで考えだけで行動」それに対して日本の問題の原因は「考えなしで思いだけで行動」と考えています。言うまでもなく、人間は完全ではありません。どちらも問題があります。欧米の問題例を挙げれば、アフリカ、アジア、中南米大陸の植民地です。これは「思いやりなしに考えだけで行動し、引き起こした問題」と考えています。それに対して日本の問題は学問の解き明かした「真理」や「原理」を「考えずに、思いだけで引き起こした問題」と考えています。次に、このように理解すると「思い」から生まれた「愛」そして「考え」から生まれた「真理」更に「勇気・節制・正義」の5つが皆等しく機能する事が重要である事に気づきます。そのため「愛・真理・勇気・節制・正義」の「人間の5元徳」はなによりも重要と導きました。これを「右脳と左脳」で言えば、「どちらも平等」に活躍する事です。「右脳」だけが、つまり「思い」だけが、逆に「左脳」つまり「考え」だけが重視されるのは「人間の自然な姿」ではありません。「右脳も左脳」も平等に活躍する事が必要です。これが「人間の5元徳」の意味です。

次に「人間の5元徳」の意味を具体的に説明します。これは「愛→真理→勇気→節制→正義」とつながっています。これを正確に説明すると次の通りです。「愛」は人間の心を純粋にし、純粋な心により人間は「真理」を見出す事ができ、真理を見出した人間はまだそれを知らない人間に教えようとする「勇気」が湧き、そして強きは弱きを助けるように教える時に「相手の分かる言葉」で話す「節制」を実行し、節制する心を持つ人間は必ず人を助ける「正義」を実行するという意味です。ここで重要なのが「愛→真理」です。これは 1.2.4 章で筆者の IBM での液晶開発の体験から説明します。ここでは「人間の５元徳」と「正義と利益の同時の実現」の関係を説明します。これも「愛→真理→勇気→節制→正義→利益」とつながっています。この意味は「人間の５元徳」の「正義」を実行したならば、確実に富も利益も実現するという意味です。つまり困っている人々を助ける本当の「正義」を実行したならば、困っている人々は働く事ができ新たな富、利益を生み出すという意味です。これは IBM でのテクノロジ開発から導いています。新たなテクノロジ開発は何によって「正義化」されるかと言えば、困っている人々が働く事により新たな富、利益が生まれるからです。これが新たなテクノロジ開発を正義化、つまり開発費を回収し、新たな利益を生み出します。「正義化」は既に説明したように「問題定義＋正義化１＋正義化２」です。この中で重要なのが正義と利益を同時に実現する「正義化２」です。このように「人間の５元徳」は「正義と利益の同時の実現の正義化２」という大変現実的な意味を持っています。この事も併せてご理解頂ければと思います。

次に大変興味深く思うのは、筆者の 52 年間の考察は「なぜ日本はアメリカに負けたのか」という素朴な疑問から始まりました。しかし、今振り返ると「文明とは何か」、「人間とは何か」、「国家・国民とは何か」を終始考察し続けたと言えます。この結論が ⑾「人間の５元徳」です。そして、この原体験が小学生の体験です。これを今回執筆のために再定義したのが ⑴「愛と真理と正義の健全な精神」です。⑴「愛と真理と正義の健全な精神」は１番目の解決策の根幹となっています。そのため次にこれを４つに分けて説明します。

理解したもの	年齢
①真理の重要性	小学１年生
②正義の重要性	小学１年生
③愛の重要性	小学５年生
④愛と真理と正義の実践	高専５年生

では ①「真理の重要性」から説明します。なお、以降の説明は叙述的です。そのため一休みする感じでお読み頂ければと思います。①「真理の重要性」は筆者の「真理の重要性」を実感、理解した体験です。このきっかけは小学校の教室にあった鉛筆削り器です。小学１年生当時の筆者の得意なモノは２つありました。１つは手先が大変器用であった事、もう１つは計算がずば抜けて早かった事です。計算の早い事は意識しませんでしたが、手先が器用である事は大変意識しました。この理由は、教室にある鉛筆削り器の削りカスが容器にいっぱいになりゴミ箱に捨て、もう一度入れ直す時に役に立つからです。他の生徒がやると上手く入れられないのですが、筆者がやると上手く入れる事ができました。これは小学１年生の筆者としては大変自慢できるものでした。先生に頼まれ喜んでやりました。夏休みも終わり２学期となり、たまたま教室に朝一番早く行った時に、鉛筆削り器の削りカスがいっぱいになっている事に気がつきました。人がいない時に良い事をするのが一番良い事だと思い、いつものように削りカスをゴミ箱に捨て、空の容器を入れようとしました。しかし、上手く入りません。いつものテクニックが通用しないのです。これはおかしい、何かあると思い鉛筆削り器を良く見ると外観は同じでしたが、新しい鉛筆削り器に替わっていました。そのため今までのテクニックが通用しない事を知り、色々やってみてなんとか入れる事ができました。この時に「あーこういうテクニックを覚えてもダメだ」と心底思いました。同時に今までのテクニックが通用しない事を知った時の何とも言えない無力感、絶望感を味わいました。これは小学１年生にとって本当に大きなショックでした。まさに全人格を否定されたようで、それこそ死ぬほどの思いでした。そのため、このようなテクニックを覚えてもダメだ、永久に変わらない事、つまり「真理」を覚えなくてはと思いました。これが

「真理」を大事にしなければと思った体験です。

次に ②「正義の重要性」も小学1年生の時の体験です。これは国語の授業で先生から源平合戦の話を聞いた時です。源義経が一の谷で鹿が下りられるなら、馬も下りられるだろうと下って平家を負かした話を聞いた時です。この時に瞬間的に金儲けの方法を覚えたと思いました。つまりタブーを破る、盲点を突くという事です。これをすれば大儲けできると思いました。しかし、同時にそれをやってはいけないと思いました。それは「正義」ではないからです。源義経は後ろから攻めました。これは色々理由があるにせよ「正義」ではありません。やはり正面から正々堂々と攻めて勝つべきです。それが「正義」だと思いました。そのためタブーを破り、盲点を突いて大儲けするような「不正義」は絶対してはいけないと思いました。これが「正義」を理解した小学1年生の「原体験」です。そして現在までこの考えは変わっていません。しかし、大変残念な事は、このようにタブーを破り、盲点を突き金儲けしたり、成功する例が後を絶ちません。しかも本当に情けないのは、日本ではこのようなやり方を「賢いやり方」と思っている人間が沢山いる事です。例を挙げれば、随意契約する官僚、税務署を退職した後に税理士になり顧客に脱税の指南をする税務署員などです。なにしろ彼等が法律を作ったのですから法律の盲点を突くのが一番上手いです。しかし、フーテンの寅さんの「それを言っちゃうおしめえよ」ではありませんが「それをやっちゃーおしめえよ」です。この事を小学1年生の時に理解しました。

次に ③「愛の重要性」は、小学5年生の時のある体験に基づいています。最初に経緯を説明すると、筆者は小学校に入る前に人生のほぼすべての苦労を味わったと思っています。「毎日、なぜあの時あのように人を傷つける言葉を言ってしまったのか、なぜあのような悪い事をしてしまったのか」と幼心に毎日が地獄でした。「それは大袈裟だろう」と感じるかもしれませんが、本当の話です。そのため小学5年生になるとピークに達しました。毎晩同じ夢を見ます。夢は筆者が背中に石を背負い山の上り坂を重いよ、重いよーと泣きながら登っています。そのため寝るのがイヤになりました。これが本当にピークに達した時、夢に長姉が現れました。そして「三郎、お前はネコ背だから、石がお前の背中にくるんだ。ちゃんと胸を張れ、そうすれば石は来ない」と言いました。そのため胸を張りました。すると石は背中からポロリと落ち、上り坂はみるみる間に平らな道になり、太陽が差し、道の周りは綺麗な花が咲き、空にはひばりが飛んでいました。これを夢で見ました。以来、人間は胸を張る事、つまり「健全な精神」を持つ事がなによりも大事と思うようになりました。その後、高専1年生で親鸞聖人の「善人なおもて往生を遂ぐ、いわんや悪人をや」を知り、筆者の苦しみは救われました。なによりも救われたのは「悪人も善人も等しく愛する心」です。「愛」が人間の苦しみを救ってくれます。「愛」が「人間の本質」です。「愛と真理と正義」の「健全な精神」に気づいたのが小学5年生の体験です。

次にこれらを実践したのが高専5年生の20才の時の④「愛と真理と正義の実践」です。これも経緯から説明します。筆者が東京高専に入学したのは東大に入学するためです。当時、東大に入学するには東京の国立の高等学校に入るのが1つのコースとなっていました。そのため筆者も東京教育大学（現筑波大学）駒場付属高等学校に入学しようと思いました。手始めに慶應義塾高校の数学の過去問を3年分やりました。これはすべて100点でした。次に本命の東京教育大学（現筑波大学）駒場付属高等学校の数学の過去問を3年分やりました。これはすべて60点台でした。100点でない理由は明らかです。学校で習っていない関数が出ているためです。これでは解ける訳がありません。これが筆者の体験した初めての日本の問題です。しかし、何とかなるだろうと思って、3月に先生に東京教育大学（現筑波大学）駒場付属高等学校を受験したいと話し、問い合わせて頂き、試験は2月に終了している事を知りました。そのため3月でも、まだ受験できる東京の国立の高等学校を紹介してもらい、東京高専に入学しました。

しかし、入学してこれは違う学校だと分かりました。それでも東大には編入できるだろうと思っていましたが、高学年になり東京高専からは東大に編入できず、編入できるのは東工大と知りました。しかし、今更、工業大学に入学しても意味がないと思いIBMに入社しました。しかし、東大への「思い」は、何としても断ち難いものがありました。この「思い」を一言で言うと、筆者は「東大に入学でき、且つ一番になれたという思い」です。そのためこれを証明する必要がありました。そして実行しました。どういう事かと言うと、東大の駒場の五月祭に行き、一番理屈っぽく手強そうな研究会を選び、研究会の全員を論破しました。リーダー格の方から「確かに関さんの仰る通りです。今後我々も改めます」と返事をもらい「分かればいいんだよ」と言って帰ってきました。これで日本で一番になり、次は世界の一番が集まっているIBMで頑張ろうと思いました。

ここで、なぜ研究会の東大生全員を論破できたかと言えば、終始「真理」を主張し続けたからです。奇妙奇天烈な屁理屈を並べ立てたのではありません。それに対して東大生は全員、どうでも良い枝葉末節の事を話してきました。この例を挙げれば、本に書いてある事や偉い人の説の受け売りです。自らの考えにより導いた「真理」というものがありません。これでは論破されるのも無理はありません。率直に言って、当初は論破したいと思って論戦を始めましたが、次第に論破してるのは「筆者」ではなく「真理」である事に気づきました。そのため「真理」を一人一人に伝えようという「思い」で「誠実」に話すようになりました。それに対して東大生は大変感情的になっていました。これは良く分かります。なにしろ研究会に一人で行き、研究会の最も重要とする考えが間違っていると話し始めたのですから、感情的になるのは当たり前です。7-8人が全員で「ただでは帰さない」という雰囲気で筆者を取り囲み次々と質問してきました。これが午後2時頃から夕方の6時半までの4時間半続きました。しかし、徐々に筆者の説明する「真理」を理解するようになり「確かに関さんの仰る通りです。今後我々も改めます」となり議論は終了しました。

この時に「真理の力」を実感しました。これを現在の筆者の言葉で言えば、筆者は当初「論破したいという不純な動機のマン」でした。しかし、「真理」がいつのまにか「筆者を真理を誠実に伝えるヒューマン」に再生していました。この事を話し始めてから２時間くらい経った時に感じました。そのため前述の通り、意識的に「真理」を伝えようと「誠実」に話すように心掛けました。この時、「真理」は人間を「マン」から「ヒューマン」に再生する事を初めて体験しました。また今振り返ると「論破」ではなく「人間は真理に従う」を理解できます。またこの根底には筆者が「ヒューマン」に再生した事が大きく貢献している事を理解できます。そして「ヒューマン」に再生したのは「真理」です。「真理の力」の「偉大さ」を実感します。またこの時の体験が筆者の人生の「原点」になったと思います。先に説明したように通産省の技官に質問した事、またIBMの戦略会議で最初に質問した事、これが地デジを、そしてサービス科学を生み出しました。信じる事があるならば「勇気」を持って実践する事、これが筆者の人生でした。筆者の63年間の人生を振り返ると、この「原点」が東大の五月祭だったと思います。そしてまた58才で「同じ思い・考え・志」から「日本の問題を解く」に取り組みました。本シリーズが日本国に貢献する事をなによりも願っています。

次にもう１つ筆者に大きな影響を与えた体験を説明します。これは入社２年目にアメリカの研究所に１年間勤務した事です。この結論が⑿「日本人も欧米人も同じ平等な人間」です。これはアメリカでの生活にも慣れてきた３カ月ぐらい経った時、感じるようになりました。何が同じかと言えば、「幸せになる事」です。日本人もアメリカ人も幸せになるために毎日頑張ってるんだと理解できました。これを理解したきっかけは特にありません。夕方家路を急ぐ車、レストランで楽しそうに食事をする家族、これらを見ているうちに自然に理解できました。そして、このように理解できると、大変心が落ち着いてきました。この理由は、筆者がアメリカに行ったのは今から41年前の1973年です。当時の日本とアメリカには大きな差がありました。そのため圧倒される思いでした。「しかし、そうか、アメリカ人も幸せになる事が人生の目的なんだ」と理解できると「日本人もアメリカ人も同じなんだ」と理解できました。そして圧倒される事なく、自然に振る舞えるようになりました。また日本にいる時に、ややもすると陥りがちな日本とアメリカをピンポイントで比較するような議論は意味がないと思うようになりました。この例を挙げると、日本の「箸」とアメリカの「フォークとナイフ」の比較です。これをどちらが優れていると議論する事は意味がないと思うようになりました。そうではなく互いの良さを理解し、尊重する事です。これが大変重要と感じるようになりました。

そして大変不思議な事ですが、筆者の心の中で日本とアメリカは「統合」されたと感じるようになりました。これを感じるようになったのは、半年ほど経った時です。いつしかこのような心持ちになっていました。そしてアメリカへのわだかまりというものはなくなっていました。言うまでもなく「なぜ日本はアメリカに負けたのか」という10代の疑問は「アメリカを敵視するもの」でした。しかし、そうではなく日本とアメリカは「統合」できるのではないかと思うようになりました。この意味は統一した視点から、それぞれの良さを理解し、尊重する事です。確かに日本とアメリカには大きな差があります。しかし、共に同じ人間として幸せになるため毎日頑張っています。そのためこの視点から、それは何から生まれたのかと考え、見極めていけば、必ず両者には共通するものがあります。そして「なるほど」と納得でき、共に尊重できます。これが日本とアメリカを「統合」するという意味です。これは30才の時に導いた「今後の人類の営みはすべて統合に向かう」の(3)「人類のシナリオ」の原体験となっています。また本書を読まれれば気がつかれると思いますが、それは何から生まれたかという表現が良く出てきます。これにより物事の本質を見抜く「抽象化能力」を自然に習得できます。このように考えるようになったのも1年間のアメリカの体験です。また「なぜ日本はアメリカに負けたのか」から「文明とは何か、人間とは何か、国家・国民とは何か」と大きく転換したのもこの時です。このように筆者の入社2年目のアメリカでの1年間の体験は大変貴重なものでした。これがその後の筆者の考察を健全なものにし、日本と欧米のどちらかに偏るのではなく、等しく考察できるようになったと思います。

では次に(13)から(15)を「筆者の日本の問題の解き方と進展」として説明

します。⒀「真理の活用」はチューリングの「オラクル」に関する論文を読んでいる時に気づいたものです。先に説明したように筆者は子供の頃から計算はずば抜けて早かったです。しかし、なぜ早いのかは分かりませんでした。これが偶然にもチューリングの「オラクル」の論文を読んでいる時に理解できました。「オラクル」はチューリングが「理想のコンピュータ」と定義したものです。どのような難しい問題もたった1回の計算で解いてしまいます。このような「理想のコンピュータ」があるとチューリングは説明しています。しかし、それがどのようなものかは説明していません。そのため筆者も最初は良く分かりませんでした。しかし、コンピュータ・サイエンス、計算機科学の書物や論文を数多く読んでいる時に、突然閃き理解できました。このポイントは、まさにどんな問題も1回の計算で解くの「1回」にあります。つまり「オラクル」は「すべての問題の解答用紙を持っているコンピュータ」です。そのためどんな問題も解答用紙を「1回」検索し、解答を出力します。これが「オラクル」と理解できました。そして、なぜ自分は計算が早いのかを理解できました。筆者の計算の早いのを現象として言えば、数字を見ると自然に答えが頭に浮かぶ事です。そのためずば抜けて早いという事になります。そして筆者の頭は「オラクル」になっている事を理解できました。つまりすべての解答用紙を持っている事です。ここですべての解答用紙は「足し算の9＋9」です。普通は「掛け算の9×9」を暗記していますが、筆者はもう1つ「足し算の9＋9」も暗記している事に気がつきました。そのため数字を見ると足し算、引き算の答えが頭に浮かびます。つまり「足し算の9＋9」の解答用紙を「1回」検索し、答えを導いています。これを筆者の頭は数字を見ると自然に行っています。この事を50代になりチューリングのオラクルの論文から理解できました。

ここで重要な事は、計算する時はいちいち計算するのではなく「足し算の9＋9」という解答用紙や「掛け算の9×9」という解答用紙にアクセスする事が「最も良い方法」という事です。つまり「足し算の9＋9」や「掛け算の9×9」という「解答用紙」すなわち「真理の活用」です。そして、これが「筆者の日本の問題の解き方の基本的考え」です。この意味は既に解き明かされた「真理」を問題解決に活用します。つまりゼロから考えるのではなく、既に知っている「真理」から問題を解きます。これが 1.2.1 章から 1.2.9 章で日本の問題を解くために必要な知識、知見を説明する理由です。これに基づいて日本の問題の原因を明らかにし、解決策を導きます。これはまた 2 番目の解決策で説明した「真理→原理→テクノロジ」を導く源の知見になっています。しかし、これを妨げているのが既に説明したように ⒁「郷の道理」です。「郷の道理」が「学問の真理や原理」を退けます。日本はこれを解決し、正しい進路、つまり「国家ビジョン」に向かって成長、進歩しなければと考えるようになりました。この結論が ⒂「賢民賢国」です。これは本書の執筆のためアメリカの市民教育を調べる中で導きました。1.2.5 章で説明するように、トーマス・ジェファーソンの「分別を教育により知らせる」という言葉から ⒂「賢民賢国」という着想を得ています。

ここで大変興味深いのは前書きで紹介した「10 個の概念」の中で 58 才から 60 才の 3 年間で最初に「解決の道筋」の根幹の ②「人間の 5 元徳」と「解決策のゴール」の ⑩「賢民賢国」を導いた事です。これにより「解決策の礎」が定まり、次に第 4 期の「61 才から 63 才」の「2 年 9 カ月」で具体的な「解決への道筋」の ⑦、⑤、⑧、⑨、③、⑥を導きました。これらを導くのは本当に大変でしたが、今振り返ると自然な「進展」であったと思います。では最後にこれらと 1 番目から 5 番目の解決策との対応を説明します。1 番目の解決策に対応するのが ①「石高主義と蓄積主義」、②「人間の 5 元徳」、③「思い・考え重視と鶴亀算・方程式の思考パターン」、④「マン→ヒューマン→ミドルクラスの人々」です。2 番目の解決策に対応するのが ⑤「真理→原理→テクノロジ・法律・予算・政府」と ⑥「個人の尊重が民主主義の根幹」、3 番目の解決策に対応するのが ⑦「価値と原理と手順の統論」です。4 番目の解決策に対応するのが ⑧「正義化」、5 番目の解決策に対応するのが ⑨「人間の進歩の方法論」そしてゴールが ⑩「賢民賢国」です。これは今までの説明から概ねご理解頂けたと思います。では次に今まで説明してきた事を「日本の問題の分析の概要」として具体的に説明します。

1.2 章　日本の問題の分析の概要

本章は「日本の問題の分析の概要」を説明します。これから日本の「問題の原因」や「解決への道筋」そして「解決策の実践知識」をご理解頂けます。これを 1.2.1 章から 1.2.9 章の 9 つの章に分けて説明します。「各章」と「問題の原因」と「解決策」の対応は次の通りです。「1.2.1 章と 1.2.2 章の前半」は日本の「問題の原因」を説明します。次に「1.2.2 章の前半、1.2.3 章、1.2.9 章」は「1 番目の解決策」の「解決への道筋」を説明します。また「1.2.2 章の前半、1.2.4 章から 1.2.6 章」は「2 番目の解決策」の「解決への道筋」を説明します。次に「1.2.6 章から 1.2.7 章」は「3 番目の解決策」の「解決への道筋」と「解決策の実践知識」を説明します。また「1.2.8 章」は「4 番目と 5 番目の解決策」の「解決への道筋」と「解決策の実践知識」更に「1 番目から 3 番目の解決策の実践知識」を説明します。次に「1.2.2 章の後半」は本書の執筆のため筆者が新たに発見、定義した「知見と文明史観」を説明します。この知見も「個人の尊重」と同様に重要です。また文明史観は「1 番目から 5 番目の解決策の根拠」となっています。最後に既に説明したように 1.2.5 章から 1.2.8 章は「市民・哲学のある人間・国家の経営者・科学技術者」の「要件」を説明します。

お気づきの通り、説明の内容は「前半」と「後半」で異なります。「前半」の「1.2.1 章から 1.2.6 章」は「問題の原因」と「1 番目の解決策」と「2 番目の解決策」の「解決への道筋」を説明します。それに対して「後半」の「1.2.7 章と 1.2.8 章」は「解決への道筋」と「3 番目から 5 番目の解決策の実践知識」更に「1.2.8 章」は「1 番目から 3 番目の解決策の実践知識」を説明します。この理由は 3 番目から 5 番目の解決策また 1 番目から 2 番目の解決策には「実践知識」が必要なためです。この例を挙げれば、既に紹介したように 3 番目の解決策の「価値と原理と手順の統論」を導く「抽象化と統論の実践知識」などです。そのためこれらの「実践知識」も説明します。また「実践知識」を理解すると「日本の問題や原因」も更に深く理解できます。そのため適宜これらも説明します。では 1.2.1 章の「日本と欧米の比較の概要」から説明します。

1.2.1 章　日本と欧米の比較（2 章）の概要

本章は「日本と欧米の比較の概要」を説明します。これから日本の問題の原因を導きます。これを次の図に基づいて説明します。

図 13　日本と欧米の比較

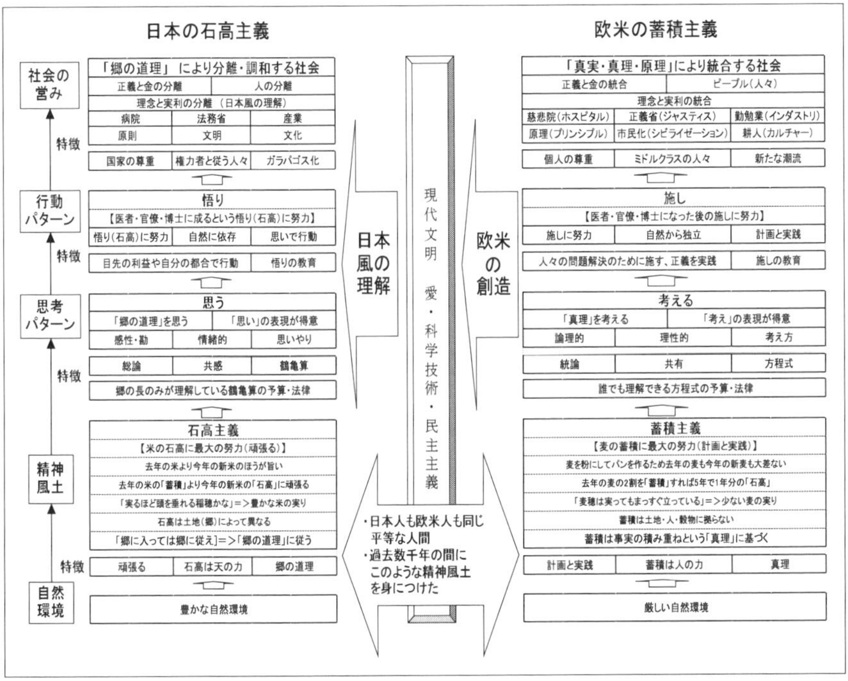

最初に読者の皆様はこのような図を見られて大変驚かれたと思います。これは筆者も同じです。筆者もこのような詳細な図が日本の問題の分析に必要とは思っていませんでした。しかし、日本の問題の分析にはこのような詳細な図が必要となります。これにより日本の「問題の原因」を統一的に解明でき、読者の皆様も容易にご理解頂けます。内容の説明の前に「解明の原理」と「日本の問題を解く枠組み」を図 13 に基づいて説明します。この図は

「解明の原理」の「真理」に相当します。これに基づいて筆者は日本の「問題の原因」を導きます。また「原理は真理に基づく」の通り、この図の「自然環境→精神風土→思考パターン→行動パターン→社会の営み」という「形式」は1.3章の「問題定義」に引き継がれます。同様に「問題の原因」は1.3章の「問題定義」に引き継がれます。「問題の原因」は本章の最後に説明します。なお、前述の「真理」は過去の「真理」という意味です。今後の「真理」ではありません。言うまでもなく、人間は進歩します。

では次に図13の内容を説明します。これは筆者の52年間の考察を要約したものです。本章はこれを7つに分けて説明します。これは ①「分析の基本的考え」、②「自然環境の比較」、③「精神風土の比較」、④「思考パターンの比較」、⑤「行動パターンの比較」、⑥「社会の営みの比較」、最後に ⑦「日本の問題の原因」です。では①「分析の基本的考え」から説明します。これは図13からもある程度ご理解頂けると思います。筆者は自然環境が精神風土を醸成し、精神風土は思考パターンを醸成し、思考パターンは行動パターンを醸成し、そして行動パターンは社会の営みを醸成すると考えています。要約すると「自然環境→精神風土→思考パターン→行動パターン→社会の営み」です。これが筆者の「分析の基本的考え」です。これにより日本の「問題の原因」は大変複雑ですが、統一的に解き明かす事ができます。更に2つの筆者の基本的考えを説明します。これは図13の中央下に示される通り、「日本人も欧米人も同じ平等な人間」と「過去数千年の間にこのような精神風土を身につけた」です。前者の「日本人も欧米人も同じ平等な人間」は既に前章で説明した通りです。そのため「過去数千年の間にこのような精神風土を身につけた」と考えています。良く日本では「日本人は感情的であり情緒的」それに対して「欧米人は論理的で理性的」と説明されます。そして「これはいかんともし難い」と考えられています。しかし、筆者はそのようには考えていません。確かに図13からそのような傾向は分かります。しかし、「過去数千年の間にこのような精神風土を身につけた」と考えています。そのため生まれながらにして「そうだ」とは考えていません。これはにわかに信じられないと思います。しかし、本シリーズを読み進んでいく内に多くの真実からご理解頂けます。

次に ②「自然環境の比較」から ⑥「社会の営みの比較」を順を追って説明します。最初にこれらの要点を図 13 から抜粋して次に示します。

項目	日本	欧米
⑥社会の営み	- 郷の道理により 分離・ 調和する社会	- 真実・真理・原理により 統合する社会
⑤行動パターン	- 悟り	- 施し
④思考パターン	- 思う	- 考える
③精神風土	- 石高主義	- 蓄積主義
②自然環境	- 豊かな自然環境	- 厳しい自然環境

以降はこれらの要点に沿って説明します。では②「自然環境」から説明します。これは直感的にご理解頂けると思います。日本は「豊かな自然環境」です。それに対して欧米、具体的にはヨーロッパは「厳しい自然環境」です。この事はヨーロッパの国々は概ね北海道より北に位置している事から容易にご理解頂けると思います。しかし、上位の要点はちょっと理解し難いと思います。そのため次に順を追って説明します。

③「精神風土の比較」の要点は既に説明した通り、日本の精神風土は「石高主義」、欧米の精神風土は「蓄積主義」です。「石高主義」と「蓄積主義」の意味は次の通りです。

項目	意味
- 石高主義	- 米の石高に最大の努力をする
- 蓄積主義	- 麦の蓄積に最大の努力をする

ご覧の通り、「石高主義」は「米の石高に最大の努力をする」の「石高」から命名しています。「蓄積主義」は「麦の蓄積に最大の努力をする」の「蓄積」から命名しています。これが 20 才の時に導いた ⑵「石高主義と蓄

積主義」です。既にこれらの意味は説明しています。そのため次にこれらの精神風土がどのように醸成されたのかを説明します。日本の「石高主義」の要因は２つと考えています。１つは新米の旨さ、もう１つは豊かな自然と米の恵みです。新米の旨さは直感的にご理解頂けると思います。昨年の米よりも今年収獲した新米の方が圧倒的に美味しいです。そのため日本人は昨年の米の「蓄積」よりも今年の新米の収穫高、つまり「石高」に努力するようになり、これが「石高主義」を醸成した考えています。次に豊かな自然と米の恵みも良くご理解頂けると思います。図13に示すように米の収穫高は「実るほど頭を垂れる稲穂かな」のように大変豊かです。なお、この意味は本来の意味の「謙虚」ではなく、単純に「重い」です。そのため日本では米を「蓄積」するという発想は生まれなかったと考えています。この理由は明らかです。「蓄積」しなくても十分暮らしていけるからです。それに対して麦の収穫高は、図13に示すように「麦穂は実ってもまっすぐ立っている」の通り、大変少ないです。既に説明したように筆者は農作業を手伝い、子供心に稲の束は重いが、麦の束は大変軽いと感じました。これが欧米人に麦の「蓄積」に努力する「蓄積主義」を醸成したと考えています。これは些細な差のように見えますが、思考パターン、行動パターンそして社会の営みに大きな影響を与えています。

そのため次に ④「思考パターンの比較」から説明します。筆者は日本人の思考パターンは「思う」それに対して欧米人の思考パターンは「考える」と考えています。ここで「思う」の思考パターンは「感性の右脳と論理の左脳の連携による高度な知的行為」それに対して「考える」の思考パターンは「論理の左脳による普通の知的行為」と考えています。これは50代の時の⑻「解き方の真理」から導いたものです。では、なぜこのような思考パターンが醸成されたのでしょう。日本人の「思う」の思考パターンの要因は「稲作」と考えています。これは「稲作」を考えると容易にご理解頂けます。既に説明したように「稲作」では感性鋭く自然の動きを察知し、収穫高、つまり石高を増やすために過去の経験や勘に基づいて素早く行動する事が必要です。なお、「勘」とは瞬間的に考える事です。これが「感性の右脳」と「論理の左脳」の連携による「思う」という思考パターンを醸成したと考えています。それに対して「蓄積」は人間の行為であり自然に影響されません。また重要な事は蓄積している穀物を「冷静」に把握する事です。これが欧米人に「冷静」に「ことを明らかにする」の「考える」の思考パターンを醸成したと考えています。両者の思考パターンは筆者の 37 年間の IBM 人生からも実感しています。なにしろ日本人は「思い」を「思いの丈」話します。それに対してアメリカ人は「思い」を実現する「考え」を話します。このギャップを本当に良く実感しました。両者の思考パターンを良く示すのが既に説明した日本の「総論」と欧米の「統論」です。既に両者の要点は説明しています。ここでは鶴亀算と方程式の比較から、更に具体的に説明します。最初に鶴亀算と方程式の比較を次に示します。

図 14　鶴亀算と方程式の比較

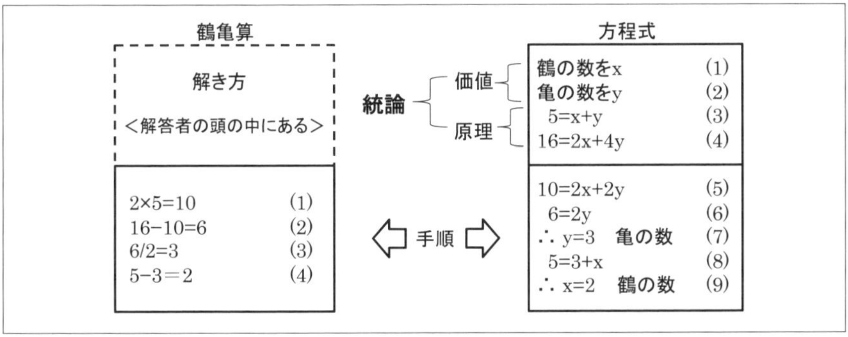

ご覧の通り、両者の解き方には大きな差があります。しかし、図 14 はちょっと理解し難いと思います。これは問題を知る事により理解できます。次に問題を示します。これは「鶴と亀が併せて 5 匹（羽）います。足の本数は合計で 16 本です。鶴と亀はそれぞれ何匹（羽）いるでしょうか。なお、亀の足の本数は 4 本で、鶴の足の本数は 2 本です」です。これが良く知られて鶴亀算の問題です。これから方程式の (1) から (9) の式の意味は理解できると思います。それに対して鶴亀算の (1) から (4) の式の意味は分からないと思います。鶴亀算の式は「解き方」を理解する事により分かります。次にこれを示します。

鶴亀算の解き方

鶴亀算で問題を解く時の特徴は足の本数に着目します。足の本数は合計で 16 本あります。そのためすべてを鶴と想定し足の数を計算すると、2 × 5=10 となり 16 本より 16–10=6 で 6 本足りません。そのため足の数を 16 本となるように鶴と亀を入れ替えます。この際に足の本数は亀の方が 2 本多いため 2 本ずつ増える事になります。そのため足らない本数の 6 本を入れ替えにより増える 2 本で割り、6/2=3 で亀は 3 匹となり、鶴は 5–3 ＝ 2 羽となります。

お分かり頂ける通り、鶴亀算の (1) から (4) の式は「解き方」から計算式を抜き出したものです。そのため鶴亀算の式を理解するには「解き方」を理解する必要があります。しかし、「解き方」は解答用紙には記述されません。「解き方」は解答者の頭の中にあるだけです。これが第 3 者に理解し難い理由です。それに対して方程式は (1) から (9) の通り、明確に「解き方」が記述されています。これが方程式の大きな特徴であり長所です。ここで方程式の (1) と (2) の式は既に説明したように問題を解く「価値」、(3) と (4) の式を問題を解く「原理」、(5) から (9) の式を問題を解く「手順」と定義します。次に「価値」と「原理」を表現するものを「統論」と呼びます。なお、正確に言えば、「統論」は (5) 式から (9) 式の「手順」も含みます。そのため「価値」と「原理」と「手順」の 3 つが「統論」です。但し、「手順」は「価値」と「原理」から導かれます。そのため「統論」として重要なのは「価値」と「原理」です。本シリーズで「統論」と言えば、直接的には「価値」と「原理」、正確に言えば、「手順」も含まれるとご理解頂ければと思います。このように方程式は「価値」と「原理」を「統論」として明確に表現します。それに対して鶴亀算は「手順」のみを示し、「価値」と「原理」を表現しません。これが既に説明したように第 3 者には良く理解できない理由です。そして様々な問題を生み出しています。それに対して方程式はそのような問題を生み出しません。

では、なぜ鶴亀算では「価値と原理」を明らかにしないのでしょう。これは右脳と左脳の連携にあると考えています。コンピュータ・サイエンス、計算機科学が明らかにするように２つのCPU、つまり右脳と左脳の連携は実は大変複雑な方法です。そのため第３者が客観的に理解できるように説明するのは大変困難です。これは前述の稲作もそうですし、後半で説明する「匠の技」も同じです。体では普通にできる事ですが、「匠の技」を文字や文章として表現しようとすると大変困難です。しかし、視点を変えて言えば、鶴亀算は大変高度な知的活動です。この良い例は、高速である事です。これは前述の式の数から分かります。方程式は (1) から (9) の９つの式が必要です。それに対して鶴亀算では (1) から (4) の４つの式です。つまり鶴亀算は半分の式です。そのため「計算」だけ見れば、方程式と比べて２倍早く問題を解いている事になります。更に、鋭い感性により問題の特徴が鶴亀の足の数にある事に気づき、最初にざっくりと近似解を求めます。これも大変優れています。それに対して方程式は最後まで答えは分かりません。すべて計算してやっと答えが分かります。そのため大変まどろっこしく遅いやり方です。それに対して鶴亀算の問題は第３者には分からない事です。更に鶴亀算は２つの問題があります。１つは「鶴亀という郷」しか適用できない事です。そのため「足のないリンゴやミカンという郷」には適用できません。つまり「郷のやり方」です。そのため「郷」に入らなければ分かりません。しかし、外部の人間は「郷」、つまり内部に入って何かをする訳ではありません。そのため外部の人間には分からないという事になります。これが「日銀村」や「原子力村」などの「村」や「村の閉鎖性」を生み出します。その結果「教えてあげる人間」と「教えてもらう人間」を生み出し、そして「村の専門家」の考えをそのまま受け入れる事になります。それに対して方程式は「鶴亀という郷」でも「リンゴやミカンという郷」でも使用でき外部の人間にも容易に理解できます。この理由は「価値」と「原理」が明らかにされているためです。更に鶴亀算の問題は「鶴の足は２本、亀の足の数は４本」という「鶴亀の郷」の専門知識が計算の時に必要です。これを正確に言えば、既に説明したように鶴亀算の特徴は「鶴亀」という「実体」で問題を解きます。それに対して「方程式」は「数」という「抽象化された概念」で問題を解きます。次にこれを示します。

図 15　鶴亀算と方程式の解き方の本質

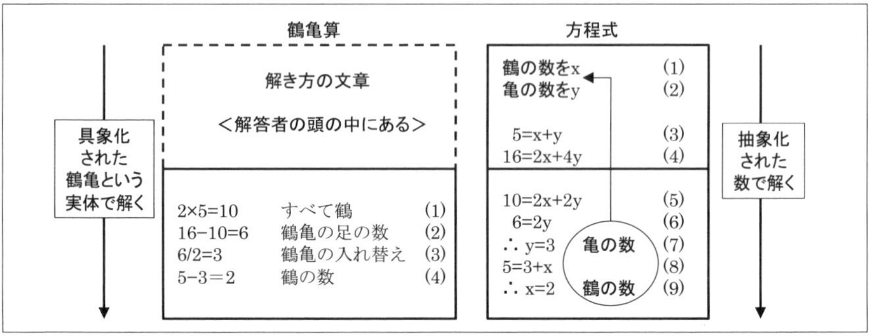

ご覧の通り、方程式は (1)式と (2)式で鶴と亀の数をｘとｙに置き換えた後は、すべて「数」という「抽象化された概念」で問題を解きます。これが「数」という「抽象化された概念」で問題を解くという意味です。それに対して鶴亀算では、(1)式は「すべて鶴」、(2)式は「鶴亀の足の数」、(3)式は「鶴亀の入れ替え」、(4)式は「鶴の数」と常に「鶴亀」という「実体」を意識して問題を解きます。これが鶴亀算は「実体」で問題を解くという意味です。そのため鶴亀算は計算しながら「実体」を意識する必要があります。しかし、人間は同時に２つの事を考えるのは苦手です。これが鶴亀算の複雑な理由です。そして鶴亀算の短所です。要約すると「鶴亀算の解き方」は「高度で早い方法」という長所、逆に「複雑で理解し難い」という短所があります。次に「方程式の解き方」は「第３者が理解し易い」という長所、逆に「遅くてまどろっこしい」という短所があります。この事に気づいたのがチューリングの論文を読み、(8)「解き方の真理」を導いた時です。この時に今まで説明した事を理解しました。次にこれを示します。

要点	鶴亀算	方程式
・特徴	高度で速い方法	単純で遅い方法
・右脳と左脳の連携	○	×
・意識するもの	計算と実体	計算
・価値と原理を統論として表現	×	○
・第３者が客観的に理解できる	×	○
・重視するもの	手順	価値と原理

ご覧の通り、鶴亀算は右脳と左脳の連携による「高度で速い方法」です。しかし、短所は「価値と原理を統論」として表現しません。そのため第３者が客観的に理解できない事です。鶴亀算で重視するのは「手順」の計算です。これが「鶴亀算の法律・予算」を生み出します。但し、鶴亀算は大きな利点も提供します。これは先に説明した通り、高速である事です。更に例を挙げれば、金属を削る音から精度高く金属加工をする「匠の技」であり、また手の触った感覚で重さを精度高く測定する事などです。音や触った感覚を対象とする右脳と、精度を見極める左脳の連携です。これは大変高度な「匠の技」です。しかし、「匠の技」を理解し難い事です。これは「匠の技」を持っている本人も同じです。体では普通にできる事ですが、文字や文章として表現しようとすると大変困難です。そのため徒弟制度的に教える事になります。これは様々な問題を生み出します。この根本原因は「鶴亀算の思考パターン」のため「実体」を対象とし、「抽象化された概念」として考え、表現しないためです。それに対して欧米人の思考パターンは方程式のように「数」という「抽象化された概念」で問題を解きます。更に他の例を挙げれば、音を「楽譜」という「抽象化された概念」、絵を「遠近法」という「抽象化された概念」で表現します。このように欧米人は「数」や「楽譜」や「遠近法」という「抽象化された概念」で表現します。これが欧米人の思考パターンであり、やり方です。この長所は第３者が容易に理解できる事です。これが欧米の数学などの学問や音楽や絵画が世界に普及している大きな要因と考えています。

このように鶴亀算と方程式の思考パターンの根本的な差は「実体」と「抽象化」です。この差は 1.2.6 章から 1.2.8.2 章で説明するように日本人は「抽象化」が大変苦手という問題を生み出しています。「抽象化」はソフトウエア、IT、インターネットでは大変重要な能力です。現在日本はこれらの分野で大変遅れています。この根本原因は、日本人は「抽象化」が苦手なためと考えています。では、なぜ日本人は「抽象化」が苦手なのでしょう。この原因も稲作にあると考えています。稲作で重要な事は太陽、土地、水、風、雲、山などの自然が一体となって石高を生み出す事です。そのため 1 つだけ最も重要な事、つまり「本質」を「抽出」しません。つまり日本人は「抽象化」の必要性を過去 2000 年間、感じてきませんでした。これが日本人の「抽象化」の苦手な原因と考えています。それに対して蓄積主義では大きく異なります。蓄積主義では「残量」という「本質」を抽出しておく事が不可欠です。そうでなければ生活そのものが成り立ちません。これが欧米人に「本質」を抽出する「抽象化能力」を育んだと考えています。この事から石高主義と蓄積主義の差を「能力」の視点から言えば、「抽象化能力」の差と考えています。ここで重要なのが 1.2.6 章から 1.2.8.2 章で説明するように「抽象化能力」は「価値と原理と手順の統論」を生み出す基本能力である事です。そのため「抽象化」の苦手な日本人は「統論」を生み出す事ができなかったと考えています。

では次に ⑤「行動パターンの比較」を説明します。これは容易にご理解頂けると思いますが、思考パターンは行動パターンに大きな影響を与えます。そのため「思う」という日本人の思考パターンが「悟り」それに対して「考える」という欧米人の思考パターンが「施し」という行動パターンを生み出したと考えています。そして根底にあるのは精神風土です。そのため最初に石高主義の行動パターンから説明します。これは先に説明したように稲作では自然の動きを鋭い感性により察知、つまり「悟る事」が重要です。これにより迅速に対応できます。これが日本人に「悟り」という行動パターンを醸成したと考えています。それに対して蓄積主義では、毎日の穀物の消費、つまり家族への「施し」が重要です。これを無計画で気分次第で消費していれば、たちまち蓄積は枯渇してしまいます。そのため「施し」に大変努力するようになり、これが欧米人に「施し」という行動パターンを醸成したと考えています。ここで両者の行動パターンの差を良く示すのが「計画」です。日本人は「計画」が大変苦手です。それに対して欧米人は大変得意です。この事を筆者はIBMの体験から実感しています。そもそも日本人は「思い」、「悟り」を重視するため「計画」という意識がありません。そのためほとんどは「思い」、「願望」が計画になります。それに対してアメリカ人は「思い」を実現する「考え」を計画として上手に作成します。これには感心します。では、なぜアメリカ人は計画を上手に作成できるのでしょう。これは事実、真実に基づくからです。「こーしたい、あーしたい」という「思い」、「願望」ではなく、それを実現する「考え」を事実、真実、更に言えば、真理、原理に基づいて作成します。そのため達成可能な計画を作成し、実際に達成します。なお、この事には大変驚きますが、本シリーズで説明するように福沢諭吉も「学問のすすめ」で日本人は「計画」が苦手である事を説明しています。福沢諭吉の慧眼には改めて敬服します。では「思い」で行動する日本人の問題は何でしょう。その最たるものが次と考えています。

図 16　頑張る・慢心の繰り返し

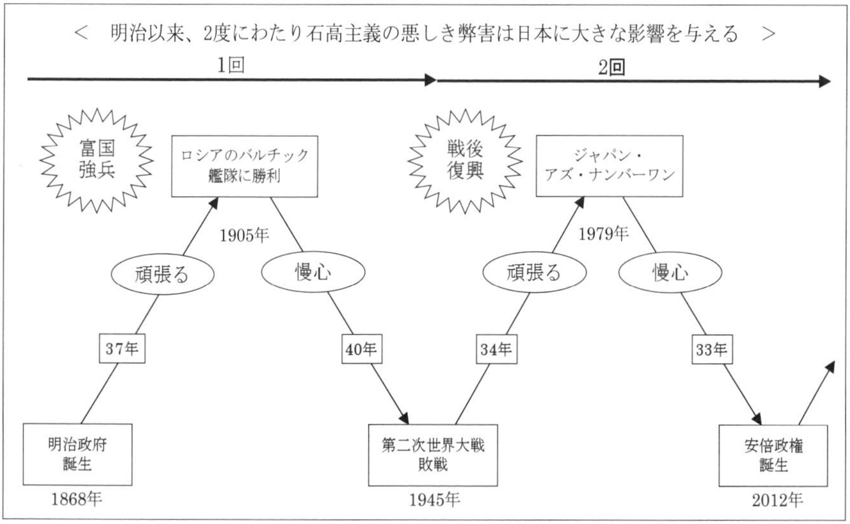

ご覧の通り、筆者は、明治以来２度にわたり日本は「頑張る・慢心」を繰り返してきたと考えています。これが日本の大きな問題と考えています。ここで「慢心」の原因を明治で言えば、日清・日露戦争に勝利し、「日本は一等国になった」という「思い」です。戦後は「ジャパン・アズ・ナンバーワン」、「日本は世界一」という本がアメリカ人から出版され、「日本は世界一」になったという「思い」です。明治も戦後も共に頑張った結果「一等国になった」、「世界一になった」という「思い」が「慢心」を招いたと考えています。これが「思い」で行動する、つまり「思いで行動」の最大の問題と考えています。この問題は 1.3.2 章で説明します。

次に ⑥「社会の営みの比較」を説明します。最初に石高主義から説明します。これは容易にご理解頂けると思います。稲作は土地によって微妙に異なります。これを示す言葉が「郷に入っては郷に従え」です。ここで従うものは「郷の道理」です。「郷の道理」は明文化されたものではなく稲作という作業をしながら伝授されるノウハウです。このノウハウが「郷の道理」となり、これに従う事が石高を増やすため大変重要です。そのため「郷に入っては郷に従え」が「郷の道理」を生み出し、そして「郷の道理により分離・調和する社会」を醸成したと考えています。ここで「分離・調和」の意味も概ね分かると思います。それぞれの「郷」は分離され、調和されています。そして郷の中でも「分離」があります。これが「人の分離」です。この例を挙げれば、「郷の長老」と「長老に従う人々」です。この構図は広く日本の社会に存在します。この一例が既に説明した「教えてあげる人間」と「教えてもらう人間」です。この原因は「郷に入っては郷に従え」にありますが、更にもう１つの原因があると考えています。それは自然に対する日本人の見方です。日本人は自然も分離、調和されていると考えています。これを示すのが「八百万《やおよろず》の神」です。稲作では太陽、土地、水、雲、風、山などのすべての自然が大変重要です。そのためこれら１つ１つを神として大切に敬うようになり、これが「八百万の神」を生み出したと考えています。そのため「八百万の神」は自然を大切にする事であり、良い考えです。しかし、悪しき弊害もあります。それは日本の社会は「八百万の神」のように各分野に

「郷の長老」が存在し、それぞれが「郷」を形成し、自分の領分を固く護り、外部の人間の考えをまったく受け入れない事です。これが陰に陽に様々な問題を生み出しています。そのため日本の社会は一見分離、調和されているように見えますが、内実は多くの問題があります。これが「郷の道理」であり「郷の長老の院政」であり「村の閉鎖性」です。

それに対して蓄積主義では、昨日の蓄積から今日の消費量を差し引く残高という「真実・真理・原理」がなによりも重要です。これが欧米に「真実・真理・原理により統合する社会」を醸成したと考えています。ここで「統合」は既に説明したように「真実・真理・原理」を共有して「考え」を統一する事です。「統合する社会」の「統合」はアメリカ、イギリスの国名や国連の名前を見ても良く分かります。次にこれを示します。

国名・組織名	英語
アメリカ	United States of America
イギリス	United Kingdom of Great Britain and Northern Ireland
国連	United Nations

ご覧の通り、「United」、「統合された」のように「統合」という言葉が使用されています。この事から欧米、とりわけアメリカ、イギリスは「統合する社会」をご理解頂けると思います。次に「真理・原理」は既に説明したアメリカ独立宣言の「前半の真理」と「後半の原理」からご理解頂けると思います。ここで大変重要な事は、実は日本も「日本国憲法」により「原理により統合する社会」と定められている事です。「統合する社会」は憲法第 1 条に明確に定められています。これを英語の原文と併せて次に示します。

日本国憲法第 1 条

天皇は、日本国の象徴であり日本国民統合の象徴であって、この地位は、主権の存する日本国の総意に基づく。

英語の原文

The Emperor shall be the symbol of the State and of the unity of the people, deriving his position from the will of the people with whom resides sovereign power

ご覧の通り、「天皇は、日本国の象徴であり日本国民統合の象徴」と明確に定められています。英語の「unity」、「統合」という言葉が明確に使用されています。そのため日本も憲法では「統合する社会である事」をご理解頂けると思います。「原理」は既に説明したように憲法の前文で「日本国憲法の原理」が定められています。そのため憲法によれば、日本も欧米と同様に「原理により統合する社会」です。しかし、実態はまったくそうではありません。これが日本の問題です。この原因は「統合」と「原理」の意味が正しく理解されていないためと考えています。

そのため次に「統合」から説明します。これを「日本国民統合の象徴」から説明します。なお、最初に第1条の条文について「日本風の理解」を説明します。説明したい文言は、本シリーズで説明するように「この地位は、主権の存する日本国民の総意に基づく」の「基づく」です。現在の条文は「基づく」と断定的に言い切っていますが、英文の原文にはそのような意味はありません。「基づく」と訳されている英語は「deriving」の「動名詞」です。「動名詞」は状況を説明するものです。つまり「derive している状況」を説明します。Webster の「derive」の意味をそのまま英語で示すと「come from source」または「originate」です。「come from source」は「源から来る」であり「originate」は「起こる、生じる、始まる」です。そのため日本語で言えば、「由来する、生じている、生まれている」です。「deriving」は「この生まれている状況」を説明します。これを条文では「基づく」と訳しています。そのため現在の条文は日本国憲法が「天皇の地位」を定めるというような印象を与えますが、そうではありません。「天皇の地位」が生じている状況を説明しています。これは「過去 2000 年、日本人が天皇陛下を敬い、尊敬した歴史」を忠実に表現しています。これを分かり易く説明すれば、日本国憲法は「天皇の役割」を定めていますが、「天皇の地位」は定めていない事です。そうではなく「天皇の地位」は日本国憲法以前に日本に存在し、そのため英文の日本国憲法は「過去 2000 年、日本人が天皇陛下を敬い、尊敬した歴史」を忠実に表現しています。この事をご理解頂ければと思います。

次に「天皇の役割」を説明します。これは前述の通り、「天皇は、日本国の象徴であり日本国民統合の象徴」です。ここで英語の「state」は「国家、国家の統治、国事」という意味です。そのため「天皇は、日本国統治の象徴であり日本人統合の象徴」が正しい日本語訳です。「日本国統治の象徴」の例を挙げれば、「天皇陛下」が皇居で「内閣総理大臣」や「最高裁判所長官」を任命、また「国務大臣」などを任免する事です。では「日本国民統合の象徴」とは何でしょう。また、そもそも「日本国民の統合」とは何でしょう。これは既に説明したように「考え」を「統合」つまり「1 つにまとめる事」です。そのため「天皇」は「日本で唯一日本人の考えを 1 つにまとめる事ができる存在」という事です。これが「日本人統合の象徴」の意味です。ここで重要な事は、説明するまでもなく「日本で唯一日本人の考えを 1 つにまとめる天皇」は「大変大きな存在」です。しかし、このように理解すると疑問が浮かびます。それは、なぜアメリカはこのような「大変大きな存在」として「天皇」を定めたのかです。つまりこのような「大変大きな存在」としての「天皇」は「戦前の天皇制」の復活につながると、少なからず危惧されます。では、なぜアメリカはそのように考えなかったのかです。この疑問が浮かんできます。この解答は昭和 20 年 8 月 15 日の昭和天皇の玉音放送にあると考えています。これは 1.2.9 章の「日本の良さ」で説明します。ここで要点を説明すれば、「玉音放送」は「天皇」は「日本で唯一日本人の考えを 1 つにまとめる事ができる大変大きな存在」である事を明確に示していたからと考えています。この事をアメリカは理解したから憲法第 1 条を定めたと考えています。但し、大変残念な事は、むしろ日本人にあります。日本では未だに「天皇陛下のご臨席」を重視しても「天皇陛下のお言葉」つまり「日本人の考えを 1 つにまとめた天皇陛下のお言葉」を重要とは受け取らない事です。この根本原因は「思い重視の思考パターン」であり「考えを1つに統合」つまり「統論」という言葉が過去2000年間なかったためと考えています。これについては1.2.9章で説明します。

次に「日本国憲法の原理」の問題は、既に説明したように「原則」と日本風に理解する事です。では、なぜそのように日本風に理解するのでしょう。これも既に説明したように稲作から生まれていると考えています。稲作で最も重要なのは「自然の力」です。「人間の力」も重要ですが「石高」を決定する最大の要因は「自然の力」です。次に重要な事は「石高を生み出す自然の力」は良く分からない事です。これは昔も現在もそうです。太陽、土地、水、風、雲、山などの自然の力がそれぞれどのように「石高」に貢献するかは分かりません。そのため自然を一体として捉え、それらの変化を感性鋭く悟り、経験や勘に基づいて迅速に対応する事が必要です。つまり稲作では「自然の変化のメカニズム」を解明する事が重要ではなく「変化の兆候」を的確に把握する事が重要です。これが「変化のメカニズム」つまり「仕組み＝原理」よりも「変化の兆候」つまり「規則＝原則」を重視し、「原理」よりも「原則」を重視する思考パターンを醸成したと考えています。それに対して「蓄積主義」は180度逆です。「蓄積」で重要なのは「蓄積する人間の力」です。「自然の力」ではありません。「石高」も重要ですが、毎年「石高」の2割を蓄積すれば5年で1年分の「石高」です。これは「自然の力」と同じです。「蓄積する人間の力」は「自然の力」と同様に偉大です。ここで重要な事は「蓄積する人間の力」を人間は知っています。つまり「蓄積の仕組み」がどのようなものであるかは十分理解しています。言うまでもなく、この「仕組み」を知らなければ「2割の蓄積」を実現できません。これが欧米人に「仕組み」つまり「原理」を重視する思考パターンを醸成したと考えています。以上をまとめると「蓄積主義」が欧米人に「原理」を重視する思考パターンを、「石高主義」が日本人に「原則」を重視する思考パターンを醸成したと考えています。次にこの視点から行動パターンについて補足します。日本人は「石高を生み出す自然の力」は良く分からないため「自然に依存した生活」つまり「自然に依存する行動パターン」を身につけたと考えています。それに対して「蓄積する人間の力」は容易に分かります。そのため欧米人は「自然から独立する行動パターン」を身につけたと考えています。これを一言で言えば、「日本人は他力本願」それに対して「欧米人は自力本願」と考えています。これを「国家の尊重」と「個人の尊重」で言えば、「日本人の他力本願」も「制度」や「国家の統治機構の尊重」を生み出し、更に言えば、2500 年前の孔子の「由らしむべし知らしむべからず」を継続させてきた大きな要因と考えています。そのため正確に言えば、「郷の道理による人の分離」、「鶴亀算の思考パターン」そして「他力本願の行動パターン」が日本に「国家の統治機構の尊重」そして「国家の尊重」を生み出していると考えています。それに対して「近代化の精神」、「方程式の思考パターン」そして「自力本願の行動パターン」が欧米に「個人の尊重」を生み出していると考えています。

次に日本の社会の「分離・調和」のもう 1 つの分離の「理念と実利の分離」を説明します。これが「日本風の理解」です。「日本風の理解」の本質は「理念と実利の分離」と考えています。次にこれを「原理・産業・病院・法務省」から説明します。最初に「原理」から説明します。「原理」は既に説明したように「真理に基づく実現する仕組み」です。そのため「仕組み」に相当する「制度」と比較して説明します。「制度」は「仕組み」という「実利」を取り入れても「真理」という「理念」が欠落しています。「真理」の代わりが「官僚の判断」です。次に「産業」は「隣人愛の実践」という「理念」が欠落し、「業を産みだし利潤を追求する」という「実利」を導入しています。同様に「病院」は「ホスピタル」つまり「ホスピタリティー」、「温かく人を迎える」という「慈悲、愛」の「理念」が欠落し、「病を治療する医学」という「実利」を導入しています。また「法務省」は「ジャスティス」、「正義」という「理念」が欠落し、「正義を文章に表現した法律」という「実利」を導入しています。次にこれらを一言で言えば、「和魂洋才」です。つまり「魂」、「理念」は「和」、日本のものを大切にし、その代わりに欧米の「才」つまり「実利」を取り入れる事です。これが「日本風の理解」の本質と考えています。そのため「理念と実利の分離」も「郷の道理による分離」という「石高主義の悪しき弊害」と考えています。しかし、「原理」の「原則」や「制度」という日本風の理解から分かるように非常に大きな影響を与えています。そのため「石高主義の悪しき弊害」とは別のものとして取り扱います。

次に「和魂洋才」の「本当の意味」を説明します。これを２つの例から説明します。１つは明治神宮の参道に奉納されている日本酒とワインの樽です。もう１つは「Donor」、「ドナー」、「臓器提供者」という言葉です。最初に明治神宮から説明します。以前、大変興味深いテレビ番組を見た事があります。これは明治神宮の森を紹介するものです。番組では「和魂洋才」の例として、明治神宮の参道には日本酒の樽とワインの樽が共に左右に同等に奉納されている事を紹介していました。明治天皇は日本酒もワインも好まれ、このように奉納されたと説明していました。そしてワインと日本酒を共に尊重する事が「和魂洋才」と紹介していました。これは大変賛同できます。これがまさに「和魂洋才」です。これは筆者のアメリカの研究所に１年間滞在した時の思いとまったく同じです。共に尊重する事がなによりも重要です。これと同じ考えで明治神宮の参道に日本酒の樽とワインの樽が奉納されている事を知り、まったく賛同します。次に「Donor」、「ドナー」、「臓器提供者」も基本的に同じ事を説明するものです。英語の「Donor」、「ドナー」の語源はヒンズー語の「ダンナ」、つまりインドの言葉です。これが欧米に渡り、英語では「Donor」、「ドナー」となりました。手元の英和辞書の「Donor」の意味は「寄付者、寄贈者、贈与者」です。次にヒンズー語の「ダンナ」は日本に渡り、「旦那」になりました。ここで大変興味深い事は「旦那」の意味です。これは広辞苑で説明するように①「仏家が、財物を施与する信者を呼ぶ言葉。施主。檀越。檀家」、②「家人召使いが主人を呼ぶ言葉」、③「妻が夫を呼ぶ語」などです。①「仏家が、財物を施与する信者を呼ぶ言葉。施主。檀越。檀家」は英語の「Donor」の「寄付者、寄贈者、贈与者」の意味と同じである事が分かります。これから語源が同じヒンズー語の「ダンナ」である事を理解できます。しかし、日本人で「旦那」を「財物を施与する施主」と理解している方は大変少ないと思います。これはまさに「日本風の理解」です。

次に大変感心するのはイギリス人がヒンズー語の「ダンナ」という言葉を取り入れた事です。言うまでもなく「ダンナ」は「仏教の教えの言葉」つまり「理念」です。「理念」をイギリス人は積極的に取り入れ、現在も「ドナー」、「臓器提供者」のように発展させています。更に言えば、「Donor」にはもう１つ専門用語があります。それは半導体工学では「Donor」、「ドナー」は電子を提供する原子を指します。電子をもらう原子を「アクセプター」と言います。実はここまで説明した事を筆者が知ったのは東京高専の電子工学の教科書の注記を読んだ時です。この時に今まで説明した事を知りました。当時は日本の「旦那」が半導体工学の「ドナー」と同じ語源とは大変面白いと思いました。しかし、これは「和魂洋才」を考える時に大変有用な知見を与えてくれます。それは「優れたもの」ならば「理念」でも取り入れる事です。そのためイギリス人は「仏教の教えの言葉」である「ドナー」という「理念」を取り入れました。しかし、だからと言って、キリスト教のイギリス人が仏教に改宗したのではありません。「優れた考え」を取り入れ活用しています。このように「優れたもの、良いものは、理念でも取り入れる事」が必要です。本書ではイギリスやアメリカの良いモノ、つまり法律や予算の「作成方法」や「プロジェクト・マネジメント」更に「アメリカの市民教育」などを説明し、日本で実施する事を説明しますが、是非この事をご理解頂ければと思います。

次に日本の問題を考えた時に、１つ大変重要なポイントがあります。それは日本の問題は「頑張る・慢心」の「慢心」の時に起きる事です。つまり「頑張る」の時には問題を起こさない事です。具体的に言えば、「価値と原理」が明かされなくても「郷の道理」が明文化されていなくても、誰もが「善人」つまり「ヒューマン」として「頑張る時」は問題は起こさない事です。そうではなく問題を起こすのは「慢心の時」です。この時は誰もが「善人」、「ヒューマン」として行動していません。そうではなく「欲望のままに生きるマン」として「自分の利益や都合」により行動しがちです。この時に問題が起きます。しかし、これを巧みに隠しているのが「郷の道理」であり「鶴亀算の法律・予算」であり「原則」であり「制度」です。つまり国民に理解できない事を良い事に、一部の人間が自分の利益に悪用する事です。しかし、解決する事ができません。この原因は「郷の道理」、「鶴亀算の法律・予算」、「原則」、「制度」のため「原理」が明らかにされていないためです。そのためすべてが「巨大なベール」に包まれています。これが「閉塞感の20年」です。次に大変重要な事は、更にもう1つの要因がある事です。これが「国家の統治機構」です。「国家の統治機構」も巧妙に隠し、更に多くの問題を生み出していると考えています。そのため「国家の統治機構」は次章と1.3.3.1章で説明します。

次に「理念と実利の分離」に関してもう1つ大変重要な事があります。それは戦前と戦後の差です。「文武両道」や「清濁併せ飲む」から分かるように日本も昔から「理念と実利の統合」をしてきました。これは戦前は確かにありました。しかし、戦後は「理念」が忘れられ、「実利の追求」のみになってしまったと考えています。この原因は「石高主義の悪しき弊害」とは異なる要因があると考えています。それは戦後の対米追随から生まれた「実利の追求」です。これが「理念の実利の分離」を更に拡大し、日本を大きく歪めたと考えています。これは非常に重大な問題です。そのためこの問題は1.3.2章で説明します。

では最後に⑦「日本の問題の原因」を説明します。これを次に示します。

	日本の問題の原因	原因例
社会の営み	郷の道理と日本風の理解	道理により人の分離・理念と実利の分離
行動パターン	考えなしで思いで行動	自分の利益や都合で行動
思考パターン	考えるよりも思うを重視	思い重視・鶴亀算の思考パターン

ご覧の通り、「問題の原因」は、今までの説明から概ねご理解頂けると思います。「思う日本人」は「考える」よりも「思う」を重視し、右脳と左脳の連携の思考パターンを大変好みます。この悪しき弊害が「思い重視・鶴亀算の思考パターン」であり「郷の道理」であり「手順」を重視し、「価値と原理」を軽視します。また行動パターンは「考えなしで思いで行動」です。そのため自分の利益や都合で行動しがちです。同様に社会の営みには「八百万の神」の作った「郷の道理」が存在し、日本は「考え」を統合した社会ではなく「郷の道理」にり人を分離し、理念と実利を分離します。これが「日本風の理解」を生み出し、更に「思い・鶴亀算の思考パターン」と相俟って日本の社会に様々な問題を生み出しています。これが日本の「問題の原因」です。次に筆者は欧米と日本の近代化の差も大きな要因と考えています。これを理解する事により「解決への道筋」や「問題の原因」も更にご理解頂けます。そのため次に「日本と欧米の近代化の比較の概要」を説明します。

1.2.2 章　日本と欧米の近代化の比較（3 章）の概要

本章は「日本と欧米の近代化の比較の概要」を説明します。これを前半と後半に分けて説明します。前半は欧米の近代化を説明し、1 番目と 2 番目の解決策の「解決への道筋」は「欧米の近代化の真実」から導かれている事を説明します。次に日本の「問題の原因」を更に説明します。後半は欧米人が近代化により体得した「欧米の常識」を説明します。これは 3 つあります。1 つは「個人の尊重」です。これは「日本国憲法第 13 条・IBM の企業理念・ポール・ラッシュの言葉」から分かるように「欧米の常識」です。本章は更に「2 つの欧米の常識」と「文明史観」を説明します。これは 1.2 章で紹介した本書の執筆のため筆者の新たに発見、定義した「知見と文明史観」です。既に紹介したようにこれらも大変重要です。そのため十分ご理解頂ければと思います。では欧米の近代化から説明します。次にこれを示します。

図 17　欧米の近代化

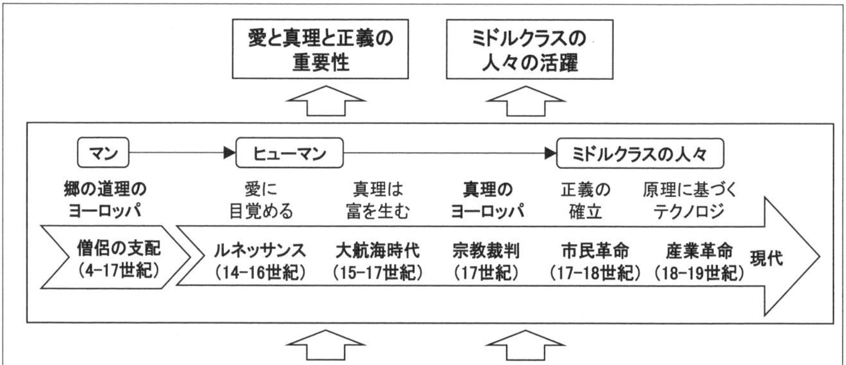

ミドルクラスの人々	真理の重要性	意味
コロンブス	真理は巨万の富を生み出す	真理を信じて行動すれば巨万の富を獲得できる
ガリレオ・ガリレイ	真理は巨大な権力を打ち破る	「郷の道理のヨーロッパ」から「真理のヨーロッパ」に進化
ワット	真理はテクノロジを生み出す	真理を学べば新たなテクノロジを生み出せる
レオナルド・ダ・ビンチ	真理は美を生み出す	「美の真理」は人間を「マン」から「ヒューマン」に再生させる
アリストテレス	真理は正義を生み出す	「真理・勇気・節制・正義」のギリシャ哲学の復活

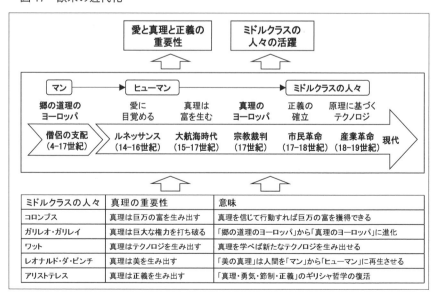

ご覧の通り、これは筆者の過去2000年の欧米の歴史の考察を要約したものです。これが2番目の「欧米の近代化の文明史観」です。これを3つに分けて説明します。これは ①「欧米の近代化はルネッサンスから始まり宗教裁判→市民革命→産業革命と発展」、②「この意味は郷の道理から愛・真理・正義へ、そして隣人愛・原理の実践へ」、③「欧米の人々はマンからヒューマンそしてミドルクラスの人々へ成長、進歩」です。

では ①「欧米の近代化はルネッサンスから始まり宗教裁判→市民革命→産業革命と発展」から説明します。良く知られているように「欧米の近代化」は「産業革命」から始まったと理解されています。これは筆者も概ね賛同します。但し、正確に言えば、その萌芽は、それ以前の「市民革命」そして「ガリレオの宗教裁判」更に遡って「ルネッサンス」にあると考えています。この理由は ②「この意味は郷の道理から愛・真理・正義へ、そして隣人愛・原理の実践」です。筆者はルネッサンス以前と以降では、欧米の人々(なお、以降は欧米をヨーロッパと言い換えます）は大きく変わったと考えています。ルネッサンス以前は「郷の道理に従うマン」、以降は「愛と自由に目覚めたヒューマン」に再生したと考えています。これを示すのが「ルネッサンス」の意味です。一般的に「ルネッサンス」はギリシャやローマの古典などの「文芸復興」と説明されます。しかし、英語の1番目の意味は「再生」です。つまり「ルネッサンス」により「ヨーロッパの人々」は「マン」から「ヒューマン」に「再生」したと考えています。ここで「マン」はバチカンの僧侶などの「権力者の教える郷の道理に従う人間」、「ヒューマン」は「人間の生まれながらにして持っている愛」に目覚め、僧侶の教える郷の道理に拘束される事なく「自らの考えにより自由に生きる人間」です。お分かり頂けるように「ルネッサンス」の要点は「郷の道理に従うマン」から「愛と自由に目覚めたヒューマン」に「再生」した事にあると考えています。

では、この着想を筆者は何から得たかと言えば、本シリーズで説明するようにレオナルド・ダ・ビンチです。具体的に言えば、彼が亡くなるまで描き続けた「モナリザ」です。なお、ここで補足すると、日本と欧米の過去2000年の歴史を理解するという意味は、歴史の事実を正確に理解する事ともう1つ大変重要な意味があります。それは歴史を動かした偉人や天才の思った事、考えた事を理解する事です。これにより歴史の真実を理解できます。しかし、この中で最も困難だったのがレオナルド・ダ・ビンチです。率直に言って、レオナルド・ダ・ビンチは過去2000年の人類の歴史の中で最高の頭脳を持った人間です。そのためレオナルド・ダ・ビンチは何を思い、何を考えて「モナリザ」を描いたのかを理解する事は本当に困難でした。本シリーズで説明するように彼は子供の時に既に一流画家をはるかに凌ぐ絵画を描きました。この絵画は人間の優しさ、愛を描いています。人間の優しさ、愛を表現するのが芸術の究極のテーマです。では、既にその域に子供の時に達していたレオナルド・ダ・ビンチは何を求め、亡くなる直前までモナリザを描き続けたのでしょう。これは理解する事は本当に困難でした。しかし、本書の執筆中にある結論に達しました。それは「モナリザ」を見た人間は、誰でも「マン」から「ヒューマン」に再生、ルネッサンスする事です。つまり「権力者の教える郷の道理に従うマン」から「愛と自由に目覚めたヒューマン」に再生する事です。そのため彼は「美の真理」を追い求め「黄金比」という「美の真理」を発見し、これに基づいてモナリザを描いたと考えています。なお、これは筆者の考えであり、正しいと断言するものではありません。しかし、十分納得しています。この理由は2つです。1つはまさに「ルネッサンス」、「再生」という言葉です。レオナルド・ダ・ビンチはまさに「ルネッサンス」、「再生」という言葉の意味を「時代の当事者」として十分理解し、実践したと考えています。もう1つは「モナリザ」を見た人間は誰でも「妙な心持ち」になる事です。これはまさに「マン」から「ヒューマン」への「ルネッサンス」、「再生」と考えています。そのため「ルネッサンス」の要点は3点と考えています。1つは「郷の道理に従うマン」から「愛と自由に目覚めたヒューマン」に「再生」した事、2番目は「バチカンの僧侶」の「教える愛」が「真実の愛」ではなく「真実の愛」は「人間の生まれながらにして持っている愛」である事、3番目は「美の真理」

すなわち「真理」は人間を「マン」から「ヒューマン」に再生する事です。この３つの知見は１番目の解決策の具体的内容を導く根幹の知見となっています。

次に欧米の近代化の要点を２つ説明します。１つは「人間の５元徳」で説明したように「愛」に目覚めた人間は「真理」にも目覚める事です。これを示すのがガリレオの地動説です。ガリレオは天動説のバチカンの僧侶により有罪となりました。しかし、地動説が「真理」である事は明らかです。次に「愛」と「真理」に目覚めた欧米の人々は「人間の５元徳」の通り、確実に「正義」に目覚めた事です。これを示すのが「市民革命」です。「市民革命」はまさに「正義」の実践です。「市民革命」はイギリスに始まり、アメリカ独立戦争、フランス革命と欧米各国を近代化していきました。そのため「愛と真理と正義」が「欧米の近代化」の推進した「原動力」と考えています。これが１番目の筆者の「欧米の近代化」の結論です。次に２番目の結論は③「欧米の人々はマンからヒューマンそしてミドルクラスの人々へ成長、進歩」です。ここで「ミドルクラスの人々」は既に説明した蒸気機関を発明したワットであり、蒸気機関車を発明したスティーブンソンです。筆者は「欧米の近代化」の特徴は「マン」から「ヒューマン」に再生した「欧米の人々」が学問の「真理・原理」を学び実践する「ミドルクラスの人々」に成長、進歩した事にあると考えています。これが筆者の「欧米の近代化」の２番目の結論です。この２つの結論から１番目と２番目の解決策は導かれています。次にこれを示します。

図 18　1 番目と 2 番目の解決策の導き方

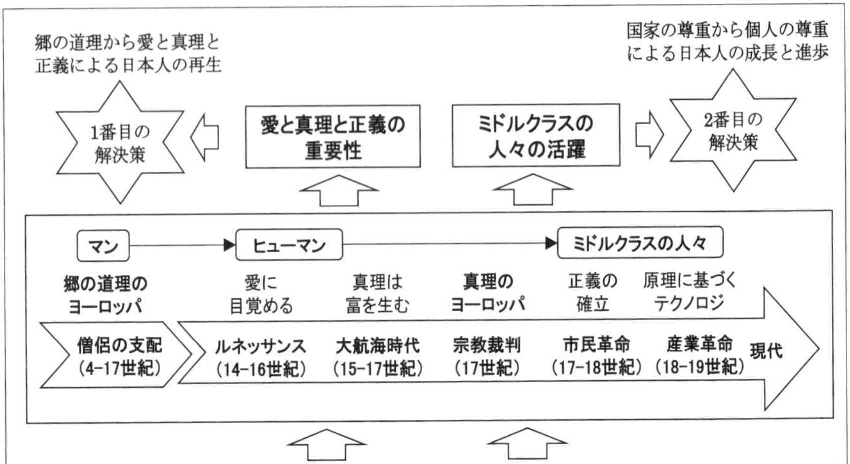

ミドルクラスの人々	真理の重要性	意味
コロンブス	真理は巨万の富を生み出す	真理を信じて行動すれば巨万の富を獲得できる
ガリレオ・ガリレイ	真理は巨大な権力を打ち破る	「郷の道理のヨーロッパ」から「真理のヨーロッパ」に進化
ワット	真理はテクノロジを生み出す	真理を学べば新たなテクノロジを生み出せる
レオナルド・ダ・ビンチ	真理は美を生み出す	「美の真理」は人間を「マン」から「ヒューマン」に再生させる
アリストテレス	真理は正義を生み出す	「真理・勇気・節制・正義」のギリシャ哲学の復活

ご覧の通り、筆者は 1 番目と 2 番目の解決策を「欧米の近代化の 2 つの結論」から導いています。ここで 1 番目の結論について特に触れておきたいのは、現在の日本は郷の道理の支配する中世のヨーロッパと良く似ている事です。現在の日本も郷の道理の支配する社会です。これは中世のヨーロッパと良く似ています。当時もキリスト教のバチカンの僧侶は強大な権力を持つ「郷の道理のヨーロッパ」でした。この代表例が「天動説」です。今で言えば、科学の領域まで僧侶が「郷の道理」を決めていました。当時はバチカンの僧侶が社会のすべての「郷の道理」を決めていました。これは現在の日本の状況と大変良く似ています。そのため「郷の道理のヨーロッパ」から「真理のヨーロッパ」に成長、進歩したように、日本も「郷の道理の日本」から「真理の日本」に成長、進歩する事が必要です。これを実現するのが 1 番目の解決策です。更に学問の真理や原理を学び実践する「ミドルクラスの人々」に成長、進歩する事です。これを実現するのが 2 番目の解決策です。

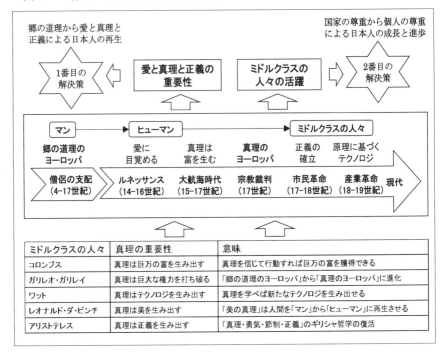

次に重要な事は、既に説明したように日本国憲法と平成 18 年に改正される前の教育基本法には、1 番目と 2 番目の解決策とまったく同じ内容が定められている事です。これを次に示します。

図 19　1 番目と 2 番目の解決策の意味

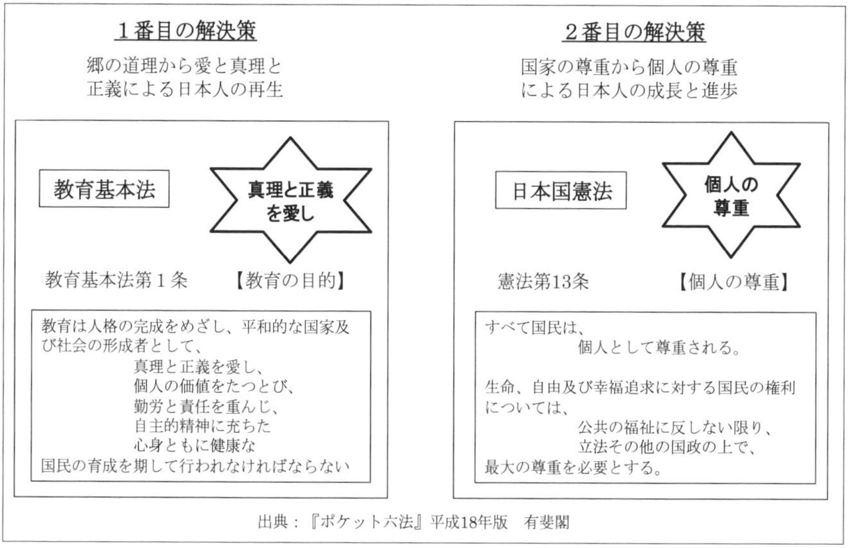

ご覧の通り、1 番目の解決策は教育基本法の定める「真理と正義を愛し」また 2 番目の解決策は憲法第 13 条の定める「個人の尊重」と同じです。この一致には大変驚きました。そのため、これらを定めたアメリカの考えも良く理解できるようになりました。次にこれを示します。

図 20　アメリカの日本国憲法と教育基本法を策定した背景

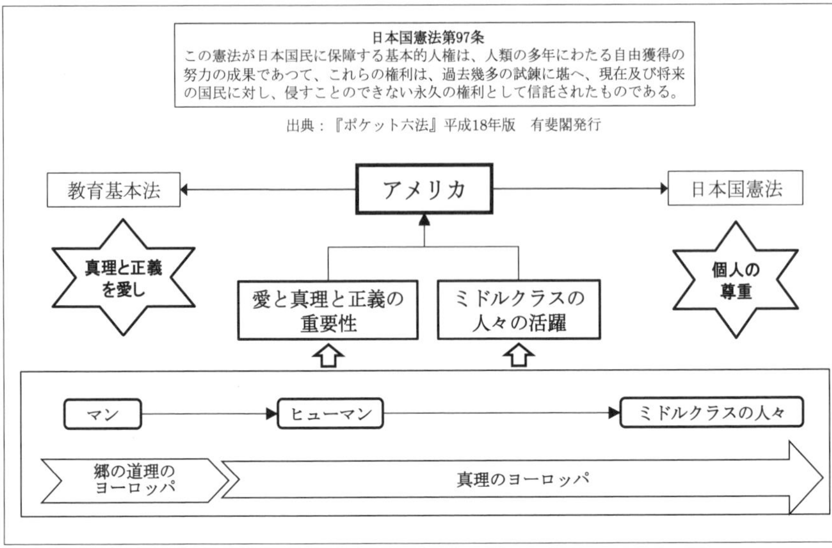

ご覧の通り、筆者は、アメリカは「日本国憲法」と「教育基本法」を「欧米の近代化の真実」から定めたと考えています。これを示すのが憲法第 97 条です。これを抜粋すると「この憲法が日本国民に保障する基本的人権は、人類の多年にわたる自由獲得の努力の成果であつて、これらの権利は、過去幾多の試錬に堪へ、現在及び将来の国民に対し、侵すことのできない永久の権利として信託されたものである」です。これは「ルネッサンス（愛）→宗教裁判（真理）→市民革命（正義）→産業革命（原理）」の「欧米の近代化」そのものを指していると考えています。この事を筆者は今回本シリーズの執筆のため、日本の法律すべてに目を通す必要があり知りました。これは筆者の考えですが、ほぼ間違いないと考えています。読者の皆様にも十分ご賛同頂けると思います。なお、ここで２つ補足します。１つはアメリカが日本の憲法を作った事は良く知られていますが、日本の教育基本法の骨格も定めています。もう１つは、教育基本法は平成 18 年に改正されましたが、本シリーズは戦後教育の視点から問題を分析するため改正される前の教育基本法に基づいて説明します。

次に日本の問題の原因を解明する上で大変重要なポイントがあります。それは平成 18 年の改正後の教育基本法では「真理と正義」を「愛し」から「希求し」に改正した「原因」です。これは既に説明したように「男女の愛し」また「郷の道理」により「真理・正義の重要性」が良く認識されていない事、更にもう 1 つの「根本原因」があると考えています。それは、日本人は「空気」と「水」はただと思っている事です。つまり「豊かな自然」です。「豊かな自然」が日本に「愛し」つまり「絶対必要」という考えを生み出さなかったと考えています。そのためこれも「石高主義の悪しき弊害」と考えています。次にこの視点から、日本人と欧米人の 2 つの意識の差を説明します。これは「コスト意識」と「愛しの意識」です。最初に「コスト意識」の差から説明します。日本人は「空気と水はただ」また「石高主義」のため「コスト意識」は大変低いです。それに対して欧米人は「石高－コスト＝蓄積」のため「コスト意識」は大変高いです。筆者は「日本人のコスト意識の低さ」も隠された日本の問題の大きな原因と考えています。この問題は 1.3.3.1 章で実例から具体的に説明します。次に「愛しの意識」の差は「愛し」の意味から説明します。これは前述の通り、「絶対必要」という意味です。しかし、「豊かな自然」のため日本人は「絶対必要」という「愛しの意識」も大変低いです。それに対して「厳しい自然環境」のため「蓄積は絶対必要」更に「真理」つまり「絶対的真実」を大事にしてきた欧米人は「絶対必要」という「愛しの意識」も大変高いです。これがアメリカは教育基本法で「真理と正義を愛し」の通り、「愛し」という言葉を使用した最大の要因と考えています。次にこの事を理解し易い「空気」から説明します。人間は「空気」つまり「酸素」を吸い二酸化炭素を吐き、植物は二酸化炭素から光合成により栄養分を作り「酸素」を作り、そして人間は酸素を吸います。筆者は、この愛を「自然の愛」と呼びます。この意味は「生命体にとって互いに助け合う事は“絶対必要”」という事です。そして「自然の愛」の「酸素」に相当するのが「真理と正義」と考えています。すなわち「真理と正義」は人間にとって「絶対必要」です。そして、これは筆者の小学 1 年生の体験と良く一致します。つまり「真理と正義」を「破って」しまっては人間の生きる価値というものがなくなってしまいます。そしてまさに「自然の愛」の

「酸素」と同様に「真理と正義」は「絶対必要」という理解、認識からアメリカは「真理と正義を愛し」の通り、敢えて「愛し」という言葉を使用したと考えています。この事は読者の皆様にも十分ご理解、ご賛同頂けると思います。

このように「愛し」には深い意味があります。これは「憲法第13条の個人の尊重」も同じです。しかし、既に説明したように「個人の尊重」も日本人には大変理解し難いものです。特に「個人の尊重」の「3つの基本概念」を理解するのは大変困難です。これは4つの要因があると考えています。次にこれを「日本と欧米の近代化の比較」から説明します。これを次に示します。

図21　日本と欧米の近代化の比較

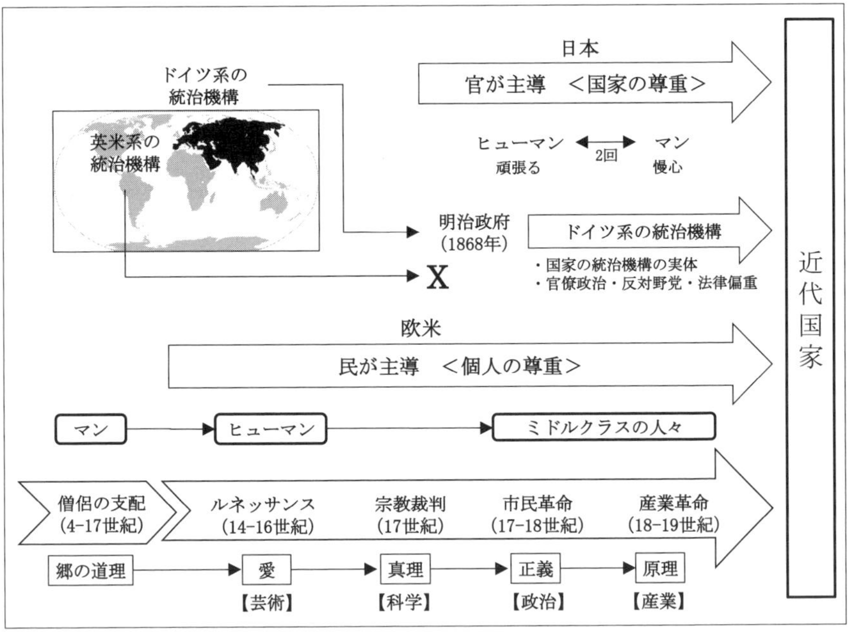

ご覧の通り、「日本と欧米の近代化」には大きな差があります。最初に欧米の近代化を要約します。これは既に説明したように「ルネッサンス：愛」

→「宗教裁判：真理」→「市民革命：正義」→「産業革命：原理」と考えています。ここで「個人の尊重」を確立する上で大きな役割を果たしたのが「真理→原理→テクノロジ・法律・予算・政府」の「近代化の精神」です。これにより欧米の人々は学問の解き明かした「真理・原理」により社会の問題を解決する「ミドルクラスの人々」に成長、進歩し、「個人の尊重」を確立したと考えています。それに対して欧米のテクノロジを改良してきた日本では「近代化の精神」は普及、浸透しませんでした。これが既に説明したように「個人の尊重」を理解できなかった 1 番目の要因と考えています。2 番目の要因も既に説明したように日本の近代化は「官が主導」の「国家の尊重」としてなされた事です。それに対して欧米の近代化は「ミドルクラスの人々」という「民が主導」の「個人の尊重」としてなされた事です。これが欧米に「個人の尊重」を確立し、それに対して日本に「国家の尊重」を確立し、「個人の尊重」を大きく阻んできたと考えています。3 番目は図 21 に示す「ドイツ系の統治機構」です。日本は明治以来一貫して現在まで「国家の統治機構」として「ドイツ系の統治機構」を採用しています。これが既に説明した「国家の統治機構」の「実体」です。1.3.3.1 章で説明するように「ドイツ系の統治機構」は、図 21 に示すように「官僚政治・反対野党・法律偏重」などの様々な問題を生み出し、「個人の尊重」を大きく阻んできたと考えています。最後に 4 番目の要因は、本章の冒頭で説明したように「個人の尊重」は欧米人が近代化を通じて体得した「暗黙知」つまり「欧米の常識」のためです。そのため筆者も 37 年間の IBM 人生がなければ理解できなかったと思います。これが理解できない最大の要因と考えています。

お分かり頂けるように、欧米人が近代化から体得した「欧米の常識」を理解するのは本当に困難です。これは「民主主義の源は愛」と「近代化の実践知識」の「2 つの欧米の常識」も同じです。これも大変理解し難いものです。しかし、この「2 つの欧米の常識」も「個人の尊重」と同様に非常に重要です。そのため最初に「民主主義の源は愛」から説明します。既に説明したように「ルネッサンス」は「愛」から生まれました。そして産業革命も「隣人愛の実践」から生まれました。更に民主主義も「愛」から生まれています。

これを示唆するのがイギリス財務省のホームページの掲載する歴代の財務長官の名前です。次にこれを示します。

図 22　イギリスの近代化の源流

【イギリスの財務省のホームページで掲載する歴代の財務大臣】

16世紀

Sir Richard Sackville, 1559-1566
Sir Walter Mildmay, 1566-1589
Sir John Fortescue, 1589-1603

17世紀

Earl of Dunbar, 1603-1606
Sir Julius Caesar, 1604-1614
Sir Fulke Greville, 1614-1621
Sir Richard Weston, 1621-1628
Lord Barrett, 1628-1629
Lord Cottington, 1629-1642
Sir John Colepepper, 1642-1643
Sir Edward Hyde, 1642-1646
Lord Ashley, 1661-1672
Sir John Duncombe, 1672-1676
Sir John Ernle, 1676-1689
Henry Booth, 1689-1690
Richard Hampden, 1690-1694
Charles Montagu, 1694-1699
Sir John Smith, 1699-1701

18世紀

Henry Boyle, 1701-1708
Sir John Smith, 1708-1710
Robert Harley, 1710-1711
Robert Benson, 1711-1713
Sir William Wyndhan, 1713-1714
Sir Richard Onslow, 1714-1715
Robert Walpole, 1715-1717
Viscount Stanhope, 1717-1718
John Aislabie, 1718-1721
Sir John Pratt, 1721
Sir Robert Walpole, 1721-1742
Samuel Sandys, 1742-1743
Henry Pelham, 1743-1754
Sir William Lee, 1754
Henry Bilson Legge, 1754-1755
Sir George Lyttleton, 1755-1756
Henry Bilson Legge, 1756-1757
Lord Mansfield, 1757
Henry Bilson Legge, 1757-1761
Viscount Barrington, 1761-1762
Sir Francis Dashwood, 1762-1763
George Grenville, 1763-1765

19世紀

Henry Addington, 1801-1804
William Pitt the Younger, 1804-1806
Lord Henry Petty, 1806-1807
Spender Perceval, 1807-1812
Nicholas Vansittart, 1812-1823
Hon. Frederick John Robinson, 1823-1827
George Canning, 1827
The Lord Tenterden, 1827
John Charles Herries, 1727-1728
Henry Goulburn, 1828-1830
Viscount Althorp, 1830-1834
Sir Robert Peel, Bt, 1834-1835
Thomas Spring Rice, 1835-1839
Francis Baring, 1839-1841
Henry Goulburn, 1841-1846
Sir Charles Wood, 1846-1852
Benjamin Disraeli, 1852
William Gladstone, 1852-1855
Sir George Cornewall Lewis, Bt, 1855-1858
Benjamin Disraeli, 1858-1859
William Gladstone, 1859-1866
Benjamin Disraeli, 1866-1868
George Ward Hunt, 1868
Robert Lowe, 1868-1873
William Gladstone, 1873-1874
Sir Stafford Henry Northcote, Bt, 1874-188
William Gladstone, 1880-1882
Hugh Childers, 1882-1885
Sir Michael Hicks Beach, Bt, 1885-1886
Sir William Vernon Harcourt, 1886
Lord Randolph Churchill, 1886
George Goschen, 1887-1892
Sir William Vernon Harcourt, 1892-1895
Sir Michael Hicks Beach, Bt, 1895-1902

20世紀

Charles Ritchie, 1902-1903
Austen Chamberlain, 1903-1905
H. H. Asquith, 1905-1908
David Lloyd George, 1908-1915
Reginald McKenna, 1915-1916
Bonar Law, 1916-1919
Austen Chamberlain, 1919-1922
Sir Robert Horne, 1921-1922
Stanley Baldwin, 1922-1923
Neville Chamberlain, 1923-24
Philip Snowden, 1924
Winston Churchill, 1924-1929
Philip Snowden, 1929-1931
Neville Chamberlain, 1931-1937
Sir John Simon, 1937-1940
Sir Kingsley Wood, 1940-1943
Sir John Anderson, 1943-1945
Hugh Dalton, 1945-1947
Sir Stafford Cripps, 1947-1950
Hugh Gaitskell, 1950-1951
Rab Butler, 1951-1955
Harold Macmillan, 1955-1957
Peter Thorneycroft, 1957-1958
Derick Heathcoat-Amory, 1958-1960
Selwyn Lloyd, 1960-1962
Reginald Maudling, 1962-1964
James Callaghan, 1964-1967
Roy Jenkins, 1967-1970
Ian Macleod, 1970
Anthony Barber, 1970-1974
Denis Healey, 1974-1979
Sir Geoffrey Howe, 1979-1983
Nigel Lawson, 1983-1989
John Major, 1989-1990
Norman Lamont, 1990-1993
Kenneth Clarke, 1993-1997
Gordon Brown, 1997-2007

21世紀

Alistair Darling, 2007-2010
George Osborne, 2010-present

出典：A brief history of HM Treasury　Chancellors from 1559 to present
URL:http://www.hm-treasury.gov.uk/about_history_index.htm

なお、最初にお断りしておくと、これは筆者が執筆を始めた 2009 年から 2012 年まで掲載されていましたが、以降は掲載されていません。そのため現在は大変貴重な情報です。ご覧頂ける通り、イギリス財務省のホームページは 16 世紀から現在までのイギリスの財務大臣の名前を掲載していました。しかし、ここで素朴な疑問が浮かびます。それは、なぜ 16 世紀からなのかです。この理由は「市民革命」は 17 世紀だからです。言うまでもなく、このように掲載する事はイギリスの一貫した政治体制は 16 世紀からである事を示しています。しかし、常識的には 17 世紀の「市民革命」以降と考えられます。では、なぜ 16 世紀から掲載するのかです。この疑問が湧いてきます。これを解く鍵は 16 世紀の初代財務大臣が仕えたイギリス国王にあります。この方以来イギリスは一貫した政治体制にあると理解できます。では初代財務大臣の仕えたイギリス国王はどなたでしょう。それはエリザベスＩ世です。初代財務大臣の就任した1559年はまさにエリザベスＩ世が戴冠式をした年です。そのためエリザベスＩ世はイギリスの一貫した政治体制の源と理解できます。

ではエリザベスＩ世は何が優れていたのでしょう。次にこれを示します

図23　エリザベスＩ世のスピーチとイギリス国歌

【スペインの無敵艦隊との決戦の時】

「私はこの戦いのただ中で、あなた方と生死を共にする覚悟であり、また神と私の王国のため、私の国民のため・・・塵の中へ命も投げ捨てる覚悟である。
私は自分が女性として肉体が弱い事は知っているが、一人の国王として、またイングランド国王としての心と勇気をもっている・・・ヨーロッパの君主がわが王国の領土をあえて侵すようなことがあれば、それをこの上ない侮辱と考え、それを忍ぶよりは、自らも武器をとって自分があなた方の司令官となり、審判者となり、戦場におけるあなた方の働きに報酬を与える者となりたい」

出典：『エリザベスＩ世　大英帝国の幕あけ』
青木道彦著　2000年1月20日発行

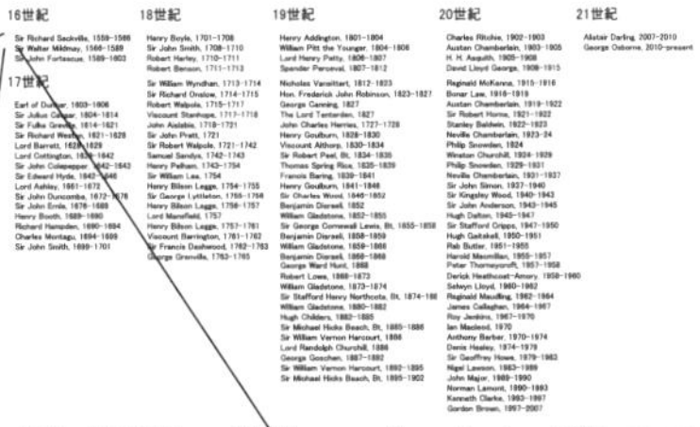

出典：A brief history of HM Treasury　Chancellors from 1559 to present
URL:http://www.hm-treasury.gov.uk/about_history_index.htm

【亡くなる前】

「神が私を高い位置につけられたけれども、あなた方の愛情を得て統治してきたということこそ私の王冠の栄光であると考えている」「私は定められた命以上に長く生きて統治することを望んでいるわけではないが、その統治はあなた方に良きことをはかるべきものである。あなた方はこれまでもっと力強く賢明な君主をもっていたし、また（これからも）もつかもしれないが、私以上にあなた方を愛し心にかける君主を今までもったことはなかったし、これからももつことはないであろう」

出典：『エリザベスＩ世　大英帝国の幕あけ』
青木道彦著　2000年1月20日発行

イギリス国歌

“ゴッド　セイブ　ザ　クイーン”
「神よ、女王を護り賜え」

1節、「神よ、我等が慈悲深き女王を護り賜え」

2番目「我等が気高き女王よ、とこしえにあれ」

5節「暗殺者の魔の手より、神よ女王を護りたまへ」

出典：ウィキペディア　女王陛下万歳

ご覧の通り、これはエリザベスＩ世のスピーチとイギリス国歌を示したものです。エリザベスＩ世のスピーチはスペインの無敵艦隊と海戦の時、及び亡くなる前のものです。スペインの無敵艦隊の海戦の時のスピーチはエリザベスＩ世の勇気、聡明さ、賢さ、そしてこの上ない優れた人格を、余すところなく示しています。「生死を共にする覚悟」、「命も投げ捨てる覚悟」、「女性として肉体が弱い事は知っている」、「心と勇気をもっている」は本当に優れたものです。これは2000年1月20日に出版された青木道彦氏の『エリザベスＩ世　大英帝国の幕あけ』という著作から引用したものです。ここで

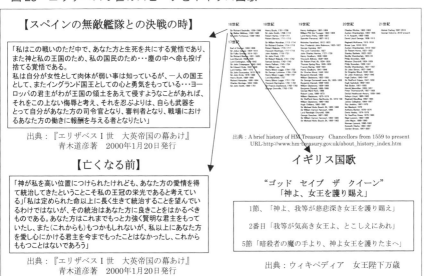

「心と勇気をもっている」の「心」を示すのが晩年のスピーチです。これを青木道彦氏の著作から抜粋して次に示します。

「神が私を高い位置につけられたけれども、あなた方の愛情を得て統治してきたということこそ私の王冠の栄光であると考えている」。「私は定められた命以上に長く生きて統治することを望んでいるわけではないが、その統治はあなた方に良きことをはかるべきものである。あなた方はこれまでもっと力強く賢明な君主をもっていたし、また（これからも）もつかもしれないが、私以上にあなた方を愛し心にかける君主を今までもったことはなかったし、これからももつことはないであろう」

ご覧の通り、これも大変優れたスピーチです。筆者の知る限り、過去2000年の人類の歴史で最も優れたスピーチと考えています。特に優れていると思ったのは「王冠の栄光」とは「光輝くダイヤモンドの宝石にある」のではなく「あなた方の“愛情”を得て統治してきた」です。これは、言われてみれば、その通りです。これにはエリザベスⅠ世の聡明さ、英知を感じます。まさに「王冠の栄光」とは「愛」から生まれたものです。「私以上にあなた方を愛し心にかける君主」の通り、統治の基本は「愛」です。「愛」が統治の基本です。これがエリザベスⅠ世の「心と勇気をもっている」の「心」です。お分かり頂けるように、「イギリスの16世紀からの一貫した政治体制」つまり「民主主義」を生み出したものは「愛」です。すなわち「民主主義の源は愛」です。これが今回本書の執筆のために発見、定義した筆者の1番目の知見です。しかし、大変残念な事は日本では民主主義は「法律」と理解されています。これは「民主主義の日本風の理解」です。「法律」は手段であって基本ではありません。言うまでもなく「法律」が「民主主義」を生み出したのではありません。「民主主義」を生み出したものは「愛」です。これを示すのがエリザベスⅠ世のスピーチであり、「神よ、我等が慈悲深き女王を護り賜え」と謳う「イギリス国歌」であり、そしてエリザベスⅠ世の戴冠式の財務大臣を初代財務大臣として掲載する「イギリス財務省」のホームページです。是非この事を日本の国会議員、官僚、裁判官、検察官、警察官、県庁や市役所のすべての公務員の皆様にご理解頂ければと思います。

次にイギリスの大英帝国への躍進にはもう 1 つ大変重要な要因があったと考えています。それはイギリス人一人一人が大変賢い人間に成長、進歩したと考えています。と言うよりも、賢くなるための普遍的知識を習得したと考えています。次にイギリスにおける「数学の記号」と「Manage」の発展を示します。

図 24　イギリスにおける「数学の記号」と「Manage」の発展

年代	内容	「Manage」の意味の要約
1540	加法、減法の＋、－	①馬を調教する（1561年）
1557	等号の＝	②武器を使用する（1586年）
1617	小数点の.	③戦争を遂行する（1579年）
1629	不等号の＞、＜	④指揮する責任がある（1609年）
1637	乗法の×	⑤節約して使う（1649年）
1651	比の:	⑥メカニズムにより運ぶ（1650年）
1655	無限大の∞	⑦願いを実行してもらう（1707年）
1665～66	微分積分学を発見	⑧使用する事や付き合う事に成功する（1722年）

イギリス人の「記号」に対する貢献

年代	人間	内容
1540	ロバート・レコード	算術書で加法，減法の記号として＋、－を用いた
1557	ロバート・レコード	代数の書で，等号として＝を用いた
1617	ジョン・ネーピア	小数点に．を用いた
1629	トーマス・ハリオット	「解析術の実際」で不等号＞，＜を用いる
1637	オートレッド	乗法の記号として×を用いる
1651	ヴィンセント・ウィング	書物に比の記号：が用いられる
1655	ジョン・ウォリス	無限大の記号∞をはじめる
1665～66	ニュートン	微分積分学を発見，流率法とよぶ

出典：代数解法事典
数学の歴史 http://homepage1.nifty.com/ishituka/math/history/mathhisto.html

「Manage」の意味の要約

①馬を調教する（1561年）
②武器を使用する（1586年）
③戦争を遂行する（1579年）
④指揮する責任がある（1609年）
⑤節約して使う（1649年）
⑥メカニズムにより運ぶ（1650年）
⑦願いを実行してもらう（1707年）
⑧使用する事や付き合う事に成功する（1722年）

出典：Oxford English Dictionary
（筆者が翻訳）

ご覧の通り、加法の「＋」、減法の「－」、等号の「＝」などの「数学の演算子の記号」はすべてイギリス人が 16 世紀から 17 世紀に発明したものです。ここで重要な事は「Manage」、「経営する」の意味も「数学の演算子の記号」とほぼ時期の 16 世紀から 18 世紀にかけて発展している事です。これは偶然の一致ではなく、明確な関係があると考えています。それは 1588 年のイギリスのスペインの無敵艦隊との海戦です。スペインの無敵艦隊に勝利するために「数学の演算子の記号」と「Manage」と「数学の記号」は生まれたと考えています。この事は「Manage」の意味の③「戦争を遂行する（1579 年）」からご理解頂けると思います。数学の記号については、1629

年に不等号の記号の「>、<」を発明したトーマス・ハリオットから伺い知る事ができます。次にウィキペディアのトーマス・ハリオットの説明を示します。これは「オックスフォード大学に学び、エリザベスI世の寵臣で……数学史においては、船倉に球形の砲弾を最も多く詰める方法……に最初に取り組んだ数学者として知られる」です。「船倉に球形の砲弾を最も多く詰める方法に最初に取り組んだ数学者」から「戦争に勝利する事」また「エリザベスI世の寵臣」から「エリザベスI世を中心にイギリス国民が一致団結した事」をご理解頂けると思います。

お分かり頂けるように、この2つの普遍的知識によりイギリス人は大変「賢い人間」に成長、進歩したと考えています。言うまでもなく、エリザベスI世を中心にイギリス国民が一致団結しても「愚民」では勝利できません。「賢民」だから勝利できたと言えます。この「賢民」に「数学の演算子の記号」と「Manage」は大きく貢献し、更に産業革命以降の近代化にも大きく貢献したと考えています。これを「近代化の精神」の「真理→原理→テクノロジ・法律・予算・政府」で言えば、「数学の演算子の記号」により「真理・原理」を表現し、問題を解き易くすると共に第3者が容易に理解できます。また「Manage」、「経営する」により「テクノロジ」の開発・製造・販売などの「近代経営」を実践できます。このようにイギリスの大英帝国への躍進、更に「欧米の近代化」を下支えしたのが「数学の演算子の記号」と「Manage」の「2つの普遍的知識」すなわち「近代化の実践知識」と考えています。これが今回本書の執筆のため発見した2番目の知見です。

お分かり頂けるように「近代化」で大変重要なのが「個人の尊重」、「民主主義の源は愛」、「近代化の実践知識」の「3つの欧米の常識」です。これらは欧米人が近代化を通じて体得した「暗黙知」のため知られていませんが、是非ご理解頂ければ思います。次に日本の問題を解決し、更に「日本の国家ビジョン」を実現する上で大変重要なのが「現在の近代化の実践知識」を理解、実践する事です。これは「サービス科学の実践」としての「モデリング言語」と「プロジェクト・マネジメント」と考えています。これを図24と対比して言えば、「数学の演算子の記号」→「モデリング言語」、「Manage」→「プロジェクト・マネジメント」です。具体的に言えば、「プロジェクト・マネジメント」は４番目の解決策の実践知識、「モデリング言語」は５番目の解決策の実践知識です。更に「数学の演算子」の「意味」、「セマンティックス」を適切な「演算の記号」、「シンタックス」で表現する「セマンティックスとシンタックス」は「価値と原理と手順の統論」の基本となる「抽象化の実践知識」です。これらは 1.2.7 章と 1.2.8 章で説明します。そのため十分ご理解頂ければと思います。なお、図 22 から図 24 の「イギリスの近代化の文明史観」が「3 番目の文明史観」です。このように「イギリスの近代化の文明史観」は「欧米の近代化の文明史観」を更に具体化した形で５つの解決策の「根拠」となっています。これらを要約すると、欧米の近代化を下支えたのが「３つの欧米の常識」そして「欧米の近代化の原動力」は「愛・真理・正義」です。後者を示すのが教育基本法の「真理と正義を愛し」です。しかし、日本では「真理」の重要性は理解されていません。そのため次に「真理の重要性の概要」を説明します。

1.2.3 章　真理の重要性（4 章）の概要

本章は「真理の重要性の概要」を説明します。前章ではレオナルド・ダ・ビンチとエリザベスⅠ世から「愛の重要性」を説明しました。本章は「真理の重要性」を説明します。前章で説明したように「真理」は「郷の道理のヨーロッパ」から「真理のヨーロッパ」更に「真理→原理→テクノロジ・法律・予算・政府」の「近代化の精神」の根幹となる最も重要のものです。本章の説明から 1 番目の解決策の「解決への道筋」の「愛と真理と正義」の「真理の重要性」を十分ご理解頂ければと思います。次に「真理の重要性」を示します。

図 25　真理の重要性

実証者	年代	真理の重要性
① アリストテレス	紀元前384- 前322年	① 真理は正義を生み出す
② レオナルド・ダ・ビンチ	1452 – 1519年	② 真理は美を生み出す
③ コロンブス	1451頃 – 1506年	③ 真理は巨万の富を生み出す
④ ガリレオ・ガリレイ	1564 – 1642年	④ 真理は巨大な権力を打ち破る
⑤ ワット	1736 – 1819年	⑤ 真理はテクノロジを生み出す

理論・方程式	年代	学問	真理	生み出されたテクノロジ
① ニュートン力学	1687年	自然科学	「力」・「加速度」・「速度」・「運動量」・「運動エネルギー」	すべての機械テクノロジ
② マクスウエルの電磁方程式	1864年	自然科学	「電気」・「磁気」・「力」・「電磁波」	すべての電気・通信テクノロジ
③ アインシュタインのレーザー理論	1917年	自然科学	「輻射の誘導放出による光増幅」	半導体レーザー
④ シュレーディンガーの波動方程式	1926年	自然科学	「電子の粒子性と波動性」・「粒子性と波動性が量子を作る」・「原子は量子から構成される」	トランジスタ・LSI
⑤ チューリングの計算理論	1936年	計算機科学	「計算とは状態の遷移」と「人間の解く3種類の問題」	コンピュータ
⑥ ダンツグの最適化理論	1947年	数学	「価値対コストには最適解が存在する」「全体最適≠部分最適の総和」	SCM(サプライ・チェーン・マネジメント)
⑦ 染谷・シャノンのデジタル理論	1949年	数学	「アナログ」と「デジタル」は変換できる	CD・DVD・地デジなど

ご覧の通り、「真理」は正義を生み出し、巨万の富を生み出し、美を生み出し、巨大な権力を打ち破り、そして科学の解き明かした「真理」はテクノロジを生み出します。このように「真理」は大変重要です。「真理」が「欧米の近代化」を推進した大きな要因と考えています。この中で「真理」の

重要性をヨーロッパの人々に知らしめたのが 1492 年のコロンブスのアメリカ発見と考えています。コロンブスは言うまでもなく「地球は丸い」という「真理」を信じて、まだ誰もした事のない航海に出発し、アメリカ大陸を発見しました。これはヨーロッパの人々に「真理」の重要性を知らしめる大変重要なものだったと考えています。特に重要なのがコロンブスの航海を支援したスペインの隆盛です。中南米大陸から巨万の金銀財宝を奪い、ヨーロッパで最も富める大国、強国となりました。人間は何が大事と言われて身につくものではありません。そうではなく「地球は丸い」という「真理」を信じて行動すれば「巨万の富」を得られるという実例が最も分かり易いものです。これがヨーロッパの人々に「真理」の重要性を知らしめたと考えています。更に既に説明したようにガリレオの地動説という「真理」は教会の巨大な権力を打ち破り、そして科学の解き明かした「真理」はワットの蒸気機関、更に蒸気機関車などの新たなテクノロジを生み出しました。「真理」は確実に富をもたらし、権力を打ち破り、そして時代を進歩させます。これが欧米で「真理」が重要視される最大の要因と考えています。

しかし、日本では「真理」は科学や数学の世界のものであり、実用的な価値はないと思われています。では、なぜ日本では「真理」は重要視されないのでしょう。これは「郷の道理の国、日本」という根本原因に加えて、もう 1 つの明確な原因があると考えています。それは欧米のような近代化を体験していないからです。つまり「真理」は「正義」を生み出し、巨万の富を生み出し、美を生み出し、巨大な権力を打ち破り、そしてテクノロジを生み出し、時代を進歩させるという体験がないためです。そのため「真理」を軽視してきたと考えています。この中で特に重要なのがテクノロジです。テクノロジは科学の解き明かした「真理」から発明されます。しかし、このような理解は日本では大変希薄です。これを示すのが既に紹介した「サイエンスはヨーロッパ、テクノロジはアメリカ、そして製品は日本、最後に儲けるのは日本だ」です。この言葉は日本の立場を大変良く示しています。日本は欧米の発明したテクノロジを製品に組み込み、改良し、繁栄してきました。これが明治から現在までの日本のやり方でした。その結果、科学の解き明かした

「真理」からテクノロジを研究、開発するという意識が大変希薄です。これも「真理」を大切にしないもう1つの大きな原因と考えています。

更に突き詰めて行くと、そもそも日本には科学の解き明かした「真理」からテクノロジを発明する「科学技術者」がいないという本質的な問題に気がつきます。言うまでもなく、日本にはノーベル賞を受賞する科学者もいれば、優秀な日本製品を開発する技術者もいます。しかし、大変残念な事は、日本には科学の解き明かした「真理」からテクノロジを発明する「科学技術者」がいません。これが既に説明したようにIBMと日本企業の差であり、アメリカと日本の差です。1.1.1章で紹介したように筆者は液晶や光磁気ディスクなどのハードウエア、また経路最適化ソフトウエアやモデリング言語などのソフトウエアの研究、開発をしました。筆者はハードウエアについては「自然科学の科学技術者」、ソフトウエアについては「計算機科学の科学技術者」でした。しかし、日本には科学の解き明かした真理からテクノロジを研究、発明する「科学技術者」がいません。特に重要なのは「計算機科学の科学技術者」です。日本には「計算機科学の科学技術者」がいません。これが日本のソフトウエア、インターネット、ITなどで遅れている最大の原因と考えています。更に突き詰めれば、日本には欧米の近代化を推進した「ミドルクラスの人々」がいないという極めて本質的な問題に気がつきます。これを「真理と正義を愛し」と関連させて言えば、日本には「真理と正義を愛し、実践するミドルクラスの人々がいない」と考えています。そのため次に「ミドルクラスの人々の重要性の概要」を説明します。

1.2.4 章　ミドルクラスの人々の重要性（5 章）の概要

本章は「ミドルクラスの人々の重要性」を説明します。最初に結論から説明します。筆者は、日本には次の５つのタイプの「ミドルクラスの人々」が存在しないと考えています。これは ⑴「科学技術者」、⑵「哲学のある人間」、⑶「市民」、⑷「最高経営責任者」、⑸「国家の経営者」です。この原因は４つと考えています。１つは既に説明した「郷の道理」による「人の分離」です。一例を挙げれば、「科学技術者」を「科学者」と「技術者」に分離、「哲学のある人間」を「理系」と「文系」の人間に分離、「市民」を「官」と「民」に分離です。２番目は、明治以来の「国家の尊重」です。これが「ミドルクラスの人々」の醸成を大きく阻んできたと考えています。３番目は欧米の発明したテクノロジの改良のみをしてきた事です。科学の解き明かした真理から新たなテクノロジを研究、発明してこなかった事です。これが「ミドルクラスの人々」とりわけ ⑴「科学技術者」が存在しない大きな原因と考えています。４番目は「民主主義の日本風の理解」です。そのため欧米では普通に存在する「ミドルクラスの人々」とりわけ ⑶「市民」が存在しないと考えています。

以上からお分かり頂けるように「ミドルクラスの人々」を理解するには多くの知識と知見が必要です。そのため既に紹介したように本章から 1.2.8 章で「ミドルクラスの人々」と「要件」を説明します。本章は前半で「ミドルクラスの人々」のポイントを説明し、後半で産業革命を推進した ⑴「科学技術者」を説明します。⑴「科学技術者」の例を挙げれば、「蒸気機関のワット」や「電球のエジソン」であり、現在で言えば、「アップルのスティーブ・ジョッブズ」や「マイクロソフトのビル・ゲイツ」などです。また ⑴「科学技術者」は概ね ⑵「哲学のある人間」です。そのため ⑵「哲学のある人間」も説明します。次に 1.2.5 章では「ミドルクラスの人々」の中核となる ⑶「市民」を説明します。また 1.2.6 章では「マイクロソフトのビル・

ゲイツ」を例に具体的に説明します。更に1.2.8章では(5)「国家の経営者」を説明します。お分かり頂けるように、本章以降は「ミドルクラスの人々の要件」を具体的に説明します。これらは2番目の解決策の基盤となる知識と知見です。そのため十分ご理解頂ければと思います。

では前半の説明として「ミドルクラスの人々」のポイントを説明します。最初に理解を容易にするために「ミドルクラスの人々」の「歴史的順番」を説明します。これを筆者は次のように考えています。これは(1)「科学技術者」→(2)「哲学のある人間」→(3)「市民」→(4)「最高経営責任者」→(5)「国家の経営者」です。これを人物で分かり易く言えば、(1)「科学技術者」＝「レオナルド・ダ・ビンチ」、(2)「哲学のある人間」＝「ガリレオ・ガリレイ」、(3)「市民」＝「市民革命を行った多くの無名のイギリス人・アメリカ人・フランス人」、(4)「最高経営責任者」＝「蒸気機関のワット」、(5)「国家の経営者」＝「イギリスのサッチャー元首相」です。ここで(3)「市民」の「市民革命を行った多くの無名のイギリス人・アメリカ人・フランス人」は直観的にご理解頂けると思います。それに対して(1)、(2)、(4)、(5)は理解し難いと思います。

そのため次にこれらの「ミドルクラスの人々」のポイントを説明します。(1)「科学技術者」の「レオナルド・ダ・ビンチ」は既に説明したように「モナリザ」に代表される「天才画家」です。また「万能の天才」として多くのものを発明しています。これは彼の膨大なノートの様々なスケッチが示しています。ここには現在の自動車、ヘリコプター、戦車などの「原理」が説明されています。そのため「レオナルド・ダ・ビンチ」は「万能の天才」として様々なものを発明した「最初の科学技術者」と考えています。またこの事からお分かり頂けるように「ヒューマンのモノを創る能力」として「科学技術者」が「ミドルクラスの人々の原点」と考えています。なお、「近代経営」の視点からは「蒸気機関のワット」が「最初の科学技術者」と考えています。次に(2)「哲学のある人間」の「ガリレオ・ガリレイ」は「宗教裁判」の通り、「地動説」を唱えた「科学者」です。では「科学者」の本質は何かと言えば、新たな真理を発見、定義し、この真理を真実に基づいて第３者が客観的に理解できるように説明する事です。これを「ガリレオ・ガリレイ」で言えば、「地動説」を「木星の衛星、金星の満ち欠け、太陽黒点」という真実に基づいて説明した事です。そのため「ガリレオ・ガリレイ」は「第３者が客観的に理解できるように説明する最初の哲学のある人間」と考えています。次に ⑷「最高経営責任者」の「蒸気機関のワット」は「近代経営」の「最初の科学技術者」であると共に本シリーズで説明するように「ボールトン・アンド・ワット社」を設立し、大きな成功を納めた「最高経営責任者」でもあります。「最高経営責任者」を良く示すのが「ボールトン・アンド・ワット社」という「社名」です。この理由は「資金」を提供したのが「ボールトン」だからです。そのため「ワット」は「最高経営責任者」として活動しました。これから「ワット」は「近代経営の最初の最高経営責任者」である事をご理解頂けると思います。最後に ⑸「国家の経営者」の「イギリスのサッチャー元首相」は 1.2.8.3 章で説明するように「NPM」の創始者です。そのため「イギリスのサッチャー元首相」を「最初の国家の経営者」と考えています。以上から「ミドルクラスの人々」のポイントをご理解頂けたと思います。なお、「最高経営責任者」について１つ補足します。「最高経営責任者」が「存在しない」という意味は「日本国憲法」の定める「CEO」、「最高経営責任者」が存在しないという意味です。これは 1.3.3.3 章で説明します。

では次に後半の説明として ⑴「科学技術者」と ⑵「哲学のある人間」を筆者の IBM での液晶開発の体験から説明します。先に説明したように以降は具体的に説明します。そのため十分ご理解頂ければと思います。最初に「科学技術者の特徴」から説明します。これは極めて広範囲に勉強します。新たなテクノロジを研究、発明する事は「無」から「有」を生み出す事です。これは膨大な勉強量を必要とします。そのため ⑴「科学技術者」は広範囲に勉強します。では何を勉強するかと言えば、科学の解き明かした「真理」、つまり物理の理論式や方程式をすべて学びます。更に幾何光学や波動光学などからレーザー理論、デジタル理論と実に多くの理論や方程式を学びます。この事は既に説明した通産省の技官の筆者への質問からご理解頂けると思います。なぜ通産省の技官は筆者に専門外のテレビの事を質問してきかたと言えば、筆者は科学技術の広範囲の知識を習得している事を実感したためと思います。次に「科学技術者の要件」を説明します。これは本シリーズで説明するように「事業化・使命感・体能」です。「事業化」のポイントは「時の利」、「地の利」を活用する事です。これは資金と時間の制約のある企業で大変重要です。更にもう1つは将来を正確に予測できる事です。これも通産省の技官が筆者へ質問してきた理由と思います。

次に「体能・使命感」は一緒に説明します。最初に「体能」から説明します。これは「科学技術者」の特有の「考え方」です。一般的に「技術者」は「機能・性能」を考えます。それに対して「科学技術者」の考えるのは「機能・性能」を生み出す「体能」です。では「体能」とはどのようなものでしょう。次にこれを導くきっかけと「使命感」から説明します。「使命感」を「人間の5元徳」で言えば、「愛」です。つまり困っている人々を助けようとする愛、慈悲の心です。これが「科学技術者の要諦」です。言うまでもなく「科学技術者の要諦」は「ヒューマンのモノを創る能力」の通り、「ヒューマン」です。筆者が液晶開発を提案した動機は「これでは日本が可哀そうだ。日本を助けたい」という「愛」です。どういう事かと言うと、当時のパソコンはデスクトップパソコンと呼ばれる「CPUの箱」と「ブラウン管の表示装置」の2つの箱が必要でした。そのため大変大きな物でした。しかし、アメリカ人は困っていませんでした。この理由はアメリカのオフィスは広いためです。「CPUの箱」を机の下に置き、また一般的にアメリカの机は大きいため表示装置を机にのせても十分スペースがあります。これは日本IBMの研究所も同じでした。そんな折、たまたま日本企業のオフィスを訪問した事があります。この時日本のオフィスは大変狭い事を知りました。机の上にも下にも書類が置かれ「CPUの箱」と「ブラウン管の表示装置」更にキーボードを置くと机にはほとんどスペースがありません。これでは書類を開く事もできませんし、仕事もできません。そのため「これでは可哀そうだ。なんとか助けたい」と思いました。これが液晶を開発しようと思った

「筆者の愛」です。これは既に紹介したスティーブ・ジョッブズの「人間愛と結びついたテクノロジ」とまったく同じです。

次にもう 1 つの「愛」を説明します。これは「人体に危害を及ぼさないのか」という点です。どういう事かと言うと、液晶は光が液晶分子の中を通って人間の目に見えます。ここで素朴な疑問は「では液晶分子の中を通ってきた光は人間の目に危害を与えないのか」です。これには多くの液晶の技術者は、液晶の光源は蛍光灯であり、全然問題ないと感じると思います。しかし、筆者はそう考えませんでした。そうではなく万が一液晶の中を通る事により光が変化し、人間の目に危害を及ぼすような事があっては「一大事」です。そのため光が液晶分子の中を通ると、どのような物理現象になるのかを勉強しました。この理論式は既に液晶の教科書で結論の式だけが示されています。しかし、これでは正しいか否か明らかではありません。そのため光、つまり 380 ナノメータから 780 ナノメータの電磁波が液晶分子、つまり水平・垂直で誘電率の異なる物質の中を通ると、どのような物理現象になるかを理論式として導き、液晶の教科書の理論式と同一である事を確認しました。次に液晶の様々な物理量を変えた時の光の状態を理論式から求め、実際の液晶で確認しました。これから光は液晶分子の中を通っても人体に影響を与えない事を確認しました。これに対して「液晶の光源は蛍光灯であり、そのため全然問題ない」と感じている技術者は「意味のない事」と感じるかもしません。しかし、そうではありません。「人体に影響を与える」かもしれないという疑問は大変重要です。これをおろそかにする事はできません。自分でゼロからもう一度きちんと勉強し、確認しておく事はなによりも重要です。これが「科学技術者」のもう 1 つの「愛」です。この「愛」は「人類全体への愛」つまり「人類愛」です。

そして大変重要な事は、この体験から筆者は「体能」という着想を得た事です。まさに光が液晶分子をどのように通るのかの理論式を導いている時に「体能」という着想を得ました。この時に液晶分子の気持ちが分かると言うか、液晶のどこをいじるとどのようになるのか、液晶を隅から隅まで完全に理解できました。「体能」の「体」から実際に液晶表示装置を試作し、習得するものと感じられるかもしれません。しかし、そうではありません。あくまでも理論的に求めます。発生する物理現象をすべて考え、それらを理論式としてまとめていきます。これから液晶を隅から隅まで、つまり液晶の「体能」を理解できます。そのため「体能」は「原理を実行する要因を隅から隅まで完全に理解した統合体の能力」という意味です。この「体能」を理解する事により「液晶」は「新たなテクノロジ」ですが、「開発予算」と「開発スケジュール」を正確に見積もり成功できます。そのため「体能」を理解する事は非常に重要です。次に「体能」を「価値と原理と手順の統論」で言えば、まさに「体能」＝「価値と原理と手順の統論」です。新たなテクノロジの「統合体」を「価値と原理と手順の統論」としてまとめたものが「体能」です。そのため「価値と原理と手順の統論」を導くきっかけとなったのが「体能」です。では、なぜ「体能」という着想を得たのかと言えば、液晶の光は人体に危害を加えないのかという「人類愛」です。この「人類愛」から筆者は「体能」という新たなテクノロジ開発の要諦、つまり「真理」を導く事ができました。これが既に紹介した筆者の「人間の５元徳」の「愛→真理」の原体験です。お分かり頂けるように「科学技術者」の要諦は「困っている人々を助けようとする愛」そして「人類愛」です。

ここで読者の皆様は「しかし、筆者は東京高専で電気工学を学んだだけだよね。それが液晶、光磁気ディスク、更には経路最適化ソフトウエア、モデリング言語と、良く勉強できたものだ」と素朴な疑問を抱かれると思います。これは筆者も同じです。今振り返ってみても「良く新しいものに挑戦できたものだ」と思います。この理由は２つと考えています。１つは筆者は52年間の考察から分かる通り、専門外の分野も躊躇せず勉強する事です。もう１つはIBMには「お手本」があったからです。これが「Ph.D.」、「哲学博士」つまり⑵「哲学のある人間」です。既に説明したようにアメリカの「Ph.D.」、「哲学博士」は専門分野に囚われずに様々な分野の問題に挑戦します。これには本当に感心します。まさにすべての学問はギリシャ哲学から生まれたという「哲学博士」としての誇りを感じます。この根源的な能力が「価値と原理と手順の統論」という「普遍的知識を活用する能力」です。そのため「日本人もアメリカ人も同じ平等な人間」と考える筆者は「アメリカ人にできるなら日本人にもできる」と思って様々な分野の学問を学び、新たなテクノロジ開発に成功できました。このように筆者には「Ph.D.」、「哲学博士」、⑵「哲学のある人間」という「お手本」がありました。これが様々な分野に挑戦し、成功できた最大の要因と考えています。なお、ここで「哲学のある人間」と「科学技術者」の差を説明します。「哲学のある人間の要件」は既に説明したように「価値と原理と手順の統論」の実践です。そのため「科学技術者」との差は「使命感」と「事業化」です。つまり「科学技術者」は「体能＝価値と原理と手順の統論＝哲学のある人間」に基づいて「使命感」を持ち「事業化」を行う人間です。そのため「科学技術者」の基本となるのが「哲学のある人間」、具体的に言えば、「Ph.D.」、「哲学博士」です。

しかし、大変残念な事は、日本には「Ph.D.」、「哲学博士」という博士号はありません。そのため折角アメリカの大学で「Ph.D.」、「哲学博士」を取得しても日本に帰れば、物理で取得すれば「理学博士」、数学で取得すれば「数学博士」となります。なお、文科省の指導では日本の「博士」をアメリカでは「Ph.D.」、「哲学博士」と表記しても良い事になっています。しかし、これは筆者のIBMの体験から言えば、大きく異なります。アメリカの「Ph.D.」は日本の「博士」とは根本的に異なります。「価値と原理と手順の統論」という「普遍的知識」を活用し、新たな問題に挑戦し、成功します。それに対して日本の博士は専門分野を固く護り、それ以外の分野には挑戦しません。これが「郷の博士」であり、更に言えば、各分野毎の「八百万の神」の「郷の博士」です。そのため日本には1.1.4章で説明したように川村氏の説明する「高度博士人材」つまり「Ph.D.」、「哲学博士」すなわち⑵「哲学のある人間」はいないと考えています。更に突き詰めて行くと、日本にはこれらの母体となる⑶「市民」がいないという本質的な問題に気づきます。ここで⑶「市民」は「市に住んでいる人間」ではありません。日本では市に住む人間は⑶「市民」となりますが、そうではありません。⑶「市民」はこれらの「母体」となる人間です。それに対して日本の常識では(3)「市民」は政治的な意味合いを持った人間であり、このような意味はありません。しかし、(3)「市民」は「これらの母体の人々」であり「ミドルクラスの中核となる人々」です。そのため次に、(3)「市民」をアメリカの市民教育から説明します。

1.2.5 章　アメリカの市民教育（6 章）の概要

本章は「アメリカの市民教育の概要」を説明します。これを前半と後半に分けて説明します。前半は最初に「アメリカの市民教育」の全体像を説明し、次に「市民」が「科学技術者」や「Ph.D.」、「哲学博士」、「哲学のある人間」の「母体」である事を説明します。これを踏まえて「アメリカの市民教育の目的」と国家と国民との関係を説明します。後半は「市民の要件」を説明します。最初に「個人の尊重」の「3 つの基本概念」はアメリカの市民教育と一致する事を説明し、次に「市民の要件」を説明し、最後に「市民の要件」を日本国憲法と教育基本法から説明します。これから筆者の 1 番目から 5 番目の解決策の市民教育を導いた理由も説明します。本章の説明は 2 番目の解決策の中核となる知識と知見です。そのため十分理解頂ければと思います。

では「アメリカの市民教育」から説明します。筆者はアメリカの市民教育を本書の執筆中に知りました。これは大変優れたものです。次にアメリカの市民教育の全体像を示します。

図 26　アメリカの市民教育の全体像

対象		番号	授業の名前	日本語訳
高校生		⑳	What Is Meant by Returning to Fundamental Principles?	基本原理に戻るという事は何を意味するのか
		⑲	What Conflicting Opinions Did the Framers Have About the Completed Constitution?	完成された憲法に関してフレーマーはどのような競合する意見を持っていたか
		⑱	How Does Government Secure Natural Rights?	政府は基本的人権をどのように護っているか
		⑰	What Might Be Some Benefits and Costs of the Government Keeping a Secret?	政府が機密を持つ事のコストと便益は何か
		⑯	How Was the Constitution Used to Organize the New Government?	憲法は新たな政府を組織するのにどのように使われたか
中学生		⑮	How Can Jackson Middle School Meet Its Reponsibilities to Deal with the Problem of Substance Abuse?	ジャクソン中学校は薬物乱用の問題を取り扱う責任をどのように果たす事ができるか
		⑭	What Intellectual Tools Are Useful in Making Decisions about Issues of Corrective Justice?	正義を正すという問題に関してどのような知的ツールが有用か
		⑬	How Can You Decide among Competing Responsibilities?	競合する責任でどのように決定する事ができるか
		⑫	What Are the Possible Consequences of Privacy?	プライバシーの保護から起こりうる帰結とは何か
		⑪	Why Do We Need Authority?	なぜ我々は権威が必要か
		⑩	We the People: Project Citizen	我々アメリカ国民：プロジェクト「市民」
		⑨	How Can Citizens Participate?	市民はどのように（政治に）参加するのか
		⑧	Why Do We Need a Government?	なぜ我々は政府が必要なのか
		⑦	Who Should Get the Job?	誰が仕事を得るか
		⑥	What is the Federal System Created by the Constitution?	憲法によって創られた連邦システムとは何か
小学生	5-6年生	⑤	What Responsibilities Accompany Our Rights?	我々の権利にはどのような責任が伴うか
	4-6年生	④	What Is a Republican	共和国政府とは何か
	3-4年生	③	What Basic Ideas Are in the Preamble to the Constitution?"	憲法の前文にはどのような基本的考えがあるか
	1-2年生	②	What Is Authority ?	権威とは何か
幼稚園児		①	"Orb & Effy Learn About Authority"	オーブとエッフィーは権威について学ぶ

出典：Center for Civic Education　Lesson Plans
URL:http://new.civiced.org/resources/curriculum/lesson-plans

ご覧の通り、アメリカでは幼稚園から高校生まで一貫して市民教育を行っています。これは本シリーズで説明します。本章は要点を説明します。アメリカの市民教育の要点は「アメリカの憲法に基づく民主主義の教育」です。「アメリカの憲法に基づく民主主義の教育」から、大変難しいイメージを持つと思います。しかし、そうではありません。これには筆者も驚いたのですが、小学１－２年生や小学３－４年生向けの授業内容は憲法や民主主義の本質を分かり易く説明しています。これから筆者も多くを学びました。更に２つの大変重要な事を教えています。１つは「真理」や「原理」の重要性を教えています。これは図 26 の高校生最後の「基本原理に戻るという事は何を意味するのか」という授業を見てみれば分かります。次にこれを示します。

図27　アメリカは市民教育で真理や原理の重要性を教える

「基本原理に戻るという事は何を意味するのか」のポイント

- この最後の結論となる授業で、アメリカ政府の幾つかの基本原理や考えを現在の問題に関連付ける機会を得る事になります。
- もし理論の真理が人々の心、考えに存在せず、賛同されていなければ、その有用性とは何だろう？

出典：Center for Civic Education　Lesson 40: What Is Meant by Returning to Fundamental Principles?
URL:http://new.civiced.org/resources/curriculum/lesson-40-what-is-meant-by-returning-to-fundamental-principles

市民教育で教える言葉

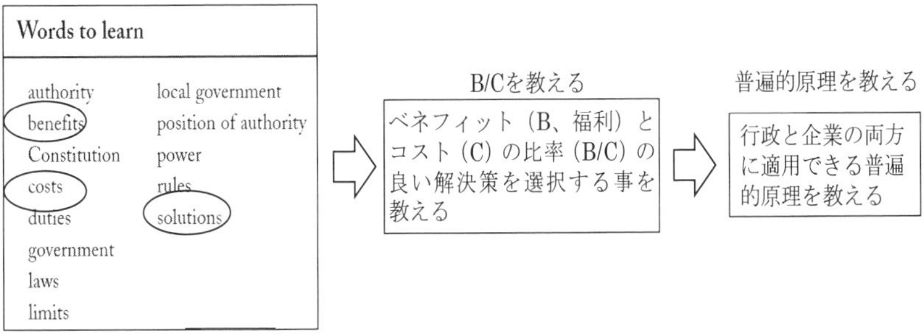

出典：Center for Civic Education　What is Authority ?

ご覧の通り、「真理・原理」に基づいて社会の問題を解決する事の重要性を教えています。率直に言って、これには大変驚きました。この理由は、まさにこれは「科学技術者」や「Ph.D.」、「哲学博士」、「哲学のある人間」の「根幹となる要件」だからです。そのため大変驚きました。これから「市民」はこれらの人々の「母体」である事をご理解頂けると思います。次に「真理・原理」に基づいて社会の問題を解決する事は「近代化の精神」の実践です。そのため「近代化の精神」を教えている事もご理解頂けると思います。

次にもう1つ大変重要な事を教えています。これは図27の下に示す「B/C」と「Solution」です。なお、この図は小学1－2年生向けに教える言葉を示したものです。「B/C」の意味は「Benefits」、「福利」と「Costs」、「コスト」の「比率」つまり「福利対コスト」です。「Solution」は「解決策」

です。この代表例を挙げれば、「近代化の精神」の「テクノロジ・法律・予算・政府」です。これらの「福利対コスト」の良い「解決策」を選択する事を教えています。これにも大変驚きました。この理由は2つです。1つは「福利対コスト」の良い解決策の選択は政治、行政、企業、個人の生活にも当てはまる普遍的原理だからです。もう1つはこの「福利」は、まさに「日本国憲法の原理」で「その福利は国民がこれを享受する」の「福利」だからです。つまり「原理」を「コスト」との比較で判断するという考えです。これも大変優れています。言うまでもなく「憲法の原理」だからと言って、無制限に税金を使って良いというものではありません。「福利対コスト」の良い「原理」を選択する事が必要です。これをアメリカでは小学1－2年生に教えています。これには本当に感心します。更に驚いたのは、コストとして「公務員の人件費」を教えている事です。日本の行政で「コスト」と言えば、「公共事業のコスト」を思い浮かべる人が多いと思います。しかし、行政の最大のコストは、1.3.3.1章で説明するように公務員の人件費です。具体的に言えば、平成23年度は29.2兆円です。これをアメリカの市民教育は小学1－2年生に教えています。これには「欧米人の高いコスト意識」を改めて実感すると共に大変優れていると思いました。次にこれらと既に説明した「イギリスの近代化の文明史観」との対応を示します。

アメリカの市民教育の要点	イギリスの近代化の文明史観
・真理・原理の活用	・数学の演算子の記号
・福利対コスト	・Manage

ご覧の通り、「真理・原理の活用」とは「数学の演算子の記号」を使って「真理・原理」を表現する事であり「福利対コスト」はまさに「Manage」、「経営する」です。この一致にも大変驚いています。これからアメリカの市民教育は「近代化の精神」と「近代化の実践知識」を教えている事をご理解頂けると思います。では「アメリカは市民教育の目的」は何でしょう。次にこれを示します。

図 28　アメリカの市民教育の目的

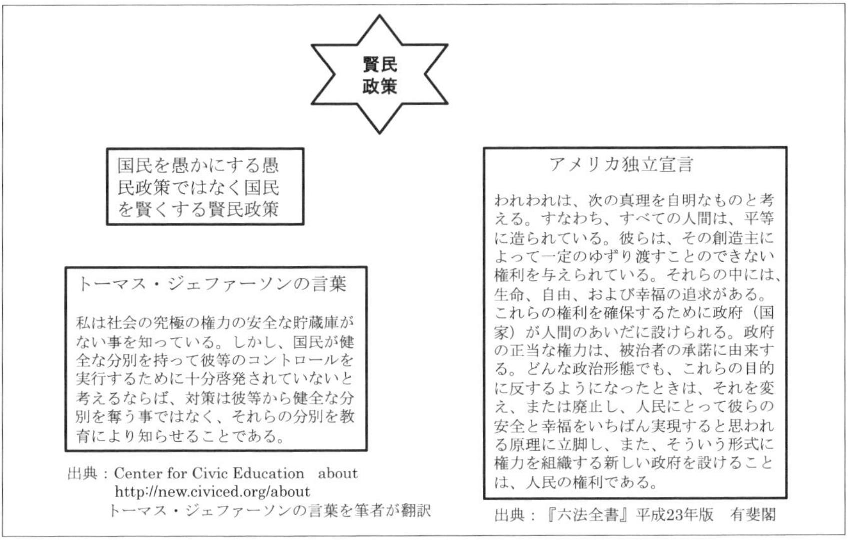

ご覧の通り、筆者はアメリカの市民教育の目的は「賢民政策」と考えています。「賢民政策」はアメリカの市民教育の授業内容から筆者の頭に浮かんできた言葉です。この意味は「国民を愚かにする愚民政策ではなく国民を賢くする事」です。これを示すのがアメリカ第３代大統領であり、アメリカ独立宣言を起草したトーマス・ジェファーソンの言葉です。この言葉の要点は「対策は彼等から健全な分別を奪う事ではなく、それらの分別を教育により知らせることである」の通り、「分別を教育により知らせる」です。また図 28 の右に示す通り、トーマス・ジェファーソンの起草したアメリカ独立宣言は「真理」と「原理」の重要性を謳っています。これは既に 1.1.3 章で説明した通りです。この事から「分別を教育により知らせる」とは国民に「真理」、「原理」を教える事と理解できます。これから「賢民政策」という言葉が筆者の頭に浮かんできました。言うまでもなく、日本には国民を愚かにする「愚民政策」という言葉はあります。しかし、国民を賢くする「賢民政策」という言葉はありません。それに対してアメリカにはトーマス・ジェファーソンの「賢民政策」を示す言葉があります。これには本当に驚くと共に「なるほどアメリカは偉い」と感心せざるを得ません。

トーマス・ジェファーソンの教えるように国民に分別、つまり「真理」、「原理」を教える事が政治、行政の基本です。これにより国民も「賢い市民」に成長、進歩できます。それに対してまったく逆なのが2500年前の孔子の「由らしむべし知らしむべからず」です。これは国民に「分別」つまり「真理」、「原理」を教えない「愚民政策」です。なお、孔子の名誉のために補足すると、孔子は「愚民政策」を意図して「由らしむべし知らしむべからず」を説いたのではありません。国家の統治の「原理」は本当に難しいものです。そのため「教えない」というのは2500年前は正しいものです。しかし、憲法第97条で「人類の多年にわたる自由獲得の努力の成果……過去幾多の試錬に堪へ」と定める通り、人類は「国家の統治原理」をやっと導く事ができました。そのため孔子の言葉は誤りではありません。問題は孔子の言葉を権力者が悪用した事です。これは自明です。次に「国家と国民の関係」は「国家→国民」と「国民→国家」の2つあります。「賢民政策」は「国家→国民」に相当します。次に「国民→国家」は「賢国富国」と考えています。つまり「賢い国家として正義と利益を同時に実現する事」です。「賢民」と「賢国富国」を合わせた「賢民賢国富国」を略した「賢民賢国」が筆者の考える「日本の国家ビジョン」です。そして「国家・国民とは何か」に対する筆者の結論です。

では次に後半の説明として「市民の要件」を説明します。最初に「個人の尊重」の「3つの基本概念」はアメリカの市民教育と一致する事を説明します。本章の前半で説明した「真理・原理に基づいて社会の様々な問題を解決する事」は既に説明したように「真理→原理→テクノロジ・法律・予算・政府」に一致します。また後半で説明した「トーマス・ジェファーソンの分別を教育により知らせる」は「個人・人々が真理・原理を共有する事により国家として統合できる」に一致します。最後に「一人は全員のために、全員は一人のために」は本シリーズで説明するように市民教育のタイトルの「We the People」、「我々アメリカ国民」の「People」から一致する事をご理解頂けます。このように「個人の尊重」の「3つの基本概念」はアメリカの市民教育と一致します。では、これを踏まえて「市民の要件」を説明します。これは「個人の尊重」の「3 つの基本概念」です。つまり ①「真理→原理→テクノロジ・法律・予算・政府」の「近代化の精神」、②「一人は全員のために、全員は一人のために」、③「個人・人々が真理・原理を共有する事により国家として統合できる」です。これが「市民の要件」です。この事は前述の「個人の尊重」の「3 つの基本概念」はアメリカの市民教育と一致する事からご理解頂けると思います。なお、「近代化の精神」について補足します。これは「近代化の精神」を理解しているという意味であり、「即実践する」という意味ではありません。実践するには学問を学び「哲学のある人間」や「科学技術者」に成長、進歩する事が必要です。「市民」は、この出発点として①「真理→原理→テクノロジ・法律・予算・政府」の「近代化の精神」を理解しているという意味です。

では最後に「市民の要件」を日本国憲法と教育基本法から説明します。次にこれを示します。

日本国憲法第 10 条	平成 18 年度に改正される前の 教育基本法第 1 条
日本国民たる要件は、 法律でこれを定める。	教育は人格の完成をめざし、平和的な国家及び社会の形成者として、真理と正義を愛し、個人の価値をたっとび、勤労と責任を重んじ、自主的精神に充ちた、心身ともに健康な国民の育成を期して行われなければならない

ご覧の通り、「日本国憲法第 10 条」は「日本国民たる要件は、法律でこれを定める」です。ここで「法律」は「教育基本法」です。前述の「教育基本法第 1 条」は「個人の尊重」の「3 つの基本概念」に一致します。具体的に言えば、「平和的な国家及び社会の形成者」と「個人の価値をたっとび、勤労と責任を重んじ、自主的精神に充ちた」は ②「一人は全員のために、全員は一人のために」に一致します。また「真理と正義を愛し」は ①「真理→原理→テクノロジ・法律・予算・政府」に一致します。この 2 つによ

り③「個人・人々が真理・原理を共有する事により国家として統合できる」に一致します。そのため前述の「市民の要件」は「日本国憲法第 10 条」の定める「日本国民たる要件」です。この事をご理解頂けると思います。

ここで読者の皆様は「日本国民たる要件」を知り大変驚いたと思います。これは筆者も同じです。まさかこのような事が憲法で定められているとは知りませんでした。しかし、大変残念な事は、戦後教育は「日本国民たる要件」を教育してきませんでした。これを筆者は「日本の戦後教育は憲法違反だった」と批判するつもりはありません。そうではなく「もし、教育基本法の“真理と正義を愛し”」を教えていれば、「郷の道理」に「学問」も排除される事なく「東日本大震災」と「福島原発事故」の被害を最小限に食い止めていたと思います。とりわけ「福島原発事故」を防止できなった事は、悔やんでも悔やみ切れるものではありません。率直に言って、日本にはアメリカの定めた「日本国憲法」や「教育基本法」に対する「反発」があります。これは良く分かります。しかし、ここでご理解頂きたい事は「欧米の近代化の文明史観」から明らかなように「教育基本法の真理と正義を愛し」と「憲法第 13 条の個人の尊重」は「真理」である事です。事実、浜田氏は「真理と正義を愛し」を実践し、黒田氏は「原理」を実践し、日本企業は「赤字」から「黒字」になりました。更に「さだ氏」や「北岡氏」は「郷の道理」を指摘し、安倍首相は「一身独立して一国独立する」を国民に呼び掛けています。そして「真理と正義を愛し」が「福島原発の事故の再発」を完全に防止します。この事を十分ご理解頂ければと思います。またアメリカは「教育基本法」で定めた「真理と正義を愛し」や「日本国憲法」の「個人の尊重」を市民教育で教えています。これは大いに見習う必要があります。この理解、認識から筆者は解決策の「市民教育」を導いています。この事も併せてご理解頂ければと思います。では「アメリカの市民教育」によりどのような「市民」が生まれたのでしょう。次にマイクロソフトのビル・ゲイツを例に説明します。

1.2.6章　ビル・ゲイツ研究（なぜ世界一の大金持ちになれたのか）（7章）の概要

本章はマイクロソフトのビル・ゲイツは「なぜ世界一の大金持ちになれたのか」を説明します。これからビル・ゲイツは前章で説明した「市民の要件」つまり「真理・原理」を理解、実践している事をご理解頂けます。次にビル・ゲイツの「抽象化能力」を説明します。これから３番目の解決策で必要な「抽象化・抽象化能力」をご理解頂けます。お分かり頂けるように、本章は２番目から３番目の解決策の橋渡しの章です。そのため２番目の解決策の要約そして３番目の解決策の前準備として読み頂ければと思います。最初に「ビル・ゲイツの世界一の大金持ちになれた要因」を次に示します。

図29　ビル・ゲイツの世界一の大金持ちになれた要因

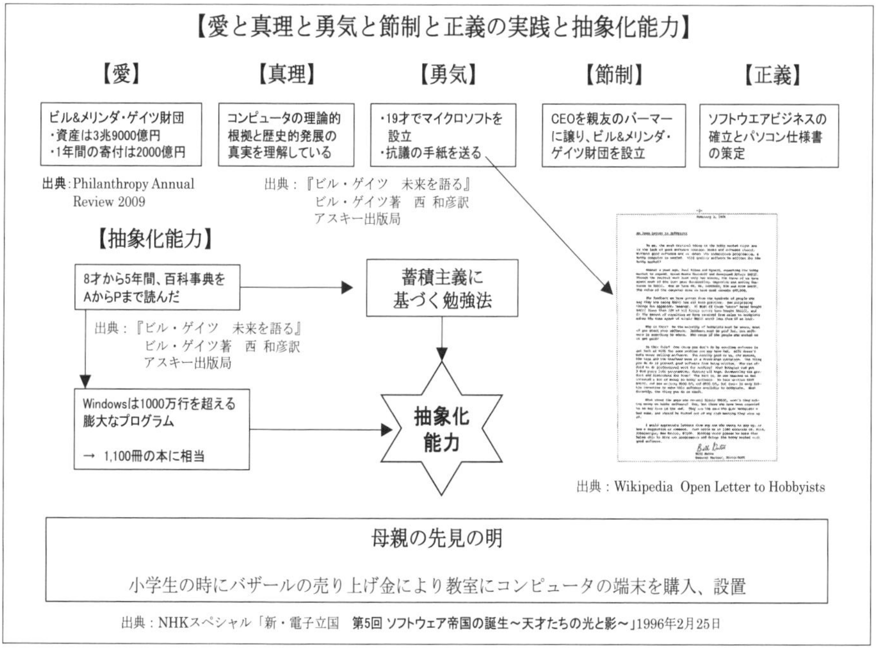

ご覧の通り、「愛・真理・勇気・節制・正義」の「人間の５元徳の実践」と「抽象化能力」及び「母親の先見の明」の３点により世界一の大金持ちになれたと考えています。これは本シリーズで説明します。ここでは要点を説明します。既に説明したように「ヨーロッパはサイエンス、テクノロジはアメリカ、そして製品は日本、最後に儲けるのは日本」です。ここで大変興味深い事は「なぜヨーロッパはサイエンスで、アメリカはテクノロジ」なのかです。これには「アメリカはプラグマティズム、実用主義」などが浮かびますが、筆者は「真理と原理の重要性を謳うアメリカ独立宣言」と前章で説明した「真理・原理を活用する事を教える市民教育」が大きな要因と考えています。これが、アメリカが世界のどの国よりも多くの新たなテクノロジを発明する理由と考えています。そしてビル・ゲイツも世界一の大金持ちになれたのも同じ理由と考えています。

次にこの事を彼の著作から説明します。筆者がビル・ゲイツを「並の人間」ではないと思ったのは40代に彼の『ビル・ゲイツ　未来を語る』という著作を読んだ時です。ここには「コンピュータの父」として「チューリング、シャノン、フォン・ノイマン」の３人の名前が挙げられています。率直に言って、これには大変驚きました。筆者も日本IBMに20年以上勤務していましたが、それまで「コンピュータの父」という発想はありませんでした。また「もし、そのような人間を挙げる」とすれば「フォン・ノイマンだけ」と思っていました。そのためビル・ゲイツが３人の名前を挙げている事に大変驚きました。明らかにこの表現には「コンピュータの真理・原理」を理解した自信が窺えます。筆者もフォン・ノイマンの「コンピュータ・アーキテクチャ」やシャノンの「デジタル回路理論」などの「原理」は理解していました。しかし、チューリングの「計算理論」つまり「計算の真理」は理解していませんでした。そのため1936年のチューリングの論文を読まなければ「とてもビル・ゲイツには勝てない」と思いました。これがチューリングの論文を読むようになったきっかけです。これを読み、導いた結論が55才の時の ⑻「解き方の真理」、⑼「思い・考え重視と鶴亀算・方程式の思考パターン」、⑽「サービス科学」です。この事から1936年のチューリングの論文は大変有用な論文である事をご理解頂けると思います。そのためこれを理解したビル・ゲイツが前述のような大半自信に満ちた表現を生み出したと理解できました。

なお、ここで 1936 年のチューリングの論文の「難解さ」を説明します。これを示すのが筆者の友人の言葉です。筆者はチューリングの論文を理解できた時に、同僚で東大卒の計算機科学の修士号を取得した友人に「やっと理解できた」と説明し始めたところ、彼から意外な返事を聞きました。それは「僕は確かに東大で計算機科学を学んだが原理は理解できなかった」です。なお、この「原理」は「計算の真理」と同じです。友人は筆者が物事を源流に遡り、徹底的に理解する事を理解しているので正直に話してくれました。ここで大学の計算機科学の授業を説明すると「コンピュータの理論モデル」として「チューリング・マシン」や簡易化した「オートマン」などの「動作」を教えます。しかし、なぜそのような「理論モデル」が生まれたのか、それはいかなる「真理」つまり「計算の真理」に基づくのかを教えません。「それは所与のモノ」として「理論モデル」の「動作」を教えます。これでは「計算の真理」を理解した事にはなりません。「動作」を覚えただけです。そのため「僕は確かに東大で計算機科学を学んだが原理は理解できなかった」という事になります。なお、「計算の真理」は 1.2.8.2 章で説明します。これは日本の鶴亀算の法律を解決する上で大変有用な知識です。

では、そのような難解な論文を極めて早い段階で理解したビル・ゲイツの能力とはどのようなものでしょう。次にビル・ゲイツの能力を説明します。これに関して、彼の前述の著作にさりげなくある事が記述されています。それは「8 才から 5 年間、百科事典を A から P まで読んだ」という記述です。A から P までと言うと、分厚い百科事典を 14、5 冊読んだ事になります。これを 8 才、つまり小学 2 年生で読破する事を決意し、一巻ずつ読んでいったそうです。これは「並の人間」にできる事ではありません。この事から筆者は彼の勉強法と能力を理解できました。彼の勉強法を一言で言えば、「蓄積主義に基づく勉強法」です。筆者も同じ勉強法なので良く分かりますが、とりあえず読まなければならないものはすべて読みます。ここですべて読むとは、序章から目次から、本文、注記とすべて読みます。また関連する本もすべて読みます。そうすると当初は分からなかった事が徐々に理解できるようになります。そしてすべて読み終える頃には、概ね理解できるようになります。これがビル・ゲイツは大変得意と理解できました。この勉強法の利点は、当初はバラバラだった知識が徐々にまとまってくる事です。そして体系的に理解でき、本質を理解できるようになります。つまり全体を統べる論、「統論」を容易に見つけられます。筆者はこのように本質を見抜き、それに基づいて全体を統べる論、「統論」を導く事を「抽象化」、その能力を「抽象化能力」と呼びます。つまり「価値と原理と手順の統論」を導く能力が「抽象化能力」です。ビル・ゲイツは「抽象化能力」が大変優れていると考えています。

この身近な例を挙げれば、Windowsです。Windowsは、ご存じの通り、マイクロソフトのパソコン用のOSです。Windowsもソフトウエアなのでプログラムで記述されています。では、どのくらいのプログラムかと言えば、優に1000万行を超える膨大なプログラムと考えています。ここで1000万行を1ページあたり30行、1冊当たり300ページの本、合計9000行の本で例えれば、1,100冊の本に相当します。つまりWindowsは1,100冊の本に相当する膨大なプログラムです。では、これをどのように開発していくのでしょう。ここで重要なのが本質を見抜く「抽象化」です。これにより顧客の要求の本質を見抜き、膨大なプログラムの本質を抽出し、体系的にまとめ迅速に開発できます。これがビル・ゲイツ氏は大変優れていると考えています。これが彼を世界一の大金持ちにしたと言っても過言ではないと考えています。逆に言えば、過去2000年間「統論」という言葉がなかった日本人は「抽象化」が大変苦手です。これがソフトウエアで日本が遅れている根本原因と考えています。では「抽象化」とはどのようなものでしょう。次に「抽象化の重要性と方法」を説明します。

1.2.7 章　抽象化の重要性と方法（8 章）の概要

本章は「抽象化の重要性と方法」を説明します。前章で説明したように「抽象化」は大変重要です。これがビル・ゲイツを世界一の大金持ちにしたと言っても過言ではないと考えています。「考える欧米人」の大変優れた能力が「抽象化能力」です。しかし、日本人は「抽象化」が苦手です。そのため本章は「抽象化の重要性と方法」を説明します。最初に「ある質問」から「抽象化の重要性」と日本人の抽象化の実態を説明し、次に ①「抽象化の方法」、②「抽象化の例」、③「抽象化の技法」、④「論理学と数理論理学のエッセンス」を説明します。この中で「論理」や「ソフトウエア」や「日本国憲法」の「抽象化」を説明します。これにより「価値と原理と手順の統論」を導く「抽象化の実践知識」と「統論の実践知識」をご理解頂けます。なお、「統論の実践知識」は次章でも説明します。次に、後半では、日本人も「抽象化」を実践できる事を、アメリカ人の「俳句」から説明します。これにより日本人も十分「方程式の法律・予算」を作成でき、ソフトウエアでも欧米に追いつける事をご理解頂けます。本章は 3 番目の解決策の「解決への道筋」と「実践知識」を説明します。そのため十分ご理解頂ければと思います。では「抽象化の重要性」を説明します。これを次に示します。

図 30　抽象化の重要性

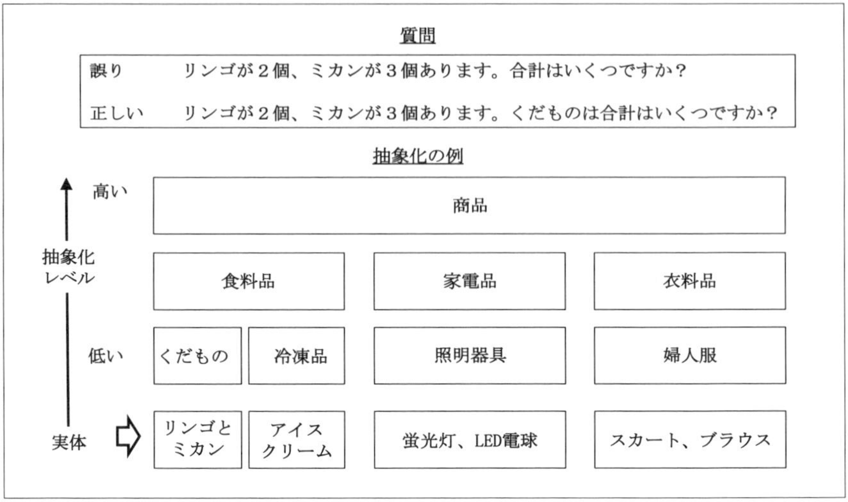

最初に図 30 の「質問」の背景を説明します。既に説明したように筆者は 2005 年にサービス科学を発見、定義した後はモデリング言語のコンサルタントをしました。この時に営業部門からある依頼をされました。それは「これは大変重要な案件なので営業の SE（システム・エンジニア）にも勉強させたい。そのため SE を１人補助員として使ってくれないか、また４人候補がいるので１人選んで欲しい」と依頼されました。そのため４人の候補を口頭試験し、４つの質問をしました。前記の質問はその１つです。これを次に示します。

質問
リンゴが２個、ミカンが３個あります。合計何個ありますか
という質問文は誤りです。どこが誤りか分かりますか？

この質問の誤りは「合計何個ありますか」です。これを「くだものは合計何個ありますか」と改める事が必要です。この理由はご理解頂けると思います。リンゴとミカンは異なるものです。異なるものを合計する事はできません。合計するにはリンゴとミカンを統合する、抽象化する上位の概念、言葉

が必要です。これが「くだもの」です。お分かり頂けるように「くだもの」はリンゴとミカンを「統合する言葉」です。これにより「合計」を求める事ができます。この質問の目的は「抽象化能力」にあります。この理由はコンサル案件が「モデリング言語」だからです。これは次章で説明するように「SysML」と呼ばれる大変高度なモデリング言語です。メカ・エレキ・ソフトのすべてを統一的にモデリングします。そのためこれらを統一的に理解できる「抽象化能力」は不可欠です。これが質問の目的です。では、4 人全員が正しい解答をしたのでしょうか。大変残念ですが、1 人だけです。他の 3 人は正しく解答できませんでした。なお、4 人の SE は全員 IBM の優秀な SE です。皆さん一流大学を卒業し、30 代で経験、実績もあり、また大変な勉強家で論理的思考も大変優れています。しかし、解答できたのはたった 1 人です。これから日本人は「抽象化」が苦手である事を改めて実感しました。そのためこれはなんとかしなければと切実に思うようになり「抽象化」を容易に習得できる方法はないかと考え、ある方法を発見、定義しました。

これは本シリーズで説明します。ここでは次にこの要点を ①「抽象化の方法」として説明します。これは「それは何から生まれたのか」と考える事です。つまり「リンゴ」は何から生まれたのかと考えると「リンゴの木に成る実」また「ミカン」は何から生まれたのかと考えると「ミカンの木に成る実」共に「木に成る実」つまり「くだもの」である事が分かります。このように「それは何から生まれたのか」と考える事により「本質」を「抽出」つまり「抽象化」できます。これが ①「抽象化の方法」です。次に「くだもの」から「リンゴやミカン」を導く「具象化」も重要です。「具象化の方法」は「具体的には何か」と考える事です。次に両者を思考パターンで説明します。「抽象化の思考パターン」は「それは何から生まれたのか」と考える、つまり「リンゴとミカン→くだもの→食料品→商品」とボトムアップ的に考える「ボトムアップ思考」です。逆に「具象化の思考パターン」は「商品→食料品→くだもの→リンゴとミカン」とトップダウン的に考える「トップダウン思考」です。次にこれを「価値と原理と手順の統論」で説明すれば、「手順」を生み出したものは何かと「ボトムアップ思考」で考えると「原理」

に気がつき、「原理」を生み出したものは何かと考えると「価値」に気がつきます。逆に「トップダウン思考」で説明すれば「価値」を実現するものは「具体的には何か」を考えると「原理」に気がつき、「原理」を実現するものは「具体的には何か」を考えると「手順」に気がつきます。このように「ボトムアップ思考・トップダウン思考」により「価値と原理と手順の統論」を導く事ができます。

なお、このような説明に対して「そんな能書きはどうでも良い。要は２＋３の計算ができればいいんだ」と反論される方も少なくないと思います。これはまさに「計算」という「手順重視」の「石高主義の悪しき弊害」です。これが「鶴亀算の法律・予算」を生み出します。そのため次に「抽象化の重要性」を ②「抽象化の例」から説明します。次に前述の計算をするソフトウエアを示します。

抽象化されたくだものの合計＝
くだものの具象化したリンゴの数＋くだものの具象化したミカンの数

ご覧の通り、ソフトウエアでは「くだものの合計」は「抽象化されたくだものの合計」と記述され、「リンゴの数とミカンの数」は「くだものの具象化したリンゴ・ミカンの数」と記述されます。これが「ソフトウエアの抽象化と具象化」です。この事からソフトウエアでは「２＋３」という計算が重要ではなく、「抽象化・具象化」が重要である事をご理解頂けると思います。では、なぜこのようにするのかと言えば、２つの理由があります。１つは、これは「正しい方法」だからです。「正しい」の意味は「等号」、「＝」に一致している事です。つまり等号の左右も「くだもの」という「統合する言葉」つまり「同一の言葉」が使用されています。これにより「等しいもの」を合計する事ができます。これは当たり前の事ですが、最も重要な事です。もう１つは「拡張性」です。具体的に言えば、将来「バナナやパイナップル」の合計を計算する時に「くだものの具象化したバナナやパイナップルの数」と容易に追加できるためです。これが前章でビル・ゲイツ氏は顧客の要求の本質を見抜き膨大なプログラムの本質を抽出し、体系的にまとめ迅速に開発できると説明した事です。

しかし、日本はソフトウエアで大きく遅れています。そして「鶴亀算の法律・予算」です。そのため更に４つの例を説明します。これから「価値と原理と手順の統論」を導く「抽象化の実践知識」と「統論の実践知識」をご理解頂けます。最初に「論理の抽象化」を「アリストテレスの３段論法」から説明します。「アリストテレスの３段論法」は「①人間は死ぬ→ ②ソクラテスは人間である→ ③ソクラテスは死ぬ」です。これだけ見ると「同一の言葉」はないので「抽象化・具象化」の例ではないと感じると思います。しかし、③を「“人間”を具象化したソクラテス」と正確に言い換えると「① “人間” は死ぬ→②ソクラテスは “人間” である→ ③ “人間” を具象化したソクラテスは死ぬ」の通り、「人間」という「同一の言葉」により「抽象化・具象化」され、「同一の意味の一貫性」が維持されている事をご理解頂けると思います。２番目の例は「価値と原理と手順の統論の抽象化・具象化」です。これは「問題を解く事を抽象化した価値→価値を実現する具象化された原理→価値を実現する原理の具象化された手順」です。これも「問題を解く事」を抽象化した「価値」という「同一の言葉」により「抽象化・具象化」され、「同一の意味の一貫性」が維持されている事をご理解頂けると思います。３番目の例は「日本の問題の抽象化・具象化」です。本書の冒頭で説明したように筆者は「日本の問題」を「抽象化・具象化」に基づいて解きます。1.3 章で説明するように「日本の問題」は「抽象化・具象化」に基づいて定義されています。これにより 1.3 章は様々な事を説明しますが「日本の問題を解く」という「価値」に統合されています。このように「抽象化・具象化」は「論理」、「価値と原理と手順の統論」、「日本の問題を解く」などすべてに適用できる「根源的知識」です。この事をご理解頂けると思います。

では最後に４番目の例として「日本国憲法の抽象化・具象化」を説明します。これは最初に要点から説明します。既に説明したように「日本国憲法」は「価値と原理と手順の統論」に基づく「方程式の法律」です。思い出して頂くと「価値と原理」は「前文」に、「手順」は「条文」に定められています。そのため「日本国憲法」の「前文」と「条文」の関係を次のように考える事ができます。

「抽象化された日本国憲法の前文」
→「前文の具象化した第 1 条から第 103 条の条文」

最初にこの意味を説明します。これは「日本国憲法の“前文”は“抽象化されたモノ”で」あり、この「“前文”の“具象化”したものが第 1 条から第 103 条の“条文”」という意味です。「このような説明は初めて聞く」と感じると思いますが、このように説明されれば、容易にご理解頂けると思います。お分かり頂けるように「日本国憲法の前文と条文」は「抽象化・具象化」の関係にあります。これを日本国憲法の「国政の原理」で言えば、「国政は、国民の厳粛な信託によるものである→その権威は国民に由来する→その権力は国民の代表者がこれを行使する」を具象化したものが、日本国憲法の「4 章の国会」、「5 章の内閣」、「6 章の司法」です。これを分かり易く言えば、「その権力は国民の代表者がこれを行使する」の「原理」を具象化する「手順」として「国会・内閣・司法」を定めています。これもそのように説明されれば、容易にご理解頂けると思います。次に「国政の原理」の最後の「その福利は国民がこれを享受する」を具象化したものが「3 章の国民の権利及び義務」の「憲法第 13 条の個人の尊重」です。この事は「憲法第 13 条の個人の尊重」の「国民の権利は……国政の上で、最大の尊重を必要とする」からご理解頂けると思います。「その福利は国民がこれを享受する」とは「国民の権利は……国政の上で、最大の尊重を必要とする」です。これもそのように説明されれば、容易にご理解頂けると思います。なお、ここで「抽象化」の利点を説明します。それは「原理」を導く事は難しい事ですが、導かれた「原理」は勘所であり、理解し易く、「記憶し易い」です。それに対して「手順」は「1 条から第 103 条」の通り、「記憶」するのは大変です。そのため重要なのが「手順」を「抽象化した原理」を「記憶」する事です。

これにより「手順」は容易に思い出す事ができます。この事をご理解頂ければと思います。次に「日本国憲法の条文と基本法」も「抽象化・具象化」の関係にあります。この例を次に示します。

「憲法第 13 条の“個人の尊重”の条文」
→「“個人の尊重”の具象化した教育基本法」

最初にこの意味を説明します。これは「憲法第 13 条の“個人の尊重”の“具象化”した法律」が「教育基本法」という意味です。ここで「統合する言葉」は「個人の尊重」です。これは先に説明した「教育基本法」の「個人の価値をたっとび」からご理解頂けると思います。この事から「すべての法律」は「日本国憲法」を「最高法規」として「具象化された法律」として策定されているとご理解頂けると思います。しかし、実態は「美辞麗句の霞ヶ関文学」の「総則＋手順」です。これが日本の法律の問題です。

では、最後に ③「抽象化の技法」を説明します。これは既に「近代化の実践知識」で説明した「セマンティックスとシンタックス」です。「セマンティックス」は「意味」であり「シンタックス」は「記号」です。そのため「意味を明らかにして適切な記号、つまり言葉」により一貫して表現する事が「セマンティックスとシンタックス」です。これを前述の「ソフトウエアの抽象化と具象化」で説明すれば「リンゴとミカン」の「意味」を「くだもの」と抽出する事が「セマンティックス」です。次に「くだもの」という「統合する言葉」により「等号」、「＝」の左右の式を表現する事が「シンタックス」です。これが ③「抽象化の技法」です。そして既に紹介した「抽象化の実践知識」です。これは ①「抽象化の方法」を更に厳密に定義したものです。「セマンティックスとシンタックス」は欧米では昔から存在します。この例が既に説明した図 24 の「加減乗除」の「演算子の記号」を発明した事です。これにより「真理・原理」を簡潔に、「記憶し易く」、表現できます。ここで「意味」と「記号」では「意味」が重要と感じると思います。しかし、「同一の意味の一貫性」を維持する「シンタックス」も重要です。

この要点は「同一の言葉の使用」と次に説明する「真理・真実の積み重ね」です。なお、これが「価値と原理と手順の統論」の「統論の一貫性」を維持する「統論の実践知識2」です。これにより「美辞麗句の霞ヶ関文学」を解決できます。なお、「統論の実践知識1」は次章で説明します。

次に「セマンティックスとシンタックス」を学問に基づいて説明します。これは「論理学」であり「数理論理学」です。ここで「欧米にあって日本にない学問」が「論理学」であり「数理論理学」です。日本では「論理学」が普及していないため「総則＋手順」の「鶴亀算の法律」がまかり通ると考えています。また「数理論理学」も普及していないため「そんな能書きはどうでも良い。要は２＋３の計算ができればいいんだ」と反論される方も出て来ると考えています。そのため次に ④「論理学と数理論理学のエッセンス」を説明します。なお、「数理論理学」は「論理学」の視点から「数の意味」や「計算の意味」を科学する学問です。「数理論理学」は日本ではあまり知られていませんが、この功績を挙げれば、「コンピュータ」を生み出した事です。そのため大変重要です。またこの事から「セマンティックスとシンタックス」は「計算機科学」や「ソフトウエア工学」の根幹となる概念である事をご理解頂けると思います。では「論理学」のエッセンスから説明します。これは先程説明したアリストテレスの３段論法に象徴されます。これは「真理・真実の積み重ね」です。具体的に言えば、「真理＝①人間は死ぬ」→「真実＝②ソクラテスは人間である」→「真理＝③ソクラテスは死ぬ」の通り、「真理→真実→真理」です。つまり「論理学」すなわち「論理」は「真理・真実の積み重ね」です。日本では「論理」は「理論」と似ているために「大変難しいモノ」と思われていますが、そうではありません。「論理」は「真理・真実の積み重ね」です。理解し難い理由は「真理・真実」の「積み重ね」が「抽象化・具象化」によりなされるためです。そのため「抽象化の苦手な日本人」には「大変難しいモノ」と感じると思いますが、「抽象化・具象化」を理解すれば「論理」も容易に理解、実践できます。次に「数理論理学」のエッセンスは先に説明した「ソフトウエアの抽象化・具象化」に象徴されます。これも「真理・真実の積み重ね」です。ここで「積み重ね」は

「加減乗除」や「等号」などの「演算子の記号」により展開されます。これが「数の論理の展開の特徴」であり、いわゆる「理系の学問の特徴」です。そのため「大変難しいモノ」と思われがちですが、基本は「真理・真実の積み重ね」であり「抽象化・具象化」です。そのため「論理」のエッセンスの「真理・真実の積み重ね」と「抽象化・具象化」を理解すれば「数理論理学」も十分理解、実践できます。

なお、このような説明に対して「それは、とても無理」と感じる読者の皆様も少なくないと思います。事実「無理だった」から、日本では「論理学と数理論理学」が普及していないと感じられる方も少なくないと思います。しかし、そうではありません。日本人も十分「抽象化」を実践できます。そのため後半の説明として、日本人も十分「抽象化」を実践できる事を説明します。これを良く示すのが奈良平安時代からの「和歌・短歌」や江戸時代の松尾芭蕉などの「俳句」です。これらは皆「思いの抽象化」です。つまり日本人は「考えの抽象化」は実践してきませんでしたが、「思いの抽象化」は2000 年間、実践してきました。そのため十分日本人も「考えの抽象化」を実践できます。この良い例は「くだもの→食料品→商品」です。これは誰でも思いつきます。更に分かり易い例は「楽しい事・嬉しい事・悲しい事」などの「事」です。「事」の意味は広辞苑で説明するように「意識・思考の対象のうち、具象的・空間的ではなく、抽象的に考えられるもの。“もの”に対する」の通り、「抽象的なもの」です。そのため日本人は誰でも毎日「事」を使って「抽象化」しています。日本人も欧米人も「同じ平等な人間」です。日本人も十分「抽象化」を理解、実践できます。今まで「考えの抽象化」が苦手だったのは自然を一体と考える「思いの思考パターン」であり「思い重視の思考パターン」のためです。そのため十分改める事ができます。そして「考えの抽象化」も十分実践できます。次に、この事をアメリカ人の「haiku」、「俳句」から説明します。これを次に示します。

アメリカ人の「haiku」、「俳句」

For Sarah. With all my heart, I dedicate this book
And the following haiku to you.
Mist
cool forest mist
subdued hues, shrouded souls
walking, touching, sigh

筆者の日本語訳

サラへ。私のすべての心をこめて、この本と
次の俳句をあなたへ捧げます。
霧
ひんやりする森の霧
和らげられた色彩、覆われた魂
歩いて、触って、吐息をつく

ご覧の通り、英語のためいささかと趣は異なりますが「うっすらと霧に包まれた森の中の和らげられた色彩と自分の心」など情感は十分伝わってくると思います。これも大変優れた「haiku」です。この俳句は次章で説明するソフトウエアのモデリング言語のUMLの「生みの親」の「ブルース・ダグラス」の作ったものです。彼のUMLの著作の前書きでこの俳句を紹介しています。次章で説明するように「モデリング言語」は「抽象化の極み」です。そのため「ブルース・ダグラス」も「ビル・ゲイツ」と同様に「大変優れた抽象化能力」を有しています。そしてお分かり頂けるように「大変優れた抽象化能力」を有する人間は「俳句も大変上手」です。この事は、逆に、十分日本人も「考えの抽象化」を実践できる事を示しています。なお、この説明に対して「思いの抽象化」と「考えの抽象化」は「本質的に異なるもの」と感じるかもしれません。しかし、そうではありません。これは同じです。この事は「ブルース・ダグラスのhaiku」が良く示しています。彼は、なぜ「haiku」に興味を持ったのかと言えば、彼の「大変優れた抽象化能力」

を適用できる事に気づいたからです。これが「haiku」を作った大きな要因と考えています。この事から「抽象化能力」は「思いの抽象化」と「考えの抽象化」に共通に適用できる事をご理解頂けると思います。

次に「ブルース・ダグラスの haiku」から、もう 1 つ重要な事に気がつきます。それは「アメリカ人」は「自分にない日本人の良さの俳句」を積極的に理解、実践する事です。これは日本人としても大いに見習う必要があります。率直に言って「ブルース・ダグラス」の「俳句」を見て「日本の俳句、文化」を愛する良いアメリカ人と思いました。そして「では筆者も、欧米人の良さのモデリング言語」をしっかり理解、実践しようと思いました。このように互いに良いものを取り入れる事が重要です。次に「セマンティックスとシンタックス」を分かり易く言えば、「俳句」にも「五七五」や「季語」などの「技法」があるのと同じという事です。「考えの抽象化」にも「セマンティックスとシンタックス」という「抽象化の技法」があるという事です。そのため難しいものではありません。日本では「抽象化」は「抽象的で分からない」のように「分からない」の代名詞ですが、「くだもの→食料品→商品」や「事」のように難しいものではありません。「抽象的で分からない」の理由は自然を一体と考える思考パターンであり「思い重視の思考パターン」のためです。そのため「良く考え」るようにすれば「考えの抽象化」も十分実践できます。これにより「方程式の法律・予算」を作成でき、ソフトウエアでも十分欧米に追いつく事ができます。この事をご理解頂けると思います。ではソフトウエアやインターネントも含めた「欧米の新たな潮流」とはどのようなものでしょう。次にこれを説明します。

1.2.8 章　欧米の新たな潮流（9 章）の概要

本章は「欧米の新たな潮流の概要」を説明します。「欧米の新たな潮流」は 1.1.5 章で説明したように「サービス科学」と「NPM」と考えています。「サービス科学」と「NPM」が今後の日本にとって大変重要と考えています。この解決策が 4 番目と 5 番目の解決策です。そのため本章は 4 番目と 5 番目の「解決への道筋」と「解決策の実践知識」を説明します。更に 1.1.7 章で説明したように 1 番目から 3 番目の「解決策の実践知識」も説明します。これを 3 つの章に分けて説明します。これは「1.2.8.1 章：欧米の新たな潮流の要点の概要」、「1.2.8.2 章：サービス科学の概要」、「1.2.8.3 章：イギリスの NPM の概要」です。これらは大変重要です。そのため十分ご理解頂ければと思います。では次に「欧米の新たな潮流の要点の概要」から説明します。

1.2.8.1 章　欧米の新たな潮流の要点の概要

本章は「欧米の新たな潮流の要点の概要」を説明します。欧米の新たな潮流の要点は ①「性能限界」、②「最適成長」、③「イノベーション」の 3 点と考えています。最初に ①「性能限界」から説明します。この意味は既に説明したように自然科学に基づくテクノロジは性能限界に達したという意味です。人類は産業革命以来、自然科学に基づいて蒸気機関車、電車、自動車、飛行機、テレビ、パソコンと様々なテクノロジを発明してきましたが、遂に性能限界に達したという意味です。これを図 5 に基づいて学問的に言えば、「ニュートン力学」は自動車や飛行機やロケットなどの多くの「機械製品」を生み出し、「マクスウエルの電磁方程式」は電車や新幹線や電話などの「電気製品」を生み出し、「シュレーディンガーの波動方程式」は「半導体やトランジスタや LSI」や「コンピュータ」を生み出し、更に「アインシュタインのレーザー理論」は「半導体レーザー」や「CD・DVD や光通信」を生み出しました。その結果、コンピュータ、ソフトウエア、通信技術により、現在はインターネット、ITの時代となりました。しかし、これらのテクノロジはすべて性能限界に達しました。では、なぜ性能限界に達したのか言えば、既に説明したように、人類は過去200年以上にわたって自然科学の解き明かした真理をすべてテクノロジとして実用化してしまったからです。現在の材料と製造技術で実現できるテクノロジはすべて発明し、そして性能限界に達しました。これが性能限界に達したという意味です。

なお、昨今LED電球やナノテクノロジが話題を呼んでいますが、これらは既存のテクノロジの製造技術を応用するものです。そのため本質的な飛躍をもたらすものではありません。また自然科学の基本となる物理は一昨年のヒッグス粒子の存在確認など着実に発展しています。しかし、これらの成果をテクノロジとして研究、開発するとなると話は大きく変わります。結論から言えば、遠い未来になります。この理由は対象が「原子核」だからです。「原子核」は現在の「エレクトロニクス」の対象の「電子」とは根本的に異なります。「電子」は摩擦により静電気として容易に発生させる事ができます。しかし、「原子核」は根本的に異なります。ヒィッグス粒子の確認を行ったのは原子核の中の素粒子を衝突させる巨大な施設です。建設費用は数千億円です。そのためこれらの成果をテクノロジとして研究、開発するのは遠い未来です。また今回の福島原発の事故は、人間が非力である事を示しました。人間は「原子核」の「核分裂」が始まるとそれを制御する力、知識を持っていません。唯一できるのは発生する膨大な熱を大量の水により冷やすだけです。これは現在の「エレクトロニクス」の対象である「電子」と比べると根本的な差があります。「マクスウエルの電磁方程式」や「シュレーディンガーの波動方程式」により「電気」や「電子」の生成や動作を完全に制御でき、発電機・トランジスタ・LSIなどの有用な文明の利器を発明しました。しかし、原子力発電はまったく異なります。「核分裂」が始まると制御できるのは水で「冷やす」だけです。これは極めて原始的な方法です。このように自然科学のテクノロジは「電気→電子」と進化してきましたが、「電子→原子核」と発展させるのは非常に大きな壁があります。率直に言って、これには「数百年単位の時間」がかかると思っています。

では、人類が今後も新たな富を創出していくにはどうしたらいいのでしょう。それは「人々の営み」に真理、法則性を見出し「営みの方法」を最適化、革新、イノベーションしていく事です。つまりサービス科学の実践です。この事を筆者はIBMで研究、開発した経路最適化ソフトウエアから実感しています。顧客は明らかに配送、輸送効率を1割から2割、向上できます。仮に輸送コストが数百億円ならば、数十億円の新たな利益を生み出す事ができます。この知見は筆者のサービス科学の発見と定義に大きく貢献しました。ここでご理解頂きたいのは、筆者が2005年にサービス科学を発見、定義した最大の要因は、まさに「自然科学のテクノロジは性能限界に達した」という理解、認識があり、これを乗り越えていくためサービス科学を発見、定義したという事です。①「性能限界」はアメリカではそれなりのレベルの人間は誰でも知っている事です。そのため十分ご理解頂ければと思います。

では ①「性能限界」をどのように克服していくのでしょう。これは前述の通り、「人々の営みの方法」をイノベーションする事です。これにより ②「最適成長」を実現できます。既に説明したように「INNOVATE AMERICA」、「アメリカをイノベーションする」は ②「最適成長」を明確に説明しています。では ②「最適成長」とはどのようなものでしょう。これは「毎年“2%”のインフレ目標の実現」と考えています。ここで「2%」の根拠はイギリスも含め多くの国々のインフレ目標が「2%」だからです。もう1つはイギリスの過去262年間の平均インフレが「2%」だからです。これはイギリス銀行のホームページの「Inflation Calculator」、「 インフレ電卓」から計算できます。次にこれを示します。

イギリスの1751年から2011年までの平均インフレ	
1750 − 1800年	1.9%
1800 − 1850年	0.9%

1850 − 1900 年	0.1%
1900 − 1950 年	2.5%
1950 − 2000 年	6.2%
2000 − 2011 年	2.9%
1750 − 2011 年	2.0%

ご覧の通り、1750 年から 2011 年まで激変がありますが、262 年間を平均すると「2%」のインフレです。これがイギリス政府がインフレ目標を「2%」に定めた理由と考えています。では、なぜイギリス政府は「2%」というインフレ目標を定めるのでしょう。これは次のイギリス銀行のグラフが明確に示しています。

図 31　イギリスの 1790 年から 2005 年までのインフレの推移

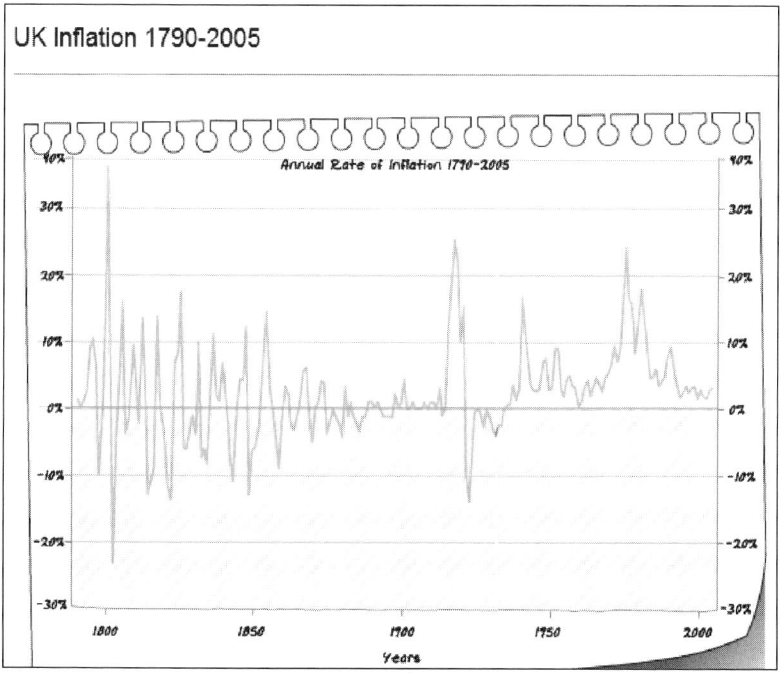

出典:BANK OF ENGLAND Home>Education and Museum > Inflation Tools > The Inflation Chart

ご覧の通り、これはイギリスの1790年から2005年までの216年間のインフレの推移を示しています。お分か頂けるように「乱高下」の大変激しいものです。このような「乱高下」を安定させるためにイギリス政府はインフレ目標を「2%」に定めたと考えています。この理由は明らかです。これでは国家も国民もまったく安定した営みを行う事ができないためです。そのため「2%」に定めた事は大変妥当な判断と思います。なお、ここでいささか脇道にそれますが、筆者も「思いの日本人」のため図31から「ある俳句」を思い出します。それは松尾芭蕉の「夏草や　兵どもが　夢の跡」です。図31から「乱高下　兵どもが　夢の跡」が浮かびます。まさに18世以降の過去200年間は、植民地支配、独立戦争、そして第一次世界大戦、第二次世界大戦と「乱高下　兵どもが　夢の跡」を実感します。また前章で説明した「論理」は「真理・真実の積み重ね」も実感されると思います。つまり「2%」というインフレ目標の論理は「1750年－2011年の平均インフレが2.0%」という「真理」と「乱高下　兵どもが　夢の跡」という「真実」から導かれています。またこの事から「俳句」の「思いの抽象化」は「2%」という「インフレ目標」つまり「考えの抽象化」にも十分適用でき「思い・考えの抽象化」は同一である事をご理解頂けると思います。

次に重要な事は、このような激変でも、イギリスそして世界全体が継続的に発展できた要因は何かです。これは自然科学のテクノロジの進歩です。産業革命のワットの蒸気機関から蒸気機関車が生まれ、その後も人類は自然科学から新たなテクノロジを生みだし、新たな富の創出、「富の増産」をしてきました。これが人類の経済発展を支えてきました。しかし、遂に自然科学のテクノロジは性能限界に達しました。そのため「富の増産」はできません。これが最適成長せざるを得ない理由でもあります。

では毎年「2%」程度のインフレ、つまり物価の上昇は国民にとってどのような意味があるのでしょう。これは竹中平蔵慶應義塾大学教授の『竹中教授のみんなの経済学』で説明するように1.02の35乗、つまり35年後を計算してみれば分かります。1.02の35乗はちょうど2になります。つまり 35 年後に物価は 2 倍となります。これを簡単に言えば、収入が倍になるという事です。つまり子供が 35 才の大人になった時に、親の収入よりも倍の収入を得るという事です。これは親としても、子供としても、概ね満足できるのではないかと思います。またイギリスの 1750 年から 2011 年までの 262 年間の平均インフレは「2%」です。そのため「2%」は決して低い数値ではありません。これは 18 世紀の産業革命以来の人類の驚異的な発展を「乱高下」しないで「最適」に成長するものです。お分かり頂けるように、これが「最適成長」です。では、インフレ目標が「2%」ではなくアベノミクス以前の日銀流理論の「1%」ではどうなるのでしょう。これは大きく変わります。2 倍になるのは 70 年後です。つまり孫の代に倍の収入になり、子供の代には倍にはなりません。これは親としても子供としても大変不満と思います。このように「2%」と「1%」は大きな差があります。この事から分かるように「最適成長の時代」は「マネジメント」が大変重要です。過去 262 年間のように「乱高下」する時代ではありません。字余りですが、これからは「最適や　兵どもも　マネジメント」の時代です。なお、ここで「文明史観」について補足します。「1750 年から 2011 年の 262 年間の 2% の平均インフレ」と図 31 の「イギリスの 1790 年から 2005 年までのインフレの推移」は 4 番目の「イギリスの経済活動の文明史観」です。

ではどのように「マネジメント」していくのでしょう。そして「最適成長」していくのでしょう。この要点は既に説明したように ③「イノベーション」です。つまり「人々の営み」に真理、法則性を見出し、「人々の営み」を最適化、改革、つまりイノベーションする事です。これにより「最適成長」できます。では「イノベーション」とはどのようなものでしょう。これは「INNOVATE AMERICA」の表紙に記述されているように「explore knowledge intersections」つまり「知識（knowledge）の交差（intersections）を探究する（explore）」すなわち「知識の交差の探究」です。「知識の交差の探究」を分かり易く言えば、様々な分野の人々が知識を提供する事です。これにより「人々の営み」の「新たな方法」を導く事ができます。では「新たな方法」をどのように導くのでしょう。これは「人々の営み」に真理、法則性を見出す事です。この一例を挙げれば、経路最適化ソフトウエアです。これは直観的にご理解頂けると思いますが、配送、輸送する経路には「最短」つまり「最適な経路」というものが存在します。但し、現実的にこれを求める事は大変です。例えば、数千の荷物を数十台のトラックで数百の顧客に配送する時に、すべてのトラックの最適経路を計算により求めるのは到底できません。そのため現在は勘と経験により行っています。これを経路最適化ソフトウエアは膨大な計算を行い最適経路を求めます。これは配送という人間の営みに最適経路、つまり「最適な配送方法」という「真理」を求めます。これによりトラックの速度は同じですが、配送効率を大幅に向上できます。そのため自然科学のテクノロジが性能限界に達しても、新たな富、利益を創出できます。その結果、毎年「2%」のインフレ、つまり物価上昇という最適成長を実現できます。これを実現するのが「イノベーション」です。そのため ①「性能限界」でも ②「最適成長」を ③「イノベーション」により実現できます。この事をご理解頂けると思います。

では ③「イノベーション」をどのように実践するのでしょう。次にこれを「サービス科学」と「NPM」に分けて説明します。なお 4 番目の解決策は「NPM」、5 番目の解決策は「サービス科学」に対応します。そのため最初に「NPM」、次に「サービス科学」と説明するのが順番ですが「サービス科学」から説明します。この理由は「NPM」の「政府・行政の営み」も「人間の営み」のためサービス科学の対象になるためです。そのため最初に「サービス科学」、次に「NPM」を説明します。では「サービス科学の概要」から説明します。

1.2.8.2 章　サービス科学の概要

本章は「サービス科学の概要」を説明します。これを前半と後半に分けて説明します。前半は「サービス科学の概要」を説明します。これを 6 つに分けて説明します。これは ①「要点」、②「方法論・ツール・コンポーネント」、③「2 種類の方法論」、④「方法論と方法の差及び方法論の特徴」、⑤

「プロジェクト・マネジメント」、⑥「モデリング言語の実例」です。後半は「サービス科学の実践知識」を説明します。これを 9 つに分けて説明します。これは ⑦「SysML の本質」、⑧「価値と原理と手順の統論の本質」、⑨「問題定義の本質」、⑩「真理・原理・手順の差」、⑪「方法論」、⑫「科学技術者の実務要件」、⑬「人間の解く 3 種類の問題」、⑭「日本の社会の営みの問題の本質」、⑮「人間の進歩の方法論」です。15 項目と沢山ありますが、次の図に基づいて分かり易く説明します。先に説明したように本章は 5 番目の解決策の「解決への道筋」と 1 番目から 5 番目の「解決策の実践知識」を説明する大変重要な章です。そのため十分ご理解頂ければと思います。

図 32　テクノロジの進歩は自然科学からサービス科学へ

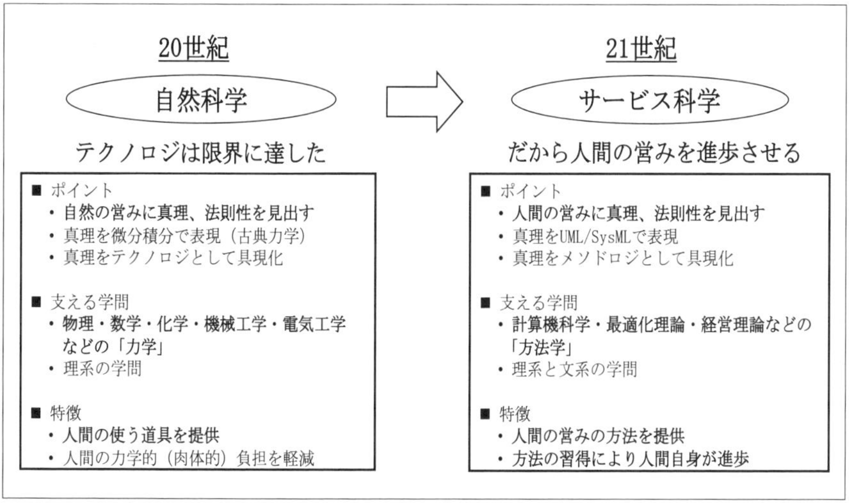

では ①「要点」から説明します。これは 4 点あります。1 つは既に説明したように自然科学のテクノロジは「性能限界」に達した事です。そのためサービス科学により「人間の営み」を進歩させる事が必要です。つまり「機械」は「性能限界」に達したので「人間」が進歩するという事です。これにより最適成長し、新たな富を創出します。これが「人間の進歩」という「サービス科学の価値」です。これは大変重要なテーマですので ⑮「人間の進歩の方法論」でもう一度説明します。2 番目は「自然科学」は「自然の営

みに真理、法則性を見出す科学」です。それに対して「サービス科学」は「人間の営みに真理、法則性を見出す科学」です。

次にこれを3番目の要点として学問から説明します。自然科学は「ニュートン力学・電磁気学・量子力学」のように「力学」です。それに対してサービス科学は人間の営みの「方法」に真理、法則性を見出す「方法学」です。次にサービス科学の学問は「計算機科学・最適化理論・経営理論」です。これらはすべて「方法学」です。「計算機科学」は人間の数の計算や文章の編集という「方法」に真理、法則性を見出す学問です。これを「チューリング・マシン」という「理論モデル」を使用して研究します。チューリングは1936年の論文でこれらを「General Process」、「汎用プロセス」と呼んでいます。「プロセス」、「方法」という言葉から「計算機科学」は「方法学」である事をご理解頂けると思います。次に「最適化理論」が「方法学」である事は、筆者のIBMで研究、開発した経路最適化ソフトウエアからご理解頂けると思います。これは最も良い配送経路、つまり「配送方法」を求めます。そのため「最適化理論」は「方法学」です。次に「経営理論」が「方法学」である事は容易にご理解頂けると思います。「経営理論」は「人・物・金」を最も効率的に使用する「方法」を科学する学問です。そのため「経営理論」は「方法学」です。次にこれから4番目に大変重要な事が分かります。それはサービス科学の「原理」は「方法論」として具現化される事です。これを自然科学と対比して言えば、自然科学の「原理」は「真理→原理→テクノロジ」の通り、「テクノロジ」として具現化されます。それに対してサービス科学の「原理」は「真理→原理→方法論」の通り、「方法論」として具現化されます。

そのためサービス科学の成果物は、既に紹介したように②「方法論・ツール・コンポーネント」です。ここで「方法論」は前述の通り、「原理」を「具現化したもの」です。それに対して「ツール・コンポーネント」は「手順」です。次に重要な事は「方法論」には「ソフトウエアとして記述できる方法論」と「ソフトウエアとして記述できない方法論」の③「2種類の方法論」がある事です。具体的に言えば、「計算機科学と最適化理論の方法論」は「ソフトウエアとして記述できる方法論」です。それに対して「経営理論の方法論」は「ソフトウエアとして記述できない方法論」です。この理由は明らかです。「経営」は大変複雑であり、とてもソフトウエアとして記述できるものではないからです。次にこれを踏まえて「2005 年のサービス科学」と「2005 以降のサービス科学」を説明します。「2005 年のサービス科学」は 2005 年に IBM と筆者が定義したものです。これは「ソフトウエアとして記述できる方法論」を対象とします。次に「2005 以降のサービス科学」は筆者の定義するもので「ソフトウエアとして記述できない方法論」も対象とします。この理由は「普遍性」が「ベスト・プラクティス」、「最も良い実務方法」として立証されてきたためです。具体的に言えば、「サプライチェーン・マネジメント」や「プロジェクト・マネジメント」です。これらも「2005 以降のサービス科学」に含まれます。そのため前述のサービス科学の学問の定義は「2005 以降のサービス科学」に基づいています。

次に「方法論」を身近に感じて頂くために④「方法論と方法の差及び方法論の特徴」を説明します。最初に「方法論」と「方法」の差を説明します。「方法論」は前述の通り、「原理」を具現化したものです。それに対して「方法」は「手順」です。具体的に言えば、フローチャートなどです。では「原理」の「方法論」は何かと疑問を持たれると思います。これは ⑪「方法論」で説明します。次に「方法論の特徴」は「容易に理解できる事」です。この理由は「方法論」は「原理」を具現化したものだからです。既に説明したように「原理」を導くのは難しい事ですが、導かれた「原理」は「勘所」であり理解し易いものです。更に「方法論」にはもう 1 つの理由があります。それは「人々の営み」は誰でも知っているからです。そのため容易に理解できます。

では次に「方法論」を説明します。最初に「ソフトウエアとして記述できない方法論」として ⑤「プロジェクト・マネジメント」を説明します。なお、これが既に紹介した「現在の近代化の実践知識」です。これは 4 番目の解決策の実践知識です。これを次の「財務省による予算の PDCA サイクル」と比較して説明します。

図 33　財務省による予算の PDCA サイクル

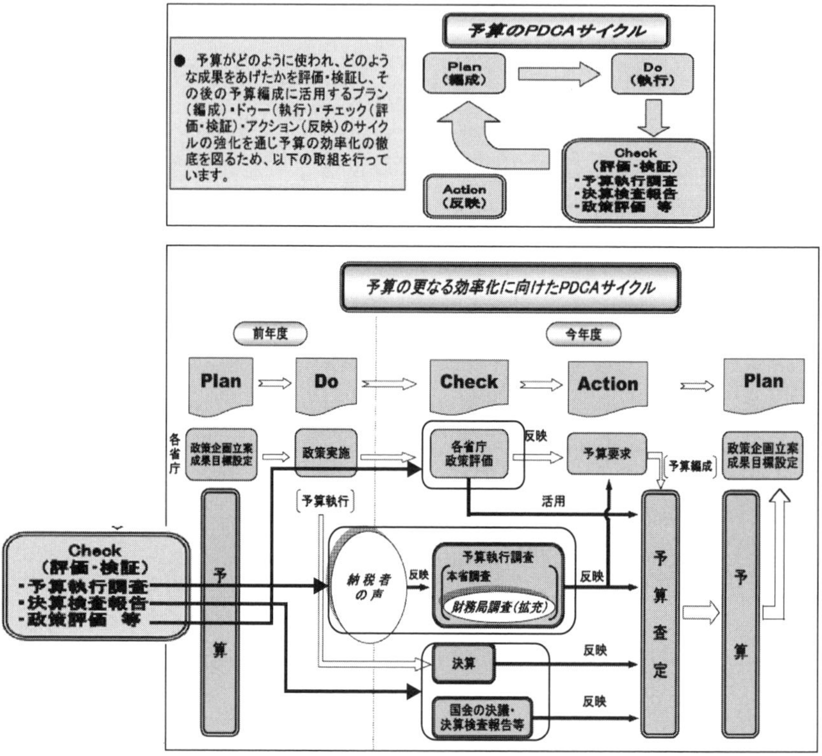

出典：財務省ホームページ　日本の財政を考える＞11.予算の効率化（徹底した無駄の排除）
予算の更なる効率化に向けたPDCAサイクル

ご覧の通り、財務省は予算の作成を PDCA で行っています。PDCA はプラン（P）し、実行（D）し、チェック（C）し、改善すべき点を見つけ実行、アクション（A）します。ではプロジェクト・マネジメントは PDCA と何が異なるのでしょう。最大の差はプロジェクト・マネジメントは「研究開発の方法」、それに対して PDCA は工場などの「品質管理の方法」です。そのため両者の方法は大きく異なります。次に両者の比較を示します。

図 34　プロジェクト・マネジメントと PDCA の比較

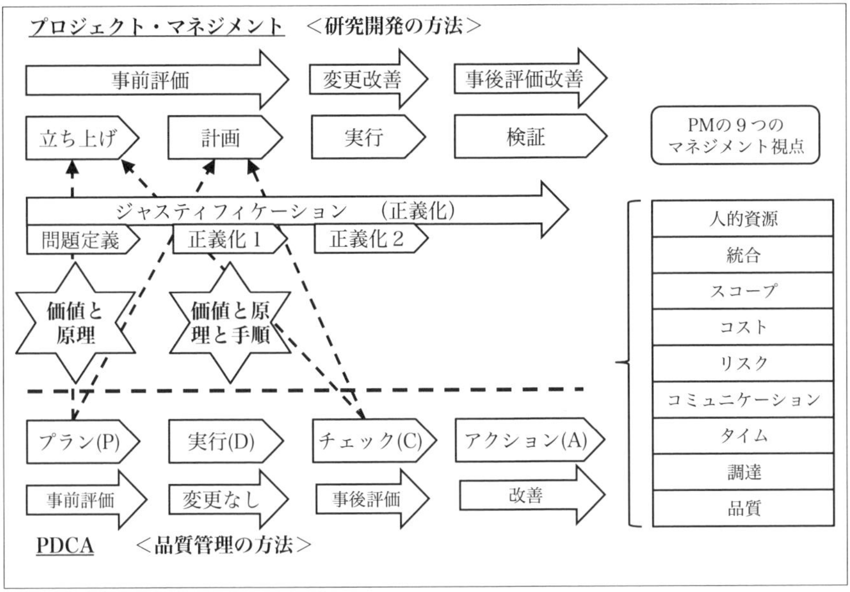

ご覧の通り、両者は大きく異なります。大きく異なるのは「評価のタイミング」です。プロジェクト・マネジメントは「事前評価」に力点を置きます。具体的に言えば、「立ち上げ」と「計画」の２つのステップで「事前評価」を行います。それに対して PDCA は P → D → C のチェック（C）の通り、「事後評価」です。この差は「研究開発」と「工場の品質管理」を考えれば、容易にご理解頂けます。「研究開発」の要点は「何を研究開発」するかです。そのため「事前評価」に力点を置きます。それに対して「工場の品質管理」は生産の品質を評価します。そのため「事後評価」です。次にもう１つの大きな差は「変更改善のタイミング」です。プロジェクト・マネジメントは常に開発中の新製品の市場動向を重視するため「変更改善」を頻繁に行います。それに対して PDCA は「生産中」は「生産設備」を変更できないため「事後評価」で行います。

この事から分かるようにプロジェクト・マネジメントは「高度なマネジメ

ント方法」です。そのためプロジェクト・マネジメントの責任者、つまり「プロジェクト・マネージャー」はアメリカのPMI（Project Management Institute、プロジェクト・マネジメント協会）などの教育を受け試験、認定される事が必要です。これはIBMも同じです。IBM社員もアメリカのPMIにより試験され認定され初めて「プロジェクト・マネージャー」となり研究・開発プロジェクトの責任者となります。そのため数年にわたるPMIのプロジェクト・マネジメントの教育を受ける事が必要です。筆者もこの教育を１年以上にわたって受けました。これは本当に大変です。マネジメント、経営について膨大な教科書、マニュアルを読まなければなりません。率直に言って筆者は大変忙しく、これでは研究、開発の仕事をできません。そのためプロジェクト・マネジメントの要諦、極意は何かと独学し、これを２年目の教育の時にアメリカから来日したPMI認定の講師に説明し、「その通り」という解答を得て、以降のプロジェクト・マネジメントの教育を終了しました。この時に導いたプロジェクト・マネジメントの要諦、極意が「Justification」、「正義化」です。「正義化」は４番目の解決策の「官僚的からNPMの正義化による最適成長国家の実現」の「正義化」です。ここで読者の皆様は「NPMの正義化、しかし、NPMって政治の話だよね。それが研究開発のプロジェクト・マネジメントと関係あるの」と疑問を抱かれると思います。これは良く分かります。プロジェクト・マネジメントは企業の開発プロジェクトなどの「方法論」です。そのため政治、行政で使用されるのは大きな疑問です。しかし、既に説明したようにイギリス政府はPRINCE2というプロジェクト・マネジメントの方法を開発し、使用しています。このようにプロジェクト・マネジメントは企業・行政に関わりなく適用できます。これについては次章で説明します。

では「プロジェクト・マネージャー」は「正義化」をどのように実践していくのでしょう。次にこれを「価値と原理と手順の統論」と一緒に説明します。最初にプロジェクト・マネジメントも「価値と原理と手順の統論」に基づいている事を説明し、次に「正義化」を説明します。では「価値と原理と手順の統論」から説明します。プロジェクト・マネジメントでは「価値と原理」を「立ち上げ」で導きます。これからプロジェクトは「投資に値するものであるか」を判断します。ここで「Go」ならば、次に「計画」のステップに進みます。「計画」では「価値と原理」に加えて詳細な具体的内容、つまり「手順」を求めます。次に「手順」から「開発コスト」を導き、「価値」から「販売予測」を導きます。次に「販売予測」と「開発コスト」の比較からプロジェクトの最終的な「Go」を判断します。ここで「Go」ならば「手順」を「実行」します。以上からプロジェクト・マネジメントも「価値と原理と手順の統論」に基づいている事をご理解頂けると思います。

次に前述のステップを「問題定義＋正義化１＋正義化２」の「正義化」で説明します。「立ち上げ」は「問題定義」に対応します。ここで有用な概念が「スコープ」、「範囲」です。「問題の範囲」を明らかにして問題定義」します。次に「計画」は「正義化１」に対応します。この時に前述の「販売予測」と「開発コスト」の比較の通り、「正義化２」の「計画」も含め第３者が客観的に理解できるように説明します。次に「実行」は「正義化２」に対応し、「計画」を実行します。ここで重要なのが「コストのマネジメント」です。この理由は実行段階では「コスト」が変動するためです。そのため「コストのマネジメント」は重要です。これにより「正義と利益の同時の実現の正義化２」を実現できます。「コストのマネジメント」に有用な概念が「WBS」、「Work Breakdown Structure」、「作業分解構造」です。「WBS」を簡単に言えば、「作業量」です。では、なぜ「作業量」と呼ばずに「作業分解構造」と呼ぶのかと言えば、「プロジェクト・マネジメント」は「手順」の「作業の全体量」を求める事を重視するためです。この理由は「作業の全体量」を求めなければ「コストの増加」を招くリスクがあるためです。これを日本の言葉で言えば、「着眼大局、着手小局」です。「着眼大局」として「作業量の全体量」を求め、次に「着手小局」として「全体量」を分解した「作業分解構造」を求めマネジメントし、最後に「検証」します。以上からプロジェクト・マネジメントも「価値と原理と手順の統論」に基づき「更に高度化した正義化」として実践される事をご理解頂けると思います。

次に「方法論の特徴」の「理解し易い事」を説明します。「プロジェクト・マネジメント」の「方法論」は「立ち上げ→計画→実行→検証」です。またPDCAの「方法論」は「計画→実行→チェック→アクション」です。このように「方法論」は理解し易いものです。この事をご理解頂けると思います。

では次に「ソフトウエアとして記述できる方法論」を ⑥「モデリング言語の実例」として説明します。なお、これが既に紹介したもう1つの「現在の近代化の実践知識」です。これは5番目の解決策の実践知識です。最初に「ソフトエアとして記述できる方法論」の進展を説明します。これは「プログラミング言語」から「モデリング言語」へ進展しています。「モデリング言語」はソフトウエアのモデリング言語の「UML」と「UML」を拡張した「SysML」と2つあります。そのため本章は「モデリング言語」に基づいて「ソフトウエアとして記述できる方法論」を説明します。なお、「UML」を発明した一人が先に説明した英語の俳句を作った「ブルース・ダグラス」です。そのため「親近感」を持ってお読み頂ければと思います。最初に「モデリング言語」に慣れて頂くために2つの例を紹介します。1つは「デジタコの特許」です。もう1つは「介護ロボットの開発」です。「デジタコの特許」は日本IBMを退職後、運送会社の社長をしている甥と一緒に取得したものです。これは「法律を遵守するという方法」をソフトウエアにより支援します。「介護ロボットの開発」は「ロボットの開発方法」をソフトウエアにより支援します。共に「人間の営みの方法」を支援するのがポイントです。以降は「モデリングの流れ」を把握して頂ければと思います。なお、適宜要点や日本の問題も説明します。

では「デジタコの特許」から説明します。これは平成13年に国土交通省の大臣告示として発令された自動車運転者の労働時間等の改善基準に関するものです。次にこれを示します。

図 35　自動車運転者の労働時間等の改善基準の国土交通省大臣告示
（平成 13 年 8 月 20 日）

項目		改善基準の内容
拘束時間		1カ月　293時間 （労使協定があるときは、1年のうち6カ月までは、1年間についての拘束時間が3,516時間を超えない範囲内において320時間まで延長可） 1日　原則13時間　最大16時間　（15時間超えは1週2回以内）
休息時間		継続8時間以上　運転者の住居地での休息期間が、それ以外の場所での休息期間より長くなるよう努めること。
拘束時間・休息期間の特例	休息期間の特例	業務の必要上やむを得ない場合に限り、当分のあいだ1回4時間以上の分割休息で合計10時間以上でも可。（一定期間における全勤務回数の1/2が限度）
	2人乗務の時間	1日　20時間　2人乗務（ベッド付）の場合、最大拘束時間は1日20時間まで延長でき、休息期間は4時間まで短縮できる。
	隔日勤務の特例	2暦日　21時間 2週間で3回までは24時間が可能。（夜間4時間の仮眠が必要）ただし、2週間で総拘束時間は126時間まで。勤務終了後、継続20時間以上の休息期間が必要。
	フェリーに乗船する場合の特例	乗船中の2時間は拘束時間として取り扱い、それ以外は休息期間として取り扱う。減算後の休息期間は、フェリー下船から勤務終了時までの時間の1/2を下回ってはならない。
運転時間		2日平均で1日あたり9時間 2週平均で1週間あたり44時間
連続運転時間		4時間以内（運転中断には、1回連続10分以上、かつ、合計30分以上の運転離脱が必要）
時間外労働		2週間及び1ヵ月以上3ヵ月以内の一定の期間で労使協定を結ぶ
休日労働		2週間に1回以内、かつ、1カ月の拘束時間及び最大拘束時間の範囲内
労働時間の取り扱い		労働時間は拘束時間から休憩時間（仮眠時間を含む。）を差し引いたもの。 事業場以外の休憩時間は仮眠時間を除き3時間以内。
休日の取り扱い		休日は休息期間に24時間を加算した期間。 いかなる場合であっても30時間を下回ってはならない。
適用除外		緊急輸送・危険物輸送等の業務については厚生労働省労働基準局長の定めにより適用除外。

特例の組み合わせ
・2人乗務の分割休息：適用しない
・フェリー乗船時の分割休息：適用しない

課題

1. ほとんどの運転者や経営者及び荷主は改善基準を知らない、または概要を知っていても詳細な労働条件や時間については正確に記憶していない

2. 日々変動する労働時間からこれらの複雑な計算をするのは大変困難

3. 特例の組み合わせについて大臣告示には記述、説明がない

出典：全国貨物自動車運送適正化事業実施機関
トラック運送事業の運行・車両・労務管理の手引き―法令実践ガイド―

ご覧の通り、大臣告示は拘束時間や運転時間などを定めています。しかし、遵守は芳しくありません。そのため「遵守を促進する方法」を発明できます。このポイントは、改善基準は運転者の「状態と状態の長さ」を規定したものと捉え UML の「状態遷移図」で表現する事です。次にこの２つを示します。

図 36　改善基準とは

項目		改善基準の内容
拘束時間		1カ月　293時間 (労使協定があるときは、1年のうち6カ月までは、1年間についての拘束時間が3,516時間を超えない範囲内において320時間まで延長可) 1日　原則13時間　最大16時間　(15時間超えは1週2回以内)
休息時間		継続8時間以上　運転者の住居地での休息期間が、それ以外の場所での休息期間より長くなるよう努めること。
拘束時間・休息期間の特例	休息期間の特例	業務の必要上やむを得ない場合に限り、当分のあいだ1回4時間以上の分割休息で合計10時間以上でも可。(一定期間における全勤務回数の1/2が限度)
拘束時間・休息期間の特例	2人乗務の時間	1日　20時間　2人乗務(ベッド付)の場合、最大拘束時間は1日20時間まで延長でき、休息期間は4時間まで短縮できる。
拘束時間・休息期間の特例	隔日勤務の特例	2暦日　21時間 2週間で3回までは24時間が可能。(夜間4時間の仮眠が必要)ただし、2週間で総拘束時間は126時間まで。勤務終了後、継続20時間以上の休息期間が必要。
拘束時間・休息期間の特例	フェリーに乗船する場合の特例	乗船中の2時間は拘束時間として取り扱い、それ以外は休息期間として取り扱う。減算後の休息期間は、フェリー下船から勤務終了時までの時間の1/2を下回ってはならない。
運転時間		2日平均で1日あたり9時間 2週平均で1週間あたり44時間
連続運転時間		4時間以内(運転中断には、1回連続10分以上、かつ、合計30分以上の運転離脱が必要)
時間外労働		2週間及び1ヵ月以上3ヵ月以内の一定の期間で労使協定を結ぶ
休日労働		2週間に1回以内、かつ、1カ月の拘束時間及び最大拘束時間の範囲内
労働時間の取り扱い		労働時間は拘束時間から休憩時間(仮眠時間を含む。)を差し引いたもの。 事業場以外の休憩時間は仮眠時間を除き3時間以内。
休日の取り扱い		休日は休息期間に24時間を加算した期間。 いかなる場合であっても30時間を下回ってはならない。
適用除外		緊急輸送・危険物輸送等の業務については厚生労働省労働基準局長の定めにより適用除外。

改善基準とは
- 状態を特定し
- 状態の長さを規定するもの

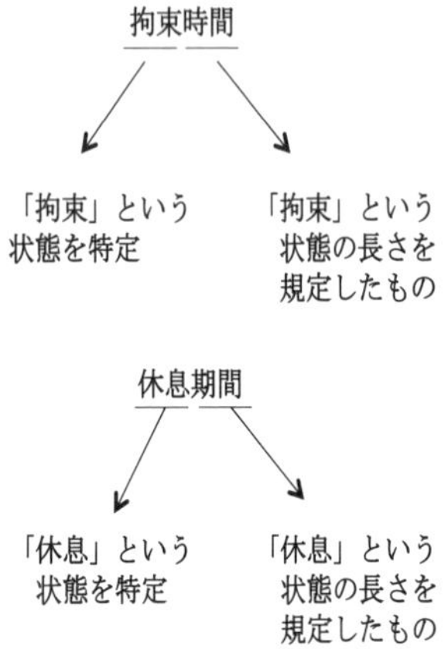

特例の組み合わせ
- ２人乗務の分割休息：適用しない
- フェリー乗船時の分割休息：適用しない

出典：全国貨物自動車運送適正化事業実施機関
トラック運送事業の運行・車両・労務管理の手引き―法令実践ガイド―

図 37　改善基準の状態遷移図による表現

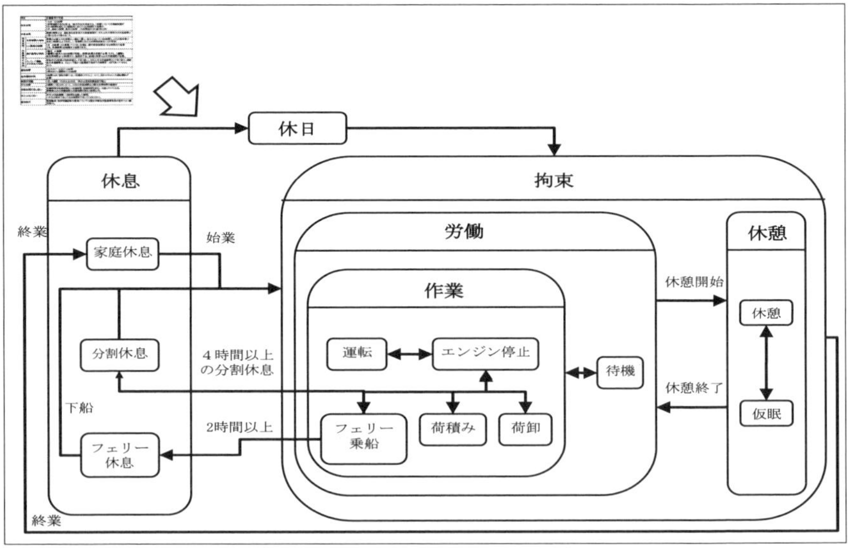

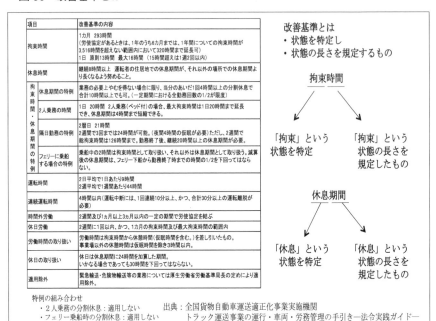

ご覧の通り、改善基準は図 36 のように運転者の「状態」と「状態の長さ」を規定します。そのため図 37 のように「状態遷移図」によりモデリングできます。これが後半で説明するように「原理の方法論」です。

なお、ここで日本の法律の問題に関して、1 つ説明します。それは図 35 の左下に「特例の組み合わせ」です。これは「大臣告示」には定められていない盲点、つまり「抜け・漏れ」です。これに筆者は状態遷移図を描いて気がつきました。そのため厚労省の出先機関の労働局に電話を掛け質問したところ、担当者は「そのような難しい事は分かりません。本省に問い合わせてください」と答えるだけです。仕方なく本省の厚労省に問い合わせ、現在の担当者は後任のため大臣告示を定めた方を見つけ、分かった後に連絡するとの事で一旦電話を切りました。その後電話があり、これを補うために「局長通達」が発行され、それをファックスで送ってもらい内容を確認しました。これから 4 つの問題が分かります。1 つは出先機関の労働局の担当者は「大臣告示」で定められた事以外は何も知らない事です。前述の「抜け・漏れ」は誰でも良く考えれば「気がつく事」です。しかし、答えてくれません。これでは国の出先機関の意味がありません。2 番目は本省の「後任のキャリア」も「大臣告示を策定したキャリア」の理解している「肝心要な事」を知らない事です。つまり「肝心要な事」は「策定した本人の頭」にある「鶴亀算の思考パターン」です。3 番目は「大臣告示、つまり法律」を定める時に「すべての状態を想定しない事」です。そのため 4 番目は「特例の状態の組み合わせ」に気づかず「局長通達」で「尻拭いをする事」です。つまり「局長通達」は「すべての状態を理解していない」ため必要となります。お分かり頂けるように「肝心要な事」は「策定した本人の頭にある」の通り、問題の原因は「鶴亀算の思考パターン」と「すべての状態を想定しない事」です。これは後半で説明するように日本の法律の問題の本質です。そのためご十分記憶頂ければと思います。この解決策は ⑨「問題定義の本質」で説明します。

図 38　全体のフローチャート

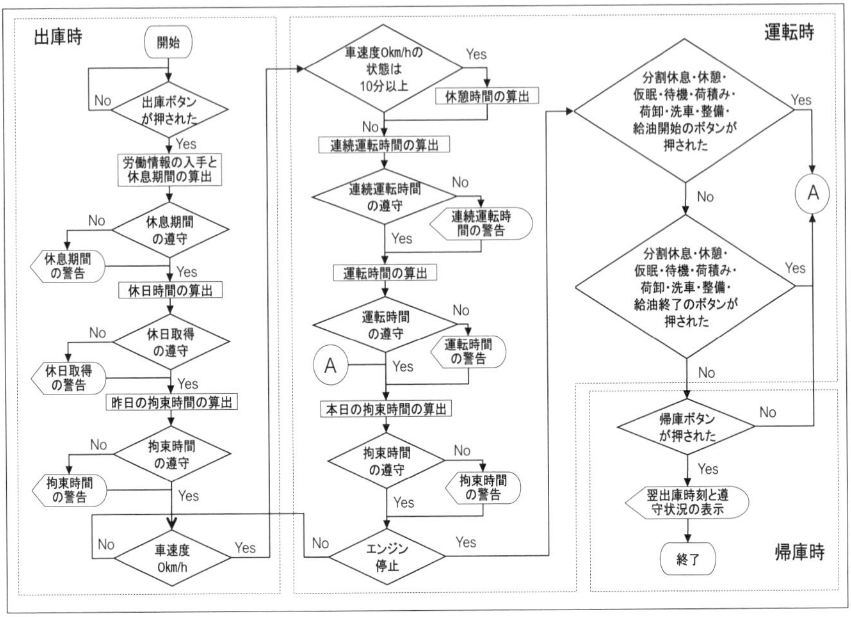

図 39　拘束時間の遵守判定のフローチャート

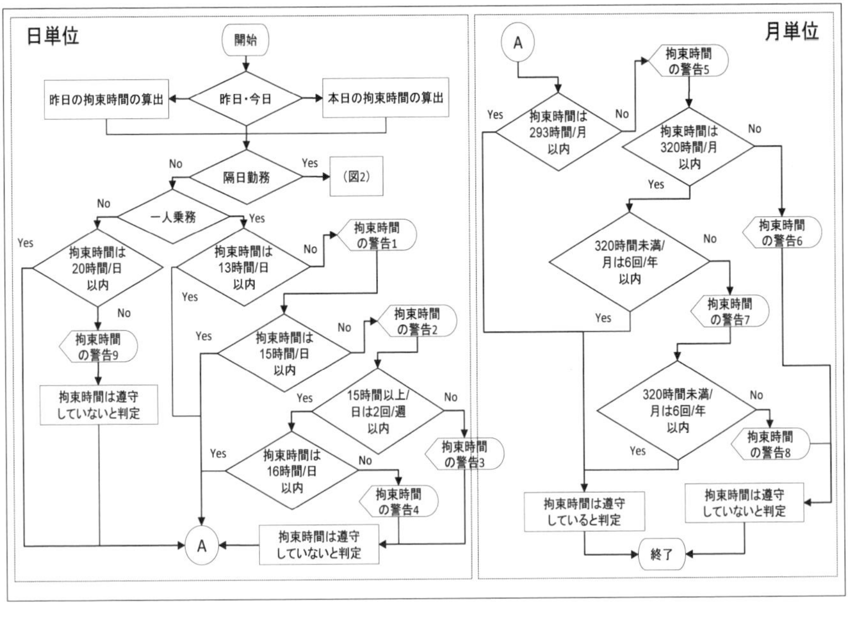

次に「状態遷移図」により表現できるものは前頁の図 38 に示す全体のフローチャートから分かるように、ソフトウエアにより、これらを遵守するように運転者に警告を発する事ができます。一例として図 39 のように拘束時間を判定し、正確に遵守を促進する事ができます。これが後半で説明するように「手順の方法」です。

ご覧の通り、実働時間や拘束時間を測定、判定し、大臣告示を遵守するように警告を発し、遵守を促進する事ができます。これが「法律を順守する方法」の「イノベーション」です。この事をご理解頂けると思います。最後に、この技術を発明した「きっかけ」と「技術の要点」を説明します。次に「きっかけ」を示します。

図 40　労災補償の支給決定件数

労災補償の支給決定件数は運輸業が最も多い

中部運輸局・愛知労働局は改善基準（大臣告示）の遵守を運輸業界と
荷主団体に促す文書通達で労災補償の状況も伝える

平成18年度　脳・心臓疾患に係る労災補償状況（全国版）について（抜粋）

今般、平成18年度の「脳血管疾患及び虚血性心疾患等(「過労死」等事案)の労災補償状況」がまとまった。

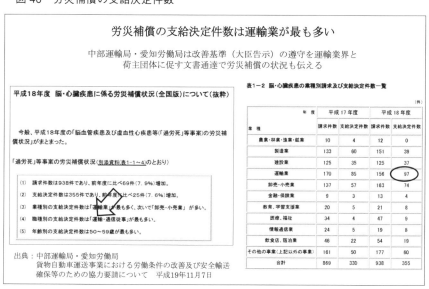

「過労死」等事案の労災補償状況(別添資料(表1-1～4)のとおり)

(1)　請求件数は938件であり、前年度に比べ69件(7．9%)増加。
(2)　支給決定件数は355件であり、前年度に比べ25件(7．6%)増加。
(3)　業種別の支給決定件数は「運輸業」が最も多く、次いで「卸売・小売業」が多い。
(4)　職種別の支給決定件数は「運輸・通信従事」が最も多い。
(5)　年齢別の支給決定件数は50～59歳が最も多い。

表1－2　脳・心臓疾患の業種別請求及び支給決定件数一覧

（件）

年度 / 業種	平成 17 年度		平成 18 年度	
	請求件数	支給決定件数	請求件数	支給決定件数
農業・林業・漁業・鉱業	10	4	12	0
製造業	133	60	151	39
建設業	125	35	125	37
運輸業	170	85	156	97
卸売・小売業	137	57	163	74
金融・保険業	9	3	13	4
教育、学習支援業	20	5	21	8
医療、福祉	34	4	47	9
情報通信業	24	5	19	8
飲食店、宿泊業	46	22	54	19
その他の事業(上記以外の事業)	161	50	177	60
合計	869	330	938	355

出典：中部運輸局・愛知労働局
貨物自動車運送事業における労働条件の改善及び安全輸送確保等のための協力要請について　平成19年11月7日

ご覧の通り、平成 18 年度現在、労災補償の支給決定件数は 97 件と運輸業は最も多いです。これを知った時、「これでは可哀想だ。助けたい」と思いました。これがこの技術を発明した筆者の「愛」です。「愛が科学技術者の要諦」を改めて実感します。これは大臣告示も同じです。「労災」の根本原因は長時間運転から生じる「睡眠不足」です。そのため大臣告示は「労災防止」という「愛の心」に基づいて「継続８時間以上の休息時間」という「真理」を定めています。つまり法律も「愛→真理→原理→法律」です。そのため「技術の要点」は、この「真理」に基づいて「原理」の「状態遷移図」を定義する事です。この事は図 37 の「状態遷移図」に「休息」が含まれている事からご理解頂けると思います。このように「継続８時間以上の休息時間」という「真理」に基づいて「真理→原理（状態遷移図）→方法論」と設計するのが「技術の要点」です。この事をご理解頂けると思います。なお、「原理＝状態遷移図」や「方法論」の技術的な説明は後半でします。

次にモデリング言語に基づく「ロボットの開発方法」を説明します。この開発の流れを次に示します。

図 41　ロボット開発の流れ　：例　排泄介護ロボット「トイレアシスト」

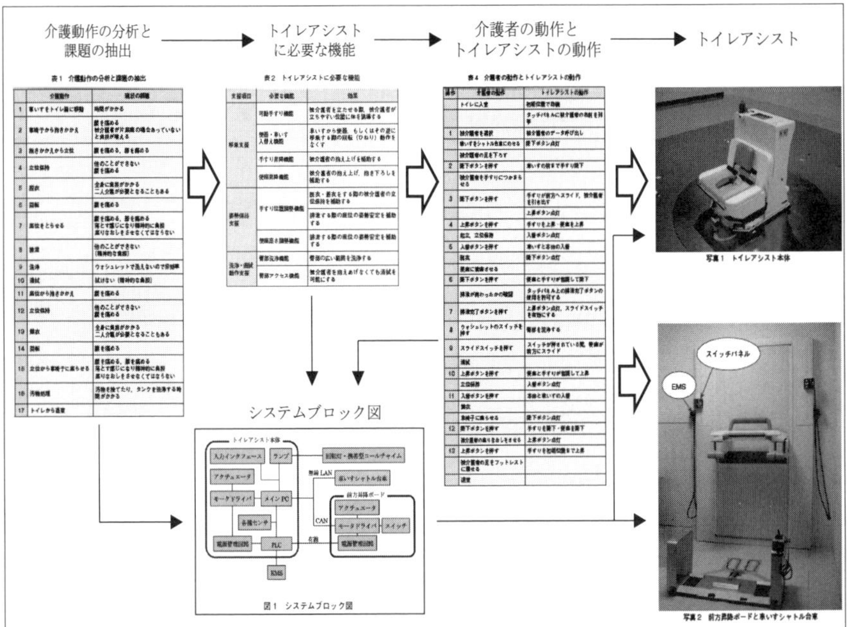

出典：川田工業株式会社 川田技報、Vol.28、2009の48ページから53ページ

ご覧の通り、これはトイレ技術とロボット技術を統合する事により介護施設において介護者の負担の大きい、排泄介護を支援し、介護者の負担を軽減する統合的な「トイレアシスト」という介護支援ロボットの「開発の流れ」を示しています。これは「大変理に叶ったもの」です。具体的に言えば、「最初に介護者と一緒に介護動作を分析し、課題を抽出し→トイレアシストに必要な機能を定め→介護者の動作とトイレアシストの動作を定め→トイレアシストを開発した事」です。そのため大変良い設計になったと思います。では次にこのモデリングを説明します。これからロボットという高度な機械の「開発方法」もソフトウエアにより十分支援でき「開発方法」をイノベーションできる事をご理解頂けます。最初に動作状態の「状態遷移図」を次に示します。

図 42　状態遷移図により動作状態をモデリング

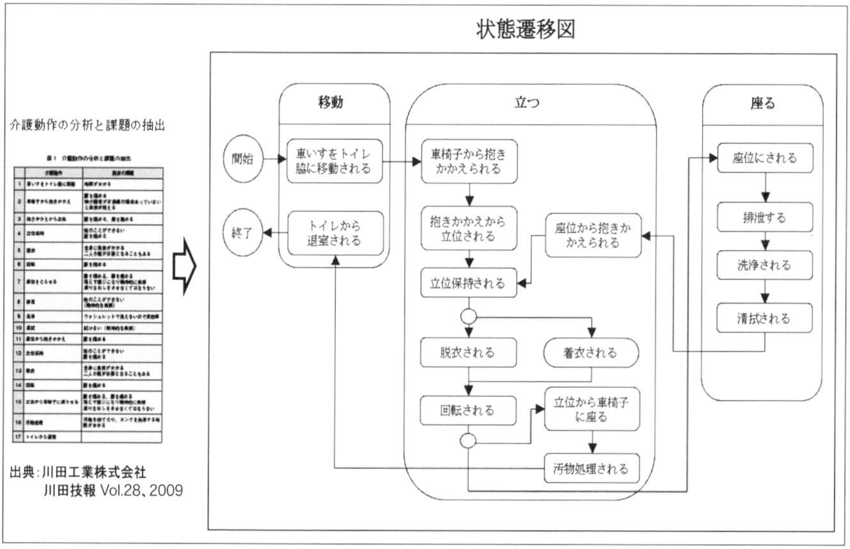

ご覧の通り、「動作状態」を「状態遷移図」によりモデリングできます。「動作状態」は「移動・立つ・座る」の「3つの状態」です。なお、ここで1つお断りしておきます。図 42 は状態遷移図のイメージを示しています。ブロックや矢印などの記号は SysML の定義を簡略化しています。これは以降の図も同様です。次に「状態遷移図」の 4 つのポイントを説明します。1つは

状態が大変理解し易くなる事です。これは図42から良く分かると思います。そのため2番目は未発見の動作や冗長な状態を容易に発見できる事です。3番目は状態遷移図により介護者と一緒に問題定義できる事です。具体的に言えば、課題を検討できます。次にこれを示します。

図43　状態遷移図で課題を検討

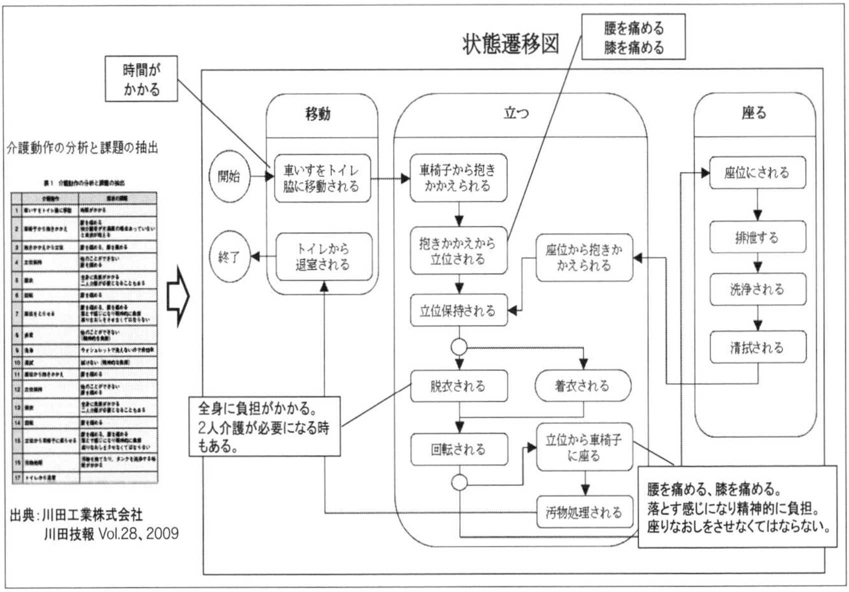

ご覧の通り、各状態でどのような課題があるのかを介護者から聞く事ができます。これは非常に重要です。この理由は、顧客にとって「状態」は当たり前のため「状態」を省略して説明するためです。しかし、開発者には意外と理解し難いものです。そのため「状態」を省略せず、特定して課題を聞く事は非常に重要です。これにより開発者も容易に理解できます。これを正確に言えば、「暗黙知」の「状態」を「形式知」にする事です。ここであらかじめ説明しておくと「暗黙知」の「状態」を明らかにする事は「モデリング言語」そして「原理」を理解する鍵となります。これは⑨「問題定義の本質」で説明します。

次に４番目のポイントは「状態」毎に必要な機能を定義できる事です。これを次に示します。

図 44　状態遷移図で機能を検討

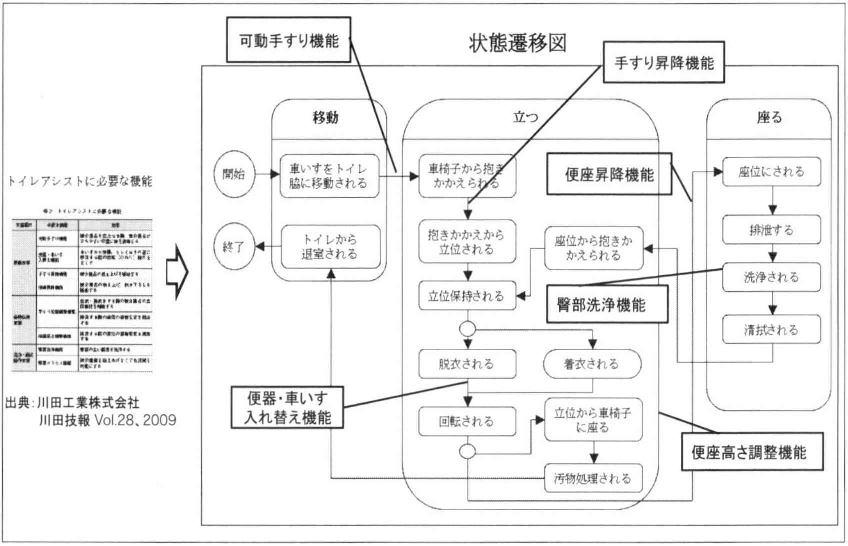

ご覧の通り、課題を解決する機能を「状態」を特定して定める事ができます。これも非常に重要です。良く顧客は「こういう機能が欲しい」と説明します。しかし、この説明には「状態」が省略されています。そのため開発者には意外と理解し難いものです。そのため「状態」を特定し、機能を聞く事は大変重要です。このように「状態」を明らかにする事により「人間の営み」を十分理解できます。そのため顧客の要求も大変まとめ易くなります。次にこれを示します。

図 45　要求図で要求を表現

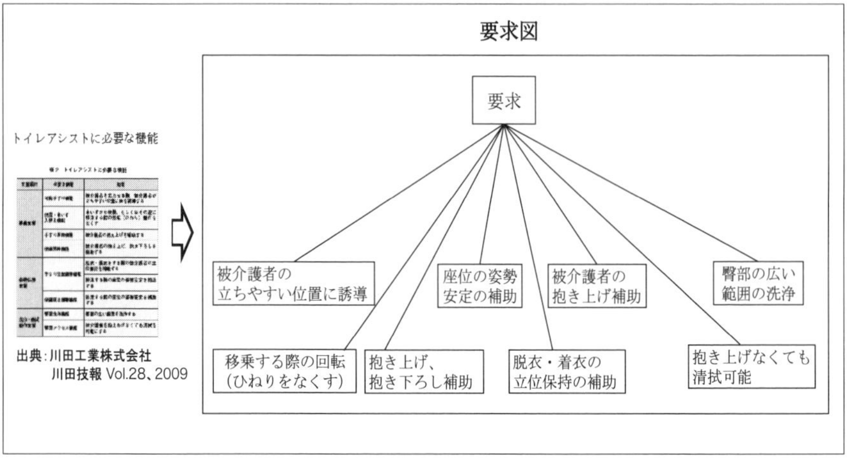

ご覧の通り、顧客の要求の全体像を大変理解し易くなります。また要求を実現する機能との関係も大変理解し易くなります。次にこれを示します。

図 46　要求と実現するサブシステムとの対応

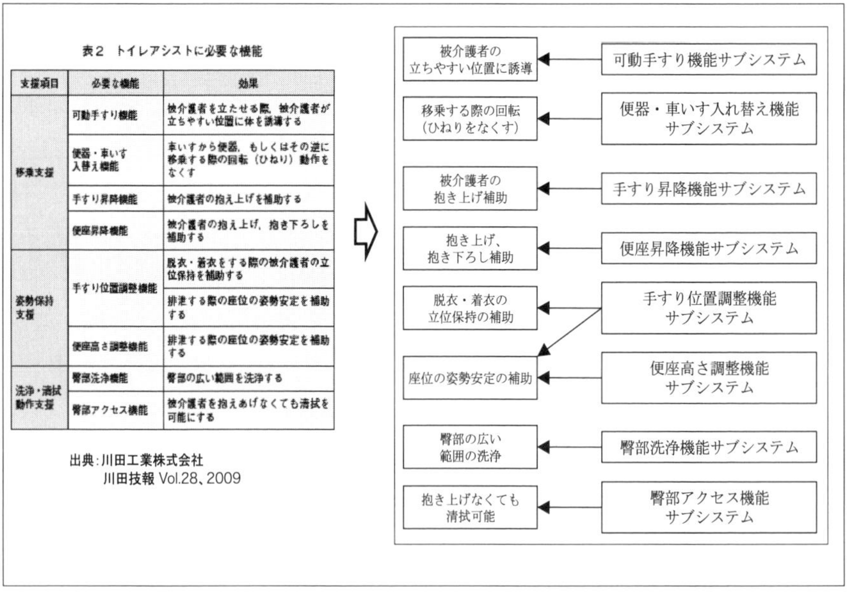
表2　トイレアシストに必要な機能

支援項目	必要な機能	効果
移乗支援	可動手すり機能	被介護者を立たせる際，被介護者が立ちやすい位置に体を誘導する
	便器・車いす入替え機能	車いすから便器，もしくはその逆に移乗する際の回転（ひねり）動作をなくす
	手すり昇降機能	被介護者の抱え上げを補助する
	便座昇降機能	被介護者の抱え上げ，抱き下ろしを補助する
姿勢保持支援	手すり位置調整機能	脱衣・着衣をする際の被介護者の立位保持を補助する
		排泄する際の座位の姿勢安定を補助する
	便座高さ調整機能	排泄する際の座位の姿勢安定を補助する
洗浄・清拭動作支援	臀部洗浄機能	臀部の広い範囲を洗浄する
	臀部アクセス機能	被介護者を抱えあげなくても清拭を可能にする

ご覧の通り、要求と実現するサブシステムとの対応をモデリングできます。なお、ここで2つ補足します。1つは図45と図46はSysML特有のものです。またSysMLでは「機能が要求を実現する」とモデリングするのではなく「機能を所有するサブシステムが要求を実現する」とモデリングします。これにより要求を変更した時に影響を受けるサブシステムを容易に見つける事ができ設計の「抜け・漏れ」を防止できます。

次に「トイレアシスト」と介護者とのやり取りをモデリングするシーケンス図を示します。

図 47　シーケンス図で動作を検討・確認

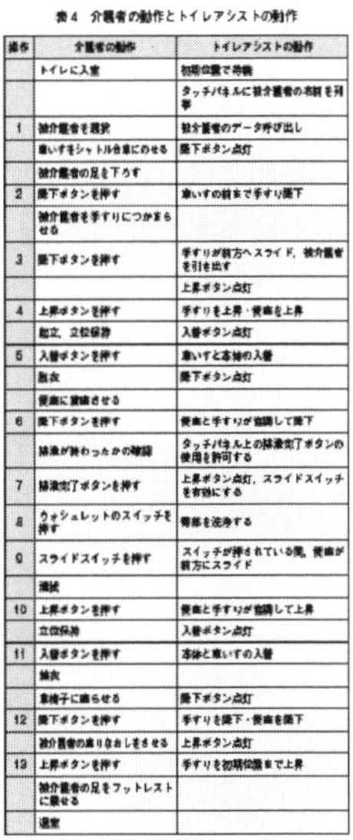
表4　介護者の動作とトイレアシストの動作

操作	介護者の動作	トイレアシストの動作
	トイレに入室	初期位置で待機
		タッチパネルに被介護者の名前を列挙
1	被介護者を選択	被介護者のデータ呼び出し
	車いすをシャトル台車にのせる	降下ボタン点灯
	被介護者の足を下ろす	
2	降下ボタンを押す	車いすの前まで手すり降下
	被介護者を手すりにつかまらせる	
3	降下ボタンを押す	手すりが前方へスライド，被介護者を引き出す
		上昇ボタン点灯
4	上昇ボタンを押す	手すりを上昇・便座を上昇
	起立，立位保持	入替ボタン点灯
5	入替ボタンを押す	車いすと本体の入替
	脱衣	降下ボタン点灯
	便座に着座させる	
6	降下ボタンを押す	便座と手すりが協調して降下
	排泄が終わったかの確認	タッチパネル上の排泄完了ボタンの使用を許可する
7	排泄完了ボタンを押す	上昇ボタン点灯，スライドスイッチを有効にする
8	ウォシュレットのスイッチを押す	局部を洗浄する
9	スライドスイッチを押す	スイッチが押されている間，便座が前方にスライド
	清拭	
10	上昇ボタンを押す	便座と手すりが協調して上昇
	立位保持	入替ボタン点灯
11	入替ボタンを押す	本体と車いすの入替
	着衣	
	車椅子に座らせる	降下ボタン点灯
12	降下ボタンを押す	手すりを降下・便座を降下
	被介護者の座りなおしをさせる	上昇ボタン点灯
13	上昇ボタンを押す	手すりを初期位置まで上昇
	被介護者の足をフットレストに乗せる	
	退室	

出典：川田工業株式会社
川田技報 Vol.28、2009

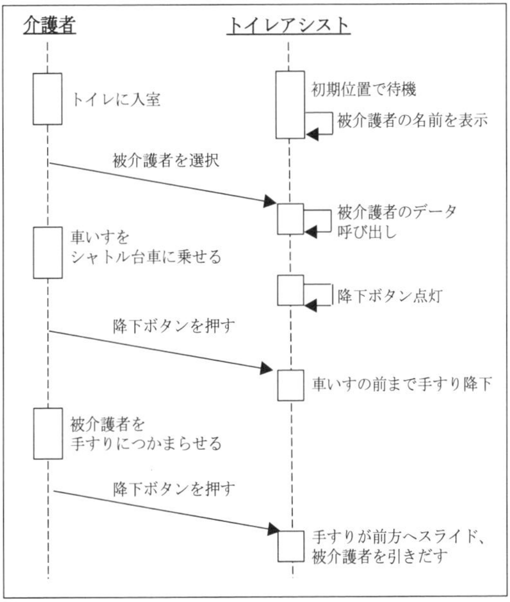

ご覧の通り、「介護者」の動作と「トイレアシスト」の動作をシーケンス図によりモデリングできます。このようにSysMLの「状態遷移図」、「要求図」、「シーケンス図」は「介護動作の分析と課題の抽出」、「トイレアシストに必要な機能の定義」、「介護者の動作とトイレアシストの動作の定義」をモデリ

ングできます。ここで重要な事は、このようにモデリングする事により、介護ロボットの制御プログラムを自動的に生成できる事です。SysML はソフトウエアのモデリング言語の UML に基づいています。そのため SysML のソフトウエアのモデルは、そのまま UML のソフトウエアのモデルとして使用できます。これにより介護ロボットの制御プログラムを自動的に生成できます。SysML 単なる図を描いているように感じると思いますが、そうではありません。モデルからプログラムを自動生成します。これはプログラムの開発の生産性を飛躍的に向上します。

お分かり頂けるように「ロボットの開発方法」そして「法律の遵守方法」をソフトウエアにより支援できます。これが「方法の革新、ノベーション」です。これにより生産性、効率を向上させる事ができ、新たな富、利益を生み出します。では、これは何故かと言えば、「人間の営み」はすべて「状態の遷移」という真理､法則性があるためです。これは「配送方法」も同じです。経路最適化ソフトウエアは「配送の順番」つまり「配送の状態の遷移」として「配送経路」を出力します。これはまた「ソフトウエアとして記述できない方法論」の「プロジェクト・マネジメント」や「PDCA」も同じです。これも「プロジェクト・マネジメント」の「立ち上げ→計画→実行→検証」や「PDCA」の「プラン（P）→実行（D）→チェック（C）→アクション（A)」という「ステップ」は「状態の遷移」を定めています。このように「人間の営み」はすべて「状態の遷移」という真理があります。そのためこの真理に基づいて「人間を支援する方法論」を発明できます。これにより人々の営みをイノベーションでき新たな富、利益を生み出せます。これはサービス科学の根幹となる実践知識です。

では次に後半の説明として「サービス科学の実践知識」を具体的に説明します。これを２つに分けて説明します。１つは ⑦から⑫です。これから１番目から５番目の解決策の実践知識を説明します。この中で「鶴亀算の思考パターンの本質」、「日本の法律の問題の本質」、「価値と原理と手順の統論の本質」、「問題定義の本質」も説明します。次に後半は ⑬から⑮です。これから「日本の社会の営みの問題の本質」また「人間の進歩」という「サービス科学の価値」も説明します。お分かり頂けるように、後半の説明は大変重要です。そのため十分ご理解頂ければと思います。なお、以降の説明の前に「活用する真理」をあらかじめ紹介します。これは図 24 の「真理の重要性」で示している「チューリングの計算理論」の解き明かした「計算の真理」です。これは「計算とは状態の真理」と「人間の解く 3 種類の問題」です。「計算とは状態の真理」は前半で活用します。「人間の解く 3 種類の問題」は後半で活用します。これにより容易にご理解頂けます。

では最初に「SysML」も「価値と原理と手順の統論」に基づいている事を ⑦「SysML の本質」として説明します。次にこれを示します。

図 48　方程式と SysML の図との対応

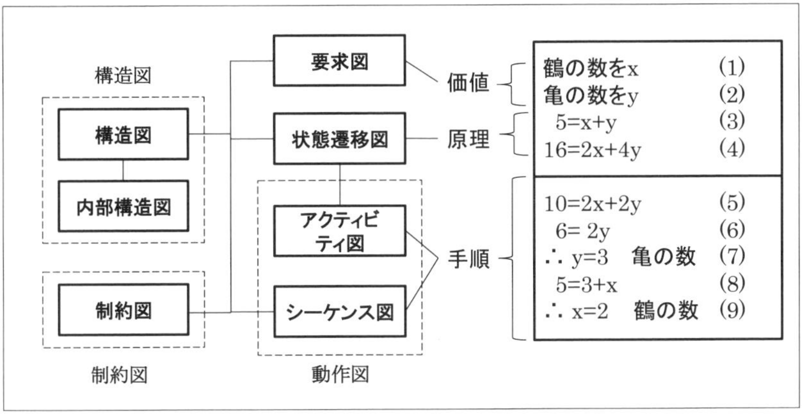

ご覧の通り、「SysML」も「価値と原理と手順の統論」に基づいています。具体的に言えば、「価値」に相当するのが「要求図」、「原理」に相当するのが「状態遷移図」、「手順」に相当するのが「アクティビティ図」や「シーケンス図」などの「動作図」です。更に構造図や制約図がありますが、これらは本シリーズで説明します。これから「SysML の本質」も「価値と原理と手順の統論」である事をご理解頂けると思います。ここで「価値＝要求図」と「手順＝動作図」は直観的にご理解頂けると思います。それに対して「原理＝状態遷移

図」は理解し難いと思います。これには「原理とは何か」を理解する事が必要です。そのため ⑩「真理・原理・手順の差」で説明します。しかし、率直に言って、それ以前に多くの読者の皆様にとって「方程式と SysML の対応」を「何、これ、意味分からない」と感じると思います。これは良く分かります。

そのため次に「方程式と SysML の対応」を既に説明した「セマンティックスとシンタックス」から説明します。なお、あらかじめ説明すると、以降の説明は誰でも理解できる「普遍的知識」です。この理由は既に説明したように「セマンティックスとシンタックス」はソフトウエア工学の概念ですが、この源のコンピュータ・サイエンス、計算機科学は人間の計算や文章の編集という「営みの方法」に真理、法則性を見出す学問だからです。言うまでもなく、計算や編集は誰でも知っています。そのため誰でも容易に理解できる「普遍的知識」です。読者の皆様の一般的知識で十分ご理解頂けます。

最初に「方程式」を「セマンティックスとシンタックス」から説明し、次に「SysML」を「セマンティックスとシンタックス」から説明します。これから「方程式と SysML の対応」をご理解頂けます。では最初に「方程式」と「セマンティックスとシンタックス」との対応を次に示します。

価値の表現	セマンティックス【意味】	シンタックス【記号】
鶴の数を x とする	鶴の数	x
亀の数を y とする	亀の数	y

ご覧の通り、「方程式」は「セマンティックス」と「シンタックス」に明確に対応します。「鶴の数」と「亀の数」は「セマンティックス」、「意味」に対応します。「x」と「y」は「シンタックス」、「記号」に対応します。これもそのように説明されれば、容易にご理解頂けると思います。この事から「鶴の数を x とする」という表現には「意味」と「記号」の２つが含まれている事をご理解頂けると思います。これは「文字」や「数字」も同じです。この例を挙げれば、「鶴」は「つる」という「意味」であり「鶴」という「形」

の「記号」です。また「3」は「1､2､3」の「3」という「意味」であり､「3」という「形」の「記号」です。このようにソフトウエアでは､すべて「意味」と「記号」の２つに分けます。では、なぜそのように分けるのかと言えば、まさにそのように人間は考えるからです。人間は最初、漠然とした思いや表現したい事、つまり「意味」があります。次に「意味」を表す「記号」により表現します。これは「鶴の数をｘとする」からも良く分かると思います。最初に考えるのは「鶴の数」という「意味」です。次に「x」という「記号」で表現します。このようにソフトウエアの対象する「人間の考える」という「行為」の本質は「意味」と「記号」です。そして、お分かり頂けるように、これはすべての「人間の考え」に共通する「普遍的知識」です。最初に表現したい「意味」があり、次に「記号」により表現します。これがまさに「ことを明らかにする」の「考えるの本質」です。そのため「SysML」の本質も推察できると思います。これも「意味と記号」です。では、なぜ「記号」として「図」を使用するのかと言えば､「人間の営み」は複雑なためです。そのため「複雑な意味」を「図」という「複雑な記号」により表現します。お分かり頂けるように「SysML」の本質も「意味と記号」つまり「セマンティックスとシンタックス」です。そのため「方程式」と同じです。これにより「方程式」と「SysML」を対応させる事ができます。なお、この事は「意味と記号」の「意味」に関して､「SysML」と「方程式」の表現する対象を理解すると更に良くご理解頂けます。これについては⑨「問題定義」で説明します。

しかし、率直に言って「状態遷移図＝原理」は理解し難いと思います。そのため更に「SysML の本質」を説明します。なお、先に説明したように「SysML」も「価値と原理と手順の統論」に基づいています。そのため以降は「価値と原理と手順の統論」から「SysML の本質」を説明します。次にこれを⑧「価値と原理と手順の統論の本質」として説明します。これを次に示します。

図 49　価値と原理と手順の統論の本質

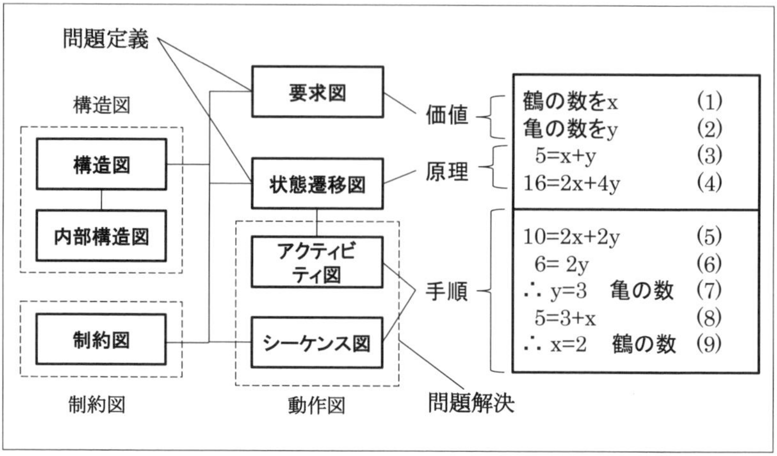

ご覧の通り、「価値と原理と手順の統論の本質」は「問題定義」と「問題解決」です。「問題定義」は「価値と原理の定義」であり「問題解決」は「手順の実行」です。これは「方程式」と「SysML」も同じです。共に「問題定義」し、「問題解決」します。なお、このような「方程式」の説明も「初めて聞く」と感じると思いますが、これもそのように説明されれば、容易にご理解頂けると思います。ここで「問題解決」は直観的にご理解頂けると思います。「方程式」で言えば、「手順」の「計算」を実行し、答えを求めます。「SysML」では「動作図の動作」を実行し、問題を解きます。そのため「問題解決」は容易にご理解頂けると思います。しかし、「価値と原理の定義」の「問題定義」は今一理解し難いと思います。特に「状態遷移図＝原理」は理解し難いと思います。そのため最初に「問題定義」の要点を2点説明し、次に⑨「問題定義の本質」を説明し、⑩「真理・原理・手順の差」で「状態遷移図＝原理」を説明します。

では「問題定義」の要点から説明します。これは「最適化理論では問題定義は主要な概念」という事です。では、なぜ最適化理論では「問題定義」が「主要な概念」なのかと言えば、「最適化問題の特徴」にあります。これは膨大な組み合わせが発生します。そのため「最適化アルゴリズム」は膨大な組み合わせを自ら生成し、評価し、最適解を求める事が必要です。そのため「問題」を「原理」に基づいて解ける「形式」にする事が必要です。これが既に説明した「問題を原理に基づいて解ける形式に表現する」の「問題定義」です。しかし、良く考えてみれば、これは「方程式」も同じです。「方程式」も「問題を連立方程式という原理に基づいて解ける形式で表現」しています。これもそのように説明されれば、容易にご理解頂けると思います。これはアメリカの経済学者の「クルーグマン」の「日本のデフレの問題定義」も同じです。これも「日本のデフレの問題」を「日銀が世の中に流し込むお金の量を増やす」という「原理」により「解ける形式」に表現しています。そして「SysML」も「問題を原理に基づいて解ける形式に表現」しています。「解ける形式」の「明確な根拠」を挙げれば、「SysML」からプログラムを自動的に生成できる事です。このプログラムを実行する事により、問題を解決します。このように「最適化理論」も「方程式」も「日本のデフレ」も「SysML」もすべて「問題を原理に基づいて解ける形式に表現」つまり「問題定義」しています。この事をご理解頂けると思います。

次に２番目の要点は「問題定義」は「人間」のみができるという事です。次にこれを示します。

図 50　コンピュータは問題定義をできない

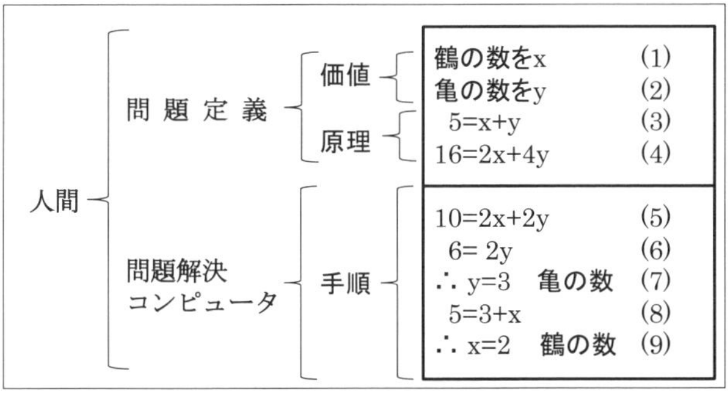

ご覧の通り、コンピュータは問題定義できません。コンピュータのできるのは「問題解決」の「手順」の「計算」だけです。それに対して人間は「問題定義」と「問題解決」の両方できます。ここで重要なのは「人間の創造力」

により「鶴亀の数をxやy」と定める事や連立方程式を導く「問題定義」です。そのため人間の役割は「問題定義」にあります。これにより新たなテクノロジを開発できます。しかし、明治以来「手順の改良」、つまり部品技術や製造技術を改良してきた日本は「問題定義」が大変苦手です。では「問題定義」をどのように習得すればいいのでしょう。これは「問題定義の本質」を理解する事です。これにより容易に習得できます。

そのため次に ⑨「問題定義の本質」を説明します。これを前述の「クルーグマン」の「日本のデフレの問題定義」から説明します。このポイントは「日本のデフレ」は経済学の解き明かした「真理」の「流動性の罠」という「状態」である事を解き明かした事です。これから解決策を「日銀が世の中に流し込むお金の量を増やす」という「原理」により「紙幣の不足する状態」つまり「デフレ状態」から「紙幣の過剰な状態」つまり「インフレ状態」へ転換する事を明らかにした事です。お分かり頂けるように、これが「問題定義の本質」です。この要点は「問題の状態」と「解決された状態」を明らかにした事です。これから「問題定義の本質」は「状態」を明らかにする「状態定義」である事をご理解頂けると思います。次に「状態定義」を良く考えてみると、これは方程式も同じです。方程式も「状態定義」しています。次にこれを示します。

連立方程式の解き方	状態定義	式
①鶴と亀が併せて5匹（羽）います。	鶴亀の状態	5=x+y
②足の本数は合計で16本。 亀の足の本数：4本、鶴の足本数：2本	足の状態	16=2x+4y

ご覧の通り、①と②は状態を定義しています。①は「鶴亀の状態」、②は「足の状態」の定義です。これもそのように説明されれば、容易にご理解頂けると思います。これは鶴亀算も同じす。次にこれを示します。

図 51　鶴亀算の状態定義

鶴亀算の解き方	状態定義
鶴亀算で問題を解く時の特徴は足の本数に着目します。足の本数は合計で16本あります。そのためすべてを鶴と想定し足の数を計算すると2×5=10となり16本より16−10=6で6本足りません。	すべてを鶴と想定した状態
そのため足の数を16本となるように鶴と亀を入れ替えます。この際に足の本数は亀の方が2本多いため2本ずつ増える事になります。そのため足らない本数の6本を入れ替えにより増える2本で割り、6/2=3で亀は3匹となり、鶴は5−3＝2羽となります。	鶴と亀を入れ替える時のそれぞれの状態

ご覧の通り、鶴亀算も「状態定義」しています。「状態」は「すべてを鶴と想定した状態」と「鶴と亀を入れ替える時の状態」です。この２つの「状態」を定義し、問題を解きます。更に「法律」も「状態定義」しています。これはデジタコの大臣告示から推察できると思いますが、ここでは別の例を次に示します。

図 52　問題定義があいまいな日本の法律

観光基本法（昭和38年）	前文	・・現状をみるに、観光がその使命を達成できるような基盤の整備及び環境の形成はきわめて不十分な状態である
ものづくり基盤技術振興基本法（平成11年）	前文	・・ものづくり基盤技術の継承が困難になりつつある
男女共同参画社会基本法（平成11年）	前文	・・なお一層の努力が必要とされている・・・緊要な課題となっている
文化芸術振興基本法（平成13年）	前文	しかるに、現状をみるに、経済的な豊かさの中にありながら、文化芸術がその役割を果たすことができるような基盤の整備及び環境の形成は十分な状態にあるとはいえない

出典：『六法全書』平成23年版　有斐閣

ご覧の通り、これは「状態定義」としては大変あいまいですが「不十分な状態である」や「十分な状態にあるとはいえない」から「法律」も「状態定義」である事をご理解頂けると思います。片や「数学」片や「法律」ですが「状態定義」はまったく同じです。共に「状態定義」しています。同様に「SysML」も「状態定義」しています。この事は「状態遷移図」の「状態遷移」という言葉からご理解頂けると思います。更に分かり易い例を挙げれば、本シリーズで説明するように「3」とは「2に1足した状態」、「セキ」とは「セにキをつなげた状態」という事です。これが「数の計算」や「文章の作成」を「状態遷移図」に基づいて実行できるという意味です。そして、これが既に説明した「計算理論の真理」の「計算とは状態の遷移」という意味です。このように「問題定義の本質」は「状態定義」にあります。

次にこれを一般的に説明します。「自然科学」では「自然の営みの状態」を「マクスウエルの電磁方程式」や「シュレーディンガーの波動方程式」のように「方程式」により「状態定義」します。それに対して「サービス科学」では「人間の営みの状態」を「状態遷移図」により「状態定義」します。この理由は、人間の営みは複雑であり、とても「方程式」では表現できないためです。そのため「状態遷移図」を使用します。つまり「自然の営みの状態→方程式」、「人間の営みの状態→状態遷移図」です。お分かり頂けるように「自然科学」は「方程式」、それに対して「サービス科学」は「状態遷移図」により「状態定義」します。しかし、「自然科学」も「サービス科学」も「状態の意味」を表現する点では同じです。共に「状態の意味」を「状態定義」します。これから先に説明した「方程式とSysMLの対応」もご理解頂けると思います。共に「状態の意味」、「セマンティックス」を「方程式」や「状態遷移図」という「記号」、「シンタックス」で表現します。この「状態の意味」が既に先の紹介した「SysML」と「方程式」の表現する対象です。お分かり頂ける通り、これは同じです。そのため「方程式」と「SysML」対応させる事ができます。この事もご理解頂けると思います。

次に、先の「不十分な状態である」から「日本の法律の問題の本質」は「あいまいな状態定義」である事に気がつかれると思います。これは先に大臣告示で説明した「特例の組み合わせ」の「抜け・漏れ」も同じです。では「あいまいな状態定義」をどのように解決するのでしょう。これは「すべての状態を想定する事」です。この時に大変有用なのが「それは何から生まれたのか」と考える「ボトムアップ思考」であり、「具体的には何か」つまり「それは何を生み出すのか」と考える「トップダウン思考」です。これを「状態遷移図」

に基づいて行う事です。これにより「気がついていない状態」や「特例の組み合わせ」などの「状態の組み合わせ」に気がつきます。その結果「すべての状態」を最初に求める事ができます。ここで重要なのが「最初にすべての状態」を求める事です。これにより「抜け・漏れ」も防止でき「あいまいな状態定義」を解決できます。以上が前章で紹介した「統論の実践知識 1」です。次に「あいまいな状態定義」を「鶴亀算の思考パターン」から説明します。「鶴亀算の思考パターン」は既に説明したように「最初にざっくりと近似解を求め、次に徐々に詳細化し、最後に正解」を求めます。これを一般的に言えば、「大→中→小」と詳細化します。具体的に言えば、1.3.3.1 章で説明するように「大＝法律」→「中＝基本方針」→「小＝ガイドライン」と詳細化します。この問題は「最初にざっくりと近似解」を求めて「終了」となる事が多い事です。つまり「不十分な状態である」や「十分な状態にあるとはいえない」と理解した段階で「ざっくりと大掴み」で「法律」を定めてしまいます。そのため「抜け・漏れ」が起こります。この原因は「最初にすべての状態を想定しない」ためです。これが「鶴亀算の思考パターン」から生まれる「あいまいな状態」の「問題の本質」です。そして日本の法律の問題の本質です。この問題は 1.4.3 章で説明するように前述の「統論の実践知識 1」により解決します。

次に「状態定義」から ⑩「真理・原理・手順の差」も容易にご理解頂けます。既に説明したように「原理」は「価値を実現する具象化された原理」また「真理に基づく実現する仕組み」です。ここで「価値を実現する」は「問題を解決する事」です。そのため「原理」の本質は「真理に基づく実現する仕組みにより問題を解決する事」です。これが「原理の実践知識」です。原理により問題を解決します。この意味は「問題の状態から解決された状態に遷移させる事」です。そのため「原理」は「真理に基づく問題の状態から解決された状態に遷移させる仕組み」と定義できます。同様に「真理」は「対象の普遍的な状態」、また「手順」は「状態を遷移させる動作」と定義できます。次に「原理＝真理に基づく問題の状態から解決された状態に遷移させる仕組み」から、ここまで疑問だった「状態遷移図＝原理」もご理解頂けると思います。「状態遷移図」は「状態を遷移させる仕組み」を「図」で表現したものです。そのため「状態遷移図＝原理」をご理解頂けると思います。

次に「原理」を軽視してきた日本では「原理」と「手順」が混同されるため３点説明します。１つは「原理と手順の差」です。これは「原理＝仕組み」、「手順＝動作」です。次に「動作」は「仕組みの要素」です。そのため「原理＝仕組み」それに対して「動作＝仕組みの要素」です。この差を十分ご理解頂ければと思います。２番目は「原理は複数存在する事」です。これは「鶴亀算」と「方程式」から良くご理解頂けると思います。共に「問題を解く原理」はあります。そのため「原理」は複数存在します。３番目は「原理を実行する手順も複数存在する事」です。具体的に言えば、「連立方程式」という「原理」を実行する「手順」は「計算」もありますが、もう１つ「グラフ」という「手順」もあります。「グラフ」という「手順」は「鶴亀の状態」や「足の状態」の「5=x+y」と「16=2x+4y」を「グラフ」に描いて２つの直線の交点から「x と y」を求めるやり方です。これも「連立方程式の原理」を実行する「手順」です。しかし、ここで疑問が浮かぶと思います。それは「なぜ学校では“グラフ”という“手順”を教えないのか」です。この理由は「コストが高い」ためです。ここで「コスト」は「手順を実行するコスト」です。「グラフ」の場合は、グラフを定規で描くなど「手順のコスト」が高いためです。そのため「手順のコスト」の「安い計算」を教えます。これも、そのように説明されれば、容易にご理解頂けると思います。また前章で説明したソフトウエアの「拡張性」はまさに「手順のコスト」を意識したものです。具体的に言えば、「新たなバナナやパイナップル」の合計を計算する時に「既存ソフトウエア」という「手順」を容易に「拡張」できるためです。このように「手順のコスト」は「人間の営み」に共通する大変重要なものです。既に説明したように「石高－コスト＝蓄積」のため「蓄積主義の欧米人」は「コスト意識」は大変高いですが、「空気と水はただ」また「石高主義の日本人」は「コスト意識」が大変希薄です。そのため「手順のコスト」の重要性を十分ご理解頂ければと思います。なお、アメリカの市民教育で説明した B/C の「コスト」は「手順のコスト」また「日本国憲法の原理をコストと比較で判断」と説明しているのは「日本国憲法の原理の手順のコストを判断」という意味です。

この事をご理解頂ければと思います。

次に「原理」の定義から ⑪「方法論」も容易に定義できます。既に説明したように「真理→原理→方法論」です。そのため「方法論」は「真理に基づく問題の状態から解決された状態に遷移させる仕組み」を「状態のステップとしてソフトウエア言語または一般言語で記述したもの」と定義できます。これが図 37 で紹介した「原理の方法論」です。同様に「手順の方法」を定義すれば「状態を遷移させる動作」を「動作のステップとしてソフトウエア言語または一般言語で記述したもの」です。これが図 39 で紹介した「手順の方法論」です。要約すると「原理の方法論」は「状態のステップ」、「手順の方法」は「動作のステップ」に焦点を当てます。これが両者の差です。お分かり頂ける通り、これが「方法論の実践知識」です。次に「ソフトウエア言語」は「プログラミング言語またはモデリング言語」、また「一般言語」は「日本語」です。そのため「価値を実現する仕組みをステップとしてソフトウエア言語で記述したもの」が「ソフトウエアとして記述できる方法論」、「価値を実現する仕組みをステップとして一般言語で記述したもの」が「ソフトウエアとして記述できない方法論」です。なお、なぜ 2 つの方法論が必要なのかは ⑬「人間の解く 3 種類の問題」で説明します。

では以上を踏まえて「科学技術者の要件」の「体能」を具体化した ⑫「科学技術者の実務要件」を説明します。これは 3 つあります。1 番目は「真理→原理→テクノロジ」または「真理→原理→方法論」の実践です。つまり「真理」から「原理」を発明し、「テクノロジ」または「方法論」として具現化する事です。これが主要な科学技術者の実務要件です。2 番目の科学技術者の実務要件は「原理のポンチ絵」を描ける事です。「原理のポンチ絵」は「原理」の「状態の遷移」と「遷移を起こさせる主要な動作」を分かり易く描いた図です。この例を挙げれば、レオナルド・ダ・ビンチの膨大なノートの「様々なスケッチ」です。これらは自動車、ヘリコプター、戦車などの「原理のポンチ絵」です。もう 1 つの例は「ワットの蒸気機関」の「特許」の「原理のポンチ絵」です。これを見て「お金持ちのボールトン」も容易に理解でき、ワットに投資しました。このように「新しいモノ」を誰でも容易に理解できる「原理のポンチ絵」は大変重要です。もし、これがなければ「産業革命の誕生」はもっと遅くなっていたでしょう。またレオナルド・ダ・ビンチのスケッチの重要性も知られる事もなかったと思います。日本では「原理」は軽視されるため「原理のポンチ絵」の重要性を十分ご理解頂ければと思います。なお、3番目の科学技術者の実務要件は1.4.4章で説明します。

次に「サービス科学の実践知識」として大変有用な知識は「人間の解く問題」を理解しておく事です。これにより問題に適切に対応できます。更に「日本の社会の営みの問題の本質」も理解できます。そのため後半の説明として⑬「人間の解く3種類の問題」から説明します。これを次に示します。

図53　人間の解く3種類の問題

複雑性	問題			コンピュータ	
	種類	例	特徴	種類	例
高い	【3】非可解の問題	-製品開発 -企業経営 -芸術・科学・政治	新たな概念の定義が必要な人間の発見、創造する能力によりのみ解ける	ない（人間だけが解く事ができる）	
↑	【2】非決定性の問題	-経路最適化 -生産最適化 -暗号化技術	解き方の途中の分岐でYesとNoのどちらの選択肢も選択可能なため解く手順を一義に決定できない（非決定性）	非決定性のコンピュータ	CPUが2つ以上の最近出始めたパソコン・スーパーコンピュータ
低い	【1】決定性の問題	-表計算・文章作成 -銀行のATM・コンビニのレジ -ホームページ閲覧	解き方の途中の分岐でYesかNoのどちらか1つの選択肢を選択することにより解く手順を一義に決定できる（決定性）	決定性のコンピュータ	CPUが1つの現在のパソコン・大型コンピュータ

ご覧の通り、「人間の解く問題」には「決定性・非決定性・非可解」の「3種類の問題」があります。これが先に説明した「チューリンゴの計算理論」の「真理」として「人間の解く3種類の問題」と紹介した事です。これを理解する事により人間の解く問題の本質をご理解頂け、問題に適切に対応できるようになります。

そのため次に「決定性の問題」から説明します。これは「処理の手順」が「一義的に“決定”できる問題」です。「一義的に“決定”できる事」を「決定性」と言います。「決定性の問題」は現在のパソコンの処理している問題です。なお「問題」という表現は計算機科学の言葉です。一般的には文章作成や表計算、またインターネットのホームページの閲覧とご理解頂ければと思います。次に「非決定性の問題」は「処理の手順」が「一義的に“決定できない”問題」です。つまり「処理の分岐」で複数の選択肢のすべてを選択し、計算しなければ答えが分からない問題です。これは筆者の IBM で研究、開発した経路最適化ソフトウエアの問題です。経路最適化ソフトウエアの問題の特徴は、既に説明したように膨大な計算量にあります。具体的に言えば、配送先が 70 カ所あれば 70 の階乗の組み合わせが発生します。この理由は出発する時は 70 の選択肢があり、次に 69 の選択肢があり、そして 68、67……3・2・1 となり全部で 70 の階乗となるためです。70 の階乗は 70 × 69 × 68……3 × 2 × 1 です。では、これはどのくらいの大きさかと言うと、1.2 × 10^{100} です。仮に 1GHz のコンピュータで 10^9 通りの経路の計算を 1 秒間でしたとしても、計算の終了するのは 3.8 × 10^{83} 年かかります。宇宙が誕生して 138 億年、つまり 138 × 10^8 年ですので、3.8 × 10^{83} 年はとてつもない時間です。このように「非決定性の問題」は解く事はできますが、途方もない時間がかかります。そのため登場してきたのが「ヒューリスティク」のアルゴリズムです。これは最も良い最適解、つまり「厳密解」ではなく「近似解」を求めます。これにより十分「1 割から 2 割の配送コスト」を削減できます。

次に「非可解の問題」はコンピュータでは解けない問題です。これを解くには「新たな概念」の発見、定義が必要です。そのため創造力のある人間のみが解けます。この問題例は連立方程式、経営の問題、そして「日本の問題」です。これを解くには「石高主義・蓄積主義・郷の道理」などの「新たな概念」が必要です。これが本書の冒頭で「新たな概念が必要」と説明した理由です。そして言うまでもなく、このような「新たな概念」をコンピュータは導く事はできません。現在「コンピュータ」は様々な分野で使用され「なんでもできる」と思っている方が多いと思います。しかし、コンピュータは「新たな概念」を導く事はできません。コンコンピュータのできるのは「決定性・

非決定性の問題」の「手順」つまり「計算」だけです。これを行う「方法論」が「ソフトウエアとして記述できる方法論」です。それに対して「非可解の問題」に対する「方法論」が「ソフトウエアとして記述できない方法論」です。これが「2つの方法論」の必要な理由です。

では次に ⑭「日本の社会の営みの問題の本質」を説明します。次に「日本の過去・現在・将来」を示します。

図 54　日本の過去・現在・将来

社会の特徴	日本の過去・現在・将来	人間の解く問題 問題 種類	例	特徴
創造的な社会	将来 世界の研究所 ↑	【3】非可解の問題	-製品開発 -企業経営 -芸術・科学・政治	新たな概念の定義が必要な人間の発見、創造する能力によりのみ解ける
多様な社会	現在 閉塞感の20年 ↑	【2】非決定性の問題	-経路最適化 -生産最適化 -暗号化技術	解き方の途中の分岐でYesとNoのどちらの選択肢も選択可能なため解く手順を一義に決定できない(非決定性)
枠組み社会	過去 世界の工場	【1】決定性の問題	-表計算・文章作成 -銀行のATM・コンビニのレジ -ホームページ閲覧	解き方の途中の分岐でYesかNoのどちらか1つの選択肢を選択することにより解く手順を一義に決定できる(決定性)

ご覧の通り、これは「人間の解く3種類の問題」から日本の過去・現在・将来を示したものです。これは今までの説明から概ねご理解頂けると思います。過去の日本は「世界の工場」でした。具体的に言えば、欧米の研究、開発したテクノロジ、つまり「価値と原理」を「"決定"されたモノ」すなわち「決定性の問題」として捉え「手順」を改良してきました。しかし、現在この役割は中国や韓国が肩代わりしつつあります。そのため日本は「世界の研究所」として付加価値の高い製品、サービスを開発、提供していく事が必要です。しかし、大変残念な事は「閉塞感の20年」です。これを「人間の解く3種類の問題」から説明すれば、「多様な社会」となり「多くの選択肢」の中から「適切な選択」をできないまま閉塞感に陥っている事です。つまり目標が「決定」されていれば上手く行えるが、目標が「非決定」つまり「決定」されないと上手く行えない事です。すなわち「非決定性の問題」の解き

方が良く分からない事です。

では、これをどのように解決するのでしょう。ここで重要なのが「イノベーション」の「知識の交差の探究」です。つまり「単一の専門知識」ではなく「複数分野の知識」を「統合」する事です。これにより新たな方法を導く事ができます。この例を挙げれば、経路最適化ソフトウエアでは「最適化理論・ソフトウエア技術・道路情報・顧客の制約・荷物の制約」などを「統合」する事により新たな配送方法を導く事ができます。なお、この時に大変重要なのが、浜田氏が著作で説明するように「空気を読まず、和を乱してでも、自分が正しいと思ったことを、いうべきときに、はっきりという」です。これにより郷の道理を防止し、イノベーションを生み出します。これが「真理の実践知識」です。では「非可解の問題」はどうでしょう。ここで重要なのは、トイレアシストで説明したように「状態遷移図」により「問題定義」を行い顧客の要望を明確にし、制御プログラムを自動的に生成する事です。これにより「非可解の問題」にも対応できます。次に「サービス科学」は「決定性の問題」の「日本の法律の問題」にも十分有効です。これが既に説明したように「価値と原理と手順の統論」により「鶴亀算の法律・予算」から「方程式の法律・予算」に改める事であり、最初に「すべての状態を想定する状態定義」により「法律・予算の抜け・漏れ」を防止する事です。この事もご理解頂けると思います。

では最後に ⑮「人間の進歩の方法論」を説明します。この事はデジタコの例から直感的にご理解頂けると思います。「遵守を促進するソフトウエア」により大臣告示を遵守でき「優良運転者」に成長、進歩できます。これが「人間の進歩」という意味です。これは「経路最適化ソフト」や「プロジェクト・マネジメント」や「モデリング言語」も同じです。これにより「優良運送会社／優良プロジェクト・マネージャー／優良ソフトウエア技術者」に成長、進歩できます。更に分かり易い例を挙げれば、「スマホのアプリ」です。この例を「グーグルマップ」で説明すれば、知らない土地も「土地勘のある地元の人間」のようにスムースに目的地に到着できます。これも「人間の進歩」です。そのため筆者は「サービス科学の方法論」を「人間の進歩の方法論」と定義します。次に「人間の進歩の方法論」としてもう1つ大変重要な方法論があります。これは「価値と原理と手順の統論」です。これも大変有用な「人間の進歩の方法論」です。具体的に言えば、「生徒の記者」は「先生の日銀総裁」に「価値と原理」を質問し、概要を理解してから「手順」を質問する事です。これにより「優良記者」に成長、進歩できます。次に「価値と原理と手順の統論」は「知識の交差の探求」として様々な分野の人々と理解を深めていく時も有用です。これにより様々な分野の専門知識を簡潔に理解できます。そのためグローバル化でも大変有効です。次に「人間の進歩の方法論」は「既存テクノロジの進化」にも大いに貢献します。このポイントは「知識の集約」です。具体的に言えば、デジタコの特許で説明したように「大臣告示」という「知識」をデジタコに集約する事です。これにより人間を支援する「賢い機械」つまり「スマート化された機械」に進化させる事ができます。これを筆者は「ハードウエアの知識集約産業化」と定義します。つまり今後の製品開発の要点は「人間の進歩の方法論」を組み込んだ「ハードウエアの知識集約産業化」と考えています。これを推進するのが「世界の研究所」として大変重要な日本の役割と考えています。

言うまでもなく「サービス科学」は「物理の物質とエネルギー」や「工学のテクノロジ」や「医学の病気」と異なり対象は「人間の営み」という大変漠然としたものです。しかし、「人間の営み」を科学する事は直接「人間の進歩」に貢献します。これを「物事」で言えば、「自然科学」は「物」を対象としてきました。それに対して「サービス科学」は「事」を対象とします。そのため「仕事」や「分からない事」や「困った事」などを解決します。この「様々な事」の中で筆者が最も重視するのが「悪事」であり「不祥事」です。言うまでもなく、人間は生まれながらにして「善なる心」つまり「人間の5元徳」が備わっています。そのためモーツアルトの教えるように、誰もが生まれた時は「おめでとう」と祝福されます。この事は誰も記憶していませんが、皆「おめでとう」と祝福されて生まれます。しかし、親鸞が教えるように、またキリストが教えるように「人間の心」には「善人と悪人」が同居し、また「人間は罪深いもの」です。また過去数千年の間に、どの民族も精神風土の悪しき弊害も内包しています。では、これをどのように解決するのでしょう。これに対する筆者の 52 年間の考察の結論が「人間の進歩の方法論」です。言うまでもなく、誰も「悪事・不祥事」を起こそうと思って起こす人はいません。また自分に内在されている民族の精神風土の悪しき弊害に気がつくのも不可能です。しかし、もし「成功する方法」つまり「人間の進歩の方法論」を知っていれば、問題を起こす事なく、また「民族の精神風土の悪しき弊害」に影響される事もないと思います。これを支援するのが「サービス科学の価値・役割」と考えています。「サービス科学」が世界の人々の問題を解決し、人類の成長と進歩に貢献する事をなによりも願っています。では次に「イギリスの NPM の概要」を説明します。

1.2.8.3 章　イギリスの NPM の概要

本章はイギリスの NPM の概要を説明します。これを前半と後半に分けて説明します。前半はイギリスの NPM を全体的に説明します。これを 4 つに分けて説明します。これは ①「NPM によるイギリスの再生」、②「イギリスの NPM の全体像」、③「イギリスの NPM の行財政業務改革の構造」、④「日本に紹介されている NPM と日本に紹介されていない NPM」です。後半は「イギリスの NPM」を具体的に説明します。これを 17 項目に分けて説明します。これは「PRINCE2 の 9 項目」と「財政安定化規律法の 8 項目」です。後半は 17 項目、全体で 21 項目と沢山ありますが、また NPM は「政府・行政の営み」の専門知識が必要ですが、前章で説明した「正義化」、「価値と原理と手順の統論」、「問題定義」などの「人間の営み」に共通する「普遍的知識」に基づいて説明します。そのため容易にご理解頂けます。本章の説明は 4 番目の解決策の「解決への道筋」と「実践知識」を説明します。そのため十分ご理解頂ければと思います。

では ①「NPM によるイギリスの再生」から説明します。最初に「イギリスの再生」を次に示します（図 55）。

図 55　イギリスの再生

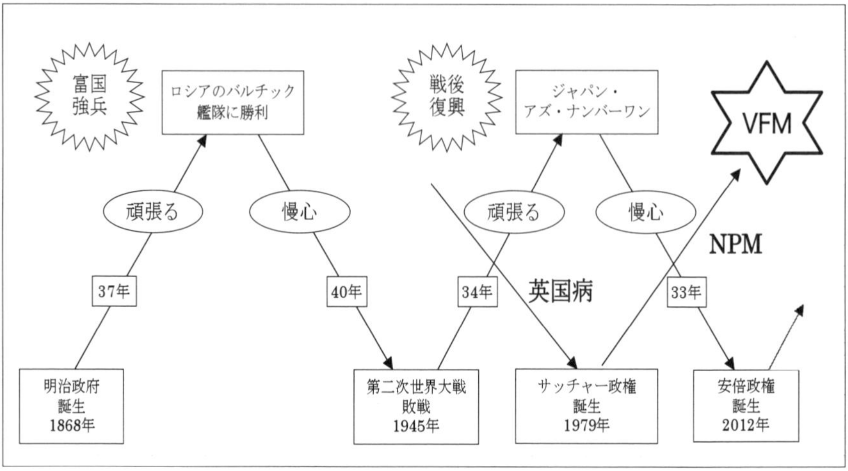

図 56　イギリスの NPM の全体像

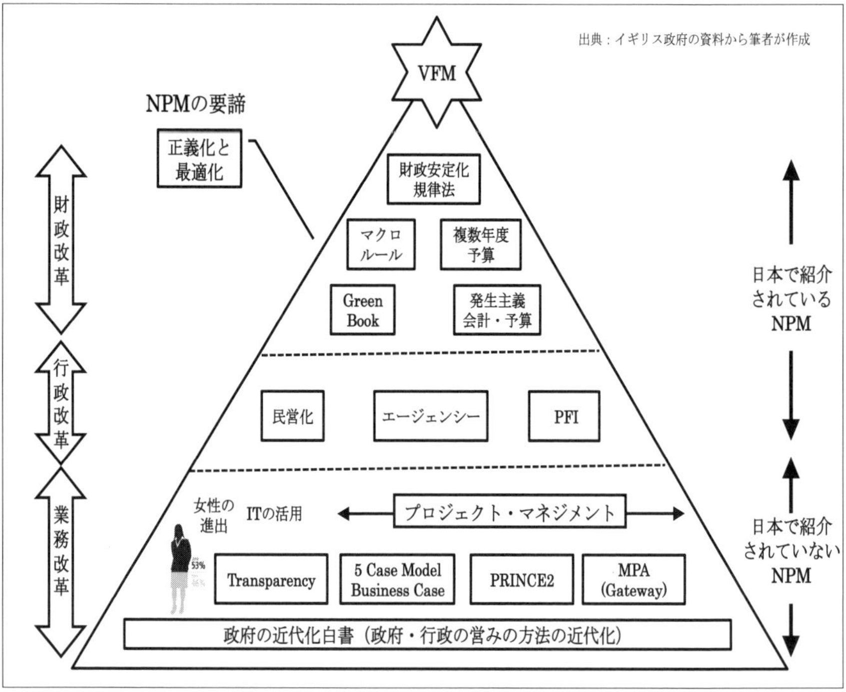

ご覧の通り、日本の慢心のきっかけとなった『ジャパン・アズ・ナンバーワン』の出版された1979年にサッチャー政権は発足し、以来「VFM」を標語にイギリスはNPMにより「英国病」を克服し、確実に再生しています。これからサッチャー元イギリス首相を「国家の経営者」と考えています。なお、「国家の経営者の要件」は後半で説明します。「VFM」、「Value for Money」はサーチャー元イギリス首相の考案した言葉です。この意味は「税金（Money）に見合う価値（Value）の国民へ提供する事」です。これを実現するのがNPMです。ではNPMとはどのようなものでしょう。次に②「イギリスのNPMの全体像」を示します（図56）。

ご覧の通り、イギリスのNPMは大変広く、そして深いものです。これは「財政改革・行政改革・業務改革」の3層から構成されます。そのため③「イギリスのNPMの行財政業務改革の構造」を説明します。次に「イギリスのNPMの実践状況と日本の導入状況」を示します。

図57　イギリスのNPMの実践状況と日本の導入状況

	発表年	日本の法律	日本の導入年
(1) 我々が政策やプログラムを考案する方法（財政改革）			
・財政安定化規律法	1998年		
・マクロルール	1997年		
・複数年度予算	1998年		
・発生主義会計	1998年		
・Green Book	1998年	政策評価法	2002年
(2) 我々がサービスを個々の市民や企業に提供する方法（行政改革）			
・民営化	1980年代	国鉄・郵政	1987/2007年
・エージェンシー	1988年	独法法	1999年
・PFI	1992年	PFI法	1999年
(3) 我々が近代化された政府の他のすべての機能を実行する方法（業務改革）			
・PRINCE2	1989年		
・MPA(Gateway)	2011年（1998年）		
・5 Case Model Business Case	1998年		
・政府の近代化白書	1999年		

出典：イギリス政府と日本政府の資料から筆者が作成
日本の法律は『六法全書』平成23年版　有斐閣

ご覧の通り、既に 1.1.5 章で説明したように「政府の近代化」つまり「政府・行政の営みの方法の改革」は 3 種類あります。(1)「我々が政策やプログラムを考案する方法」は「財政改革」に相当します。この中心となるのが「財政安定化規律法」です。これはイギリスの財政を安定化させる肝です。これを支えるのが「マクロ・ルール」、「複数年度予算」や「発生主義会計」、「Green Book」などです。次に (2)「我々がサービスを個々の市民や企業に提供する方法」は「行政改革」に相当します。これは「民営化」、「エージェンシー」や「PFI」などです。最後に (3)「我々が近代化された政府の他のすべての機能を実行する方法」は「PRINCE2」や「政府の近代化」などの「業務改革」です。この 3 層構造がイギリスの NPM の全体像です。なお、ここで出てきた新たな NPM の言葉は以降で適宜説明します。次に「日本の NPM の導入状況」は「民営化」などの「行政改革」が幾つかありますが「財政改革」や「業務改革」は大変遅れています。特に指摘しておきたいのが「業務改革」です。「業務改革」は「PRINCE2」という「プロジェクト・マネジメント」を導入し、1.1.5 章で説明した「行政官－官僚的モデル」から「経営者－市場タイプメカニズムモデル」へ転換する肝です。しかし、日本では「業務改革」はまったく紹介されていません。

では、なぜそうなのでしょう。次にこれを ④「日本に紹介されている NPM と日本に紹介されていない NPM」として説明します。図 56 に示すように「日本に紹介されている NPM」は「財政改革」と「行政改革」です。「日本に紹介されていない NPM」は「PRINCE2」や「政府の近代化白書」などの「業務改革」です。この事は読者の皆様も実感されると思います。日本では「行財政改革」は遅々として進みませんが、しかし、「掛け声」はあります。それに対して「業務改革」は「掛け声」さえありません。そのため日本では「イギリス政府・行政」の「業務改革」はまったく紹介されていません。これは 2 つの原因があると考えています。1 つは「性能限界→最適成長→サービス科学→イノベーション→政府の近代化」という理解、認識が日本にはまったくない事です。2 番目は日本で NPM を紹介している官僚や大学教授は「文系の人間」であり「自然科学のテクノロジの性能限界」や

「サービス科学」に疎いためです。これが「イギリス政府・行政」の「業務改革」が紹介されていない原因と考えています。しかし、基礎があって上部も上手く機能します。つまり最下層のプロジェクト・マネジメントに基づく「業務改革」により上位の「行政改革」や「財政改革」も実現されます。しかし、日本はプロジェクト・マネジメントに基づく「経営者－市場タイプメカニズムモデル」に転換していません。そのため上位の「行財政改革」も上手く機能していません。この例を挙げれば、1.3.3.1 章で説明するように「行政改革」の「PFI」は「官制 PFI 市場」です。なお、PFI は「Private Finance Initiative」、「民間資金の主導」というイギリスの NPM で生まれた新たな公共サービスの提供方法です。しかし、1.3.3.1 章で説明するように日本は「民主導」ではなく「官制 PFI 市場」です。また「財政改革」の「政策評価法」も 1.3.3.3 章で説明するように大きな問題があります。また後半で説明する「財政安定化規律法」も日本は「法律」ではなく「閣議決定」です。内容も「イギリスの財政安定化規律法」と大きく異なります。このように日本の NPM の導入は大変遅れています。そして「イギリスの NPM」とは大きく離れた「日本風の理解」です。

そのため後半の説明として「PRINCE2」と「財政安定化規律法」を説明します。「PRINCE2」は「行政官－官僚的モデル」から「経営者－市場タイプメカニズムモデル」へ転換する肝です。また「財政安定化規律法」は巨額の財政赤字を抱える日本にとって大変有用な知識を与えてくれます。そのため十分ご理解頂ければと思います。最初に「PRINCE2」を 9 項目に分けて説明します。これは ①「筆者が驚いた事」、②「正義化の実践知識」、③「正義化対郷の道理、④「Manage の意味」、⑤「メカニズムの意味」、⑥「PRINCE2 の教科書」、⑦「NPM の Manage の Make と Let」、⑧「正義化と最適化」、⑨「国家の経営者の要件」です。

では ①「筆者が驚いた事」から説明します。次に「PRINCE2」を示します。

図 58　イギリス政府の開発したプロジェクト・マネジメントの方法　PRINCE2

PRINCE2の試験はアフリカ・南米の一部を除いて世界で実施されています

PRINCE2のマニュアルの外国語対応
①ブラジルポルトガル語
②中国語
③デンマーク語
④オランダ語
⑤フランス語
⑥ドイツ語
⑦イタリア語
⑧ノルウェー語
⑨ポーランド語
⑩スペイン語
⑪ スウェーデン語

PRINCE2 is a de facto standard developed and used extensively by the UK government and is widely recognised and used in the private sector, both in the UK and internationally. It embodies established and proven best practice in project management.

PRINCE2はイギリス政府により開発され、使用されている事実上の標準であり、イギリスおよび海外の民間企業で広く認知され、使用されています。PRINCE2はプロジェクト・マネジメントにおける確立、証明されたベスト・プラクティスを実装しています。

出典：Official PRINCE2® Website

ご覧の通り、イギリス政府はPRINCE2を開発、使用し、国内や海外の多くの行政や企業で使用されています。これには本当に驚きました。筆者も本シリーズの執筆前から日本の「政治・行政の解決策」として「プロジェクト・マネジメント」を想定していました。しかし、イギリス政府は開発し、実践し、世界に輸出しています。そのため本当に驚きました。更に驚いたのが、日本の問題の原因を「郷の道理」と見抜いていた事です。次にこれを示します。

図 59　PRINCE2 の主張

The Project Board is not a democracy controlled by votes.

プロジェクト・ボードは投票によって支配される民主主義ではありません。

Wherever possible, wider cultural norms should be recognized in tailoring. Many of these may relate to the project (matrix) organization, e.g. matching it to the local corporate hierarchies – which may be more strictly observed in Eastern countries than in the West.

可能な限り、PRINCE2を適合させる時に「広範囲な組織の文化の定めた事」(cultural norm)は認識されなければならない。これらの多くはプロジェクトの(マトリックス)組織に関係しています。例えば会社の組織階層にそれを一致させる事、これは西(ヨーロッパ)よりも東の国々(アジア)に明確に見出されます。

【アジアには「norm」、「道理」による「干渉マネジメント」があり、このマネジメント風土でPRINCE2を実行する事は大変困難です】

'Management by Exception' can be difficult to implement in some some management cultures where a more hands-on form of management is the norm. .

例外によるマネジメントは、干渉によるマネジメントが道理となっている場合には幾つかのマネジメント風土では実行する事は困難です。

Provided that management stages and stage tolerance are implemented and observed, this is still consistent with the PRINCE2 principles.

マネジメント・ステージとステージの許容範囲が実行され測定できるならば、これはPRINCE2の原理と一致しています。

【PRINCE2の最も重要な原理がJustification 、正義化】

【PRINCE2というプロジェクト・マネジメントの方法は原理に基づくメカニズムです】

It is often stated that the one constant in the modern world is change. Whether that change is, driven from a strategic perspective, forms part of a program of transformational change, or is in response to an operational imperative, the delivery mechanism for change remains the same, and that is project management.

しばしば近代世界の1つの普遍要素はチェンジと言われます。チェンジは戦略的見通しから生まれたものであれ、変革のプログラムの1つを形成するものであれ、運営上の必然に対応するものであれ、提供メカニズムは同じであり、それはプロジェクト・マネジメントです。

出典：Directing Successful Projects with PRINCE2™　Managing Successful Projects with PRINCE2™

ご覧の通り、PRINCE2 の教科書には「Eastern countries」、「東の国々」つまり「アジア」には「norm、郷の道理による干渉マネジメント（筆者注、“院政”）があり、このマネジメント風土で PRINCE2 を実行する事は大変困難です」と記述されています。これには本当に驚きました。筆者も日本の問題解決には「cultural norm」、「組織の文化の定めた規則」つまり「郷の道理」そして「院政」を解決する事がなによりも重要と思っていました。これが PRINCE2 の教科書に記述されています。そのため本当に驚きました。そしてイギリス人の聡明さを今更ながら実感します。では、なぜイギリス人はこのような事が分かるのかは本シリーズで説明します。ここでご理解頂きたい事は、日本は「郷の道理」を即刻止める事です。そうでなければ日本人は本当に「愚か」になってしまいます。この理由は、明らかです。それが「日本の問題の原因」とイギリス政府、イギリス人に喝破されているからです。それでも続けているならば「日本人は愚か」、忌憚《きたん》なく言えば、「馬鹿」と言わざるを得ません。そのため「郷の道理」を即刻止める事です。この事を関係各位は肝に銘じて頂ければと思います。

次に PRINCE2 の指摘は大変重要な事を教えています。それは PRINCE2 というプロジェクト・マネジメントを導入、実践している組織には「郷の道理」がないという事です。この事を逆説的に示しています。では、なぜそうなのでしょう。また素朴な疑問は PRINCE2 の「原理」の「正義化」により本当に政府・行政の政策や予算を作成したり執行できるのかです。つまり各省庁は専門分野があります。そのため「専門知識」に依存しない「正義化」で政策や予算を作成したり執行できるのかです。これが素朴な疑問として浮かぶと思います。そのため次にこの 2 つの疑問に答える形で ②「正義化の実践知識」と③「正義化対郷の道理」を説明します。最初に ②「正義化の実践知識」から説明します。既に説明したようにアメリカの市民教育の教える「福利対コスト」は如何なる省庁にも適用できます。このポイントは「福利」と「コスト」は「専門知識」ではない事です。次に「福利」をイギリスの NPM で言えば、VFM の V、つまり「Value」、「価値」です。すなわち国民が知りたいのは解決策によって実現される「国民の問題の解決される事」つまり「価値」であり「価値」を実現する「原理」です。「手順」の「技術的で詳細な専門知識」ではありません。要約すれば、国民の知りたい事は問題は本当に解決されるのか、そして国民は健全に働く事ができ新たな富、利益が生まれのかです。

そのため２つの質問に要約されます。これは (1)「それは正義ですか」、(2)「正義と利益を同時に実現しますか」です。これが ②「正義化の実践知識」です。これは企業であれ、行政であれ、如何なる省庁にも適用できます。この事を筆者はIBMの体験から実感しています。筆者はハードウエア製品やソフトウエア製品の事業責任者でした。そのため毎年官僚が予算を作成するように「開発予算」を作成し、上位マネジメントから審査されてきました。そのため良く知っていますが、この２つの質問は如何に「手順の専門知識」により誤魔化そうとしても本質を見抜く強さがあります。特に重要なのが①「それは正義ですか」つまり「本当に問題を解決するのか」です。これは極めて素朴な質問ですが、本質を突いてきます。この１点を質問されると大変辛いものがあります。例を挙げれば、①「問題は何か、原因は何か」、②「本当に解決できるのか、それは何故か」、③「問題を解く原理とはどのようなものか」、また ④「問題で困っている方々と会い、本当に問題を理解したのか」、更に ⑤「問題の大きさ、影響、深刻さを理解したのか」等等と質問されると大変辛いものがあります。このように延々と「問題」を質問されると「作り話」の場合、邪な気持ちを見抜かれます。つまり「それは問題とは関係なく、自分がやりたい、開発したい」から「提案」している事を見破られます。そのため大変強力です。これは企業、行政であれ適用できます。お分かり頂けるように、問われている事は人々の困っている問題を解決するか否か、すなわち「正義か否か」です。これが最も重要です。これに真正面から答えるのが「Justification」、「正義化」です。つまり「プロジェクト」でやろうとしている事は本当に人々の問題を解決し、正義と利益を同時に実現する事を事実、真理、原理に基づいて説明する事です。これが「正義化」です。

そのため「PRINCE2」は「このマネジメント風土でPRINCE2を実行する事は大変困難」と主張します。次にこれを③「正義化対郷の道理」として説明します。最初に前述の意味を説明すれば「このマネジメント風土では正義化を実践できない」という意味です。つまり「正義化」の反対の概念が「郷の道理」です。「郷の道理」はまさに「正義化」と180度反対の概念です。そのため「このマネジメント風土」つまり「郷の道理の存在するマネジメント風土」では「正義化」を実践できないという意味です。これがPRINCE2の主張です。この事は財政破綻したギリシャを見てみれば明らかです。テレビで放送するようにギリシャでは、国会議員が支持者を得るために支持者を公務員に採用するという「正義化」とは逆の「不正義」がまかり通っています。まさに「正義化」がなされていないためギリシャは財政破綻に陥りました。それに対して「正義化」を実践してきたからイギリスは先進国で財政赤字を最も低く抑えています。つまりPRINCE2を導入するという事は「正義化」を導入するという事です。これがPRINCE2というプロジェクト・マネジメントを導入、実践している組織には「郷の道理」がないという意味です。この事をご理解頂けると思います。

では次に「PRINCE2」の「Project Management」の「Management」また「NPM」の「New Public Management」の「Management」、「経営」に焦点を当てて説明します。これにより更に深くご理解頂けます。最初に④「Manageの意味」から説明します。次にイギリスのオックスフォード大学発行のOxford English Dictionary（OED）の「Manage」の意味を図24から抜粋して示します。これは①「馬を調教する（1561年）」、②「武器を使用する（1586年）」、③「戦争を遂行する（1579年）」、④「指揮する責任がある（1609年）」、⑤「節約して使う（1649年）」、⑥「メカニズムにより運ぶ（1650年）」、⑦「願いを実行してもらう（1707年）」、⑧「使用する事や付き合う事に成功する（1722年）」です。「Manage」はフランス語の「Manege」の「馬を調教する」が語源です。これが前述のように発展してきました。これには②「武器を使用する（1586年）」や③「戦争を遂行する（1579年）」

から分かる通り、1588年のスペインの無敵艦隊との海戦が大きく影響していると考えられます。当時のスペインは無敵艦隊の名前から分かる通り、ヨーロッパで最大、最強の国でした。それに対してイギリスは小国です。そのためスペインの無敵艦隊の来襲はまさにイギリスの生き残りを掛けた海戦でした。イギリスは熟慮に熟慮を重ねすべてのイギリス人、武器、艦隊、資金を投入し、勝利しました。この「人・モノ・金」の投入を「勝利」に向けて「熟慮し、遂行していく行為」を「Manage」と呼ぶようになったと考えています。これは「日本の経営」の意味と大変似ている事をご理解頂けると思います。それに対して以降の意味は「日本の経営」の意味とは大きく異なります。これは ⑤「節約して使う（1649年）」、⑥「メカニズムにより運ぶ（1650年）」、⑦「願いを実行してもらう（1707年）」です。最後に ⑧「使用する事や付き合う事に成功する（1722年）」は「経営」の「ヒト・モノ・カネ」を⑧「使用する事や付き合う事に成功する」と理解でき「日本の経営」と同じ意味である事が分かります。しかし、⑤から⑦は大きく異なります。特に異なるのが ⑥「メカニズムにより運ぶ（1650年）」です。これは「日本の経営」とは大きく異なります。日本では「経営」は「才覚」、「才能」と理解されています。そのため ⑥「メカニズムにより運ぶ（1650年）」は大きく異なります。ではこの「メカニズム」の意味は何でしょう。これはOEDの例文から分かります。これは「石が山から運ばれるのをどのように理解したらいいのか」です。これから「メカニズム」は「自然のメカニズム」と理解できます。しかし、「自然のメカニズム」では「経営」はできません。では「メカニズム」とは一体どういう意味でしょう。

そのため次に⑤「メカニズムの意味」を説明します。次にWebsterの「メカニズム」の意味を示します。これは ①「機能する部品または機械の部品の配置」、②「部品が機械のように一緒に動作するシステム。何かをするためのシステムまたは手段、特に意識するしないに関わらず、ある結果を生じる事ができる物理的また精神的プロセス」、③「機械的な見方。技術的な部分」、④「物理と化学の視点から宇宙の現象、特に生命が究極的に説明される理論または学説」です。①と③から「機械の機構／機械的」の意味を理解できます。また ④から「自然のメカニズム」を理解できます。そして② は「メカニズム」を一般的に定義している事を理解できます。これは「結果を生じる事ができる……プロセス」から「結果を生み出すプロセス」と理解できます。そのため以降は「メカニズム」を「結果を生み出すプロセス」という一般的な意味から説明します。これにより「経営者－市場タイプメカニズムモデル」の意味も理解できます。つまり「公務員は経営者として市場タイプメカニズムにより“結果を生み出す”」という意味です。ここで「結果」を分かり易く言えば、「税収の増加」です。つまり「経営者―市場タイプメカニズムモデル」は「税収を増やす」という意味です。その結果、イギリスは既に説明したように先進国で最も「財政赤字」を低く抑えている事が分かります。逆に「行政官―官僚的モデル」の意味も理解できます。それは「税収を増やさない」です。これが既に紹介した「官僚的」の意味です。では「税収を増やさない」で「行政官－官僚的モデル」は何をするのかと言えば、「国民の法律の遵守の監視」です。これが「行政官の行政官たる所以」です。このように「行政官－官僚的モデル」から「経営者－市場タイプメカニズムモデル」への転換は「国民の法律の遵守を監視する行政官」から「税収を増やす経営者」への転換です。これを PRINCE2 の原理の「正義化」で説明すれば、「正義と利益の同時の実現の正義化 2」により「税収を増やす」という意味です。このように「Manage」の意味を理解できると「行政官－官僚的モデル」と「経営者－市場タイプメカニズムモデル」の意味と両者の差もご理解頂けると思います。

次に「市場タイプメカニズム」は既に説明したように「PRINCE2」です。しかし、多くの読者の皆様は「PRINCE2」は「市場タイプメカニズム」つまり「メカニズム」という説明に違和感を感じると思います。日本で「メカニズム」と言えば、前述の通り、「機械の機構／機械的」です。しかし、「PRINCE2」は「メカニズム」です。この事は⑥「PRINCE2 の教科書」から明らかです。次にこれを示します。

筆者の日本語訳

しばしば現代世界の１つの普遍要素はチェンジと言われます。チェンジは戦略的見通しから生まれたものであれ、変革のプログラムの１つを形成するものであれ、運営上の必然に対応するものであれ、提供メカニズムは同じであり、それはプロジェクト・マネジメントです。

ご覧の通り、「提供メカニズムは同じであり、それはプロジェクト・マネジメントです」のように「プロジェクト・マネジメント」つまり「PRINCE2」は「メカニズム」です。この事をご理解頂けると思います。しかし、この説明に対しても「プロジェクト・マネジメントは企業で使用するものであり、政府や行政では使用できない」と感じられると思います。しかし、「プロジェクト・マネジメント」は政府や行政にも適用できます。この事はイギリス政府がPRINCE2を開発、使用している事、また「正義化の実践知識」の「正義か否か」から明かですが、更に前述の文章に続く形で次のように明確に記述されています。

筆者の日本語訳

すべての組織の直面しているチェンジは、行政部門や民間部門であれ、大や小であれ、成功裡に整合性良くプロジェクトをマネジメントする事によりチェンジを提供する事です。これが成功するプロジェクトを提供する世界標準として認識されているPRINCE2のプロジェクト・マネジメントの方法が価値を提供する場です。

ご覧の通り、PRINCE2というプロジェクト・マネジメントの方法は「行政部門」と「民間部門」の両者に適用できます。この事をご理解頂けると思います。では、PRINCE2で最も重要なものは何でしょう。これは後続の文章に明確に記述されています。次にこれを示します。

筆者の日本語訳

この最新版の「PRINCE2」の方法は成功するプロジェクト・マネジメン

トの礎となる「原理」に、より力点を置くように、またプロジェクトが実行される組織にこれらの原理をどのように適用するかの明確な手引書を提供するように設計されています。そのようなものとして、プロジェクトを成功裡にマネジメントしたいと思っている如何なる人にも基本となるマニュアルです。

ご覧の通り、PRINCE2 で最も重要なのは「原理」です。本シリーズで説明するように PRINCE2 には 7 つの原理があります。その中で最も重要な原理が「Justification」、「正義化」です。率直に言って、この事を知った時は驚きました。前章で説明したように筆者もプロジェクト・マネジメントの要諦、極意を「Justification」、「正義化」と導きました。そして同じ結論をイギリス政府は導いていました。しかし、アメリカの PMI はそのように説明していません。そのため本当に驚きました。筆者の気持ちを率直に言えば、「よくぞ、イギリス政府はその事に気づいてくれた」です。本シリーズで説明するように筆者は、この結論を 2003 年に導きました。それに対してイギリス政府は 2005 年に導きました。そのため 2 年早く導いた筆者としては「先輩」として本当にイギリス政府を称賛する気持ちです。お分かり頂けるように PRINCE2 は「正義化」という「原理」に基づく「メカニズム」つまり「結果を生み出すプロセス」です。これを正確に言えば、「結果を生み出すプロセス、つまり方法」を「正義化」という「原理」に基づいて「体系化した経営方法」が「PRINCE2」です。ここで「正義化」の意味を説明します。本シリーズで説明するように「正義化」の動詞の「Justify」は「正しい事を第 3 者が客観的に理解できるように説明する説明責任の正義化 1」と「正義と利益の同時の実現の正義化 2」の意味があります。ここで重要なのは「正義化 2」です。そのため「Justify」と言えば、一般的に「正義と利益の同時の実現の正義化 2」を指します。これは本シリーズも同じです。また「Justify」には「問題定義」という意味はありません。しかし、図 8 の「イギリス政府の担当大臣のインパクト・アセスメントに対する署名文書の全体像」から明らかなように「暗黙知」として「正義化」に含まれています。そのため筆者は「先輩」として「問題定義」も「正義化」に含めます。

次に重要な事はPRINCE2のプロジェクト・マネージャーは「正義化」の「原理」を厳守しなければなりませんが「裁量権」も与えられています。これを示すのが⑦「NPMのManageのMakeとLet」です。次にOECDのNPMの報告書の説明する「Make manager manage」と「Let manager manage」を示します。

OECDの報告書の「manage」の概念	意味
・Make manager manage	・経営者に経営するを強いる
・Let manager manage	・経営者に経営するを任せる

ご覧の通り、「経営者に経営するを任せる」は「裁量権を与える事」です。そのため「正義化の原理」には「裁量権」もあります。これが「Let manager manage」（以降Letと略す）です。では、なぜ「裁量権」が存在するのかと言えば、前章で説明したように「原理を具象化した手順は複数存在する」からです。つまり「手順」の選択は「プロジェクト・マネージャー」に任せるのが最適です。そのため「裁量権」も与えられます。それに対して「経営者に経営するを強いる」の「Make manager manage」（以降Makeと略す）はちょっと理解し難いです。これは一体何を強いるのでしょう。この疑問も前述の ⑥「メカニズムにより運ぶ」から理解できます。つまり「強いる」のは「メカニズム」です。「メカニズム」に基づいて経営する事を「強いる」と理解できます。つまり「PRINCE2」は「正義化」という「原理」により「結果を生み出すプロセス」を強いますが「プロジェクト・マネージャー」は「裁量権」も与えられています。この事をご理解頂けると思います。

では次に ⑧「正義化と最適化」を説明します。「正義化」は既に説明したように「問題定義＋正義化１＋正義化２」です。次に「最適化」は「正義化」を「数学の最適化理論」から更に高度化したものです。具体的に言えば、「正義化２」の「正義と利益の同時の実現」を「数学の理論」として「実現するもの」です。そのため 1.1.5 章で「NPM の要諦」は「正義化」と説明しましたが、以降は図 56 に示すように「正義化と最適化」とご理解頂ければと思います。次に NPM では「最適化」は 3 つの意味があります。1 つは先に説明した「原理を具象化した手順は複数存在する」ため ①「手順の最適化」です。2 番目は今後は「最適や　兵どもも　マネジメント」の ②「経済成長の最適化」です。3 番目は次に示す通り、③「VFM の最適化」です。

図 60　VFM の最適化

VFMの定義の英語の原文
VfM is defined as the **optimum combination** of whole-of-life costs and quality (or fitness for purpose) of the good or service to meet the user's requirement

出典：Value for Money Assessment Guide November 2006 HM Treasury
© Crown copyright 2006

日本語訳
VfM（VFMと同じ）は国民の要求に応えるモノやサービスのライフサイクル全体のコストと品質（目的への適合度）の「**最適な組み合わせ**」と定義されます。

ご覧の通り、「VFM」とは「国民の要求に応えるモノやサービスのライフサイクル全体のコストと品質（目的への適合度）の“最適な組み合わせ”」です。つまり「コストと品質の最適な組み合わせ」です。そのため「VFM」は「最適化」です。これをアメリカの市民教育で説明した「B/C」、「福利対コスト」で説明すれば、「福利対コストの“良い”解決策」の「良い」が「最適化」に相当します。「良い」を数学の理論として実現するのが「最適化」です。次に ⑨「国家の経営者の要件」を説明します。これは「正義化と最適化」です。ここで「国家の経営者」として重要なのが「国益の最適化」です。これを図 25 で示す「最適化理論」の「真理」から説明すれば「全体最適≠部分最適の総和」の通り、「全体最適」の視点から「国益」を「正義化」更に「最適化」するのが「国家の経営者」です。この要点は「国益という全体最適」は「省益という部分最適の総和」ではないという事です。そのため「全体最適」の視点から各省庁の政策・施策を「最適化」をするのが「国家の経営者」です。次にイギリスの「国家の経営者の要件」の一貫性を説明します。サッチャー元首相は「保守党」ですが、「政府の近代化白書」を発行したトニー・ブレア元イギリス首相は「労働党」です。しかし、「NPM」は一貫して維持されています。この礎が「正義化と最適化」の「国家の経営者の要件」です。お分かり頂けるように「PRINCE2」と「NPM」の要点は「正義化と最適化」です。この事をご理解頂けると思います。

では次に「財政安定化規律法」を説明します。これは巨額の財政赤字を抱える日本にとって大変重要です。そのため十分ご理解頂ければと思います。これを ①「財政安定化規律法の生まれた理由」、②「イギリスの財政安定化は“問題定義→正義化 1 →正義化 2”により実現」、③「価値と原理の手順の統論」、④「長期の経済財政予測」、⑤「企業会計」、⑥「Make と Let」、⑦「会計検査院の検証」、⑧「フレームワーク」の 8 項目に分けて説明します。では①「財政安定化規律法の生まれた理由」から説明します。何事も生まれた経緯を知る事により本質を理解できます。そのため 1998 年のゴードン・ブラウン財務大臣の「財政安定化規律法の要約書」から「財政安定化規律法」の生まれた理由を説明します。これは次の「3 つの悪しき慣行」を改めるためと説明しています。

筆者の日本語訳

①あまりにも長い間、財政政策の決定は閉じられた扉の後ろで行われ、国民の権利として期待するトランスペアレンシーと説明責任の標準を満たす事に失敗してきました。

②あまりにも長い間、予算作成のプロセスは秘密に隠されてきました。これが政府が 1997 年 11 月にイギリスの直面する主要経済課題に対して国民の議論を喚起するために予算事前報告書（Pre-Budget Report）を発行した理由です。

③あまりにも長い間、イギリス政府は短期的な視点に囚われていました。政策に対してより将来志向で長期的なアプローチがイギリスを 21 世紀の挑戦に対応できるように上手く位置付けると信じています。

ご覧の通り、これは日本人にも十分ご理解頂けると思います。1 番目は「閉じられた扉の後ろでの財政政策の決定」、2 番目は「秘密に隠された予算作成のプロセス」、3 番目は「短期的な視点」です。この「3 つの悪しき慣行」が「問題の原因」です。この事は十分ご理解頂けると思います。これから後半で説明するように「可視化」の「原理」を導き「問題定義」しています。次に「財政安定化規律法」の目標を示します。

筆者の日本語訳

①その結果、国民と企業は、過去のように高いレベルの被害を与えるインフレの悲劇は繰り返されない事を知っているため大きな確信を持って計画、投資できるようになります。

②同様に、改革された財政政策のフレームワークは国民と企業に短期的に良いと思われる決定に基づくのではなく、長期にわたって計画する事を奨励し、そのため（人・物・金の）資源を効率的に割り当てられます。

ご覧の通り、「財政安定化規律法」の目標は「国民と企業は……確信を持って計画、投資でき……資源を効率的に運営できる」です。これを、率直に言えば、日本人のイメージする財政安定化とは大きく異なると思います。日本で財政安定化と言えば、「いついつまでに財政赤字を解決する」というイメージを持つと思います。しかし、財政安定化規律法はそうではありません。次に財政安定化規律法の要点を示します。

図61　イギリスの財政安定化規律法の要点

財政安定化規律の下、政府は次の約束を実行します。政府は、
① 財政と債務のマネジメント政策を特定の原理のセットに従って遂行します
② 財政政策の目標と運営ルールを明確に表明し、それらの変更は正義化します
③ 債務マネジメント政策は特定の第一義的目的を達成するように運営します
④ 経済、財政の見通しに実質的な影響を与えるすべての決定と環境については開示し、可能な場合は数量化します
⑤ 最も良い実務的な会計方法が公会計を構築するために使用される事を保証します
⑥ 予算として考慮すべき提案を（国民に）喚起するために予算事前報告書（Pre-Budget Report）を発行します
⑦ 重要な予算の決定と短期の経済財政見通しを（国民が）議論するために財政声明・予算報告書（Financial Statement and Budget Report）を発行します
⑧ 政府の長期のゴールと将来への戦略を概説する経済財政戦略報告書（Economic and Fiscal Strategy Report）を発行します
⑨ 景気循環により調整された財政位置付けの見積もりを含む経済から財政の予測の特定の範囲の情報を発行します
⑩ 財政予測を下支えする重要な仮定や慣行の変更を検査するために会計検査院を招聘します
⑪ 政府の債務マネジメント計画を概説する債務マネジメント報告書を作成します
⑫ 財政安定化規律で作成されたすべての文書を下院の財務委員会に送付します
⑬ 国民が財政安定化規律で発行された文書にすべてアクセスできるように保証します

出典:The Code for Fiscal Stability Rt Hon Gordon Brown MP
Chancellor of the Exchequer March 1998

ご覧の通り（図61）、財政安定化規律法の要点は13個です。これは日本人のイメージする「いついつまでに財政赤字を解決する」ではありません。この「13個の要点」が「3つの悪しき慣行の問題」を解決します。次に「13の要点」と「3つの悪しき慣行の問題」と財政安定化規律法の「各章」との対応を示します。

図 62　イギリスの財政安定化規律法の要点と問題と各章の対応

13個の要点	3つの悪しき慣行の問題			章の内容		
財政安定化規律の下、政府は次の約束を実行します。 政府は、	閉じられた扉の後ろでの財政政策の決定	秘密に隠された予算作成のプロセス	短期的な視点	第1章	目的	価値
① 財政と債務のマネジメント政策を特定の原理のセットに従って遂行します →	○			→ 第2章	財政運営の原理	原理
② 財政政策の目標と運営ルールを明確に表明し、それらの変更は正義化します →	○			→ 第3章	財政及び債務管理の目標と財政運営	手順
③ 債務マネジメント政策は特定の第一義的目的を達成するように運営します →	○			→		
④ 経済、財政の見通しに実質的な影響を与えるすべての決定と環境については 開示し、可能な場合は数量化します →			○	→ 第8章	経済財政予測	
⑤ 最も良い実務的な会計方法が公会計を構築するために使用される事を保証します →	○			→ 第4章	会計の実務	
⑥ 予算として考慮すべき提案を（国民に）喚起するために予算事前報告書Pre-Budget Report）を発行します →		○		→ 第5章	予算前報告書（プレバジェット・レポート）	
⑦ 重要な予算の決定と短期の経済財政見通しを（国民が）議論するために財政表明・予算報告書（Financial Statement and Budget Report）を発行します →		○		→ 第6章	財政声明と予算報告書	
⑧ 政府の長期のゴールと将来への戦略を概説する経済財政戦略報告書(Economic and Fiscal Strategy Report）を発行します →		○		→ 第7章	経済財政戦略報告書	
⑨ 景気循環により調整された財政位置付けの見積もりを含む経済から財政の予測の特定の範囲の情報を発行します →			○	→ 第8章	経済財政予測	
⑩ 財政予測を下支えする重要な仮定や慣行の変更を検査するために会計検査院を招聘します →			○	→ 第9章	会計検査院の役割	
⑪ 政府の債務マネジメント計画を概説する債務マネジメント報告書を作成します →		○		→ 第10章	債務管理の指揮と債務管理報告書	
⑫ 財政安定化規律で作成されたすべての文書を下院の財務委員会に送付します →		○		→ 第11章	財務委員会への付託	
⑬ 国民が財政安定化規律で発行された文書にすべてアクセスできるように保証します →		○		→ 第12-13章	他の情報開示・報告書の出版・閲覧	

ご覧の通り、財政安定化規律法の「13 個の要点」は「3 つの悪しき慣行」の問題を解決します。この要点は ②「イギリスの財政安定化は“問題定義→正義化 1→正義化 2”により実現」です。「問題定義」は先に説明したように「問題の原因」を解明し、「可視化」の「原理」を導き、「問題定義」しています。「正義化 1」は前述のゴードン・ブラウン財務大臣の「財政安定化規律法」の「要約書」です。これは図 61 に示すように一般用語により説明され、大変理解し易いものです。日本人の筆者の一般的知識で十分理解できます。これが「正しい事を第 3 者が客観的に理解できるように説明する説明責任」の「正義化 1」です。「正義化 2」は既に説明したようにイギリ

スは先進国の中で長期にわたって財政赤字を最も低く抑えている事です。これが「正義と利益の同時の実現の正義化2」です。お分かり頂けるように、イギリスは「問題定義→正義化1→正義化2」の「正義化」により財政赤字を解決しています。これがイギリスの「財政安定化規律法」の要点です。

では次に「財政安定化規律法」の内容を具体的に説明します。最初に③「価値と原理の手順の統論」から説明します。図62に示すように、イギリスの財政安定化規律法の特徴は「価値と原理の手順の統論」として定められている事です。具体的に言えば、「1章：価値」、「2章：原理」、「3章から13章：手順」です。日本のように「鶴亀算の法律」ではありません。この事をご理解頂けると思います。次に「原理」は幾つかありますが根幹となる「原理」は先程紹介した「可視化」です。「可視化」は「3つの悪しき慣行」の「閉じられた扉の後ろでの財政政策の決定」や「秘密に隠された予算作成のプロセス」からご理解頂けると思います。では次に主要な「手順」を説明します。④「長期の経済財政予測」はイギリス経済、つまりGDPを予測し、次に税収を予測し、そして財政を予測し、予算を配分します。要約すれば「GDPの予測→税収の予測→財政の予測→予算の配分」です。筆者はこれを「最適主義の予算作成方法」と定義します。これは従来の予算作成方法の「増分主義」と大きく異なります。「増分主義」は各省庁の予算を積み上げて毎年少しずつ増加させるやり方です。これが産業革命以来のすべての国の予算の策定方法でした。「増分主義」の勘所は「どのくらい増分させるか」です。これが「財務官僚の腕」でした。しかし、結論から言えば、「増分主義」を支えてきたのは「財務官僚の腕」ではありません。これを支えてきたのは自然科学のテクノロジによる「富の増産」です。「富の増産」が「好景気」を生み出し、予想外の税収を生み出し、過去の歳入欠陥を補ってきました。そのため財務官僚が誤った予算を作成しても、自然科学のテクノロジの「富の増産」がいつのまにか補ってくれました。しかし、自然科学のテクノロジは限界に達しました。そのため自然科学のテクノロジによる「富の増産」も終焉です。つまり財務官僚が誤った予算を作成しても「富の増産」つまり「好景気」により歳入欠陥を補う事はできません。そのため予算の作成方法を「増分主義」から「最適主義」に改める事が必要です。今後は「最適や　兵どもも　マネジメント」の通り、「経済成長の最適化」です。そのため「財政安定化規律法」は「GDP の予測→税収の予測→財政の予測→予算の配分」の「最適主義の予算の作成方法」に改めました。これは文明史観に基づく「大変理に叶ったもの」です。また、お分かり頂けるように「GDP の予測→税収の予測→財政の予測→予算の配分」は「経営者のトップダウン思考」です。この事もご理解頂けると思います。

次に重要なのは「お金」の取り扱い方です。言うまでもなく「財政安定化」の「原理」を定めても「コスト」をマネジメントできなければ意味がありません。この理由は「コスト」は様々な予見できない要因によって変動するからです。そのためイギリス政府は「会計方法」を「現金主義会計」から「発生主義会計」つまり ⑤「企業会計」に改めました。「現金主義会計」は従来の「行政の会計方法」です。これは「予算金額」を計画通りに「現金」で支払う方法です。この問題は日々発生する「コスト」を把握しない事です。そのため「コスト」を発生した時点で記録していく「発生主義会計」つまり ⑤「企業会計」に改めました。これにより「正義と利益の同時の実現の正義化 2」を実現できます。次にこれを先に説明した「Manage」の意味の ⑤「節約して使う（1649 年)」から説明します。ここで「節約する」の「英語」として使用されているのは「husband」、「ハズバンド」、「夫」です。つまり英語の「夫」の動詞の意味は「節約する」です。これは既に説明したドイツの社会学者のマックス・ウェーバーの解き明かした「イギリスの産業革命」を生み出した「隣人愛の実践」と大変一致します。マックス・ウェーバーの着目したのは、当時のイギリス人はフランス人、スペイン人、ドイツ人よりも「貯蓄」していた事です。つまりイギリス人は「隣人愛の実践」として信心深く「節約」し、「貯蓄」していました。そのためイギリス人は工場などの建設に資金を投資でき、これが産業革命を誕生させたというのがマックス・ウェーバーの説明です。まさに「husband」、「ハズバンド」、「夫」つまり「節約する」はこの事を示す言葉です。そして「国家の経営者」に大変重要な事を教えています。それは「国家の経営者」つまり「国家の夫」として「予算」を「節約して使う事」です。「節約して使う」ためには「家計簿」と同じく日々の支出、つまりコストを記録していく事が重要です。そのため「財政安定化規律法」は「日々記録しない現金主義会計」から「日々記録する発生主義会計」つまり ⑤「企業会計」に改めました。これも十分理に叶ったものです。また、お分かり頂けるように「会計方法」や前述の「予算作成方法」などの「方法を改革する事」が「政府の近代化」です。この事をご理解頂けると思います。

次に重要なのがイギリスの財政安定化規律法には ⑥「Make と Let」がある事です。つまり「原理」を定め「Make」として厳守する事を要求すると共に、他方「Let」としての裁量権も与えています。この理由は「予算」は様々な外部要件に柔軟に対応する事が必要だからです。この要点は財政安定化規律法では具体的な「数値目標」を定めていない事です。そうではなく「財政赤字を減らしなさい」という「原理」を「Make」として定め、次に「数値目標」に関しては、時の政権に任せる、つまり「Let」します。ここで読者の皆様は「これで上手く行くのか」、「そうではなく、いついつまでにこれこれにするという“数値目標”」を「法律で定めるべき」と感じると思います。これは良く分かります。しかし、これは「賢いやり方」ではありません。この理由は、そのようなやり方は硬直化し、柔軟性に欠けます。現実は様々な予見できない事が起こります。重要な事は現実に柔軟に対応する事です。つまり世界経済、国内経済の変動に適切に対応する事です。それを無視して何が何でも達成するというのは、ひずみやゆがみを生み出します。そのため①「閉じられた扉の後ろでの財政政策の決定」となる事もあります。これでは財政安定化を実現できません。そのため財政赤字削減の原理を「Make」として定め、実際の運用は任せる、つまり「Let」させます。これは大変賢いやり方です。

更に感心するのが⑦「会計検査院の検証」です。イギリスの会計検査院は、経済財政予測に使用する仮定や条件を調査します。この事を財政安定化規律法は定めています。これは筆者の IBM での事業責任者として「販売予測」を使用してきた体験から十分納得できます。予測で重要なのは「根拠」です。これがあいまいだったり恣意的なのが問題です。良く世間では「予測値」が問題となりますが、それが本質ではありません。本質は予測の「根拠」です。そのためこれを調査するイギリスの会計検査院は「賢い」と思います。次にイギリスの会計検査院のビジョンを示します。

図 63　イギリスの会計検査院のビジョン

イギリス会計検査院（NAO）

NAO National Audit Office

Our vision is to help the nation spend wisely. 賢く

We apply the unique perspective of public audit to help Parliament and government drive lasting improvement in public services.

出典：Report by the Comptroller and Auditor General
HC 142 SESSION 2010–2011 22 June 2010
National Audit Office

我々のビジョンは国家が**賢く**お金を使う事を助ける事です。

我々は議会と政府が公共サービスの持続的改良を行う事を
助けるために公共検査の他にない考えを適用します。

ご覧の通り、イギリスの会計検査院のビジョンは「国家が賢くお金を使う事を助ける事です」。これは本シリーズで説明するアメリカ政府の OMB (Office of Management and Budget、マネジメント・予算局）と大変良く似ています。アメリカ政府の OMB も予測の仮定や条件を調べます。これにより ③「短期的な視点」や政府に都合のよい予測とならないようにできます。また「国家が賢くお金を使う事を助ける事」は筆者の「賢民賢国」とも一致します。この一致にも大変驚いています。そして十分納得しています。

この事からご理解頂けるように財政安定化規律法の重視するのは「イギリス経済の成長」です。これにより「税収の増加」となり財政も安定化できます。このポイントが ⑧「フレームワーク」です。イギリスの財政安定化規律法を一言で言えば、「原理に基づくフレームワーク」です。この「フレームワーク」により「イギリス経済の成長」そしてイギリス政府の「税収の増加」となり財政を安定化します。しかし、ここで素朴な疑問は「フレームワーク」は既に説明したNPMの「市場タイプメカニズム」の「メカニズム」とは明らかに異なります。この差は何かです。これは些細な疑問ですが、本質を突いています。そのため次に「フレームワーク」を「メカニズム」と比較して説明します。これから財政安定化規律法の本質をご理解頂けます。「メカニズム」は先に説明したように「結果を生み出すプロセス」です。それに対して「フレームワーク」は家の柱などの「骨組み」です。しかし、ここで疑問が湧いて来ると思います。それは「フレームワーク」つまり「骨組み」で本当に財政を安定化できるのかです。そうではなく財政を安定させるには「結果を生み出すプロセス」としての「メカニズム」が必要ではないかと思われる事です。つまり「財政を安定化させるメカニズム」です。これが必要と思われます。しかし、イギリス財務省の財政安定化規律法の資料を何度読んでも「メカニズム」という言葉はありません。あるのは「フレームワーク」だけです。そのため筆者も最初は理解できませんでした。しかし、改めて良く読んでみると、この理由が良く分かりました。次にこれを説明する文章を示します。

筆者の日本語訳

トランスペアレンシー、透明性はもし議会と国民が政府の業績を測定し、評価できるならば政府の発行する経済と財政の情報の範囲を明示する事を政府に要求します。そのため政府は財政報告の構造を強化する事を提案します。この目的は従来よりもより焦点を当てたやり方で財政の状況の包括的な詳述と評価や政府の将来戦略の明確な声明を提供する報告書を作成する事です。これは政府における意思決定の質を改良するだけでなく、財務省の財務委員会とより幅広い国民などの外部の方々による政府の財政政策の綿密な調査のレベルを向上します。これはイギリス経済、社会と財政の改善された成果に貢献します。

いささか長い文章ですが、肝心要の文章は最後の「これはイギリス経済、社会と財政の改良された成果に貢献します」です。つまり「イギリス経済、社会を改善し、そして財政も改善できる」です。これは先に説明した「イギリス経済の成長」と大変一致します。これから、なぜ「メカニズム」と呼ばずに「フレームワーク」と呼ぶかを理解できました。最初に「イギリス経済、社会を改善し、そして財政も改善できる」の意味を説明します。これは「イギリス経済・社会の改善→税収の増加→財政改善」とつながっています。つまり「税収の増加」により財政を安定化できます。これは大変真っ当な考えであり理に叶ったものです。ここで重要な事は「税収の増加」は「未知の要因」である事です。つまり「税収の増加」がどのくらいになるかは分かりません。また、そもそも増加になる事も分かりません。逆に減少になる事もあります。そのため「未知の要因」が含まれているので「結果を生み出すプロセス」つまり「メカニズム」とは呼べない事が分かります。この理由は明らかです。「メカニズム」とは「結果を予測でき」、「その結果を生み出す」から「結果を生み出すプロセス」つまり「メカニズム」と呼ぶ事ができます。しかし、未知の要因のため、結果を予測できなければ「メカニズム」とは呼べません。確かに「原理」に基づいて結果を生み出しますが、この場合は何等かの結果を生み出す「骨組み」つまり「フレームワーク」と呼ぶのが妥当です。そのため財政安定化規律法は「フレームワーク」、「骨組み」と呼ぶ事が分かります。

そしてこのように理解すると財政安定化規律法の本質も良く理解できます。つまり「財政の安定化」は「税収の増加」から分かる通り、「政府」と「国民」の「共同作業」から生まれます。この共同作業の「骨組み」、「フレームワーク」を定めているのが「財政安定化規律法」です。この「共同作業」の結果、「税収の増加」となり財政が安定化されます。つまり財政安定化は国家と国民が信頼し、長期にわたって税収を増加させる、すなわち「国益を創出する事」です。これが財政安定化規律法の本質と理解できます。そしてなるほどこれは大変優れていると理解できます。そして、これが先に説明した「国民と企業は……大きな確信を持って計画、投資でき……資源を効率的に運営できる」の意味です。つまり「イギリス経済・社会の改善→税収の増加→財政改善」です。これにより財政を安定化できます。その結果、既に説明したようにイギリスは先進国で最も財政赤字を低く長期間にわたって抑えています。お分かり頂ける通り、イギリスの財政安定化規律法は「3つの悪しき慣行」や「税収の増加」つまり「国益の創出」という本質を見抜いた大変優れた法律です。では、これは何に基づくのかと言えば、「問題定義」、「正義化」、そして「可視化」の「原理」を導き、13個の具体的内容、つまり「手順」を定め、「最適主義の予算作成方法」や「発生主義会計」のように「新たな方法論」を定めている事です。つまり「問題定義→正義化1→正義化2の正義化」であり「方法の改革、イノベーション」です。すなわち「サービス科学の実践」が「政府の営みの方法の近代化」を実現しています。この事をご理解頂けると思います。同時に日本は大変遅れている事を実感できると思います。

以上「サービス科学」と「NPM」を説明しました。これらは「新たなモノ」ですが、実例や事実から容易にご理解頂けたと思います。では次に1.2章の最後の章の締め括りとして「日本の良さの概要」を説明します。

1.2.9 章　日本の良さ（10 章）の概要

本章は「日本の良さの概要」を説明します。これを説明する目的は、解決策は「日本の良さ」を活かすものでなければならないからです。「日本の良さ」を活かしてこそ「日本の問題」もスムースに解決されます。これは既に紹介したように筆者の解決策に対する根幹となる考えです。では次に「日本の良さ」を示します。

図 64　日本の良さ

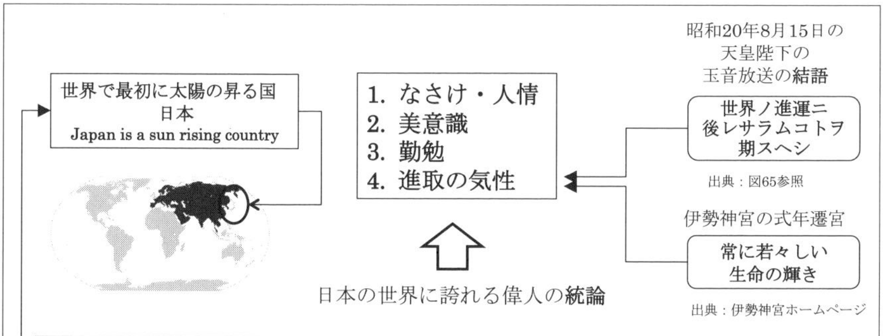

偉人	統合された2つのもの		統合の目標	統論
① 聖徳太子	日本	中国	対等な文化交流	① 日本は日出る国、中国は日没する国
② 親鸞聖人	善人	悪人	往生	② 善人なおもて往生を遂ぐ、いわんや悪人をや
③ 二宮金次郎	自分	相手	大金持ち	③ 自分と相手が社会全体として儲かる大金持ち
④ 福沢諭吉	人の上に人	人の下に人	人間は平等	④ 天は人の上に人を造らず人の下に人を造らず
⑤ 東郷平八郎	日本兵	ロシア兵	日本の勝利	⑤ 甲板に立ち日本兵を激励しロシア兵を浮足立たせる
⑥ 永野重雄	大きな石	小さな石	名城	⑥ 日本の名城は大きな石と小さな石の石垣が支えている
⑦ 松下幸之助	幸福（H）	繁栄（P）	平和（P）	⑦ 平和（P）と幸福（H）は繁栄（P）により実現される（PHP）

ご覧の通り、日本の良さは ①「なさけ、人情」、②「美意識」、③「勤勉」、④「進取の気性」と考えています。そして今回執筆のため偶然読んだ昭和 20 年 8 月 15 日の昭和天皇の「玉音放送」と大変一致している事を知りました。これには筆者の考える「日本の良さ」が明確に述べられています。次にこれを示します。

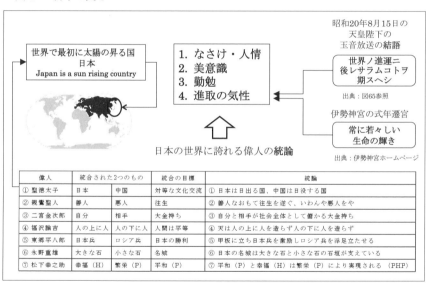

図 65　玉音放送の言葉と本シリーズの言葉の比較

玉音放送の言葉	本シリーズの言葉
①忠良ナル爾臣民ノ赤誠ニ信倚シ常ニ爾臣民ト共ニ在リ	愛
②同胞排擠互ニ時局ヲ亂リ爲ニ大道ヲ誤リ信義ヲ世界ニ失フカ如キハ朕最モ之ヲ戒ム	節制
③總力ヲ將來ノ建設ニ傾ケ	勤勉
④道義ヲ篤クシ志操ヲ鞏クシ	正義と勇気
⑤誓テ國體ノ精華ヲ發揚シ	美意識
⑥世界ノ進運ニ後レサラムコトヲ期スヘシ	進取の気性

出典：国立国会図書館　「終戦の詔書」
http://www.ndl.go.jp/constitution/shiryo/01/017/017tx.html

ご覧の通り、これらはまったく一致しています。これには本当に驚き、感動しました。筆者の 52 年間の考察から導いた ①「なさけ、人情」、②「美意識」、③「勤勉」、④「進取の気性」はまさに「玉音放送」に含まれています。これには本当に感動せざるを得ません。特に重要なのが ④「進取の気性」です。「玉音放送」で言えば、⑥「世界ノ進運ニ後レサラムコトヲ期スヘシ」です。これが「玉音放送の結語」です。そしてまさに昨年行われた伊勢神宮の式年遷宮の趣旨です。図 64 に示すように伊勢神宮の式年遷宮の趣旨は「常に若々しい生命の輝き」です。これが 20 年ごとに造り替える趣旨です。そしてまた図 64 の下に示す筆者が世界に誇る日本の 7 人の偉人も同じです。この方々の偉業も大変「進取の気性」に富むものです。昨今、日本独自に進化する「ガラパゴス化現象」という言葉が流行っていますが、是非「玉音放送」の ⑥「世界ノ進運ニ後レサラムコトヲ期スヘシ」を実践して頂ければと思います。「日本の良さ」は「進取の気性」にあります。これを良く示すのが日本はアジアで一番早く近代化を進めた事です。そのため結論から言えば、「サービス科学」や「NPM」という欧米の新たな潮流も「進取の気性」により十分対応できると考えています。

しかし、ここで大変気になるのが、日本人の「抽象化能力」です。既に説明したように、日本人は「抽象化」が大変苦手です。しかし、これもまったく心配していません。これを示すのが図 64 の「日本の良さ」の下に示す筆者が世界に誇る日本の偉人の言葉です。これは図 64 に示す通り、異なる 2

つのモノを統合する「統論」です。そのため日本には過去 2000 年、「統論」という言葉はありませんでしたが、実際は存在していました。英語の俳句でも説明したように日本人が「抽象化能力」で劣る事はありません。日本人も欧米人も同じ平等な人間です。十分日本人も「抽象化能力」を発揮できます。今まで「抽象化」が苦手だったのは、自然を一体として捉え、本質を抽出しない石高主義の思考パターンにあります。そのため十分改める事ができます。これを「坂本竜馬」の「日本の洗濯」で言えば、「石高主義の悪しき弊害」の「日本の洗濯」です。そして綺麗に洗い流した後に 7 人の偉人の統論から「なるほど統論とはこのようなものか」と理解、実践する事です。この分かり易い例は福沢諭吉の「天は人の上に人を造らず、人の下に人を造らず」です。これは「上の人」、「下の人」という 2 つの異なるものを統合する「統論」です。これはまた「聖徳太子」、「親鸞聖人」、「二宮金次郎」、「東郷平八郎」、「永野重雄」、「松下幸之助」も同じです。皆「統論」を生み出しています。これらは本シリーズで説明します。ここでは十分日本人も「統論」を生み出せる事、そして「抽象化能力」も問題ない事、そしてサービス科学も NPM でも十分対応できるとご理解頂ければと思います。

次に筆者が大変驚いたのは昭和天皇の玉音放送は既に説明したエリザベス I 世のスピーチと良く一致している事です。これには本当に驚くと共に日本人として大きな誇りを感じました。次に両者を示します。

図 66　昭和天皇の玉音放送とエリザベスⅠ世のスピーチの類似性と日本の良さ

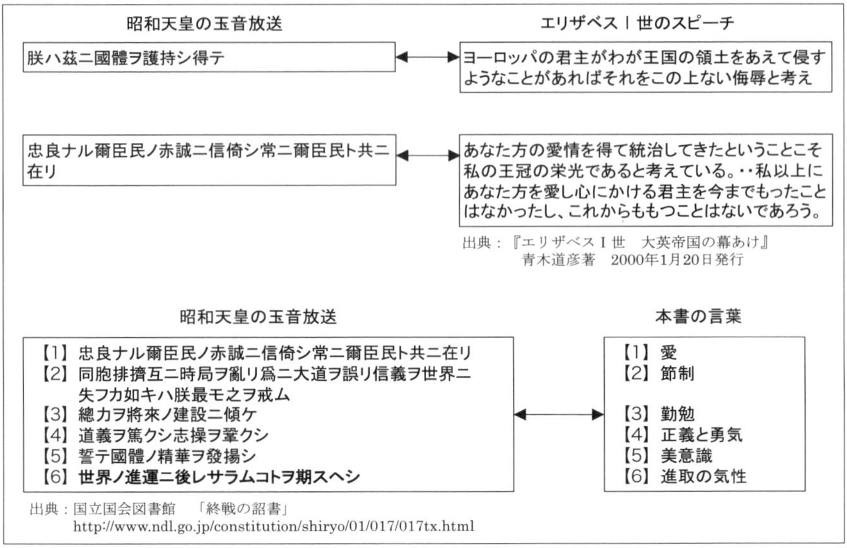

ご覧の通り、昭和天皇の玉音放送とエリザベスⅠ世のスピーチは一致しています。「朕ハ茲ニ国体ヲ護持シ得テ」はまさに「欧米の君主がわが王国の領土をあえて侵すようなことがあればそれをこの上ない侮辱と考え」とまったく一致しています。また、これには本当に誇りを感じずにはいられませんが「忠良ナル爾臣民ノ赤誠ニ信倚シ常ニ爾臣民ト共ニ在リ」はまさにエリザベスⅠ世の「あなた方の愛情を得て統治してきたということこそ私の王冠の栄光である……私以上にあなた方を愛し心にかける」とまったく一致しています。率直に言って、この一致には本当に驚かざるを得ません。既にエリザベスⅠ世で説明したように統治、政治、民主主義の基本は「愛」です。これとまったく同じ事を昭和天皇の玉音放送を示しています。これには本当に感動せざるを得ません。「思いの日本人」のため玉音放送として「耐え難きを耐え、忍びがたきを忍び」という文言が放送されますが、それが玉音放送の本質ではありません。玉音放送の本質は「常ニ爾臣民ト共ニ在リ」にあります。そして結語の ②から⑥の文言にあります。

そのため既に説明したようにアメリカは昭和天皇の玉音放送を良く読み、

調べ、憲法第 1 条の「天皇は日本国の象徴であり日本国民統合の象徴」と定めたと考えています。IBM に 37 年間いたため良く知っていますが、アメリカ人は相手を徹底的に調べます。筆者はまさにそのようにしてテストされ、信頼され、提案に賛同して頂きました。そのため憲法第 1 条もそのようにして定められたと考えています。つまりアメリカは昭和天皇の肉声の玉音方法を徹底的に調べ、それはまさに「エリザベスⅠ世のスピーチと同様に大変優れたもの」である事を理解したから憲法第 1 条を定めたと考えています。ここで「優れたもの」は 2 つあります。1 つは「常ニ爾臣民ト共ニ在リ」という「昭和天皇の愛」です。もう 1 つは玉音放送の「統論」です。これは「価値：将来ノ建設ニ傾ケ」、「原理：世界ノ進運ニ後レサラムコトヲ期スヘシ」、「手順：道道義ヲ篤クシ志操ヲ鞏クシ誓テ国体ノ精華ヲ発揚シ」です。ここで「将来ノ建設ニ傾ケ」は「価値」である事はご理解頂けると思います。次に「世界ノ進運ニ後レサラムコトヲ期スヘシ」は「世界ノ進運、つまり“進運”状態の遷移」のため「原理」である事、また「道義ヲ篤クシ志操ヲ鞏クシ誓テ国体ノ精華ヲ発揚シ」は「後レサラム“手順”」である事をご理解頂けると思います。お分かり頂けるように、これは明らかに「価値と原理と手順の統論」です。そのためアメリカはこの「玉音放送の統論」を理解し、憲法第 1 条を定めたと考えています。先に説明したように「思いの日本人」のため「耐え難きを耐え、忍びがたきを忍び」が繰り返されますが、是非この「思い」を実現する昭和天皇の「玉音放送の統論」をご理解頂ければと思います。

このように筆者は「日本の良さ」を大変重要視します。この理由は日本人としての「誇り」です。確かに日本は第二次世界大戦でアメリカに負けました。しかし、それは「石高主義の悪しき弊害が負けた」のであって「日本人」という「人間」、「日本」という「国」が否定されたのではありません。日本人の誇り、伝統、そして多くの先人が遺してくれた知識と知見、そして「日本を愛した心」は普遍的でグローバルな価値があります。これに基づいて揺るぎのない自信を持ち日本の問題を解決していく事がなによりも重要です。これが筆者の「日本の良さ」を重視する理由です。そして解決策の根幹とする理由です。

では最後に2点説明します。1つは「3つの愛」です。これは「偉人の愛」、「式年遷宮の愛」、「昭和天皇の愛」です。「偉人の愛」は7人の偉人の「日本を愛する心」です。「式年遷宮の愛」は1220年間「多くの日本人」が子孫の繁栄と幸福を願って「式年遷宮」を継続してきた「日本を愛する心」です。そして「昭和天皇の愛」は玉音放送で日本の良さを伝え、日本を再建しようとする昭和天皇の「日本を愛する心」です。これを日本人は絶対忘れてはいけません。この「3つの愛」を1番目の解決策の「カルチャーの市民教育」の「愛と真理と正義」の「愛」として教えます。これにより十分「日本に誇り」を持ち「愛と真理と正義」を実践する「ヒューマン」を育成できると考えています。2番目は「石高主義の悪しき弊害」です。前述のように日本には大変素晴らしい「日本の良さ」があります。しかし、それを凌ぐほど「石高主義の悪しき弊害」は日本の大きな影響を与えてきたと考えています。過去数千年にわたり醸成されてきた「石高主義の悪しき弊害」の影響は甚大なものがあります。そのためこれを解決するのは容易ならざるものがあります。しかし、「問題の原因」が明らかにされ、「解決への道筋」そして「解決策の実践知識」が明らにされれば、十分「石高主義の悪しき弊害」は解決できると考えています。そのため1.2.1章から1.2.8章で「問題の原因」、「解決への道筋」、「解決策の実践知識」そして本章で「日本の良さ」を説明しました。そのためこれらの知識と知見に基づいて次章で「日本の問題」を説明します。これにより「日本の問題は解決できる」と実感できます。では次に「日本の問題の概要」を説明します。

1.3章　日本の問題（11章）の概要

本章は「日本の問題の概要」を説明します。前章で説明したように日本には大変素晴らしい「日本の良さ」があります。しかし、「石高主義の悪しき弊害」により多くの問題もあります。そのため本章は「日本の問題」を説明します。最初に本章に対する筆者の基本的考えを説明します。これは2点あります。1つは、本章は「日本の問題」を説明する章ですが、「解決への道筋」も説明します。これにより読者の皆様も「日本の問題は解決できる」と実感して頂けます。2番目は、以降の章は「日本の問題」として「政治家・官僚・医者・マスコミ」などを特定して日本の問題を説明しますが、既に説明したように「石高主義の悪しき弊害」が根本原因と考えています。筆者は、親鸞やキリストの教えるように、同じ日本人、人間として、すべての日本人、人間を愛しています。また「助け合う事」は「ヒューマン」としてなによりも重要です。「坂本竜馬の教えるように「日本の洗濯」が必要です。そのため「筆者の52年間の考察」から導かれた知識と知見に基づいて「洗い流すモノは何か」を説明しているとご理解頂ければと思います。以降の章は「前記の皆様」を特定して問題を説明しますが、是非この事をご理解頂ければと思います。では次に日本の問題を示します。

図 67　日本の問題

	原因				問題	
	原因（抽象化された原因）		原因例（具象化された原因）		問題（抽象化された問題）	問題例（具象化された問題）
社会の営みの問題	郷の道理 により 分離・調和	人の分離	科学者と技術者に分離		① 科学技術者がいない	① 新たなテクノロジを生み出せない ② 世界の工場から世界の研究所に進歩できない
			理系と文系の人間に分離		② 哲学のある人間がいない	③ 専門分野以外に挑戦しない
			官と民に分離		③ 市民がいない	④ 経済は一流、政治は二流
			中央と地方に分離		④ 最高経営責任がいない	⑤ 地方の疲弊と中央依存体質
			政治家と事務方に分離		⑤ 国家の経営者がいない	⑥ 1,039兆円の国の借金
		理念と実利の分離 ↓ 日本風の理解	ホスピタルを病院と理解		⑥ 慈悲のない医療がまかり通る	⑦ 死にそうな妊婦、患者をたらい回し
			インダストリを産業と理解		⑦ 企業とは利潤の追求と錯覚	⑧ 利益を確保するだけのリストラ
			ジャスティスを法務省と理解		⑧ 法律を盾に正義を実行しない	⑨ 人が死んでから動き出す公務員
			文化は精神的、文明は物質的と理解		⑨ 文明よりも文化を重んじる	⑩ 欧米の物質文明よりも日本文化が優れている
			プリンシプルを原則と理解		⑩ 原則禁止しかし例外は認める	⑪ 原理が護られず一部の利益が優先される
			原爆・憲法・安保の日本風の理解		⑪ アメリカへのわだかまり	⑫ 対米追随・対米依存、一方日本国憲法は軽視
		国家の統治機構と従う人間に分離 ↓ 国家の尊重	統治原理よりも統治機構を重視		⑫ 官僚・公務員の尊重	⑬ 官尊民卑・中央集権体制・隠ぺい体質 ⑭ 天下り・親方日の丸・コスト意識の欠落
			ドイツ系の国家の統治機構		⑬ 行政への国家権力の集中	⑮ 官僚政治・反対野党・法律偏重
			法律偏重・法治主義		⑭ 正義の軽視	⑯ 真理・原理ではなく権力者に従う
			官僚のみが理解できる 鶴亀算の法律・予算		⑮ 国民に容易に理解できない 法律・予算	⑰ 閉塞感の20年 ⑱ 国民が法律・予算の問題点を指摘できない
↑ 行動パターンの問題	「思い」で行動	目先の利益や自分の都合を優先	石高優先	日本（石高優先）	① 思い（石高）を達成後に慢心	① 頑張る・慢心の繰り返し
				教育（点数優先）	② 真理・原理ではなくやり方（手順）を教える・学ぶ	② 勉強を悟りと誤解し正々堂々と教えない ③ 学校ではなく塾で勉強する ④ 無味乾燥で退屈な授業→いじめ・学級崩壊 ⑤ 合っている事（正しい）を先生に教えてもらう ⑥ 愛を育む芸術の美に触れさせない
			他力本願			
			我田引水	個人（我田引水）	③ 生まれる子供より自分が大事	⑦ 少子化：DINKS・結婚しない女性・草食系男子
					④ 自分だけ儲ける小金持ち	⑧ 大金持ちがいない・共同の富を創らない
					⑤ 素直に感謝の気持ちを伝えない	⑨ 有難うではなくすみませんと言う
				行政（省益優先）	⑥ 部分最適の国政・行政	⑩ 縦割り行政・全体最適ではない国政・行政
				企業（出世優先）	⑦ 顧客の要望よりも出世を優先	⑪ 製造業の世界市場での地盤沈下
				医療（収入優先）	⑧ 医者の都市部への集中	⑫ 地方の病院の閉鎖
↑ 思考パターンの問題	「思う」の思考パターン		思い重視の 思考パターン	愛しと真理と正義の軽視	① 郷の道理	① 日銀流理論、省益あって国益なし、などなど
					② 巧言により真実を伝えない	② 大丈夫と言って真実を発表しない政府 ③ 日米安保の目的を伝えない政府・外務省 ④ 合計金額を伝えない国民皆保険制度
				思いで判断	③ 見た目で判断・報道・反応	⑤ マッカーサー元帥の12才発言の報道
					④ 思いが通じないと相手を否定	⑥ 同胞同志で排斥しあう・村八分・人格否定
			鶴亀算の 思考パターン	手順の重視	⑤ 国家の統治機構の尊重 ⑥ 鶴亀算の法律・予算	⑦ ドイツ系の国家の統治機構 ⑧ 日本のすべての法律・予算
				本質を見極めない	⑦ 総論はあっても統論がない ⑧ 人間の行為を客観的に考察しない	⑨ 総論賛成/各論反対・霞ヶ関文学・ 憲法解釈 ⑩ IT/ソフトウエア/PM/サー ビス科学の遅れ・お互いを同等と思い評価 しない

最初に読者の皆様はこのような詳細な図を見られて大変驚かれたと思います。これは筆者もまったく同じです。このような詳細な図が日本の問題の定義に必要とは思っていませんでした。しかし、1.2.1 章から 1.2.9 章に基づいて問題を定義すると、このような詳細な図となります。1.1.7 章で説明したようにこの形式は「日本と欧米の比較」と同じです。また「原因」は 1.2.1 章の「日本と欧米の比較の概要」と 1.2.2 章の「日本と欧米の近代化の比較の概要」から導かれた「原因」です。そのため「問題定義」はこれら

の「原因」に基づいています。この特徴は日本の問題を政治、経済、財政、社会保障などの分野毎に定義しない事です。そうではなく「原因」から各分野の「問題」を定義します。つまり「原因→問題」の「解明の原理」に基づいて定義します。また「原因」と「問題」も図67に括弧で示すように「抽象化されたモノ」と「具象化されたモノ」に分けています。図67の「原因と問題」は「抽象化された原因と問題」、「原因例と問題例」は「具象化された原因と問題」です。これにより問題の本質を明らかにし、普遍的な解決策を導く事ができます。また図67は「具象化されたすべての日本の問題」を掲載していません。そのため「抽象化された原因と問題」を読者の皆様の分野に適用し、読者の皆様の「具象化された原因と問題」の発見と解決に役立てて頂ければと思います。次に本シリーズは「大きな問題」、本書は概要としてその中の「主要な問題」を説明します。次章以降は事実、また適宜欧米の対応する事実に基づいて問題を説明します。そのため様々な分野の問題を説明しますが、十分ご理解頂けます。では「思考パターンの問題の概要」から説明します。

1.3.1 章　思考パターンの問題の概要

本章は「思考パターンの問題の概要」を説明します。「思考パターンの問題の原因」は図 67 に示すように「思い重視の思考パターン」と「鶴亀算の思考パターン」です。前半で「思い重視の思考パターン」から生まれる「主要な問題」、後半で「鶴亀算の思考パターン」から生まれる「主要な問題」を説明します。

では「思い重視の思考パターン」から生まれる「主要な問題」を説明します。これを図 67 から抜粋すると ①「郷の道理」や ②「巧言により真実を伝えない」などです。「日銀流理論」などの ①「郷の道理」は既に説明しています。そのため本章は ②「巧言により真実を伝えない」を説明します。ここで「巧言」は孔子の「巧言令色鮮《すくな》し仁」の「巧言」です。この意味は「言葉巧みに身ぶり手ぶり良く人に近づいてくる人間に仁がない」です。この「問題例」を図 67 から抜粋すると ②「大丈夫と言って真実を発表しない政府」、③「日米安保の目的を伝えない政府・外務省」、④「合計金額を伝えない国民皆保険制度」です。

では ②「大丈夫と言って真実を発表しない政府」から説明します。これは 3 年前の大災害で政府は「国民がパニックになると思ったので福島原発事故の状況を迅速に伝えなかった」と説明した事です。ここで「巧言」は「国民がパニックになると思った」です。これは一見国民を心配しているように見えますが、そうでない事は明らかです。多くの方が指摘するように本当に国民を心配するならば一刻も早く伝えるのが仁、誠意です。テレビで女性コメンテーターが「国民がパニックになると思った」は「ズルイ」とコメントしていました。これは、まさにその通りです。「国民がパニックになると思った」は「巧言令色鮮し仁」の「巧言」はまさに「ズルイ」です。2500 年前に孔子の指摘した問題を現在も続けていては「愚かな人間」です。

そのため解決策は、福島原発事故から国民を救おうとする「愛の心」に基づいて「国民がパニックになると思った」の「巧言」を改め「福島原発事故」の「真実」を伝える「正義」を実践する事です。

これは ④「合計金額を伝えない国民皆保険制度」も同じです。日本では患者が診療費を支払う時に「患者負担分」の「割合」と「金額」を知らされます。それに対して「合計金額」は保険組合から 1 カ月ぐらい遅れて郵便で知らされます。では、なぜ患者が支払う時に「合計金額」を知らせないのでしょう。「患者負担分」の「割合」と「金額」が分かっているならば、当然「合計金額」を計算できます。そのため「合計金額」を知らせたり、領収書に記述しても良いと思います。では、なぜそうしないのでしょう。この理由は推察できると思います。「合計金額を」知らせたら、「えー、こんなに高いの」と誰もが気がつくからです。診察時間が 3 分で、患者負担が 1 割として 1,000 円を支払った時、3 分で 1,000 円はそれほど高いとは思いません。しかし、その合計金額が 10,000 円だとしたらどうでしょう。3 分で 10,000 円です。これなら誰しも高いと思います。残りの 9,000 円も患者の保険料と税金から支払われます。つまり結局は患者が支払っています。そのため「医療費がこんなに高いのなら、病院に行くのは少し控えよう」と思います。しかし、医者や病院はそのように患者が気がついては困ります。この理由は明らかです。病院に頻繁に来なくなるためです。つまり医者や病院の収入が減ってしまうからです。そのため「合計金額」を記述せず「1 割」という「患者負担割合」を記述すると考えています。ここで「巧言」は「1 割」という「患者負担割合」です。「患者負担割合」は、まさに「巧言」つまり「巧みに表現して真実を伝えない」です。

しかし、もうそのような「巧言」はやめる事です。そして「真実」の「合計金額」を伝える事です。この理由は明らかです。これは 2 つあります。1 つは「巧言により真実を伝えない」は明らかに誤りだからです。これは前述の「国民がパニックになると思った」と同様に「ズルイ」です。これでは孔子の 2500 年前に指摘した問題を、医者の皆様は現在も続ける「愚かな人間」です。これは明らかに「郷の道理に従い欲望のままに生きるマン」であり「愛と真理と正義を実践するヒューマン」ではありません。これは、また1975年の第19回日本医学会総会開会特別講演の田中美知太郎京都大学教授の講演の指摘する通りです。なお、田中美知太郎はギリシャ哲学が専門です。「田中美知太郎の講演」のタイトルは「人間であること」です。田中美知太郎は「ギリシャ哲学の人間の定義」から説明し、結論は「医者」である前に「ヒューマン」であって欲しいと講演しています。そのため医者の皆様は39年前の1975年の日本医学会総会の「田中美知太郎の講演」を是非思い起こして頂き、「医者」である前に「ヒューマン」として「真実の合計金額」を伝える「正義」を実践して頂ければと思います。

次にもう1つの理由は、筆者はこれが現在の増え続ける医療費の根本原因と考えているためです。これを良く示すのが日本人は頻繁に病院に行く事です。本シリーズで説明するように、日本人の受診回数はOECDで最多、諸外国と比べて2-3倍です。では、なぜこのように頻繁に日本人は病院に行くのでしょう。この理由は保険で医療は安いと思っているからです。そのため病院に頻繁に行くと考えています。筆者は「1割」という「患者負担割合」の「巧言」により「合計金額」を知らせない事が、増加し続ける医療費の根本原因と考えています。そのためこれを改める事は非常に重要です。なお、ここで補足すると、外科は概ね伝えます。伝えないのは内科、歯科、皮膚科、眼科などです。これについて東京高専の同級生で、その後、医者になった親友に一昨年の同窓会で尋ねた事があります。なお、彼は内科です。解答は「お前の住んでる所は田舎だなー」、「俺はちゃんと合計金額を領収書に書いている」、「合計金額を領収書に書くか否かは医者に任されている」との事でした。親友は埼玉県に住んでおり、埼玉県の親友から、神奈川県の湘南に住む筆者が「田舎だなー」と言われた事は驚きましたが、これが真実です。そのため「田舎だなー」と言われないよう神奈川県、そして他県の医者の皆様も是非「合計金額」を領収書に記述して頂ければと思います。

次に疑問に思うのは国民皆保険制度です。日本は国民皆保険制度が早くから普及しています。国民皆保険制度の発足は昭和 36 年です。この時、筆者は小学 5 年生でした。当時の日本は、まだまだ貧しい国でした。では、なぜこのような状況で日本は国民皆保険制度を確立できたのでしょう。この解答が ③「日米安保の目的を伝えない政府・外務省」です。ここで多くの読者の皆様は「安保」と「国民皆保険制度」が関係しているのかと疑問を持たれると思います。しかし、まさにその通りです。「安保」と「国民皆保険制度」は密接に関係しています。次にこれを 5 年前の普天間問題で日本が揺れていた時の在日米軍の高官のテレビのインタビューから説明します。これは「在日米軍は日本に貢献している。在日米軍により日本は国防費を 1%以内にする事ができ、日本国民は大変安い医療を受ける事ができる」です。ここで誰でも「えー、何言ってるの」と大変驚くと思います。「在日米軍」と「日本の安い医療」を関連させて説明している事に大変驚かれると思います。確かに「在日米軍により日本は国防費を 1%以内」は誰でも知っています。しかし、それと「日本の安い医療」を関連付けるのは「こじつけでしょう」と感じると思います。しかし、そうではありません。これは 1.3.3.4 章で説明するように「安保」が明確に定めています。ここで要点を説明すれば、日米安保条約の目的として定められている事は「経済・福祉・安保」の 3 つです。つまり「安保」には「福祉」、「医療」も含められています。そのため在日米軍の高官は「日本国民は大変安い医療を受ける事ができる」と説明します。しかし、率直に言って、この事をほとんどの日本人は知らないと思います。この理由は、日本の政府や外務省はこの事を国民に知らせないからです。筆者はこのように「真実」を知らせない事が医療費を増大させる根本原因と考えています。率直に言って、日米安保の目的は「経済・福祉・安保」であり、その結果、日本の医療費が安いと知ったならば、つまり沖縄に米軍基地がある事、すなわち「沖縄の犠牲」により「日本の医療費」が安くなっている事を知ったならば、本当に頻繁に病院に行くでしょうか。また地方から収入の多い都市部に医者は集中するでしょうか。更に普天間問題を本土で「対岸の火事」のように眺めているだけでしょうか。日本は「なさけ、人情の国」です。「真実」を知ったならば自ずと解決への道は開かれます。政府は「なさけ、人情」という「愛の心」に基づいて「安保の経済・福祉・安保」という「3つの目的」の「真実」を国民に伝える「正義」を実践する事が必要です。お分かり頂けるように「巧言」の解決策も「郷の道理」と同じです。これも「愛と真理と正義の実践」です。「愛と真理と正義の実践」が「巧言」を解決します。この事をご理解頂けると思います。

次に「鶴亀算の思考パターン」から生まれる「主要な問題」を説明します。これを図67から抜粋すると ⑤「国家の統治機構の尊重」、⑥「鶴亀算の法律・予算」、⑦「総論はあっても統論がない」などです。ここで ⑤と⑥は既に説明しています。そのため ⑦「総論はあっても統論がない」を説明します。この「問題例」は ⑨「総論賛成／各論反対・霞ヶ関文学・憲法解釈」です。ここでは再三、触れてきた「霞ヶ関文学の問題」をまとめて説明します。これは4つと考えています。具体的に言えば、(1)「最初にすべての状態を想定しない」、(2)「本質を抽象化せず詳細な手順を列記する」、(3)「巧言により手順の詳細に省益を潜り込ませる」、(4)「巧言によりすべての状態を理解し、問題は解決されたと錯覚する」です。(1)「最初にすべての状態を想定しない」は既に「不十分な状態である」の「あいまいな状態定義」から説明しています。また (2) から (4) については「社会の営みの問題」で実例に基づいて具体的に説明します。そのため本章は①から④を全体的に説明します。既に説明したように「美辞麗句の霞ヶ関文学」の法律の本質は「総則＋手順」です。この問題は「あいまいな状態定義」、つまり (1)「最初にすべての状態を想定しない」と考えています。そのためデジタコの大臣告示で説明したように「局長通達」が必要になります。次にこの問題を一般的に説明します。これは日本には国会で審議、可決された「法律」以外に「省令・大臣告示・局長通達」などの「省庁の定めた法律もどき」が沢山ある事です。この問題の本質は(1)「最初にすべての状態を想定しない」と (2)「本質を抽象化せず詳細な手順を列記する」と考えています。つまり (1)「最初にすべての状態を想定しない」代わりに「省令・大臣告示・局長通達」などの「手順」により「すべての状態」に対応します。具体的に言えば、既に説明したように「大＝法律」→「中＝基本方針」→「小＝ガイドライン」と対応します。そして、これが (3)「巧言により手順の詳細に省益を潜り込ませる」を誘発します。つまり 1.3.3 章で説明するように「法律の手順の詳細」や「基本方針」や「ガイドライン」に「省益」を潜り込ませます。しかし、「美辞麗句の霞ヶ関文学」また「思い重視の思考パターン」のため国民も気がつきません。ここで深刻な問題が起きます。それは (4)「巧言によりすべての状態を理解し、問題は解決されたと錯覚する」です。つまり「官僚自身」も「巧言」により「表現した事」により「問題は解決されたと錯覚する事」です。これが本当に「深刻な問題」です。そのため「問題」はいつまで経って解決されません。これも「閉塞感の 20 年」の大きな原因と考えています。ではこれらの「問題の源」は何かと言えば、「鶴亀算の思考パターン」から生まれる (1)「最初にすべての状態を想定しない」です。そのため解決策は明らかです。「人々を助けよう」とする「愛の心」に基づいて「最初にすべての状態を想定」し、「真理」を見出し、「真理」に基づく「原理」により国民の問題を解決する「正義」を実践する法律を策定する事です。そのため「鶴亀算の思考パターン」から生まれる「霞ヶ関文学の問題」の解決策も「思い重視の思考パターン」と同じです。これも「愛と真理と正義の実践」です。これにより「霞ヶ関文学の問題」を十分解決できます。この事をご理解頂けると思います。では次に「行動パターンの問題の概要」を説明します。

1.3.2章　行動パターンの問題の概要

本章は「行動パターンの問題の概要」を説明します。「行動パターンの問題の原因」は既に説明したように「思いで行動」です。具体的に言えば、「目先の利益や自分の都合を優先」です。これは図67に示すように【1】「石高優先」、【2】「我田引水」、【3】「他力本願」に大別できると考えています。【1】「石高優先」は「石高主義」からご理解頂けると思います。【2】「我田引水」は過去数千年「我が田」で生計を立ててきた「石高主義」また【3】「他力本願」は「自然に依存する行動パターン」からご理解頂けると思います。これらは相互に関連し、様々な行動パターンの問題を生み出しています。そのため本章は複数の「問題」と「問題例」を要約した３つの言葉で説明します。これは⑴「頑張る・慢心→少子化」、⑵「共同の富を創らない」、⑶「悟りの教育」です。⑴「頑張る・慢心→少子化」は図67の行動パターンの「問題」の ③「生まれる子供より自分が大事」と「問題例」の①「頑張る・慢心の繰り返し」、⑦「少子化：DINKS・結婚しない女性・草食系男子」を要約したものです。⑵「共同の富を創らない」は「問題」の④「自分だけ儲ける小金持ち」と「問題例」の ⑧「大金持ちがいない・共同の富を創らない」を要約したものです。⑶「悟りの教育」は「問題」の②「真理・原理ではなくやり方（手順）を教える・学ぶ」と「問題例」の②「勉強を悟りと誤解し正々堂々と教えない」、④「無味乾燥で退屈な授業→いじめ・学級崩壊」、⑤「合っている事（正しい）を先生に教えてもらう」を要約したものです。本章はこれらの要約した言葉により行動パターンの「主要な問題」を説明します。

では ⑴「頑張る・慢心→少子化」から説明します。既に説明したように筆者は明治以来２回、日本は「頑張る・慢心」を繰り返してきたと考えています。明治は日露戦争のバルチック艦隊の勝利で「慢心」し、戦後は「ジャパン・アズ・ナンバーワン」で「慢心」してしまったと考えています。

次にこれを再掲します。

図 68　頑張る・慢心の繰り返し

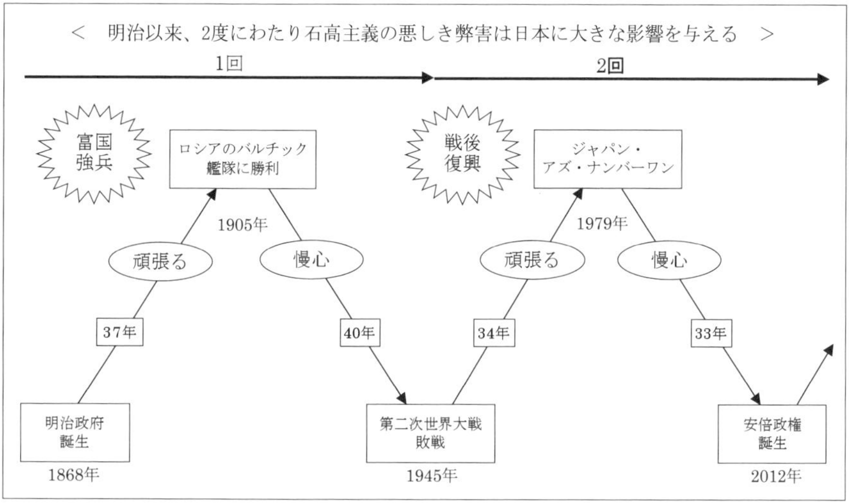

ご覧の通り、ほぼ同じ期間で「頑張る・慢心」を繰り返しています。次にジャパン・アズ・ナンバーワン以降の「慢心」の事実を示します。

図 69　人口の自然増減数の年次推移

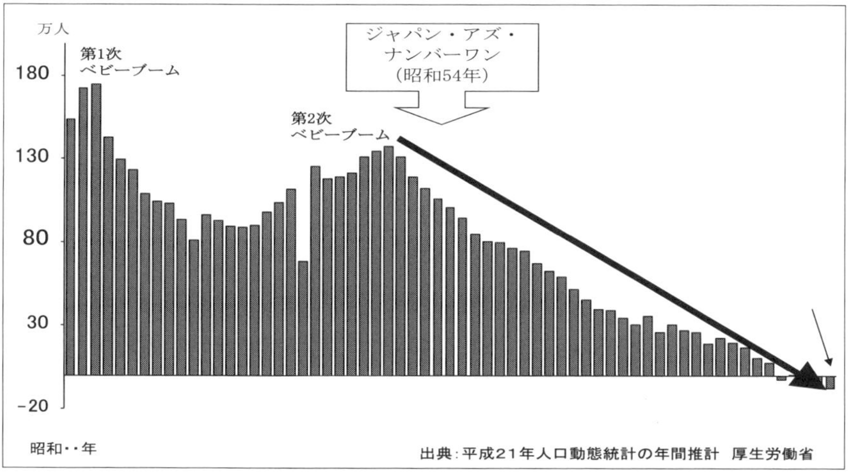

図 70　国債残高

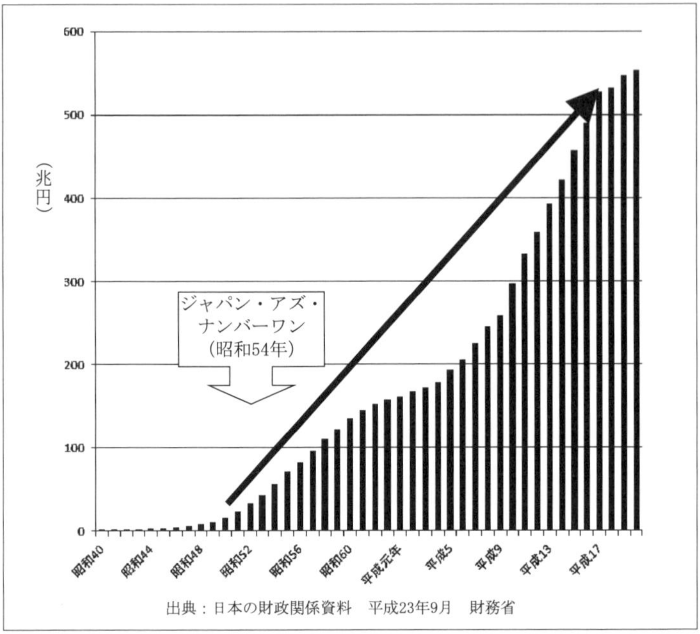

ご覧の通り、日本の人口の自然増減数はジャパン・アズ・ナンバーワンの出版されたあたりから一直線で減少しています。また国債残高は平成元年あたりで一旦中休みしますが、全体を通して見ると一直線で上昇しています。この２つの事実はジャパン・アズ・ナンバーワン以降の「慢心」を明確に示しています。言うまでもなく「慢心」は「思いで行動」つまり「目先の利益や自分の都合を優先」という「石高主義の悪しき弊害」そのものです。次に筆者は「少子化」も「慢心」から生まれたと考えています。この「問題」が ③「生まれる子供より自分が大事」、「問題例」が ⑦「少子化：DINKS・結婚しない女性・草食系男子」です。言うまでもなく、③「生まれる子供より自分が大事」は「慢心の極み」です。お分かり頂けるように、筆者は「少子化」の本質は「慢心の極み」と考えています。また「少子化」の原因は【1】「石高優先」であり【2】「我田引水」と考えています。言うまでもなく、③「生まれる子供より自分が大事」は「石高優先・我田引水の極み」でもあ

ります。しかし、ここで素朴な疑問が浮かびます。それは「少子化」は「戦前の慢心」では生まれていない事です。では、なぜ「戦後の慢心」で「少子化」が生まれたのかです。これは「石高主義の悪しき弊害」とは別の原因と考えています。それは、本シリーズで説明するように、戦後の日本の対米追随の「実利の追求」とジャパン・アズ・ナンバーワン以降の「実利の教育」です。これが「理念と実利の分離」を更に拡大し、③「生まれる子供より自分が大事」の「慢心の極み」を更に増長させ、「少子化」も招いたと考えています。次に「実利の追求」は「日本のアメリカへのわだかまり」から生まれたと考えています。そのため「少子化」の解決には「日本のアメリカへのわだかまり」の解決も不可欠と考えています。この問題は 1.3.3.4 章で説明します。なお、【1】「石高優先」と【2】「我田引水」の解決策は後半で説明します。

次に ⑵「共同の富を創らない」は最初に 3 つの言葉を説明します。これは「小金持ち・大金持ち」と「共同の富」です。最初に「小金持ち・大金持ち」から説明します。これは本シリーズで説明するように「二宮金次郎の言葉」です。「二宮金次郎」は「世間には自分だけ儲ける“小金持ち”が多く、自分と相手が儲かる“大金持ち”は大変少ない」と説明しています。お分かり頂けるように「小金持ち」は「自分だけ儲ける人間」、「大金持ち」は「自分と相手が儲かる人間」です。この原因は、推察できると思います。これは【2】「我田引水」です。そのため現在の日本も江戸時代と同じ状況です。これが既に説明した「総裁になりたい」や「自分の収入を増やしたい」という「郷の道理に従い欲望のままに生きるマン」です。この「問題」が ④「自分だけ儲ける小金持ち」、問題例が ⑧「大金持ちがいない・共同の富を創らない」です。ここで「共同の富」は「イギリス共同の富」から筆者が考え出した言葉です。「イギリス共同の富」は英語の「British Commonwealth」を訳した筆者の言葉です。なお、これは理解し易いように、古い英語を使用しています。これを日本では「イギリス連邦」と訳しています。どういう事かと言うと「British」は「イギリス」ですが、ポイントは「Commonwealth」です。「Commonwealth」は「Common」と「wealth」の合成語です。この意味は「Common」は「共同の」、「wealth」は「富」です。そのため「イギリス連邦」ではなく「イギリス共同の富」が正しい訳語です。次に「イギリス連邦」を紹介すると、加盟国はイギリスのかつての植民地国の57ヵ国、世界人口の比率で言えば、25%と大きな国家連合です。この肝が「共同の富」にあります。「共同の富」を「二宮金次郎の言葉」で言えば、「自分と相手が儲かる大金持ち」です。つまりイギリスはかつての植民地国と繁栄する「大金持ち」です。しかし、1.4.3章で説明するように戦後の日本は対米追随の「一国平和主義」の「自分だけ儲ける小金ち」だったと考えています。お分かり頂けるように、筆者は【2】「我田引水」は「個人」だけではなく日本全体に大きな影響を与えてきたと考えています。では【2】「我田引水」をどのように解決するのでしょう。これは本シリーズで説明するように「二宮金次郎」の実践した「同じ村の人間ではないか、助け合おう」です。つまり「愛」に基づいて「正義」を実践する事です。これにより「愛→真理→勇気→節制→正義→利益」の「正義と利益の実現」を実現できます。その結果「自分と相手が儲かる大金持ち」を実現し、【2】「我田引水」を解決します。そのため【2】「我田引水」の解決策も「愛と真理と正義の実践」です。「愛と真理と正義の実践」が【2】「我田引水」を解決します。この事をご理解頂けると思います。

では最後に ⑶「悟りの教育」を説明します。最初に ⑶「悟りの教育」の意味を説明します。これは日本人は「勉強を悟り」と理解している事です。しかし、「勉強」は既に解明された「真理」や「原理」を学ぶものであり、「新たな真理」を探究する「悟り」ではありません。しかし、日本の教科書は最も重要な「真理・原理」を誰にでも分かるように章の真ん中で正々堂々と説明しません。そうではなく「手順」を克明に説明します。そのため生徒も「手順」を1つでも多く習得し、点数を上げる【1】「石高優先」です。それに対して「真理・原理」は、章の最後にさらりと記述したり、また注記に大変重要なヒントを記述し、それに気づく、つまり「悟る事」を要求する「悟りの教育」です。つまり日本の教育は「鶴亀算の教科書」に基づく「手順重視」の【1】「石高優先の教育」であり「悟りの教育」です。それに対して欧米の教育は「施しの教育」です。この事は既に説明した欧米人の「施しの行動パターン」やトーマス・ジェファーソンの「分別を教育により知らせる」からご理解頂けると思います。更に、これを良く示すのが、平成18年度に改正される前の教育基本法の前文です。これは「われらは……日本国憲法を確定し……この理想の実現は、根本において“教育の力”にまつべきものである」です。ここで「教育の力」は、言うまでもなく「施しの教育」です。お分かり頂けるように、欧米の教育は「施しの教育」です。しかし、大変残念な事は平成18年度の改正で「教育の力」は削除されました。これは「日本の教育」は「施しの教育」ではなく「悟りの教育」を明確に示しています。

そのため解決策は「施しの教育」に改める事です。具体的に言えば、「方程式の教科書」に改める事であり、「真理・原理」をズバリと教える事です。これが「教育の力」です。これにより【1】「石高優先の教育」も十分解決できます。この理由は、既に説明したように「手順」は「原理」から生まれるからです。そのため「原理」を理解できる事により、生徒も「手順」を丸暗記するのではなく、自ら考え出せるようになります。更に「原理」の基づく「真理」も理解するため深く理解できます。そのため「手順重視の」【1】「石高優先の教育」も十分解決します。更に「いじめや学級崩壊」も解決できると考えています。この理由は、筆者は④「無味乾燥で退屈な授業→いじめ・学級崩壊」と考えているためです。つまり「無味乾燥で退屈な授業」が「いじめ・学級崩壊」を起こすと考えています。言うまでもなく、人間は分からない事を教えられているとイライラし、ストレスが溜まってきます。このイライラ、ストレスが「いじめや学級崩壊」の根本原因と考えています。これを逆説的に示すのが「塾」では「いじめや学級崩壊」がない事です。この理由は、塾は勉強意欲の高い生徒が通っているためとも考えられますが、最大の要因は、講師が肝心要の「真理・原理」をズバリ教える「施しの教育」のためです。そのため生徒も良く分かります。そして授業に集中し、イライラやストレスもなく「いじめや学級崩壊」もないと考えています。そのため「いじめや学級崩壊」も十分解決できると考えています。

更にもう１つの問題を解決すると考えています。それは⑤「合っている事（正しい）を先生に教えてもらう」です。これを一言で言えば、【3】「他力本願」に基づく「他力本願の教育」です。それに対して「欧米の教育」は「自力本願の教育」です。両者の差を示すのが「正しい」と「真実」です。どういう事かと言うと、筆者が日本IBMに入社してアメリカ人と話して大変驚いた事は、アメリカ人は「それは正しい」と話さず「それは真実です」と話す事です。本シリーズで説明するように広辞苑の「正しい」の意味は「よいとするものや決まりに合っている」つまり「正しい」の意味は「合っている」です。しかし、アメリカ人は「合っている」、つまり「正しい」とは言いません。そうではなく「真実」と言います。つまり「２＋３の５」は「正しい」ではなく「真実」と言います。この理由は、重要なのは「真実か否か」であり「先生」と「合っているかどうか」ではないからです。お分かり頂けるように「合っている事」を重視する「他力本願の教育」は「郷の長老」に従ってきた「石高主義の悪しき弊害」です。それに対して「真理・原理」を教える「施しの教育」は「真実か否か」を教える「自力本願の教育」です。これにより「石高主義の悪しき弊害」の「他力本願の教育」も十分改めます。以上をまとめると、解決策は「子供は国の宝」という「愛の心」に基づいて「学問の解き明かした真理・原理」をズバリ教える「施しの教育」であり、「人間の５元徳」で言えば、「真理」を知らない人間に教えようとする勇気、節制であり、生徒を助ける「正義」を実践する事です。これはすべての分野に成り立つ普遍的知識です。そのため【1】「石高優先」と【3】「他力本願」の解決策も「愛と真理と正義の実践」です。お分かり頂けるように「行動パターンの問題の解決策」も「思考パターンの問題の解決策」と同じく「愛と真理と正義の実践」です。この事をご理解頂けると思います。では次に「社会の営みの問題の概要」を説明します。

1.3.3 章　社会の営みの問題の概要

本章は「社会の営みの問題の概要」を説明します。既に説明したように日本の社会は「郷の道理により分離・調和する社会」です。この原因は「郷の道理」です。また日本の社会は「個人の尊重」ではなく「国家の尊重」です。そのため「郷の道理」と「国家の尊重」が相俟って様々な問題を生み出しています。しかし、問題は表面化していません。この原因は「日本風の理解」にあります。「日本風の理解」が「郷の道理」や「国家の尊重」を巧妙に隠しています。しかし、極めて深刻な問題を生み出しています。これが既に説明したように筆者は日本には 5 つのタイプの「ミドルクラスの人々」が存在しないと考えています。そのため本章は「国家の尊重」と「日本風の理解」から生じている問題と「ミドルクラスの人々がいない問題」を説明します。「郷の道理」はこの中で説明します。更にもう 1 つの日本の社会の隠された大きな問題を説明します。それは戦後 69 年間、日本人の心の奥底にある「アメリカへのわだかまり」です。広島、長崎に原爆を落とし、日本を降伏させ、日本国憲法を作り、更に日米安保を締結し、在日米軍を駐留させる「アメリカに対する言いようのない日本のわだかまり」です。これが日本の社会の隠された大きな問題と考えています。そのため本章は 4 つの章に分けて「社会の営みの問題」を説明します。「1.3.3.1 章」は「国家の尊重から生じている問題」、「1.3.3.2 章」は「日本風の理解から生じている問題」、「1.3.3.3 章」はミドルクラスの人々がいない」、「1.3.3.4 章」は「日本のアメリカへのわだかまり」を説明します。では「国家の尊重から生じている問題の概要」から説明します。

1.3.3.1 章　国家の尊重から生じている問題の概要

本章は「国家の尊重から生じている問題の概要」を説明します。この「問題」を図 67 から抜粋すると ⑫「官僚・公務員の尊重」、⑬「行政への国家権力の集中」、⑭「正義の軽視」、⑮「国民に容易に理解できない法律・予算」です。これらは国政の問題ですが、日本と欧米の事実に基づいて説明しますので容易にご理解頂けます。

では ⑫「官僚・公務員の尊重」から説明します。この「問題例」を図 67 から抜粋すると ⑬「官尊民卑・中央集権体制・隠ぺい体質」と ⑭「天下り・親方日の丸・コスト意識の欠落」です。ここで読者の皆様は ⑬「官尊民卑」は「過去のものであり、現在は存在しない」と感じると思います。しかし、そうではありません。これは現在も存在します。次にこれを説明する経団連の「PFI の推進に関する第二次提言」の文章を示します。

経団連の 2002 年の政府への「PFI の推進に関する第二次提言」の官尊民卑を説明する文章

さらに、国・地方公共団体における意識改革を促すことが重要である。官尊民卑の意識が潜在的であれ根底に存在すると、PFI 事業は成功しない。官と民は対等であるとの前提にたって事業を進めることが、PFI 事業を成功に導く鍵の一つである。

ご覧の通り、「官尊民卑の意識が……官と民は対等であるとの前提にたって」と明確に「官尊民卑」を指摘しています。ここで読者の皆様は従来の「政官財」の癒着の構造から、このような提言を経団連が政府に行う事を意外に感じると思います。これは筆者も同じです。これは今回イギリスの NPM の日本での導入状況を調べている時に知りました。そして「至極当然」と思いました。トヨタの豊田章男社長はプリウスのリコール問題のためアメリカ議会の公聴会に出席する時代です。現在はグローバル化の時代です。そのため日本国内の「政官財」の癒着の構造で繁栄する時代は終焉しました。現在は政府に提言する「賢民賢国」の時代です。この経団連の提言に対して抵抗しているのが官僚です。この事は 2002 年度以降の経団連の提言、及び平成 22 年度の内閣府の「民間資金等活用事業推進室の方針」を見てみれば明らかです。次にこれを示します。

図 71　日本の PFI の状況

「新しい公共」と「財政に頼らない成長」 ― PFI の総括と今後の活用に向けた基本方針 ―
平成22 年9月16 日　内閣府民間資金等活用事業推進室

PFI の意義を曲解することなく、適切なPFI 活用を図ることが必要である。・・PFI の活用によって「新しい公共」と「財政に頼らない成長」の実現を目指すとともに、PFI の本旨を歪めて公的資金を投入する官製PFI 市場を形成することがないように、厳に戒めて基本方針とする。

経団連の提言

PFIのさらなる活用を求める －行政の無駄削減と人に優しい行政サービスの提供に向けて－ 2009年11月17日	今、まさにわが国のPFIは、今後の針路を左右する大きな過渡期にある。ここで適切な処方を講じなければ、早晩、わが国のPFIは失敗に終わるという危機感を持つ必要がある。新政権の下で、制度の抜本的な見直しが図られ、豊かな未来社会の構築にPFIが大きく貢献することを期待する。
PFIの拡大に向け抜本的な改革を求める 2007年12月18日	PFIは、民間が、資金、経験、経営、技術に関する能力や創意工夫などを提供することを通じて、公共サービスのあり方そのものを変えていくとともに、国・地方が直面する様々な問題にも貢献しうる可能性を秘めている。多様化する社会のニーズの変化に応えうる公的サービスの再設計という観点からも、本提言の趣旨が活かされ、PFI拡大に向かうよう強く希望するものである。
PFIの推進に関する第三次提言 ～PFI法の見直しに向けて～ 2004年1月20日	そもそも、PFIの本来の理念は、施設等の建設・整備の有無を問わず良質な公共サービスを幅広く提供することにあるといえる。そこで、本提言のむすびに当って、PFI法の正式名称を「民間資金等の活用による公共サービスの提供の促進に関する法律」に改正し、民間資金の活用による質の高いサービスの提供というPFIの本来の目的を明確にするよう提言する。
PFIの推進に関する第二次提言 2002年6月17日	さらに、国・地方公共団体における意識改革を促すことが重要である。官尊民卑の意識が潜在的であれ根底に存在すると、PFI事業は成功しない。官と民は対等であるとの前提にたって事業を進めることが、PFI事業を成功に導く鍵の一つである。

出典：経団連　政策提言／調査報告

ご覧の通り、2002 年、2004 年、2007 年、2009 年と再三にわたり経団連は提言しています。そして 2009 年度の「ここで適切な処方を講じなければ、早晩、わが国の PFI は失敗に終わるという危機感を持つ必要がある」の通り、深刻な事態に至っています。そのため内閣府民間資金等活用事業推進室も「PFI の意義を曲解することなく……PFI の本旨を歪め・官製 PFI 市場を形成することがないように」と戒めています。この根本原因は「PFI の意義を曲解し、PFI の本旨を歪め官製 PFI 市場」の通り、「国家の尊重」です。言うまでもなく「PFI の意義を曲解し……PFI の本旨を歪め・官製 PFI 市場を形成すること」は明らかに誤りです。このような誤りを官僚が行う事が日本の問題です。これがまかり通るのが「国家の尊重」です。これが「官尊民卑」を生み出し、更に前述の通り、またイギリスの NPM で紹介したように「官製 PFI 市場」を生み出します。お分かり頂けるように「官尊民卑」は現在も存在します。この事をご理解頂けると思います。

次に ⑭「天下り・親方日の丸・コスト意識の欠落」は問題の大きさから「天下り」と「コスト意識の欠落」を説明します。最初に「コスト意識の欠落」から説明します。「官僚・公務員」の「コスト意識の欠落」に関して大変参考になる年次報告書があります。これはアメリカの最高裁判所長官の2008 年度の年次報告書です。次に「コスト意識」に関する英文の筆者の日本語訳を示します。

筆者の日本語訳

最高裁判所、他の連邦裁判所組織、アメリカの裁判所の運営組織、連邦裁判センターを含む司法は 2008 年度に約 6200 億円（1 ドル =100 円）の予算を受け取りました。これはアメリカ政府の合計 300 兆円（1 ドル =100 円）の予算の 1%の 10 分の 2 です。1%の 10 分の 2！　これが我々がアメリカ政府の 3 つの組織の 1 つとして求めるものです。……司法はアメリカ政府のコストに取るに足らない量を追加するだけですが、裁判所は現在の経済危機よりはるか前の 2004 年に始まったプロセスとして厳しいコスト抑制の努力を進めています。……私の前任者の最高裁判所長官の W. H. Rehnquist は裁判が効率的に機能する事に熱心だった事で良く知られていました。それにもかかわらず、司法はレンタル代、スタッフ、IT 技術の 3 つの分野で重大なコスト節約を達成する新たな方法を見つけてきています。

最初にこの年次報告書を知った背景を説明します。当然の事ですが、このような事を調べようと思って、この年次報告書を読んだ訳ではありません。アメリカのオバマ大統領、また国会議員の考えはマスコミの報道などから良く理解しています。しかし、三権分立の司法、つまりアメリカの裁判官はどのような考えを持っているのかは報道されていません。そのためこれを理解しようと思って、アメリカの最高裁判所のホームページからこの年次報告書を読みました。お分かり頂ける通り、これはアメリカの司法が継続的にコスト削減に努力している事を明確に示しています。それも大変分かり易い説明です。「三権分立と言っても、アメリカの司法はたった0.2％のアメリカ政府の予算にもかかわらずコスト削減に努力している」更に「2008年のリーマンショックの4年前から始めている事」また「極めてコスト削減に熱心だった最高裁判所長官の絞って乾いたぞうきんを更に絞っている事」を説明しています。そして「司法はアメリカ政府のコストに取るに足らない量を追加するだけ」から分かる通り、明確に「公務員のコスト意識」があります。これには本当に驚き「アメリカは偉い国」だと思います。改めて「石高－コスト＝蓄積」の「蓄積主義の欧米人」の「高いコスト意識」を実感します。それに対して、日本の最高裁判所長官や裁判官、また霞が関の官僚、自治体の公務員、更に国会議員・県会議員・市会議員はこのような「コスト意識」を持ち「コスト削減」をしているでしょうか。そうではない事は明らかです。日本の最高裁判所のホームページには同様な年次報告書すらありません。また説明するまでもなく、三権分立の長がこのようなコスト削減を説明する年次報告書を日本で見た事がありません。

更に「空気と水はただ」また「石高主義」のため「マスコミのコスト意識」も大変低いです。これを良く示すのが国会議員の歳費の問題です。良く国会議員の歳費がマスコミで取り上げられます。しかし、これは小事の問題です。大事の問題は公務員の人件費です。次に平成23年度の公務員の人件費を示します。

図 72　公務員人件費

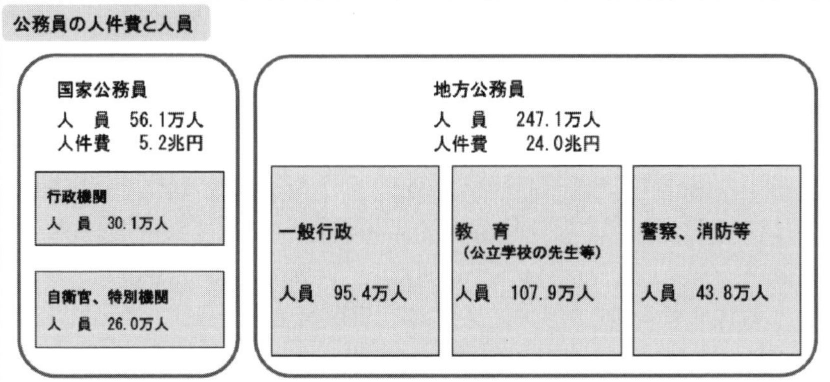

(注1)国の行政機関及び特別機関の人員については、一般会計及び特別会計の定員の合計(平成23年度予算ベース)、地方の人員は、『地方財政の状況(平成23年3月)』(総務省)による平成21年4月1日現在の職員数(普通会計分)。
(注2)国の特別機関とは、国会、裁判所、会計検査院及び人事院を指す。
(注3)人件費について、国は一般会計及び特別会計の合計(平成23年度予算ベース)、地方は『地方財政の状況(平成23年3月)』(総務省)による平成21年度普通会計決算額。

出典:日本の財政関係資料　平成23年9月　財務省

ご覧の通り、公務員の人件費の総額は 29.2 兆円です。23 年度の税収は約 41 兆円です。そのため公務員の人件費の総額の 29.2 兆円は税収の 41 兆円の 71%です。国家の税収の 71%が公務員の人件費に消える国は明らかに異常です。これでは国民は公務員の給料を払うために税金を納めるようなものです。既に説明したように日本国憲法では「その福利は国民がこれを享受する」と定めています。しかし、「その福利」の「71%」は公務員が享受し、国民は「29%」です。これは明らかに誤りです。これに対して「いやいや国民も道路を、空港を、義務教育を、更には年金、介護と十分福利を享受している」と反論される官僚・公務員もおられると思います。しかし、それらはすべて赤字国債で賄われています。平成 23 年度の赤字国債の発行額は 44 兆円です。これらの赤字国債を購入しているのは国民です。そのため「その福利は国民がこれを享受する」ではない事は明らかです。現在の日本はまさに「国家の尊重」であり「官尊民卑」です。

そしてこの問題を忘れて国会議員の歳費の問題を取り上げる「マスコミのコスト意識」も大変低いです。仮に国会議員の年間の歳費が 1 億円としても衆参併せて 702 人の国会議員× 1 億円＝ 702 億円です。合計金額は 800 億円にもなりません。しかし、公務員の人件費の総額の 29.2 兆円を 365 日で割れば 1 日 800 億円です。お分かり頂ける通り、日本では毎日 800 億円が公務員の人件費として消えていきます。国会議員の全員の歳費は 365 日の 1 日分でしかありません。これは「365 日の 1 日」の小事の問題であり、大事の問題は「365 日の 364 日」の公務員の人件費です。マスコミは是非この事に気づき報道して頂ければと思います。これにより国民も「365 日の 364 日」の公務員の人件費の問題に気づきます。この事は一人当たりの公務員の人件費を見れば更に明らかです。次にこれを平成 23 年 9 月の財務省の日本の財務関係資料から抜粋して示します。

公務員の種類	人数	人件費	平均額
国家公務員	56.1 万人	5.2 兆円	961 万円
地方公務員	247.1 万人	24.0 兆円	971 万円
合計	303.2 万人	29.2 兆円	963 万円

ご覧の通り、国家公務員は 961 万円、地方公務員は 971 万円で、平均額は 963 万円です。これは大変高額です。この事はイギリスと比べて見れば明らかです。次にこれを示します。

図 73　イギリスの国家公務員の年収

6 Civil Service employment by gross salary band and gender

All employees *Headcount*

	Full-time employees			Part-time employees			All employees		
Salary band	**Male**	**Female**	**Total**	**Male**	**Female**	**Total**	**Male**	**Female**	**Total**
Up to £15,000	3,970	3,590	7,550	980	3,100	4,080	4,940	6,690	11,630
£15,001 - 20,000	54,740	59,870	114,610	6,400	44,570	50,970	61,140	104,440	165,570
£20,001 - 25,000	42,360	41,790	84,140	2,800	22,710	25,510	45,160	64,500	109,650
£25,001 - 30,000	41,580	27,590	69,170	2,670	11,140	13,800	44,250	38,730	82,980
£30,001 - 35,000	26,780	14,170	40,950	1,620	3,920	5,540	28,400	18,090	46,490
£35,001 - 40,000	15,020	7,940	22,960	790	2,010	2,800	15,810	9,950	25,760
£40,001 - 45,000	8,400	3,810	12,210	560	1,500	2,060	8,950	5,310	14,270
£45,001 - 50,000	6,110	3,700	9,810	300	940	1,230	6,410	4,630	11,050
£50,001 - 55,000	5,610	3,040	8,650	450	1,030	1,480	6,070	4,070	10,140
£55,001 - 60,000	3,830	1,890	5,730	220	520	740	4,050	2,420	6,460
£60,001 - 65,000	2,660	1,540	4,210	180	460	640	2,840	2,010	4,840
£65,001 - 70,000	2,040	910	2,950	140	260	400	2,180	1,170	3,350
£70,001 - 75,000	1,220	520	1,740	110	130	240	1,330	660	1,980
£75,001 - 100,000	1,810	690	2,490	100	130	230	1,910	820	2,720
£100,001 - 125,000	340	130	470	20	10	40	360	140	500
£125,001 - 150,000	150	40	190	10	10	20	150	50	210
£150,001 +	90	20	110	..	0	..	90	20	110
Not reported	220	160	380	80	270	340	300	430	720
	216,930	171,400	**388,320**	17,430	92,710	**110,120**	234,340	264,130	**498,430**

フルタイム：388,000人　　パートタイム：110,000人　　合計：498,000人

Lower quartile (£)	19,470	18,250	18,790	17,390	17,960	17,960	19,470	18,180	18,370
Median (£)	26,080	23,080	24,230	23,480	19,530	20,000	25,920	21,780	**23,760**
Upper quartile (£)	33,200	29,260	31,490	30,270	24,390	25,790	33,060	27,720	30,140
Mean (£)	29,250	25,980	27,810	26,580	22,480	23,560	29,050	24,930	26,870

平均年収：23,760ポンド＝356万円　（残業代とボーナスを除く、1ポンド＝150円）

At 31 March 2011, median gross annual earnings (excluding overtime or one-off bonuses) for all employees were £23,760, an increase of £910 from 31 March 2010.

出典：Civil Service Statistics , 2011　Office for National Statistics　UK

ご覧の通り、イギリスの国家公務員の平均年収は356万円です。これには残業代とボーナスは含まれていません。そのため日本の国家公務員の961万円と直接比較する事はできませんが、大きな差がある事をご理解頂けると思います。これを前述の963万円と比較するには残業代やボーナスを含める必要があります。またいわゆる健康保険や年金などの様々な福利の金額も含める事が必要です。そのためこれらすべてを含んだ金額に変換する事が必要です。これを356万円のざっくり7掛け、つまり356 × 1.7 = 605万円と想定します。これが日本の963万円と対応します。そして両者の差は963万円－605万円＝358万円です。お分かり頂けるように、日本の公務員の人件費はイギリスの公務員よりも358万円多い事になります。これではイギリスのNPMを導入、実践しても日本の財政赤字はなくなりません。

まず、やるべき事は公務員の人件費をイギリス並みにする事です。そうでなければ NPM を導入しても効果はありません。更に日本もイギリスと同様にパートタイムの公務員を採用する事です。図 73 に示す通り、イギリスの国家公務員の 498,000 人の中でパートタイムの国家公務員は 110,000 人で 22%です。また図 56 の「イギリスの NPM の全体像」で示す通り、イギリスの国家公務員の 53%は女性です。では、なぜイギリスではパートタイムの国家公務員でも仕事をきちんとこなせるのでしょう。また女性も大半を占めるのでしょう。これについては本シリーズで説明します。ここで要点を説明すれば、イギリスの法律は「価値と原理と手順の統論」として定められているため容易に理解でき、パートタイムの公務員の国家公務員でも十分仕事をこなせ、また女性も進出し易いと考えています。

では、日本も「価値と原理と手順の統論」に基づく「方程式の法律」に改めれば、イギリスと同様にパートタイムの国家公務員が誕生し、女性が大半を占めるようになるのでしょうか。筆者は「そうではない」と考えています。日本は「思いの徳政」から「考えの徳政」に改める事が必要と考えています。1.4.2 章で説明するように「徳政」は「徳に基づく政治」です。「思いの徳政」と「考えの徳政」は筆者の定義する言葉です。ここでは両者の本質を「広辞苑」の「徳」と「英語の徳」の「Virtue」の Webster の意味から説明し、次に「考えの徳政」へ転換する事によりパートタイムや女性の進出し易くなる事を説明します。最初に広辞苑の「徳」の意味を説明します。これは「①道をさとった立派な行為。善い行いをする性格。身についた品性」、②「人を感化する人格の力」です。これから「徳の本質」は「悟った事により人を感化する事」と理解できます。そのため日本の「思いの徳政」は「悟りの徳政」であり「感化する事」と理解できます。しかし、「悟りの行動パターンの日本人」は「悟った事は頭の中」にあり「施さない事」です。また、そもそも「感化する事」により教えられるのは「思い」であり「考え」つまり「真理・原理」ではありません。「真理・原理」は「感化」ではなくきちんと教える事が必要です。それに対して「考えの徳政」は「施しの徳政」です。この事は「英語の徳」の「Virtue」の Webster の例文の「事前に計画する徳」と「プロとして教える徳」から分かります。「プロとして教える徳」は「施しの徳政」であり「考えの徳政」は「施しの徳政」です。

次に重要な事はイギリス政府の「政府の近代化白書」で説明したように⑵「我々がサービスを個々の市民や企業に提供する方法」は「施す事」が求められている事です。言うまでもなく「行政サービスの提供」は「感化する事」ではなく「施す事」です。そのため「行政サービスを施す」ためにパートタイムや女性の国家公務員」がイギリスには存在します。しかし、日本はそうではありません。公務員は「感化する事」が必要と理解されています。この代表例が「美辞麗句の霞ヶ関文学」です。「美辞麗句」はまさに「国民」を「感化する事」にあります。そして「思い重視の思考パターン」のため国民も「美辞麗句」を「雰囲気的に理解」します。これが「由らしむべし知らしむべからず」の統治方法です。しかし、求められている事は「価値と原理を明らかにし、誰もが容易に理解できるように施す」であり「行政サービスを施す」です。つまり「感化する」の「思いの徳政」から「施す」の「考えの徳政」に転換する事です。これによりパートタイムや女性も国家公務員へ進出し易くなります。更に「公務員の給料は高くて当然」という意識も改まります。どういう事かと言うと「感化する人間」は「感化される人間」よりも「上」という意識を生み出し、「公務員の給料は高くて当然」という意識を生み出すためです。そのためこれも解決します。率直に言って、日本の公務員の人件費は異常です。それを感じているから財務省も公務員の人件費のデータを公表していると思います。そのため「思いの徳政」から「考えの徳政」へ転換し、公務員の人件費をイギリス並にする事はなによりも急がれます。

次に ⑭「天下り」も大きな問題です。ご存じの通り「天下り先」の多くは特例民法法人です。では特例民法法人はどのように設立されてきたのでしょう。次に厚生労働省所管の新設特例民法法人数を示します。

図74　厚生労働省所管の新設特例民法法人数

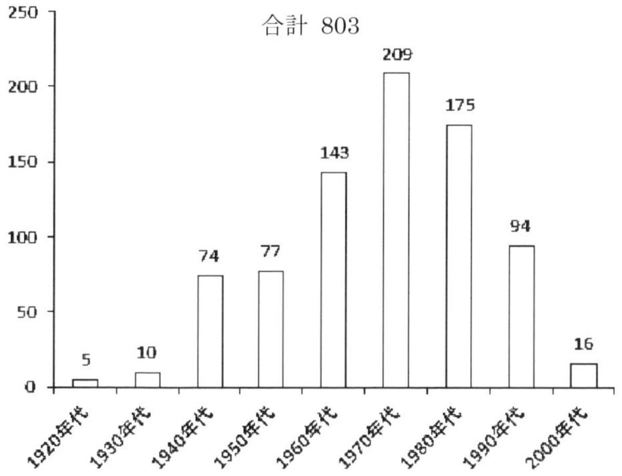

出典:厚生労働省ホームページ　特例民法法人検索　2012年3月31日現在

ご覧頂ける通り、厚生労働省所管の特例民法法人は2012年3月31日現在803法人ありますが、戦前に設立されたのは3%です。残りの97%はすべて戦後設立されました。特に多いのが1970–1980年代です。この時に48%が設立されています。この事からジャパン・アズ・ナンバーワンで舞い上がってしまい、特例民法法人を設立したと考えています。これを示すのが1990年代や2000年代の厚生労働省所管の新設特例民法法人数です。激減しています。言うまでもなく、少子高齢化、子育て、介護と厚生労働省の役割は増大しています。そのため1990年代や2000年代は1970年代や1980年代よりも多く設立してもよさそうですが、激減しています。この事は特例民法法人の設立は国民生活とは関係なく、ジャパン・アズ・ナンバーワンで舞い上がり設立したと考えています。なお、この時にパソコンで処理し易いデータ形式になっていたのは厚生労働省だけです。他の省庁はそうではありませんでした。そのため事実を明確にする事はできませんが、新設の傾向は他の省庁も同様と考えています。ここで特に触れておきたいのは天下りは中央官庁の官僚だけではない事です。地方公務員も同様です。次に都道府県の特例民法法人数を示します。

図 75　都道府県の特例民法法人数

都道府県	特例民法法人		合計
	社団	財団	
北海道	454	320	774
青森	166	156	322
岩手	174	130	304
宮城	156	155	311
秋田	146	95	241
山形	147	163	310
福島	170	177	347
茨城	178	153	331
栃木	140	134	274
群馬	178	136	314
埼玉	248	170	418
千葉	226	206	432
東京	387	374	761
神奈川	296	278	574
新潟	204	202	406
富山	114	132	246
石川	151	168	319
福井	144	121	265
山梨	108	97	205
長野	224	197	421
岐阜	172	163	335
静岡	354	177	531
愛知	252	249	501
三重	146	119	265

都道府県	特例民法法人		合計
	社団	財団	
滋賀	125	137	262
京都	188	306	494
大阪	394	414	808
兵庫	241	280	521
奈良	117	163	280
和歌山	144	118	262
鳥取	82	104	186
島根	125	145	270
岡山	183	217	400
広島	195	238	433
山口	200	163	363
徳島	107	84	191
香川	101	139	240
愛媛	110	135	245
高知	132	153	285
福岡	283	304	587
佐賀	99	99	198
長崎	164	126	290
熊本	131	110	241
大分	146	111	257
宮崎	138	102	240
鹿児島	159	137	296
沖縄	135	110	245
合計	8,634	8,167	16,801

出典:内閣府　平成22年度特例民法法人白書

ご覧の通り、最も多いのは808法人の大阪府です。22年度予算でみると東京都の12兆4223億円に対し、大阪府は5兆183億円です。大阪府の予算は東京都の半分以下ですが、特例民法法人は761法人の東京よりも多くあります。そのため大阪府が財政危機に陥るのも良く分かります。このように地方公務員も天下りしています。そして大阪府の財政赤字からも分かるように、天下りは明らかに財政危機に陥ります。そのため特例民法法人を整理する事は不可欠です。

お分かり頂ける通り、日本は中央も地方も含めて「国家の尊重」です。では、なぜそうなのでしょう。確かに明治の日本は「国家の尊重」でした。しかし、現在の日本は「民主主義の国」です。「国家の尊重」はとっくに消滅してもよいと思います。ではなぜ現在も日本はそうなのでしょう。この原因は既に紹介した「ドイツ系の統治機構」と考えています。これから生まれる問題が⑬「行政への国家権力の集中」です。ここで多くの読者の皆様は「ドイツ系の統治機構、何それ？」と改めて疑問を持たれると思います。これは筆者もまったく同じです。「ドイツ系の統治機構」は本書の執筆のため広辞苑で「政府」を調べて知りました。そしてこれが日本の問題を生み出している事を理解しました。そのため次に「ドイツ系の統治機構」を説明します。これから「日本の問題」と「問題の原因」を更に解き明かします。最初に「国家の統治機構」から説明します。これは広辞苑の説明するように「政府」です。「政府」の意味は「近代国家における統治機構」です。つまり「政府」が「国家の統治機構」です。次に「ドイツ系の統治機構」の意味は広辞苑で説明するように「内閣とその下の行政が政府」です。この事は読者の皆様も実感されると思います。日本で政府と言えば、首相や大臣であり、また大臣の下の行政組織を思い浮かべると思います。これは、まさしく「日本の国家の統治機構」が「ドイツ系の統治機構」だからです。それに対して「英米系の統治機構」は広辞苑で説明するように「三権分立の立法・司法・行政」が「政府」です。

そのため「ドイツ系の統治機構」は ⑬「行政への国家権力の集中」という問題を生み出します。言うまでもなく、国家権力が「行政」に集中するのは大変危険です。では、なぜこのような「国家の統治機構」がドイツに生まれたのでしょう。また、なぜ明治政府は採用したのでしょう。これは日本の問題を考える時、大変重要です。そのため次に両者をまとめて説明します。最初に「ドイツ系の統治機構」がドイツに誕生した理由から説明します。これはドイツが市民革命でも産業革命でも先進国のイギリスに追いつくためだったと考えています。当時のドイツはイギリスと比べると大きく遅れていました。そのためイギリスに追いつくために「ドイツ系の統治機構」が生まれたと考えています。そして明治政府が採用した理由も同じと考えています。明治の日本も欧米の列強に追いつく事がなによりも重要でした。そのため「ドイツ系の統治機構」を採用したと考えています。では、なぜドイツはイギリスに、そして日本は欧米の列強に追いつく事ができたのでしょう。これはまさに「行政」に「国家権力を集中」させるからです。これにより「行政の官僚」が国民全体を容易に動かせます。つまり「国家総動員体制」を容易に築ける事です。これが追いついた最大の要因と考えています。

次に重要な事は日本はいまだに「ドイツ系の統治機構」を採用している事です。これが日本に様々な問題を生み出しています。但し、利点もありました。それは容易に富国強兵を進める事ができ、また戦後復興を推進できた事です。なお、戦後復興も「国家総動員体制？」と疑問を抱く読者の皆様も多いと思います。これは良く分かります。戦後民主主義の日本で戦前のような「国家総動員体制」があったとは考えられないからです。これは1970-1980年代に良く言われた「日本株式会社」です。官僚の主導の下、自治体、大企業、中小企業、そして各産業が連携して「日本株式会社」として機能しました。これが戦後の「国家総動員体制」とご理解頂ければと思います。率直に言って、これが「ジャパン・アズ・ナンバーワン」を実現したと言っても過言ではないと考えています。このように「ドイツ系の統治機構」は「非常時」の追いつく時は大変有効です。しかし、三権分立の民主主義で「行政」に権力が集中するのは大変危ういものがあります。そのため「平時」になれば「英米系の統治機構」に転換する事が必要です。しかし、戦前、戦後、更に現在まで日本は転換していません。これが日本の問題であり、更に様々な問題を生み出しています。

そのため次にこの問題を具体的に説明します。この「問題例」を図67から抜粋すると ⑮「官僚政治・反対野党・法律偏重」です。ここでは問題の大きさから「官僚政治」と「法律偏重」を説明します。最初に「官僚政治」から説明します。「官僚政治」の問題例が2010年の最高裁の二重課税に対する判決です。最高裁は、生命保険を遺族が年金で分割して受け取る場合に、相続税に加えて所得税を課す事は「二重課税に当たり、違法」と判決を下しました。これが違法である事は、誰が考えても分かる事です。二重に税金を取る事は違法です。では、なぜこのような自明の事を争わなければならないかと言うと、1968年3月の国税庁の「局長通達」があるからです。これが年金タイプの生命保険には「所得税を課しても良い」と通達しているためです。そのため税務署は生命保険を遺族が年金で分割して受け取る場合に42年間、二重に税金を取ってきました。これが「官僚政治の問題」です。この根本原因は、まさに行政に国家権力を集中させる「ドイツ系の統治機構」にあります。昨今「官僚政治」は単なる言葉、表現して用いられますが、「内閣とその下の行政が政府」という「ドイツ系の統治機構」という「実体」が存在します。これが根本原因です。更に原因は２つあります。１つは、国税庁は最初に「生命保険を遺族が年金で分割して受け取る」という「状態」を想定しなかった事です。これはデジタコの大臣告示の「特例の組み合わせ」と同じです。もう１つも、この時の国の出先機関の「本省に問い合わせてください」と同じです。つまり「本省に従うマン」であり「愛と真理と正義を実践するヒューマン」ではなかった事です。この裁判の特徴は「主婦」が提訴した事です。これは「一般常識で違法と判断できる事」を明確に示していますが、「税務署員」そして「後任の局長」は「一般常識で違法」と判断できる事をせず、42年間「本省・先輩の局長に従うマン」だった事です。これも大きな原因です。

次に「法律偏重」は戦前の「ドイツ系の統治機構」の本質に根差した問題です。先に説明したように戦前の「ドイツ系の統治機構」では国民全体を効率良く動かす事を目標とします。そのため使われるのが法律です。つまり官僚が法律を作成し、法律により、国民、国家全体を動かします。この時に重視されるのが「法律の内容」ではなく「法律」という「国家権力」です。そのため国民に求められるのは法律の是非を論じる事ではなく法律に「従う事」です。その結果「悪法」であっても国民は従わなければなりません。これが戦前の「ドイツ系の統治機構」の「法治主義」と呼ばれるものです。「法治主義」は一見「法治国家」と同じ意味と感じられるかもしれませんが、まったく異なります。「法治国家」は法に基づく健全な国家です。それに対して「法治主義」はそのような健全なものではなく「悪法であれ法律に従いなさい」という「法律偏重」です。これが既に説明した「郷の道理」、「鶴亀算の法律・予算」、「原則・制度」と同様に「官僚・公務員」の「自分の利益や都合により行動」を巧妙に隠している要因です。お分かり頂けるように筆者は「ドイツ系の統治機構」の「法治主義」も「官僚・公務員」の「自分の利益や都合により行動」を巧妙に隠している大きな要因と考えています。そして現在も「ドイツ系の統治機構」の日本は「法治主義」であり「法律偏重」です。日本では「正義」ではなく「法律」が重視されます。法律に定められていれば、疑義をはさむ事なく従わなければなりません。しかし、これは先ほどの「局長通達」と大きく矛盾すると感じると思います。「法律偏重」は法律を重視する事であり、片や「局長通達」は法律よりも「局長通達」を重視する事です。そのため両者は一見矛盾するように感じられます。しかし、矛盾していません。そうではなく大変都合の良い相互補完となっています。ここで大変重要な役割を果たしているのが「鶴亀算の法律・予算」です。

そのため次に ⑮「国民に容易に理解できない法律・予算」を説明します。この原因は既に説明したように「鶴亀算の法律・予算」です。「鶴亀算」は第３者にはまったく分かりません。これは「鶴亀算の法律・予算」も同じです。これも第３者にはまったく分かりません。次にこの事を「予算」から説明します。最初に日本の「鶴亀算の予算」を次に示します。

図 76　勘定科目と金額だけの日本の鶴亀算の予算

664　農林水産省所管　農林水産本省

勘定科目

金額

項	目	平成22年度要求額（千円）	前年度予算額（千円）	比較増△減額（千円）
65061-2122-08	外国旅費	2,019	10,251	△ 8,232
65061-2122-08	委員等旅費	12,629	17,698	△ 5,069
65061-2122-08	生産振興調査旅費	0	2,425	△ 2,425
65061-2122-08	出願品種審査等業務旅費	0	15,670	△ 15,670
65061-2123-09	庁費	201,253	223,570	△ 22,317
65061-2123-09	情報処理業務庁費	28,462	24,686	3,776
65061-2123-09	生産振興調査費	6,610	21,919	△ 15,309
65061-2125-14	農業生産振興調[illegible]	27,999	143,930	△ 115,931
[illegible]	[illegible]	[illegible]	[illegible]	△ 3,191
65061-2405-16	国産農畜産物競争力強化対策事業費補助金	23,237,999	69,973,958	△ 46,735,959
65061-1925-16	国産農畜産物競争力強化対策整備費補助金	2,204,649	16,329,490	△ 14,124,841
65061-2405-16	さとうきび・でん粉原料用かんしょ生産者経営安定対策事業費補助金	37,615	37,615	0
65061-2405-16	国内産糖・いもでん粉産地緊急構造改革支援事業費補助金	1,090,000	1,097,344	△ 7,344
65061-2405-16	野菜価格安定対策費補助金	9,060,316	9,362,705	△ 302,389
65061-2405-16	飼料穀物備蓄対策費補助金	1,508,230	3,016,460	△ 1,508,230
65061-2715-16	鶏卵価格安定対策費補助金	1,353,846	1,248,634	105,212

項	目	平成22年度要求額（千円）	前年度予算額（千円）	比較増△減額（千円）
65061-2405-16	水田農業構造改革交付金	14,592,157	299,152,041	△ 284,559,884
65061-2815-16	協同農業普及事業交付金	3,597,308	3,597,308	0
65065-2405-16	甘味資源作物・国内産糖調整交付金	7,953,000	7,030,000	923,000
65065-2405-16	農畜産業振興対策交付金	17,045,767	46,065,767	△ 29,020,000
65061-1825-16	国産農畜産物競争力強化対策整備交付金	0	1,200,000	△ 1,200,000
011	牛肉等関税財源国産畜産物競争力強化対策費	60,529,720	77,338,149	△ 16,808,429
6[illegible]	[illegible]	1,[illegible]	[illegible]	△ 534,455
65061-2405-16	牛肉等関税財源飼料対策費補助金	7,160,001	16,991,298	△ 9,831,297
65061-2825-16	牛肉等関税財源国産畜産物競争力強化対策費交付金	1,285,323	1,728,000	△ 442,677
65065-2405-16	牛肉等関税財源畜産業振興対策交付金	50,562,867	56,562,867	△ 6,000,000
012	独立行政法人農畜産業振興機構運営費	1,883,154	2,221,543	△ 338,389
65065-2405-16	独立行政法人農畜産業振興機構砂糖勘定運営費交付金	1,011,005	1,181,724	△ 170,719
65065-2405-16	独立行政法人農畜産業振興機構でん粉勘定運営費交付金	366,771	452,816	△ 86,045

出典：財務省　平成22 年度一般会計予算

ご覧の通り、日本の予算は「勘定科目」と「金額」だけが示されているだけです。これでは第3者にはまったく分かりません。この予算で何を実現するのか、どのような政策を実現するのか「鶴亀算」と同様にまったく分かりません。これは平成22年度の予算から抜粋したものです。平成22年度の予算は「一般会計」は985ページ、「特別会計」は694ページ、「政府関係機関予算」は126ページ、合計で1,805ページあります。しかし、すべて「勘定科目」と「金額」が記載されているだけです。どのような政策を実現するのか何も説明がありません。これでは国民はまったく分かりません。しかし、「鶴亀算」と同様に予算を作成した官僚は「勘定科目」と「金額」の意味を十分理解しています。これが日本の予算を「鶴亀算の予算」と呼ぶ理由です。それに対してアメリカの予算は国民に容易に理解できる「方程式の予算」です。次にこれを示します。

図77　説明のあるアメリカの方程式の予算

出典：Budget of the U. S. Government Fiscal Year 2011

ご覧の通り、最初に簡潔なハイライトがあり、次にハイライト毎の要約があり、最後に予算の金額の要約があります。そのため第三者にも十分理解できます。これがアメリカの予算を「方程式の予算」と呼ぶ理由です。これはアメリカの2011年度の農業省の予算を抜粋したものです。これらが5ページに簡潔にまとめられています。これは次に示すようにアメリカの2011年度の「予算書」に含まれています。

図78　アメリカの予算書の内訳

英語	日本語訳		ページ数
1. THE BUDGET MESSAGE OF THE PRESIDENT	大統領予算メッセージ		5
2. RESCUING THE ECONOMY	経済を救済する		12
3. REVIVING JOB CREATION AND LAYING A NEW FOUNDATION FOR ECONOMIC GROW	仕事の創造の復活と経済成長のための基礎構築		19
4. RESTORING RESPONSIBILITY	責任の回復		8
各省庁の予算		金額(M$)	
5. DEPARTMENT OF AGRICULTURE	農業省	132,289	6
6. DEPARTMENT OF COMMERCE	商務省	9,254	4
7. DEPARTMENT OF DEFENSE	国防総省	718,795	6
8. NATIONAL INTELLIGENCE PROGRAM	国家情報プログラム(CIA)		2
9. DEPARTMENT OF EDUCATION	教育省	71,479	6
10. DEPARTMENT OF ENERGY	エネルギー省	31,165	4
11. DEPARTMENT OF HEALTH AND HUMAN SERVICES	健康・ヒューマンサービス省	900,853	8
12. DEPARTMENT OF HOMELAND SECURITY	国土安全保障省	53,658	4
13. DEPARTMENT OF HOUSING AND URBAN DEVELOPMENT	住宅・都市開発省	47,539	6
14. DEPARTMENT OF THE INTERIOR	内務省	13,077	4
15. DEPARTMENT OF JUSTICE	正義省	31,307	4
16. DEPARTMENT OF LABOR	労働省	116,715	6
17. DEPARTMENT OF STATE AND OTHER INTERNATIONAL PROGRAMS	国務省	53,809	4
18. DEPARTMENT OF TRANSPORTATION	運輸省	75,306	4
19. DEPARTMENT OF THE TREASURY	財務省	93,412	4
20. DEPARTMENT OF VETERANS AFFAIRS	退役軍人省	123,757	4
21. CORPS OF ENGINEERS–CIVIL WORKS	水資源公社	5,986	4
22. ENVIRONMENTAL PROTECTION AGENCY	環境保護庁	9,172	4
23. NATIONAL AERONAUTICS AND SPACE ADMINISTRATION	米国航空宇宙局(NASA)	17,680	4
24. NATIONAL SCIENCE FOUNDATION	全米科学財団(NSF)	6,788	2
25. SMALL BUSINESS ADMINISTRATION	中小企業庁	1,228	4
26. SOCIAL SECURITY ADMINISTRATION	社会保障総局	791,681	4
27. CORPORATION FOR NATIONAL AND COMMUNITY SERVICE	国家コミュニティーサービス公社	967	2
合計		3,305,917	36
28. SUMMARY TABLES	要約表		4
29. OMB CONTRIBUTORS TO THE 2011 BUDGET	2011年度予算に対するOMBの貢献者		4

政策

価値
原理
統論
手順
認識

出典：Budget of the U. S. Government　Fiscal Year 2011

ご覧の通り、「予算書」には、最初に大統領メッセージがあり、次に政策の説明があり、そして最後に各省庁の予算の説明があります。各省庁の予算の説明は2-8ページに収められています。先程の農業省の予算は図78に示すように各省庁の予算の一番最初にあります。アメリカの2011年度の予算も①「アメリカ政府予算書（以降、予算書と略）」は192ページ、②「分析的見通し―アメリカ政府予算書（以降、分析的見通しと略）」は 478 ページ、③「歴史的表―アメリカ政府予算書（以降、歴史的表と略）」は 368 ページ、④「添付資料―アメリカ政府予算書（以降、添付資料と略）」は 1,420 ページ、合計で 2,458 ページあります。しかし、これを ①「予算書」の 192 ページに簡潔にまとめています。そのため大変理解し易いです。そして図 78 に示すように「価値」と「原理」の「統論」としてまとめられています。お分かり頂ける通り、アメリカの「予算書」は「方程式」と明確に対応します。次にこれを示します。

図 79　アメリカの予算書と方程式の類似性

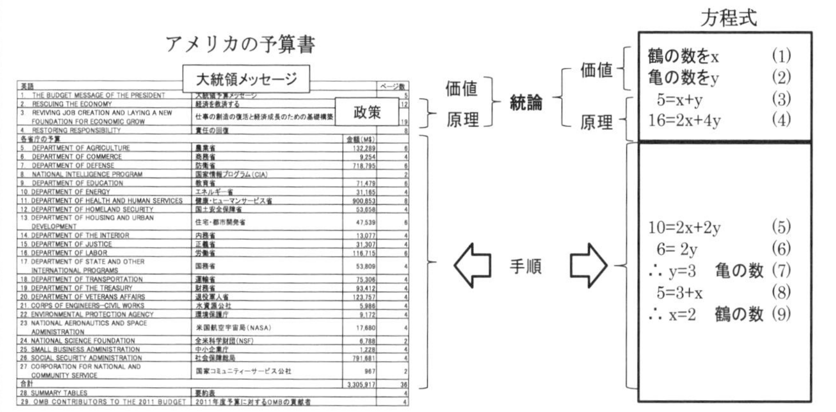

出典：Budget of the U. S. Government　Fiscal Year 2011

ご覧の通り、両者は明確に対応します。共に「価値・原理」が「統論」としてまとめられ、次にこれを実行する「手順」があります。これからアメリカの予算書も「価値と原理と手順の統論」に基づいている事をご理解頂けると思います。更に言えば、アメリカの予算は前述の通り、①「予算書」、②「分析的見通し」、③「歴史的表」、④「添付資料」と 4 種類ありますが、これらも大局的に捉えると「価値＝①予算書」＋「原理＝②分析的見通し」＋「手順＝④添付資料」と理解できます。また ③「歴史的表」は ②「分析的見通し」という「原理」を導く「真理」と理解できます。そのため「真理→原理→予算」を理解できます。このようにアメリカの予算は「価値と原理と手順の統論」

そして「真理→原理→予算」に基づいています。この事をご理解頂けると思います。それに対して、大変情けないのは、日本の予算です。日本の「一般会計・特別会計・政府関係機関予算」をアメリカの予算と対比させて言えば、④「添付資料」です。つまり「一般会計・特別会計・政府関係機関予算」と3種類ありますが、すべて ④「添付資料」です。率直に言って、日本の予算をアメリカ議会に提出すれば、「これは“添付資料”であり“要約書”、つまり“予算書”を持ってきなさい」と言われるだけです。これではアメリカ議会は受け取りません。これは企業でも同じです。このような「添付資料の計画」を「上位マネジメント」に提出しても「まとめてから持って来い」と一喝されるだけです。更に言えば、アメリカの予算は、日本では「特別会計」に含まれると思われる水資源公社や国家コミュニティー公社などの公社の予算や長期の事業を営むNASA、つまり米国航空宇宙局の予算も含めています。日本のように「一般会計予算」と「特別会計予算」と分離していません。そのため筆者にも予算を全体的に容易に理解できます。

以上からお分かり頂ける通り、日本の予算は極めて前近代的な予算です。率直に言って、これは「現場の実務者の内部資料」です。例えて言えば、各省庁の課長補佐の資料です。そのため「価値と原理と手順の統論」に基づいて1つの予算に統合し、①「予算書」を作成し、更に ②「分析的見通し」や ③「歴史的表」そして ④「添付資料」を作成する事です。これにより国民も容易に理解できます。そのため「鶴亀算の予算」から「方程式の予算」に改める事は不可欠です。なお、図 78 の「アメリカの予算書の内訳」で2つ補足する事があります。1つは全米科学財団（NSF）です。全米科学財団は本シリーズで説明するように科学や工学の研究費を個人またはグループに交付金として提供する組織です。これが「アメリカはテクノロジ」を支える根幹であり「個人の尊重」の根幹となる「真理→原理→テクノロジ・法律・予算・政府」の「近代化の精神」の実践です。そして「一人は全員のために、全員は一人のために」の実践です。ここで特に触れておきたいのは「全員は一人のために」です。説明するまでもなく、個人またはグループに科学や工学の研究費を交付金として提供する事は「全員は一人のために」です。

つまりアメリカには「一人は全員のために」と「全員は一人のために」の両方あります。これは「個が全体に埋没される日本」つまり「“全員は一人のために”がない日本」では大変重要です。もう1つは一番下に示すように予算を作成したOMB（Office of Management and Budget、マネジメント・予算局）のすべての官僚の名前を掲載している事です。これは予算を作成された官僚の努力、貢献への「Recognition、レコグニッション、認識する」です。これも「全員は一人のために」の実践です。つまりこのように官僚の名前を掲載する事は国民全員が「予算を作成した官僚の努力、貢献」を「レコグニッション、認識する」です。これも「全員は一人のために」の実践です。この事もご理解頂ければと思います。なお、イギリスの会計検査院の説明で触れたOMBがこのOMBです。

では次に「鶴亀算の法律」の例を示します。

図 80　日本の基本法の前文の「思う」の表現

番号	法律の名前	前文	公布
1	教育基本法	あり	昭和22年
2	原子力基本法		昭和30年
3	災害対策基本法		昭和36年
4	観光基本法	あり	昭和38年
5	中小企業基本法		昭和38年
6	森林・林業基本法		昭和39年
7	消費者基本法		昭和43年
8	障害者基本法		昭和45年
9	交通安全対策基本法		昭和45年
10	土地基本法		平成元年
11	環境基本法		平成5年
12	高齢社会対策基本法	あり	平成7年
13	科学技術基本法		平成7年
14	中央省庁等改革基本法		平成10年
15	ものづくり基盤技術振興基本法	あり	平成11年
16	男女共同参画社会基本法	あり	平成11年
17	食料・農業・農村基本法		平成11年
18	循環型社会形成推進基本法		平成12年
19	高度情報通信ネットワーク社会形成基本法		平成12年
20	特殊法人等改革基本法		平成13年
21	水産基本法		平成13年
22	文化芸術振興基本法	あり	平成13年
23	エネルギー政策基本法		平成14年
24	知的財産基本法		平成14年

出典：文部科学省　現行の「基本法」及び「基本計画等」一覧
平成14年12月現在
『六法全書』平成23年版　有斐閣

このような事態に対処して、特に観光旅行者の利便の増進について適切な配慮を加えつつ、観光に関する諸条件の不備を補正するとともに、わが国の観光の国際競争力を強化することは、国際親善の増進、国民経済の発展及び国民生活の安定向上を図ろうとするわれら国民の解決しなければならない課題である。

このような事態に対処して、我が国の国民経済が国の基幹的な産業である製造業の発展を通じて今後とも健全に発展していくためには、ものづくり基盤技術に関する能力を尊重する社会的気運を醸成しつつ、ものづくり基盤技術の積極的な振興を図ることが不可欠である。

このような状況にかんがみ、男女共同参画社会の実現を二十一世紀の我が国社会を決定する最重要課題と位置付け、社会のあらゆる分野において、男女共同参画社会の形成の促進に関する施策の推進を図っていくことが重要である。

このような事態に対処して、我が国の文化芸術の振興を図るためには、文化芸術活動を行う者の自主性を尊重することを旨としつつ、文化芸術を国民の身近なものとし、それを尊重し大切にするよう包括的に施策を推進していくことが不可欠である。

出典：『ポケット六法』平成18年版　有斐閣
法令データ提供システム
RONの六法全書 on LINE

ご覧の通り、日本には平成14年12月現在で24個の基本法がありますが、前文のあるのはアメリカが骨格を作った教育基本法も含めてもたったの6個です。この問題は本シリーズで説明します。ここでは日本の法律は「思い」を表現している事を説明します。ご覧頂ける通り、「こうしたい」という「思い」を定めているだけです。「諸条件の不備を補正する」、では「諸条件の不備」とは何か、「積極的な振興を図る」、では「積極的な振興」とは何か、これらが説明されていません。そうではなく「こうしたい」という「思い」を「巧言」により定めているだけです。これでは具体的に分かりません。これが日本の法律の問題です。次にこの問題を最近の例から説明します。これは一昨年、2012年にNHKが放送した「シリーズ東日本大震災追跡　復興予算19兆円」です。復興予算が被災以外の防災費などに費やされていた問題です。なぜ、このような問題が起きるのかと言えば、まさに「価値」と「原理」があいまいだからです。特に出発点となる「価値」が大変あいまいです。次にこれを示します。

図81　東日本大震災復興基本法と基本方針の問題

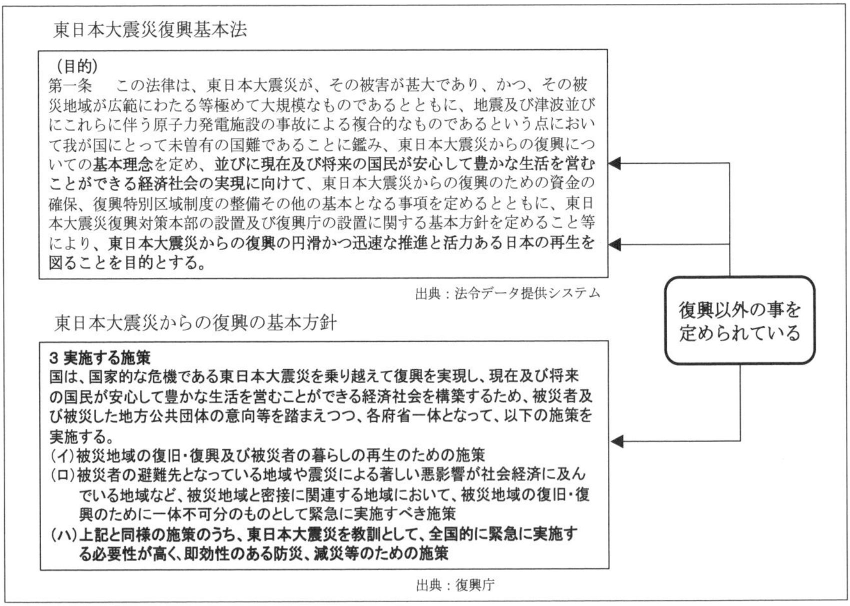
東日本大震災復興基本法

（目的）
第一条　この法律は、東日本大震災が、その被害が甚大であり、かつ、その被災地域が広範にわたる等極めて大規模なものであるとともに、地震及び津波並びにこれらに伴う原子力発電施設の事故による複合的なものであるという点において我が国にとって未曽有の国難であることに鑑み、東日本大震災からの復興についての**基本理念**を定め、**並びに現在及び将来の国民が安心して豊かな生活を営むことができる経済社会の実現に向けて**、東日本大震災からの復興のための資金の確保、復興特別区域制度の整備その他の基本となる事項を定めるとともに、東日本大震災復興対策本部の設置及び復興庁の設置に関する基本方針を定めること等により、**東日本大震災からの復興の円滑かつ迅速な推進と活力ある日本の再生を図る**ことを目的とする。

出典：法令データ提供システム

東日本大震災からの復興の基本方針

3 実施する施策
国は、国家的な危機である東日本大震災を乗り越えて復興を実現し、現在及び将来の国民が安心して豊かな生活を営むことができる経済社会を構築するため、被災者及び被災した地方公共団体の意向等を踏まえつつ、各府省一体となって、以下の施策を実施する。
（イ）被災地域の復旧・復興及び被災者の暮らしの再生のための施策
（ロ）被災者の避難先となっている地域や震災による著しい悪影響が社会経済に及んでいる地域など、被災地域と密接に関連する地域において、被災地域の復旧・復興のために一体不可分のものとして緊急に実施すべき施策
（ハ）上記と同様の施策のうち、東日本大震災を教訓として、全国的に緊急に実施する必要性が高く、即効性のある防災、減災等のための施策

出典：復興庁

ご覧の通り、東日本大震災復興基本法の第1条で目的を定めています。ここで「東日本大震災からの復興の円滑かつ迅速な推進」と「活力ある日本の再生を図ること」という「2つの目的」が定められています。このように「2つの目的」がある事がそもそもあいまいです。言うまでもなく、復興基本法の目的は前者の「東日本大震災からの復興の円滑かつ迅速な推進」です。では、なぜ後者の「活力ある日本の再生を図ること」という復興以外の事が定められるのでしょう。これはまさに「思い」です。「こうありたい」という「思い」が「活力ある日本の再生を図ること」を追加したと考えています。しかし、法律は「思い」を定めるものではありません。「思い」を実現する「考え」を定めるものです。そして良く考えてみれば分かるように、この「思い」を実現する「考え」は「日本の再生」であり「復興」ではありません。そのため「別の法律」で定めるべきです。しかし、「思い」を重視する日本では、このような「思い」が挿入された文章を違和感なく受け入れます。そのため基本方針では（ハ）の「……東日本大震災を教訓として……即効性のある防災、減災等のための施策」が挿入され、NHKの放送するように多額の復興予算が被災地外の防災などの費用として使用されます。しかし、官僚や公務員は「基本方針」に沿っているので「まったく問題ない」とNHKのインタビューに答えます。これがまかり通るのが、法律の目的、つまり「価値」が明確にされず「思い」を定めるためです。

更にもう1つの「思い」を説明すると「基本理念」を定める「第二条」の「二十一世紀半ばにおける日本のあるべき姿を目指して行われるべきこと」です。率直に言って、これを定義できるならば「日本には国家ビジョンがない」という多くの方の指摘もありません。では、なぜ「このような事」を「法律」は定めるでしょう。それはまさに「思い」だからです。つまり「二十一世紀半ばにおける日本のあるべき姿を目指したい」という「思い」です。お分かり頂けるように「東日本大震災復興基本法」は「思い重視の思考パターン」から生まれた「思いの法律」です。しかし、先に説明したように法律は「思い」を定めるものではなく「考え」を定めるものです。一日に早く「復興」できる「考え」を定めるものです。しかし、大変残念な事はそうではありません。更に「東日本大震災復興基本法」は「大：東日本大震災復興基本法→中：東日本大震災からの復興の基本方針「小：ガイドライン」と鶴亀算の思考パターンで定められています。これが既に紹介した「霞ヶ関文学の問題」の (1)「本質を抽象化せず詳細な手順を列記する」です。そのため「基本方針」で「復興」とは関係のない「防災」が挿入される事にあります。これが既に紹介した「霞ヶ関文学の問題」の (3)「巧言により手順の詳細に省益を潜り込ませる」です。これを解決するには「法律」を定める時に「すべての状態を想定」し、「大→中→小」と定めている事を「統合」して「価値と原理と手順の統論」として定める事です。これにより「復興」という「価値」つまり「復興」という「同一の意味の一貫性」が維持され「復興」とは異なる「防災」を排除できます。これが「統論の実践知識２」の「統論の一貫性」つまり「同一の意味の一貫性」は「美辞麗句の霞ヶ関文学」を解決できると説明した事です。このように日本の法律は「思い重視」の「鶴亀算の法律」です。それに対して欧米の「価値と原理と手順の統論」に基づく「方程式の法律」です。この事は既に説明したアメリカの策定した「日本国憲法」やイギリス政府の「財政安定化規律法」からご理解頂けると思います。

では「鶴亀算の法律」は更にどのような問題を生み出すのでしょう。これが「天下り」です。どういう事かと言えば、官僚や地方公務員が天下れるのは、受け入れ先の「特例民法法人」が存在するからです。日本には次に示すように３種類の特例民法法人があります。

特例民法法人の種類	例
①純粋特例民法法人	松下政経塾や富豪の設立した財団法人
②行政補完型特例民法法人	保険協会や労働基準協会
④業者団体型特例民法法人	日本医師会や日本薬剤師会

ここで最も多く天下るのが ②「行政補完型特例民法法人」です。では、②「行政補完型特例民法法人」は何をするのかと言えば、保険協会や労働基

準協会から分かるように法律の啓蒙、普及です。では、なぜ法律の啓蒙、普及が必要になるかと言えば、国民には理解できない「鶴亀算の法律」のためです。そのため法律を啓蒙、普及する ②「行政補完型特例民法法人」が必要となります。そして官僚や公務員は ②「行政補完型特例民法法人」に天下ります。なにしろ彼等が法律を作ったのですから、一番の専門家です。退職後、是非再就職して欲しいと特例民法法人から強く要請され、大手を振って天下る事ができます。しかし、良く考えてみれば分かるように、これはおかしな話です。法律に「諸条件の不備を補正する」、「積極的な振興を図る」などの漠然とした内容が記述されている事が誤りです。そうではなく明確に「価値」と「原理」を定めるべきです。そうすれば国民も容易に理解できます。しかし、日本の法律は「原理」が明らかにされていない「鶴亀算の法律」です。そのため啓蒙、普及する特例民法法人が必要となります。そして「天下り」や特例民法法人を渡り歩く「渡り」が横行します。お分かり頂けるように ②「行政補完型特例民法法人」や「天下り」や「渡り」を生み出しているのは「鶴亀算の法律」です。では、②「行政補完型特例民法法人」は本当に国民の疑問や質問に答えてくれるのでしょうか。これは既にデジタコの大臣告示の「特例の組み合わせ」から分かるように答えてくれません。国の出先機関の解答は「本省に問い合わせて下さい」です。では、②「行政補完型特例民法法人」は何をするのでしょう。これは設立の目的を見れば明らかです。ほとんが「資する」です。「資する」はまさに「巧言」です。「資する」ために法律や制度を説明するパンフレットを作成したり、説明会を開催します。これらは「方程式の法律」ならば「不要」であり、法律の「抜け・漏れ」に対する国民の質問に答えるものではありません。では、法律の「抜け・漏れ」が起きるとどうなるのでしょう。これは「局長通達」により対応します。これが先に「法律偏重」と「局長通達」は矛盾するのではなく相互補完となっていると説明した事です。つまり「法律」でざっくり定め、実際の運用で詳細を詰めていく「鶴亀算の思考パターン」です。これが「法律偏重」と「局長通達」は大変都合の良い相互補完と説明した理由です。この事をご理解頂けると思います。

次に「局長通達」に関連して「ドイツ系の統治機構」から生じる問題をもう１つ説明します。それは「ドイツ系の統治機構は「郷の道理」をはびこらせ、日本国民がミドルクラスの人々に成長、進歩できない」という深刻な問題を生み出していると考えています。ここで「郷の道理」をはびこらせている元祖が「局長通達」です。なにしろ国の基本となる法律の場で「法律まがいの局長通達」がまかり通るのですから、他は推して知るべしです。ここで重大な問題は「郷の道理」のまかり通る社会は、天動説の中世のヨーロッパと同様に「郷の道理に従うマン」に押し止める事です。つまり人間を健全に成長、進歩させない事です。折角「頑張る」で「ヒューマン」になった日本人が「ミドルクラスの人々」に成長、進歩しようとしても、それをつぶしてしまう事です。その芽を摘んでしまう事です。これが本当に深刻な日本の問題です。そしていつしか人々は郷の中で「郷の道理のマン」に逆戻りし、「小人閑居して不善を為す」の通り、様々な問題を起こします。これが「官制談合」であり「利権の構造」であり「天下り」であり「補助金行政」であり、そしてすべての結果が「巨額の財政赤字」です。率直に言って、日本の「獅子身中の虫」が「郷の道理」です。これが「ヒューマン」から「ミドルクラスの人々」への成長、進歩を妨げ、「個人の尊重」を妨げ、巨額の財政赤字を招いている根本原因と考えています。そして、この根本原因が「ドイツ系の統治機構」です。

では、このような「諸悪の根源」の「ドイツ系の統治機構」を定めているものは何かです。一体どのような法律が「内閣とその下の行政が政府」という「ドイツ系の統治機構」を定めているのでしょう。ここで気づかれたと思います。そのような法律はありません。日本には「国会・裁判所・内閣」を定めた「国会法・裁判所法・内閣法」があります。また国家行政組織法に基づく各省庁の設置法があります。次にこれを示します。

図 82　政府に関する法律

名称	施行	名称	施行
日本国憲法	昭和22年5月3日	財務省設置法	平成13年1月6日
国会法	昭和22年5月3日	厚生労働省設置法	平成13年1月6日
裁判所法	昭和22年5月3日	国土交通省設置法	平成13年1月6日
内閣法	昭和22年5月3日	文部科学省設置法	平成13年1月6日
国家行政組織法	昭和24年6月1日	農林水産省設置法	平成13年1月6日
内閣府設置法	平成13年1月6日	防衛省設置法	平成19年1月9日
総務省設置法	平成13年1月6日		

出典：『六法全書』平成23年版　有斐閣
ＲＯＮの六法全書 on LINE
ウィキペディア

ご覧の通り、内閣法も含めてこれらの政府に関する法律で「内閣とその下の行政が政府」と「ドイツ系の統治機構」を定めている法律はありません。この理由は明らかです。「内閣」とは憲法第 65 条で定められている通り、「行政権」のみを司るからです。つまり「内閣とその下の行政が政府」はまったくの戦前からの「郷の道理」であり、法律で定められたものではありません。

では「政府」を定める法律とは何でしょう。率直に言って、筆者はこの事をアメリカの市民教育の小学 3-4 年生向けの授業内容から知りました。これは「アメリカ国民は憲法を制定しました。彼らは彼らの権利と幸福な状態（welfare）を護るために政府（government）を創るためにそれ（憲法）を使いました」です。お分かり頂けるように「憲法」は「政府」を定めるものです。これは次の日本とアメリカの憲法から明らかです。

図 83　日本とアメリカの憲法の比較

日本の憲法の構成			アメリカの憲法の構成	
章	内容		章	内容
前文		↔	前文	
第1章	天皇	↔		
第2章	戦争の放棄	↔		
第3章	国民の権利及び義務	↔		
第4章	国会	↔	第1章	国会
第5章	内閣	↔	第2章	大統領府
第6章	司法	↔	第3章	司法
第7章	財政	↔		
第8章	地方自治	↔		
第9章	改正	↔	第5章	改正手続き
第10章	最高法規	↔	第6章	憲法と連邦法律の優位性
第11章	補則		第7章	批准
			第4章	州の関係

出典：『六法全書』平成23年版　有斐閣
United States National Archives and Records Administration
The Constitution of the United States: A Transcription

ご覧の通り、「憲法」は「立法・司法・行政」の「政府」の役割と構成を定めています。次に、これらを定めるアメリカと日本の憲法の章を図 83 から抜粋して示します。

アメリカの憲法	日本の憲法
1 章　国会	4 章　国会
2 章　大統領府	5 章　内閣
3 章　司法	6 章　司法

ご覧の通り、「アメリカの憲法」も「日本の憲法」も「政府」を定めています。「国会」を「1 章と 4 章」で定め、「大統領府と内閣」を「2 章と 5 章」で定め、「司法」を「3 章と 6 章」で定めています。共に同じです。お分かり頂けるように「政府」は「国会・内閣・司法」です。「内閣とその下の行政が政府」ではありません。これはまったく戦前からの「郷の道理」です。そのため日本国憲法で定めるように「政府」とは「国会・内閣・司法」と改

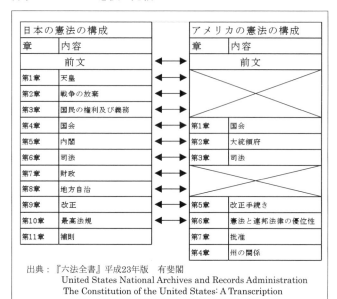

める事が必要です。なお、ここで設置法について補足します。昨今、各省庁の「設置法」が「元凶」と良く言われます。この理由は、官僚が「設置法」を盾に「省益」を正当防衛する事です。しかし、これは誤りです。言うまでもなく「憲法」が最上位であり「国政で最も重んじるのは個人の尊重」です。既に説明したように憲法第 13 条で定めるように、国政で最も重んじなければならないのは「個人の尊重」です。これを実現するために「国会・内閣・司法」があります。つまり「国会法」、「内閣法」、「裁判所法」、更に国家行組織法に基づいて各省庁の「設置法」があります。「設置法」は「個人の尊重」を実現する手段です。そのため「設置法」を金科玉条とする事は誤りです。この事は言うまでもありません。

では最後に ⑭「正義の軽視」を説明します。「正義」の重要性は誰でも理解できると思います。しかし、「郷の道理の国、日本」では「真理と正義、何を青臭い事を言う」と一蹴されます。これは大きな誤りです。「正義」の重要性を良く示しているのが、アメリカの憲法です。図 2 で示すように、アメリカの憲法の前文の一番最初に正義の重要性を「正義を確立するために」と定めています。しかし、戦後の日本は「正義」よりも「法律」を重んじます。この良い例が「正義省」でなく「法務省」と命名している事です。また既に説明した通り、局長通達であり、法律偏重の法治主義です。ではこの本質は何でしょう。それは「法治主義」で説明したように「国家権力」を重視する事であり、「真理、原理」に従うのではなく「権力者」に従う事と考えています。これが既に説明したように「生徒の記者」は「先生の日銀総裁」に従う事であり、「国民」は「局長通達」を発行した「局長」に従う事であり、そして国民は「国家の統治機構」に従う事です。しかし、「英米系の国家の統治機構」つまり「政府」に存在するのは「統治原理」です。すなわち「英米系の統治機構」では「国民」は「統治原理」に従い「日銀総裁」や「局長」などの「権力者」に従うのではありません。言うまでもなく「アメリカ独立宣言」の定めるように「人間は平等」です。人間に上下の差はありません。「人間」は「人間」に従うのではなく、人間の教える「真理・原理」に従います。そのため「国家の尊重から生じている問題」の解決策は明らかです。「ドイツ系の統治機構」から「英米系の統治機構」に改める事です。この事をご理解頂けると思います。では次に「日本風の理解から生じている問題の概要」を説明します。

1.3.3.2 章　日本風の理解から生じている問題の概要

本章は「日本風の理解から生じている問題の概要」を説明します。既に説明したように日本には「産業・病院・法務省」や「原則・安全と安心・公共の」など多くの「日本風の理解」があります。本章は「憲法」と「原理」の「日本風の理解」を説明します。最初に前章との関連から「原理」の「日本風の理解」から説明します。次にこれを示します。

図 84　原理を原則と理解

例	英語の原文	訳
日米安保条約	the principles of democracy	民主主義の諸原則
国連憲章	the acceptance of principles	原則の受諾

出典：http://www.mofa.go.jp/mofaj/area/usa/hosho/jyoyaku.html
外務省　日本国とアメリカ合衆国との間の相互協力及び安全保障条約
http://www.ioc.u-tokyo.ac.jp/~worldjpn/documents/texts/docs/19600119.T1E.html
東京大学東洋文化研究所　田中明彦研究室　日米安保条約の英文
http://www.un.org/en/documents/charter/　Charter of the United Nation
http://www.unic.or.jp/info/un/charter/text_japanese/　国際連合広報センター　国連憲章テキスト

イギリスの法律の原文	官僚の訳した日本語訳(仮訳)	正しい日本語訳
The purpose of the Code is to improve the conduct of fiscal policy by specifying the **principles that shall guide** the formulation and implementation of fiscal policy and by strengthening the reporting requirements incumbent on the Government.	規律の目的は、財政政策の立案と実行の**助けとなるような原則**を明示し、政府の報告義務を強化することで、財政政策の運営を向上させることである。	規律の目的は、財政政策の立案と実行を**ガイドする原理**を明示し、政府の報告義務を強化することで、財政政策の運営を向上させることである。

出典：The Code for Fiscal Stability　Rt Hon Gordon Brown MP
Chancellor of the Exchequer　March 1998
民間の経営理念や手法を導入した予算・財政のマネジメントの改革
－英国、ＮＺ、 豪州、カナダ、スウェーデン、オランダの経験－２００１年6月
財務省 財務総合政策研究所研究部 研究員 岡橋準

ご覧の通り、日米安保条約の「the principles of democracy」を「民主主義の諸原則」、また国連憲章の「the acceptance of principles」を「原則の受諾」の通り、「principle」、「プリンシプル」、「原理」を「原則」と日本風に理解しています。「原理」と訳しているのは「日本国憲法」だけです。では、なぜこのような日本風に理解するのかと言えば、既に説明したように

「変化のメカニズム」＝「変化の仕組み」＝「原理」の解明よりも「変化の兆候」＝「変化の規則」＝「原則」を重視するためです。更にもう 1 つは前章で説明した「原理」に従うではなく「権力者」に従うという「意識」があるからと考えています。これを良く示すのが図 84 の下に示すイギリスの財政安定化規律法を財務省の官僚の訳した日本語訳です。これを次に抜粋して示します。

英語の原文	官僚の訳した日本語訳（仮訳）	正しい日本語訳
the principles that shall guide	助けとなるような原則	ガイドする原理

ご覧の通り、「the principles that shall guide」の正しい日本語訳は「ガイドする原理」です。「助けとなるような原則」ではありません。これは誰が見ても明らかです。「ガイドする原理」から明らかなように「国民」は「原理」に従います。これが前章で説明したように英米系の統治機構の大きな特徴です。しかし、「助けとなるような原則」と訳すと意味はまったく逆になります。「助けとなる原則」から分かるように、これを使用するかしないかは「人間の判断」という事になります。そして最悪の場合は「使用しなくても良い」という事になります。これは本来絶対従わなければならない「原理」をまったく無視する事です。では、なぜこのように訳すのかと言えば、「原理」ではなく「権力者」に従うという「意識」があるからと考えています。つまり「ガイドする原理」よりも「権力者の方が上」という意識です。そしてこの根底には「郷の長老」に従ってきた「石高主義の悪しき弊害」があります。つまり「郷の長老＝権力者」です。これが「原理」よりも「権力者」を重視し、「助けとなるような原則」と訳す最大の要因と考えています。そのため解決策は「英米系の統治機構」に改める事であり、「原則」から「原理」に改める事です。この事をご理解頂けると思います。

次に「日本国憲法の日本風の理解」を説明します。これを次に示します。

図 85　憲法の日本風の理解

憲法の前文

英語の原文	現在の文章	正しい訳語
resolved that never again shall we be **visited with the horrors of war** through the action of government	政府の行為によって再び**戦争の惨禍が起る**ことのないようにすることを決意し	政府の行為によって日本国民が**戦争の惨禍に見舞われる**ことのないようにすることを決意し

憲法第13条　個人の尊重憲法の前文

英語の原文	現在の文章	正しい訳語
All of the people shall be respected as individuals. Their right to life, liberty, and the pursuit of happiness shall, to the extent that it does not interfere with the **public welfare**, be the supreme consideration in legislation and in other governmental affairs.	すべて国民は、個人として尊重される。生命、自由及び幸福追求に対する国民の権利については、**公共の福祉**に反しない限り、立法その他の国政の上で、最大の尊重を必要とする。	すべて国民は、個人として尊重される。生命、自由及び幸福追求に対する国民の権利については、**人々の幸福な状態を妨げない**限り、立法その他の国政の上で、最大の尊重を必要とする。

憲法第93条　地方公共団体の機関、その直接選挙

英語の原文	現在の文章	正しい訳語
The **local public entities** shall establish assemblies as their deliberative organs, in accordance with law. The **chief executive officers** of all local public entities, the members of their assemblies, and such other local officials as may be determined by law shall be elected by direct popular vote within their several communities.	1　**地方公共団体**には、法律の定めるところにより、その議事機関として議会を設置する。 2　地方公共団体の**長**、その議会の議員及び法律の定めるその他の**吏員**は、その地方公共団体の住民が、直接これを選挙する。	1　**地域政府**には、法律の定めるところにより、その議事機関として議会を設置する。 2　地域政府の**最高経営責任者**、その議会の議員及び法律の定めるその他の**有責者**は、その地域の人々が、直接これを選挙する。

出典：Prime Minister of Japan and his Cabinet（首相官邸）The constitution of Japan

ご覧の通り、①「憲法の前文」、②「憲法第 13 条の個人の尊重」、③「憲法第 93 条の地方公共団体の機関、その直接選挙」には次に抜粋するように「日本風の理解」があります。

英語の原文	現在の日本国憲法	正しい日本語訳
①【憲法の前文】		
・visited with the horrors of war	戦争の惨禍が起る	戦争の惨禍に 見舞われる
②【憲法第 13 条の個人の尊重】		
・public welfare	公共の福祉 （に反しない限り）	人々の幸福な状態 （を妨げない限り）
③【憲法第 93 条の地方公共団体の機関、その直接選挙】		
・local public entities	地方公共団体	地域政府
・chief executive officers	（地方公共団体の）長	最高経営責任者

最初に ①「憲法の前文」の「visited with the horrors of war」から説明します。これを日本国憲法は「戦争の惨禍が起る」と訳しています。「visited」の意味は容易にご理解頂けると思います。「訪問される」つまり「見舞われる」です。そのため「戦争の惨禍が起る」のではなく「戦争の惨禍に見舞われる」が正しい訳語です。お分かり頂ける通り、これは非常に重大な意味があります。現在の「戦争の惨禍が起る」は「日本人が戦争を起こした」という事を示唆します。しかし、「戦争の惨禍に見舞われる」はまったく逆です。日本人は「戦争の惨禍に見舞われる」です。「日本人が戦争を起こした」という意味ではありません。これは明らかな通り、まったく逆の意味です。つまりアメリカは「日本人は戦争を起こした悪い人間」とは考えてもいません。ここで敢えて「日本人は戦争を起こした悪い人間」と表現するのは明確な理由があります。それは、これが戦後 67 年間、日本人の心の奥底にある気持ち、つまり「わだかまり」と筆者は考えているためです。しかし、英語の日本国憲法、つまりアメリカはそのようには考えていません。そうではなく「日本人は戦争の惨禍に見舞われた」です。英語の日本国憲法の意味は、この通り明らかです。そのため「日本人は戦争を起こした悪い人間」はまったくの日本の勘違いです。率直に言って、これが最大の「日本風の理解」と考えています。しかし、「日本人は戦争を起こした悪い人間」は戦後 67 年間、日本人の心に大きな重しとなり、更なるわだかまりを生み出していると考えています。この問題は 1.3.3.4 章で「日本のアメリカへのわだかまりの問題の概要」で説明します。なお、1 つ補足します。日本国憲法の施行は昭和 22 年のため、戦後 67 年間としています。

次に憲法第 13 条の個人の尊重の「public welfare」の「公共の福祉」の「public」の意味は既に説明したように「人々の」です。これを日本では「公共の」と訳します。これは「官僚や公務員の」と逆の意味に日本風に理解されます。このように「public」、「人々の」は日本人には理解し難い概念です。これは「welfare」も同様です。これには 2 つの問題があります。1 つは「welfare」という英語も大変日本人には理解し難い事、更にもう 1 つは「福祉」という日本語は「国家の尊重」を示す言葉だからです。最初に

「welfare」から説明します。「welfare」の意味は「幸せな状態」です。ここで重要な事は「状態」です。つまり「welfare」の意味は「幸せ」だけではなく「幸せな状態」を意味します。そのため簡単に言えば、「幸福な状態」です。では「幸福な状態」とは何かと言えば、「個人の尊重」で説明したように「国民一人一人が持てる力を思う存分発揮し、成長、進歩し、幸福を実現している状態」です。これが「welfare」、「幸福な状態」の意味です。では「welfare」、「幸福な状態」と「福祉」は何が異なるのでしょう。これは漢和辞典の「祉」の意味を見れば明らかです。「祉」は「止が音を表し、賜与の意の語源（賜）からきている。神の賜与、すなわち、さいわいの意」です。お分かり頂ける通り、「祉」とは「神の賜与、すなわち、さいわい」つまり「幸い」です。ここで重要なのが「祉」の意味です。これは、お分かり頂けるように「賜与」です。では「賜与」の意味は何かと言えば、広辞苑の「賜与」の意味は「身分の高い者から下の者に与えること」です。つまり「賜与」とは「身分の高い者から下の者に与えること」です。この事から「公共の福祉」とは「国家という身分の高い者」から「国民という下の者」に「与える幸福」という事になります。そのため、すべての自治体や業界団体は「霞が関の官僚」に陳情に行く事になります。「霞が関の官僚」という「身分の高い者」から、地方自治体、国民という「下の者」に「与える幸福」が「高速道路、ダム、港、空港」などの公共施設となります。しかし、言うまでもなく「幸福」は与えられるものではありません。また、これらは国民の税金から作るものであり「霞が関の官僚」という「身分の高い者」から国民という「下の者」に「与える幸福」ではありません。そのため「下の者に与える賜与」を意味する「祉」を使用する「福祉」は前近代的な言葉です。「福祉」から「幸福な状態」と正しく訂正する事が必要です。「幸福な状態」を簡単に言えば、「幸せに生きる」です。つまり「幸生」です。そのため漢字で言えば、「福祉」から「幸生」に改めるのが良いと思います。

次に重要な事は、「人々の幸福な状態」を判断するのは「国民全員」である事です。つまり「官僚、公務員ではない」という事です。これが大変重要な点です。何故かと言えば、既に説明したように「公共の福祉」という言葉は、これを判断するのは「官僚や公務員」という事を示唆するからです。そのため憲法第 13 条の「個人の尊重」の「公共の福祉に反しない限り」は「官僚や公務員の考えに反しない限り」と誤解されます。これを正しく「人々の幸福な状態を妨げない限り」と訳す事が必要です。なお、「反しない」と訳されている英語は「interfere」です。これは「反する」という意味ではなく「干渉する」や「妨げる」や「邪魔する」です。そのため「妨げない限り」が正しい訳語です。次に現在の文章と正しい訳語を示します。

現在の文章	正しい訳語
すべて国民は、個人として尊重される。生命、自由及び幸福追求に対する国民の権利については、公共の福祉に反しない限り、立法その他の国政の上で、最大の尊重を必要とする。	すべて国民は、個人として尊重される。生命、自由及び幸福追求に対する国民の権利については、人々の幸福な状態を妨げない限り、立法その他の国政の上で、最大の尊重を必要とする。

お分かり頂ける通り、正しい訳語の「人々の幸福な状態を妨げない限り」は理解し易いと思います。これは既に説明したように「人に迷惑を掛けない限り」です。これは当たり前の事であり、福沢諭吉も「学問のすすめ」で教えています。そのため「人々の幸福な状態を妨げない限り」と改める事が必要です。

次に「憲法第 93 条の地方公共団体の機関、その直接選挙」の「local public entities」は理解し易い「local」、「ローカル」から説明します。「Local」、「ローカル」の意味は「地方」ではなく自分の存在する場所と同一の地域です。次に「public」は既に説明したように「人々の」です。最後に抽象化の苦手の日本人に理解し難いのが「entities」です。この単数形の「entity」の意味は英和辞典でも説明するように「(客観的・観念的な) 存在物、実在物」という意味です。「entity」を使う例として良く英語で「abstract entity」、「抽象的存在」という言い方をします。「抽象的存在」は「実体」から本質を「抽象化した存在」です。では、これは何かと言うと、抽象化の苦手な日本人には理解し難いものがあります。しかし、抽象化は難しいものではありません。「抽象的存在」の例を挙げれば、「人間」という「実体」から本質を抽出した「人格」です。また「日本国」という「実体」から抽出した「日本政府」です。このように英語では実体から本質を抽出し、表現する時に「entity」という言葉を使います。では、これはどのように時に使用するのかと言えば、実体に依存しないで「本質」を表現する場合です。これを「地方公共団体」で言えば、県や市の「人口・面積・税収」に依存せず「同格」である事を示す場合です。つまり「県、市町村の人格」は「人口・面積・税収」に関わらず「同格」という事を示すためです。これを筆者の言葉で言えば、「県や市」更に「国民や政府」も皆「個人の尊重」として「同格」であるという事を示すためです。そのためアメリカは「entity」を使用したと考えています。では「entity」を表現する言葉は何かと言えば、「日本国の本質」を表現するのが「日本政府」であるように「政府」が相応しいと考えています。そのため「地域の人々の政府」つまり「地域政府」と改める事が必要です。

次に「chief executive officers」は「(地方公共団体の) 長」ではなく「最高経営責任者」である事は容易にご理解頂けると思います。「chief executive officer」つまり「CEO」は昨今日本でも大変普及してきた言葉です。これは「最高経営責任者」です。次に読者の皆様は67年前にアメリカが日本国憲法に「CEO」、「最高経営責任者」という言葉を使用している事に大変驚くと思います。これは筆者も同じです。そしてこれは大変重要な事だと感心しました。現在の日本の地方の疲弊は大きな日本の問題です。これを立て直すために知事や市長は「最高経営責任者」として頑張っています。これはまさしく67年前にアメリカが日本国憲法で「CEO」、「最高経営責任者」と定めた理由です。ここで「ミドルクラスの人々」として説明した「最高経営責任者がいない」の意味を説明します。これは英語の日本国憲法で「CEO」、「地方公共団体の長」と呼ばれていた方々です。つまり「知事」や「市長」です。この方々が「最高経営責任者」です。しかし、「(地方公共団体の) 長」と呼ばれてきました。これが日本には「最高経営責任者がいない」という意味です。そのため「(地方公共団体の) 長」から「地域政府の最高経営責任者」に改める事が必要です。では「地域政府の最高経営責任者」とは何をするのでしょう。これは「政府」つまり「中央政府」と「地域政府」との差を考えてみれば容易にご理解頂けます。既に説明したように「中央政府」は「立法・司法・行政」から構成されます。それに対して「地域政府」は「立法・行政」から構成されます。また「中央政府」の「行政」には「内閣と外交と防衛」が含まれています。この事から「地域政府」の役割を理解できます。それは「司法・内閣・国事・外交」は担当せず「地域の発展への尽力」です。これが「地域政府の最高経営責任者」の「要件」です。しかし、実態は「地方公共団体の長」です。これは大変軽い言葉です。例えて言えば、「支社長」のようなものです。事実、元官僚が知事選に出馬する時に訴えるのが「中央とのパイプ」です。しかし、「地域政府の最高経営責任者」の要件は「中央から補助金をもらう事」ではなく「地域の発展への尽力」です。この方法は 1.4.3 章で説明します。

ここで読者の皆様はアメリカの作った日本国憲法に対して徐々に見方が変わってきたのではないかと思います。「日本国憲法」には明確に「国政と外交の原理」があります。そして「日本人は戦争を起こした」ではなく「日本人は戦争の惨禍に見舞われた」です。また教育基本法に「真理と正義を愛し」、そして憲法 13 条に「個人の尊重」を定めています。更に知事や市長は地域政府の「最高経営責任者」として中央政府と「同格」に地域の繁栄のために思う存分力を発揮できるように「CEO」、「最高経営責任者」と定めています。そのためアメリカは「日本人、日本国の発展を願って教育基本法、日本国憲法を作成したようだ」と感じてきたのではないかと思います。結論から言えば、その通りと考えています。しかし、大変残念な事はあまりにも「精神風土や思考パターン」が異なるため日本は理解できなかったと考えています。この例を挙げれば、「郷の道理対真理」や「家族対個人・人々」であり、更に本章で説明した「CEO」、「最高経営責任者」です。この言葉が普及してきたのは、ほんの最近です。また「個人の尊重」を筆者が理解したのは日本 IBM に入社して 13 年目です。これも 67 年前に理解できた日本人も極めて稀と思います。このようにアメリカの言葉を理解するのは容易ではありません。そのため英語の日本国憲法を正しく訳し、日本国憲法を訂正する事が必要です。この事をご理解頂けると思います。では次に「ミドルクラスの人々がいないの問題の概要」を説明します。

1.3.3.3 章 「ミドルクラスの人々がいない」の問題の概要

本章は「ミドルクラスの人々がいないの問題の概要」を説明します。既に説明したように筆者は ①「科学技術者がいない」、②「哲学のある人間がいない」、③「市民がいない」、④「最高経営責任者がいない」、⑤「国家の経営者がいない」と考えています。本章はこれらの中で最も大きな影響を及ぼしている ⑤「国家の経営者がいない」の「問題」を説明します。この「問題例」を図 67 から抜粋すると ⑥「1,039 兆円の国の借金」です。日本の巨額の財政赤字は様々な要因から生まれていますが、この根本原因は ⑤「国家の経営者がいない」と考えています。説明するまでもなく「正義化と最適化」を実践する「国家の経営者」が存在すれば、巨額の財政赤字は生まれません。次に本シリーズでは「国家の経営者がいない」の「問題例」として ①「日本の経営、マネジメントの問題」、②「日本の PFI の問題」、③「日本の官僚・公務員にはコスト意識がまったくない」、④「日本は PDCA でありプロジェクト・マネジメントではない」、⑤「日本の政策評価法の問題」、⑥「日本の財政安定化の要点と問題」、⑦「日本再生の基本戦略の要点と問題」、⑧「行政官モデルから経営者モデルに移行していない」を説明しています。これらは NPM の日本の導入状況を調べる中で気がついたものです。ここで ①「日本の経営、マネジメントの問題」を一言で言えば、「正義と利益の分離」です。これは既に説明しています。また ②から④も既に説明しています。しかし、⑤から⑧は説明していません。そのため次にこれらの問題を説明します。併せて「日本の NPM 導入の問題」も説明します。

では ⑤「日本の政策評価法の問題」から説明します。「政策評価法（名称：行政機関が行う政策の評価に関する法律）」はイギリスの NPM で紹介した行政機関の行う政策の評価を定めた法律です。これは事前評価と事後評価を定めています。では政策評価法はプロジェクト・マネジメントまたはPDCAのどちらを使用するのかと言えば、平成17年12月16日の閣議決定の「政策評価に関する基本方針」の「政策評価は、これを企画立案(Plan)、実施（Do)、評価（See）……」の通り、PDCAです。そのためプロジェクト・マネジメントの最も重要な「正義化」がされません。これが「日本のNPM導入の問題」です。またPDCAのため「事後評価」です。これも問題です。更に次の問題があります。

図 86　政策評価法の要点と問題

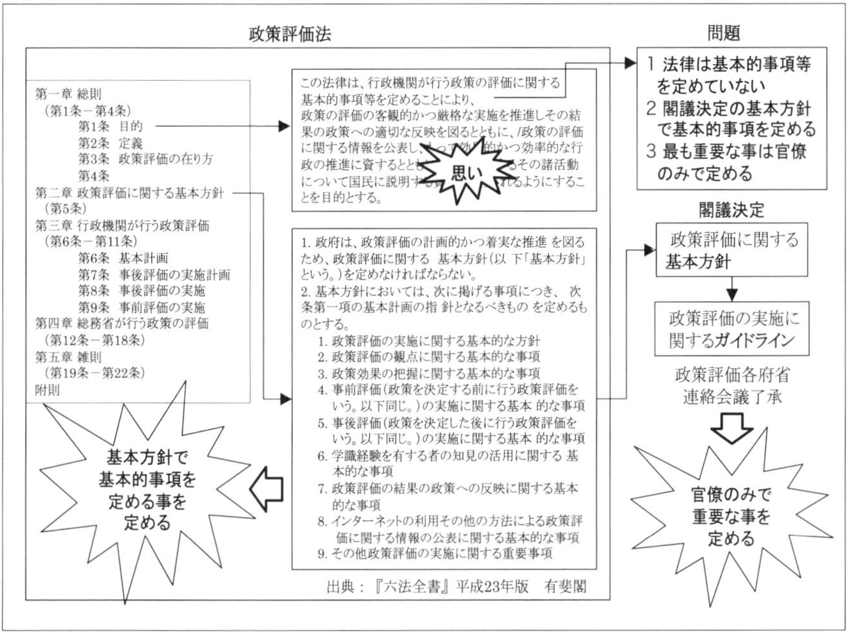

ご覧の通り、「①大：法律→②中：基本方針→③小：ガイドライン」と定めています。これが既に紹介した「霞ヶ関文学の問題」の ⑵「本質を抽象化せず詳細な手順を列記する」です。そのため ①「政策評価法」の目的で「基本的事項等を定めること」と定めていますが、そうではない事です。閣議決定の ②「基本方針」で基本的事項を定めています。次に最も重要な評価の方式は「政策評価各府省連絡会議」で官僚のみが定めています。これを

③「ガイドライン」として発行します。そのため「官僚」により「官僚の都合の良い評価方法」にされます。これも既に紹介した「霞ヶ関文学の問題」の (3)「巧言により手順の詳細に省益を潜り込ませる」です。これを防止するには先に東日本大震災復興基本法で説明したように「①政策評価法＋②基本方針＋③ガイドライン」を統合し、「正義化」という「同一の意味の一貫性」を維持した「1つの方程式の法律」に改める事が必要です。これにより(3)「巧言により手順の詳細に省益を潜り込ませる」も防止できます。

この事はイギリス政府の Green Book（緑書）から明らかです。次にこれを示します。

図 87　Green Book（緑書）の構成

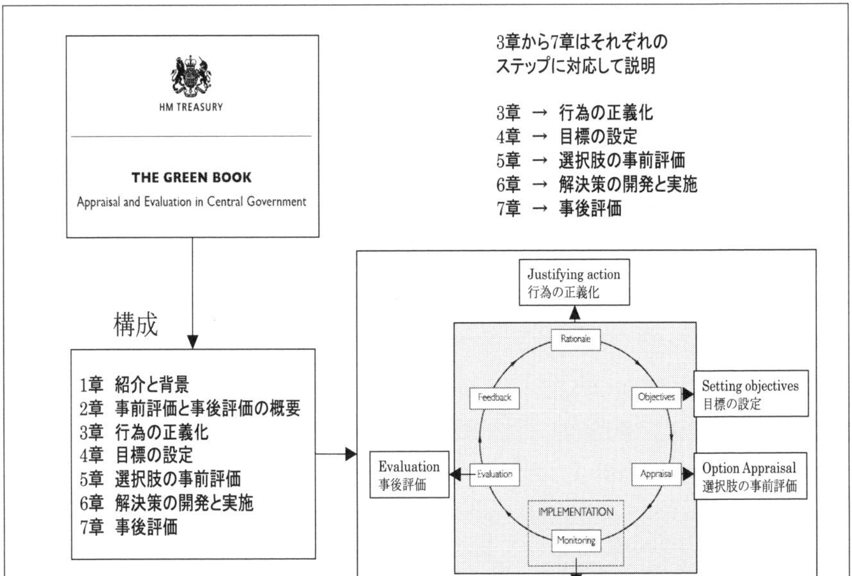

出典：THE GREEN BOOK Appraisal and Evaluation in Central Government Treasury Guidance LONDON:TSO

ご覧の通り、イギリスには政策評価を定めるものとしてイギリスの NPM で紹介した Green Book、「緑書」があります。これは 1 章で「紹介と背景」

を説明し、2 章の「事前評価と事後評価の概要」で政策評価の全プロセスを説明し、次に 3 章から 7 章で各ステップを説明しています。これは「3 章＝行為の正義化」、「4 章＝目標の設定」、「5 章＝選択肢の事前評価」、「6 章＝解決策の開発と実施」、「7 章＝事後評価」です。ここで重要なのが「3 章」の「行為の正義化」です。つまり「政策」は「正義化されなければならない事」を定めています。これが大きな特徴です。次に日本の政策評価法を Green Book と比較すると 3 つの問題が分かります。これは日本の政策評価法には ①「正義化がない」、②「3 つに分かれている」、そして Green Book は「法律」ではありませんが、政策評価法は ③「法律」である事です。①と②は既に説明しています。そのため ③「法律」を説明します。これは日本の NPM の導入の傾向を全体的に示しています。これを一言で言えば、「官僚にとって都合の良いもの、都合の悪いものを官僚の都合の良いように導入する事」です。この例が先に説明した PFI であり、本節で説明する政策評価法であり、後半で説明する財政安定化の閣議決定です。PFI は「民間資金の主導」のため「官僚」にとっては「新たな財源」を獲得できるので「都合の良いもの」です。しかし、実態は「民間資金の主導」ではなく「官制 PFI 市場」と「官僚の都合の良いように導入」しています。次に政策評価法は「官僚の仕事ぶり」を評価するため「官僚にとっては都合の悪いもの」です。そのため「官僚の都合の良いように」①「政策評価法」→ ②「基本方針」→ ③「ガイドライン」と骨抜きにし、最も重要な評価の方式は「政策評価各府省連絡会議」で官僚のみが定めます。これを分かり易く言えば、「自分の仕事の評価方法を自分で決める」という事です。そのため「自分に都合の良いように決める事」ができます。しかし、形式的には ①「政策評価法」→ ②「基本方針」という後ろ盾があるため「問題はない」と主張できます。これが③「法律」にする理由」と考えています。最後に財政安定化の閣議決定は後半で説明するように「消費税の増税」を謳っています。「消費税の増税」は「官僚」にとっては「新たな財源」を獲得できるため「都合の良いもの」です。では、イギリスの財政安定化規律法のように「3 つの悪しき慣行」という問題の原因を解明しているのか、また「問題定義＋正義化 1 ＋正義化 2 の正義化」を実践しているのか、「可視化という原理」や「方程式の法律」として定めているのか、また「最適主義の予算作成方法」や「企業会計」と定めているのかと言えば、何もしていません。財政安定化のためには「消費税の増税」が「必要」と謳っているだけです。しかし、もうこのような「官僚にとって都合の良いもの、都合の悪いものを官僚の都合の良いように導入する事」は止める事です。この理由は明らかです。「NPM」を導入しなければ、日本はギリシャのように「財政破綻」するからです。そして、言うまでもなく、昭和天皇の玉音放送の「世界ノ進運ニ後レサラムコトヲ期スヘシ」に反するからです。官僚の皆様は是非この事を肝に銘じて改めて頂ければと思います。

次に日本の問題は本シリーズで説明するように、官僚や公務員は「自分たちは民間よりも進んでいる」と思っている事です。それに対してイギリスの官僚や公務員にはそのような「傲慢さ」はありません。率直に民間は行政よりも進んでいると理解、認識しています。次にこれを示します。

図 88　行政よりも民間企業の優れている点

1.プロジェクト・マネジメント・スキル
2.よりイノベーションに富んだ設計
3.リスク・マネジメントの専門知識

Here the private sector can offer project management skills, more innovative design and risk management expertise that can bring substantial benefits.

出典：PFI: meeting the investment challenge July 2003 HM Treasury
© Crown copyright

ここで民間企業は実質的な便益をもたらす**プロジェクト・マネジメント・スキル**、よりイノベーションに富んだ設計、リスク・マネジメントの専門知識を提供する事ができる

ご覧の通り、イギリス政府は ①「プロジェクト・マネジメント・スキル」、②「よりイノベーションに富んだ設計」、③「リスク・マネジメントの専門知識」を民間企業が優れていると素直に理解、認識しています。この理解、認識の下に ①「プロジェクト・マネジメント・スキル」を導入しています。また ②「よりイノベーションに富んだ設計」の通り、イノベーションを実

践し、③「リスク・マネジメントの専門知識」を導入し、「すべての状態を想定する事」を更に推進しています。そのため日本の官僚や公務員もこれらの民間企業の優れている方法、技術を素直に認め、導入する姿勢、「謙虚さ」が必要です。これがNPM 導入の出発点です。

次に ⑥「日本の財政安定化の要点と問題」を説明します。日本もイギリスの財政安定化規律法に対応する閣議決定がされました。次に日本の財政安定化の要点と問題を示します。

図 89　日本の財政安定化の要点と問題

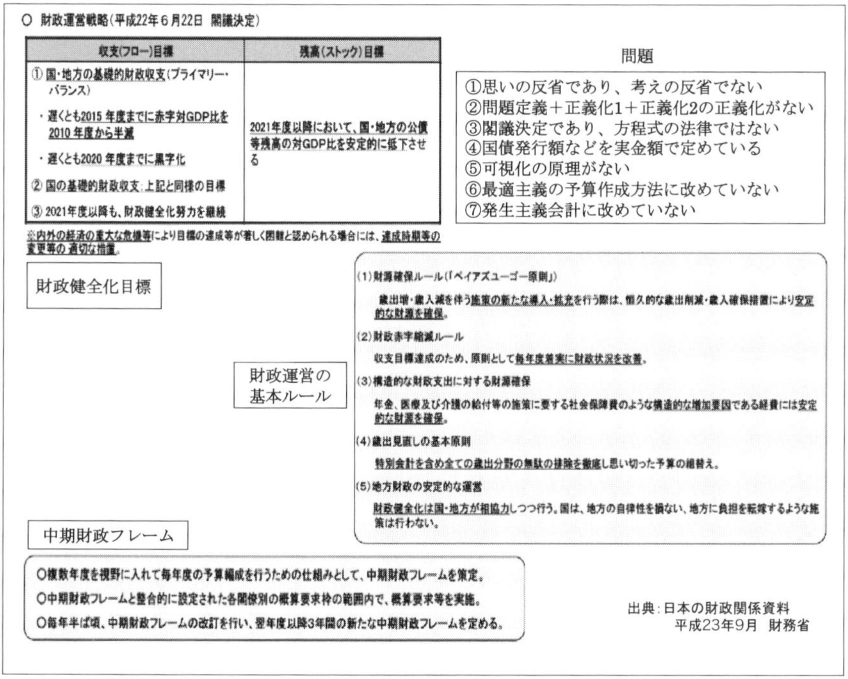

ご覧の通り、平成 22 年 6 月 22 日に財政安定化の閣議決定をしました。これらは既にイギリスでは 1998 年から実施されているものです。日本は 12 年遅れてやっと始めたという状況です。今回の閣議決定の要点は 3 点です。これをイギリスの NPM と対応させると次の通りとなります。

イギリスのNPM	閣議決定
財政安定化規律	①財政健全化目標：遅くとも2015年度までに赤字対GDP比を2010年度から半減、遅くとも2020年度までに黒字化
マクロルール	②財政運営の基本ルール：財源確保ルール（ペイアズユーゴー原則）など複数年度予算
複数年度予算	③中期財政フレーム：平成24-26年度の複数年度予算

ご覧の通り、財政安定化の閣議決定はイギリスのNPMと対応した形になります。なお、図57でこれらを反映していない理由は「法律」ではなく「閣議決定」の「日本風の理解」のため、先に説明したように問題があるためです。これを図89から抜粋すると①「思いの反省であり、考えの反省ではない」、②「問題定義＋正義化1＋正義化2の正義化がない」、③「閣議決定であり、方程式の法律ではない」、④「国債発行額などを実金額で定めている」、⑤「可視化の原理がない」、⑥「最適主義の予算作成方法に改めていない」、⑦「発生主義会計に改めていない」です。最初に①「思いの反省であり、考えの反省ではない」を次に示します。

図 90　日本の財政赤字の原因

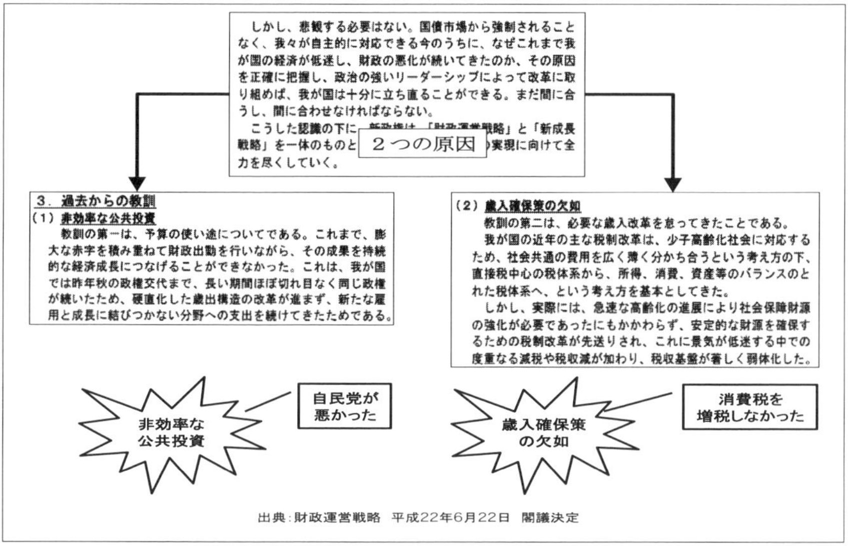

出典:財政運営戦略　平成22年6月22日　閣議決定

ご覧の通り、「非効率な公共投資」も「消費税を増税しなかった」も要約すれば「自民党が悪かった」です。イギリス政府のように「3 つの悪しき慣行」という原因が解明されていません。言うまでもなく、これらが日本の財政赤字の原因である事は明らかです。まさにこれは「思いの反省」であり「ことを明らか」にした「考えの反省」ではありません。そのため ②「問題定義＋正義化 1 ＋正義化 2 の正義化がない」です。言うまでもなく「考えの反省」の「問題定義」がなされて「正義化 1 ＋正義化 2」も機能します。しかし、前述の通り、「思いの反省」であり「ことを明らか」にした「考えの反省」ではありません。そのため「正義化」が実践されません。これが日本の問題です。これを抜本的に解決するにはプロジェクト・マネジメントの「正義化」を導入する事が不可欠です。これが既に説明した最下層のプロジェクト・マネジメントに基づく「業務改革」より上位の「行政改革」や「財政改革」も実現されという意味です。この事をご理解頂けると思います。

次に ③「閣議決定であり、方程式の法律ではない」は良くご理解頂けると思います。イギリスの財政安定化規律法は「方程式の法律」です。しかし、日本は法律ではなく閣議決定です。そのため「方程式の法律」として定める事が必要です。④「国債発行額などを実金額で定めている」は改定された中期財政フレームから明らかです。次にこれを示します。

図 91　中期財政フレームの要点と問題

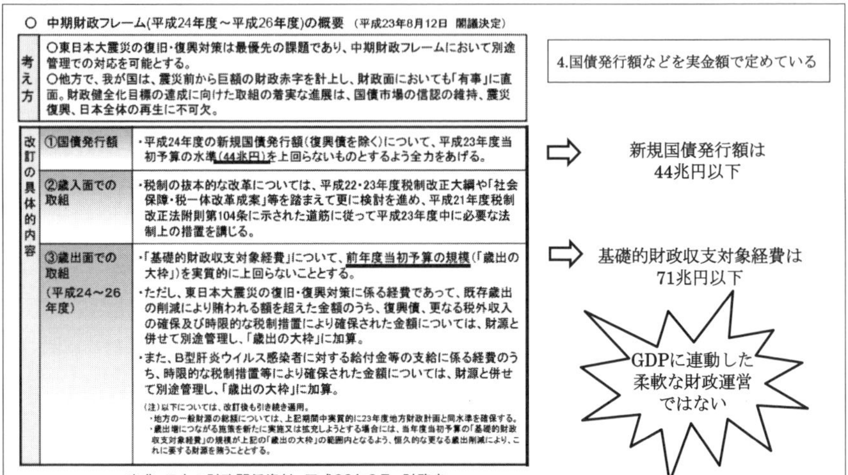

出典：日本の財政関係資料　平成23年9月　財務省

ご覧の通り、新規国債発行額と基礎的財政収支対象経費を 44 兆円以下、昨年度当初予算の規模、つまり 71 兆円以下と金額で定めています。このように実金額で定めるのは大変危ういものがあります。これは 2 つの意味があります。1 つは本当に深刻な事態が発生し、新規国債発行額を 44 兆円以上にしたい時でも、それができない事です。もう 1 つはまったく逆の場合です。つまり景気が回復し、新規国債発行額を 44 兆円以下、また基礎的財政収支対象経費を 71 兆円以下に設定できるにもかかわらず、減額しない場合です。つまりこれらの金額が権利として認められる事です。これは税金の無駄遣いを発生させます。

⑤「可視化の原理がない」は、財政運営の基本ルールが「原則」のため「原則禁止、しかし、例外は認める」が起きる事です。その結果、新規国債発行額は 44 兆円以下という原則もいとも簡単に覆されてしまいます。また

今回の閣議決定には、イギリスの財政安定化規律法の「原理」の「可視化」つまり「国民に報告する」という考えがまったくありません。「可視化」は言うまでもなく「正義化 1」です。そのため「可視化」の原理を定める事が必要です。今回の閣議決定の本質を一言で言えば、新規国債発行額や基礎的財政収支対象経費を設定し、「構造的な財政支出に対する財源確保」つまり「消費税の増税」すなわち「石高」を決め武者羅にやる「石高主義の悪しき弊害」です。しかし、このようなやり方は通用しません。この理由は、自然科学のテクノロジは性能限界に達したため「富の増産」は期待できないためです。そのため予算の作成方法を「最適主義」に改める事が必要です。しかし、⑥「最適主義の予算作成方法に改めていない」です。また ⑦「発生主義会計に改めていない」です。そのためこれらを改める事が必要です。このように「閣議決定」は前述の通り、表面的にはイギリスの NPM と対応する形になりますが、実態はイギリスの NPM と大きく異なります。これが「閣議決定」という「日本風の理解」です。この事を理解頂けると思います。

次に日本再生の基本戦略の ⑦「日本再生の基本戦略の要点と問題」を説明します。次にこれを示します。

図 92　日本再生の基本戦略の要点と問題

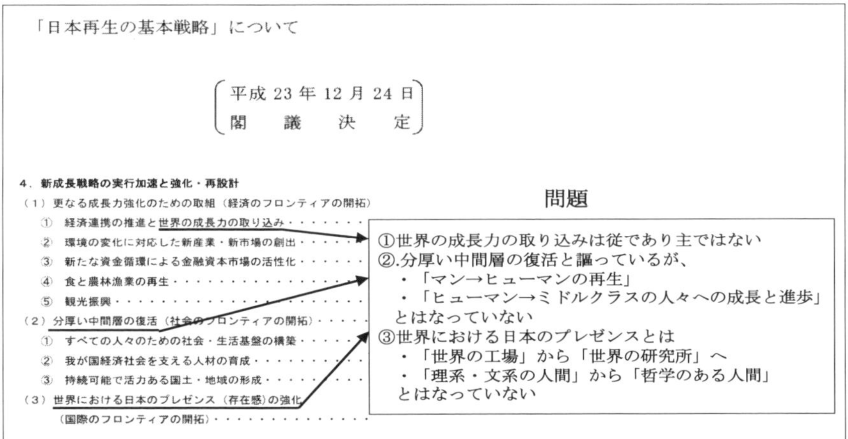

出典:「日本再生の基本戦略」について　平成23年12月24日　閣議決定

ご覧の通り、「経済・社会・国際」の３つのフロンティアが定められています。この問題は３つです。この中で ②「分厚い中間層の復活と謳っているが」と ③「世界における日本のプレゼンスとは」の内容は今まで説明しています。そのため ①「世界の成長力の取り込みは従であり主ではない」を説明します。これは辛辣な表現ですが、これが筆者の感想です。言うまでもなく、ビル・ゲイツやスティーブ・ジョッブズはこのような事をして成長してきたのではありません。自ら信じる事を実践し、新たな市場を切り開いてきました。今後の日本も新たな分野を切り開いていく事が必要です。ここで重要な事は「サービス科学」の分野はそれが沢山ある事です。これを開拓していく事が重要です。もし、世界経済の動向に対応するという事だけであれば、コスト競争力の強い中国に勝つ事はできません。そうではなく日本だけの固有の良さを切り開いていく事です。しかし、「サービス科学」という発想がありません。次に「3つのフロンティアの要点と問題」を示します。

図 93　3 つのフロンティアの要点と問題

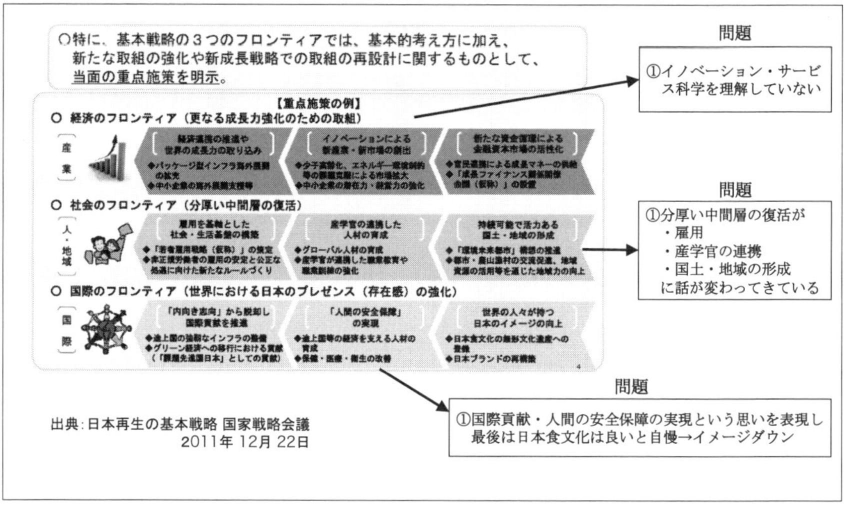

出典: 日本再生の基本戦略 国家戦略会議
2011年 12月 22日

最初に「経済のフロンティアの問題」から説明します。この一例が ①「イノベーション・サービス科学を理解していない」です。これには「サービス科学」という発想がまったくありません。経済のフロンティアで「世界の成長力の取り込み」の次に謳っているのは「イノベーション」です。これを次のように説明しています。

> このため、少子高齢化等に対応したサービス産業の生産性向上、新産業・新市場を生み出す規制・制度改革を追求し、グリーン・イノベーションや高齢者ニーズも踏まえたライフ・イノベーション等による新たな成長産業の創出、中小企業の潜在力・経営力の強化、産学官連携による科学技術イノベーションの展開、セキュリティ強化にも十分配慮した情報通信技術の利活用等を積極的に推進するとともに、創業支援に取り組む。

率直に言って、これでは何が「イノベーション」なのかまったく分かりません。忌憚なく言って、これは「イノベーション」というものを理解した人間の作成した文章ではありません。「官僚の耳学問」の「聞きかじり文章」です。何も具体的な事が説明されていません。既に説明したように「イノベーション」とは「知識の交差の探究」です。大臣告示のデジタコで言えば、「大臣告示」と「SysML」を統合する事です。これが「知識の交差の探究」であり「イノベーション」です。これがまったく説明されていません。更に言えば、「イノベーション」そして「サービス科学」で最も重要な「方法論」も説明されていません。これが問題です。次に「社会のフロンティアの問題」は ①「分厚い中間層の復活」が「雇用・産学官の連携・国土・地域の形成」に話が変わってきている事です。また「国際のフロンティアの問題」は ①「国際貢献・人間の安全保障の実現」から最後は「日本食文化は良いと自慢している事」です。これでは逆のイメージダウンです。このように日本再生の基本戦略には大きな問題があります。

次に「日本再生の基本戦略」の 1 年前の平成 22 年（2010 年）に経済産業省の産業構造審議会の産業競争力部会から「産業構造ビジョン 2010」が発表されています。この報告書は「日本再生の基本戦略」の基本になっています。そのため「産業構造ビジョン 2010 の結論と問題」を説明します。次にこれを示します。

図 94　産業構造ビジョン 2010 の結論と問題

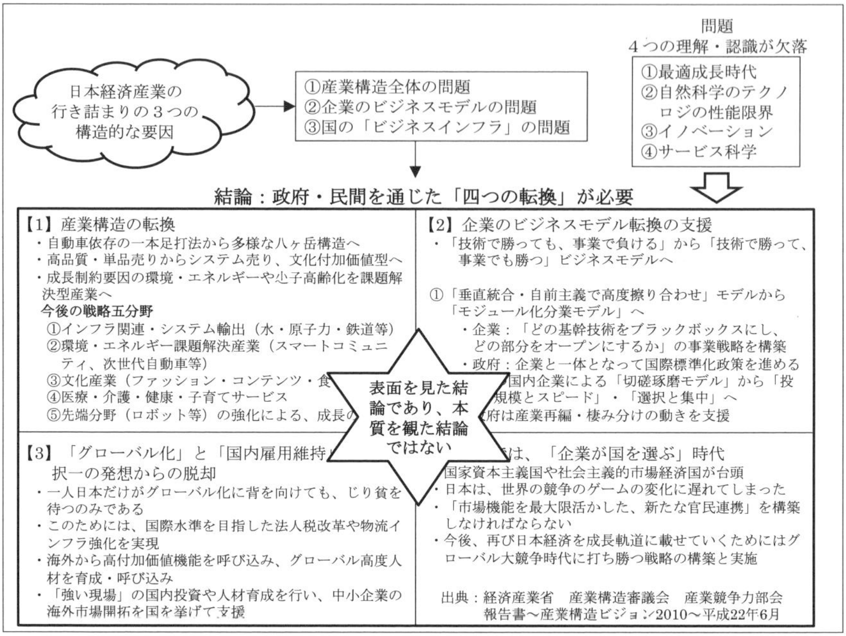

最初に産業構造ビジョン 2010 の結論を紹介し、次に問題を説明します。産業構造ビジョン 2010 では「日本経済産業の行き詰まりの３つの構造的な要因」として ①「産業構造全体の問題」、②「企業のビジネスモデルの問題」、③「国の“ビジネスインフラ”の問題」、の３点を挙げています。そのため結論は、「政府・民間を通じた四つの転換が必要」です。具体的に言えば、①「産業構造の転換」、②「企業のビジネスモデル転換の支援」、③「“グローバル化”と“国内雇用維持”の二者択一の発想からの脱却」、④「世界では、“企業が国を選ぶ”時代」の４つです。①「産業構造の転換」では「自動車依存の一本足打法から多様な八ヶ岳構造へ」、「高品質・単品売りからシステム売り、文化付加価値型へ」、「成長制約要因の環境・エネルギーや少子高齢化を課題解決型産業へ」であり「今後の戦略五分野」を挙げています。具体的に言えば、①「インフラ関連・システム輸出（水・原子

力・鉄道等)」、②「環境・エネルギー課題解決産業（スマートコミュニティ、次世代自動車等)」、③「文化産業（ファッション・コンテンツ・食・観光等)」、④「医療・介護・健康・子育てサービス」、⑤「先端分野（ロボット等）の強化による、成長の牽引」です。また ②「企業のビジネスモデル転換の支援」は「技術で勝っても、事業で負ける」から「技術で勝って、事業でも勝つビジネスモデルへ」です。具体的に言えば、①「“垂直統合・自前主義で高度擦り合わせモデル”から“モジュール化分業モデル”へ」、②「多数の国内企業による“切磋琢磨モデル”から“投資の規模とスピード”・“選択と集中”へ」です。①「“垂直統合・自前主義で高度擦り合わせモデル”から“モジュール化分業モデル”へ」を具体的に言えば、「企業はどの基幹技術をブラックボックスにし、どの部分をオープンにするかの事業戦略を構築」が必要となります。

以上が産業構造ビジョン 2010 の結論の要点です。この「問題」を一言で言えば、図 94 で示すように「表面を見た結論であり、本質を観た結論ではない」です。つまり ①「自然科学のテクノロジの性能限界」、②「最適成長時代」、③「イノベーション」、④「サービス科学」という 4 つの理解、認識が欠落しています。「表面を見た結論」は「自動車依存の一本足打法から多様な八ヶ岳構造へ」などの「現象」を巧みに表現する「巧言」です。これが既に紹介した「霞ヶ関文学の問題」の ⑷「巧言によりすべての状態を理解し、問題は解決されたと錯覚する」です。「自動車依存の一本足打法から多様な八ヶ岳構造へ」は一見「問題の原因」を解明し、「解決への道筋」を解明したように思われますが、そうではありません。この文言で言いたい事は「自動車産業」のみが強く、つまり「一本足打法」なので、他の産業も強くなって、つまり「多様な八ヶ岳構造」になって欲しいという「思い」、「願望」を表現しているだけです。しかし、「なぜそのようになってしまったのか」、そして「他の産業も強くなるためにはどうすれば良いか」の「問題の原因」と「解決への道筋」を説明していません。しかし、経産省の官僚は「一本足打法から多様な八ヶ岳構造」という「巧言」を考え出した事により、すべて解決されたと「錯覚」してしまう事です。そのためいつまで経っても問題が解決されません。具体的に言えば、日本の産業の問題が解決され、強くなり、輸出金額が増大した訳ではありません。すなわち「正義と利益の同時の実現の正義化 2」を実現していません。そのため辛辣ですが「産業構造ビジョン 2010」は「いわゆる作文」です。「正義と利益」を同時に実現するものではありません。これが筆者の実感です。

しかし、視点を変えて言えば、「産業構造ビジョン 2010」は「官民の英知」を結集した大変な力作、大作、労作でもあります。確かに本質を見抜き、「正義と利益」を同時に実現していませんが、「問題の現象」を克明に解明しています。その 1 つが「高品質・単品売りからシステム売り」であり「企業のビジネスモデル転換」です。「企業のビジネスモデル転換」を具体的に言えば、「技術で勝っても、事業で負ける」から「技術で勝って、事業でも勝つビジネスモデルへ」です。これはまったく同感であり、既に説明した通りです。しかし、大変残念な事は、本質を見抜いていません。具体的に言えば、「技術で勝って、事業でも勝つビジネスモデル」を実現するには「プロジェクト・マネジメント」が不可欠です。日本はプロジェクト・マネジメントの導入が大変遅れています。これが「技術で勝っても、事業で負ける」の原因です。また「システム売り」を実現するには「方法論・ツール・コンポーネント」の「サービス科学の実践」が必要です。また「方法論」の記述言語として「モデリング言語」が必要です。これらがまったく説明されていません。また大きな疑問を持つのは「なぜ戦略五分野なのか」です。つまりどのような基準で「五分野」を選択したのかです。しかし、説明されていません。ここには「消費税の増税」と同じく「石高と手順」を重視する「石高主義の悪しき弊害」があります。

また「どの基幹技術をブラックボックスにし、どの部分をオープンにするか」が「産業構造ビジョン 2010」では「本質を見抜いたモノ」として大変重要視されています。具体的に言えば、「我が国企業が市場シェアを維持している事例」として「自動車」と「デジタルカメラ」を取り上げ「擦り合わせ」と「ブラックボックス化・オープン化」が「強み」と説明しています。これは半分正しく、半分正しくありません。「半分正しくない」のは本シリーズで説明するように、日本が「自動車」と「デジタルカメラ」で強い理由は、欧米では優秀な学生が就職しない産業だからです。アメリカで機械工学をトップで卒業した人間は「航空宇宙産業」に就職します。自動車産業には２番手、３番手の学生が就職します。そのため「航空宇宙産業」のない日本やドイツは自動車産業が強いという事になります。これはアメリカではそれなりのレベルの方は概ね知っている事です。これはカメラも同様です。カメラの設計にはレンズの設計が必要です。レンズの設計は「幾何光学」と呼ばれる「古典力学」に基づきます。そのため欧米の学生は「古い学問」の会社には就職しないという事です。これも欧米のそれなりのレベルの方は概ね知っている事です。では、日本とアメリカのトップの学生が真正面から対決するIT・ソフトウエア産業は、どうかと言えば、アップル、マイクロソフト、Googleの通り、アメリカが日本を圧倒しています。この原因が「産業構造ビジョン」では解明されていません。これは既に説明したように欧米人は「抽象化」が得意であり、日本人は大変苦手である事、また日本には「科学技術者」とりわけ「計算機科学の科学技術者」がいない事です。これらが解明されていません。これが「産業構造ビジョン」の問題です。この問題の本質は「本質を見抜いた問題定義ではない事」です。つまり①「性能限界」、②「最適成長時代」、③「イノベーション」、④「サービス科学」更に「科学技術者がいない」などの「本質」を見抜き問題定義していません。そうではなく「一本足打法から多様な八ヶ岳構造」の「巧言」や「戦略五分野」の「石高・手順の重視」です。そのため解決策は「巧言」や「石高・手順の重視」を改め、「本質を見抜いた問題定義」に基づく「正義と利益の同時の実現」つまり「正義化」を実践する事です。この事をご理解頂けると思います。

　このように日本では「正義化」が実践されていません。そのため⑧「行政官モデルから経営者モデルに移行していない」です。次に「経営者モデル」の例として、イギリス政府の税改正の分かり易い説明を示します。

図 95　イギリス政府の税改正の大変分かり易い説明

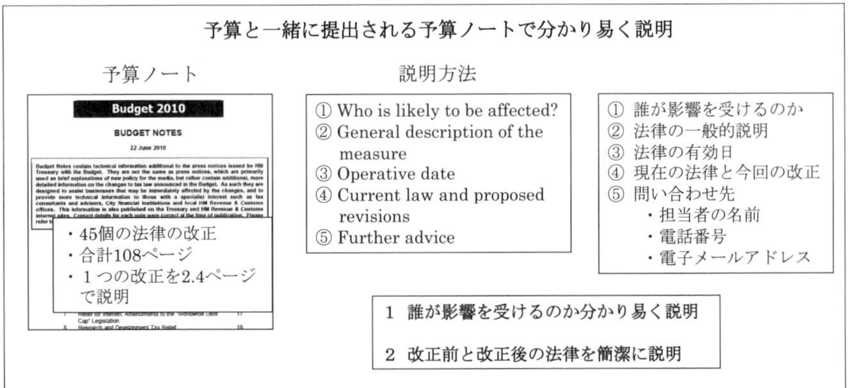

出典：Budget 2010　BUDGET NOTES　22 June 2010 HM Treasury

ご覧の通り、イギリス政府の2010年度予算には45個の税改正が含まれていますが、説明は理解し易いです。これは ①「誰が影響を受けるのか」、②「法律の要約」、③「法律の有効日」、④「現在の法律と今回の改正の差」、⑤「問い合わせ先：担当者の名前・電話番号・電子メールアドレス」です。次にこの例を示します。

図 96　予算ノートの一例

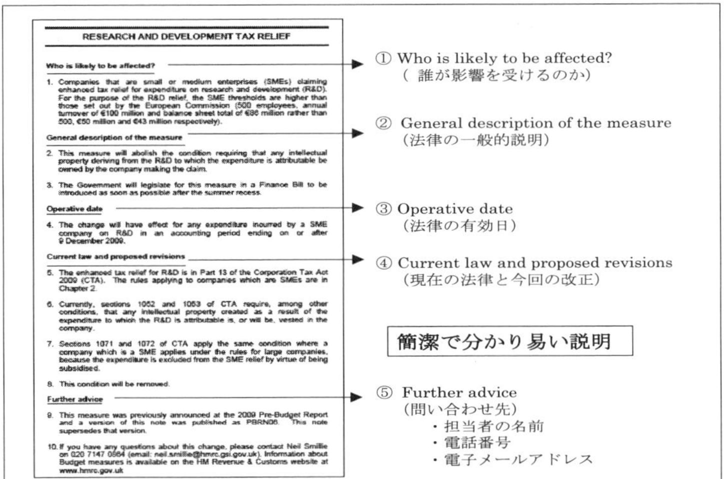

RESEARCH AND DEVELOPMENT TAX RELIEF

Who is likely to be affected?

1. Companies that are small or medium enterprises (SMEs) claiming enhanced tax relief for expenditure on research and development (R&D). For the purpose of the R&D relief, the SME thresholds are higher than those set out by the European Commission (500 employees, annual turnover of €100 million and balance sheet total of €86 million rather than 500, €50 million and €43 million respectively).

General description of the measure

2. This measure will abolish the condition requiring that any intellectual property deriving from the R&D to which the expenditure is attributable be owned by the company making the claim.

3. The Government will legislate for this measure in a Finance Bill to be introduced as soon as possible after the summer recess.

Operative date

4. The change will have effect for any expenditure incurred by a SME company on R&D in an accounting period ending on or after 9 December 2009.

Current law and proposed revisions

5. The enhanced tax relief for R&D is in Part 13 of the Corporation Tax Act 2009 (CTA). The rules applying to companies which are SMEs are in Chapter 2.

6. Currently, sections 1052 and 1053 of CTA require, among other conditions, that any intellectual property created as a result of the expenditure to which the R&D is attributable is, or will be, vested in the company.

7. Sections 1071 and 1072 of CTA apply the same condition where a company which is a SME applies under the rules for large companies, because the expenditure is excluded from the SME relief by virtue of being subsidised.

8. This condition will be removed.

Further advice

9. This measure was previously announced at the 2009 Pre-Budget Report and a version of this note was published as PBRN08. This note supersedes that version.

10. If you have any questions about this change, please contact Neil Smillie on 020 7147 0564 (email: neil.smillie@hmrc.gsi.gov.uk). Information about Budget measures is available on the HM Revenue & Customs website at www.hmrc.gov.uk

出典：Budget 2010　BUDGET NOTES　22 June 2010 HM Treasury

ご覧の通り、①「誰が影響を受けるのか」、②「法律の一般的説明」、④「現在の法律と今回の改正」と分かり易く説明しています。ここで ①「誰が影響を受けるのか」は「問題定義」です。これが「経営者モデル」です。この意味は、既に説明したように「税収を増やす」です。このように説明されれば国民も容易に理解でき「税金」を納め「税収」も増えます。しかし、日本は「行政官モデル」です。次にこの例を示します。

図 97　平成 23 年度の税制改正の解説

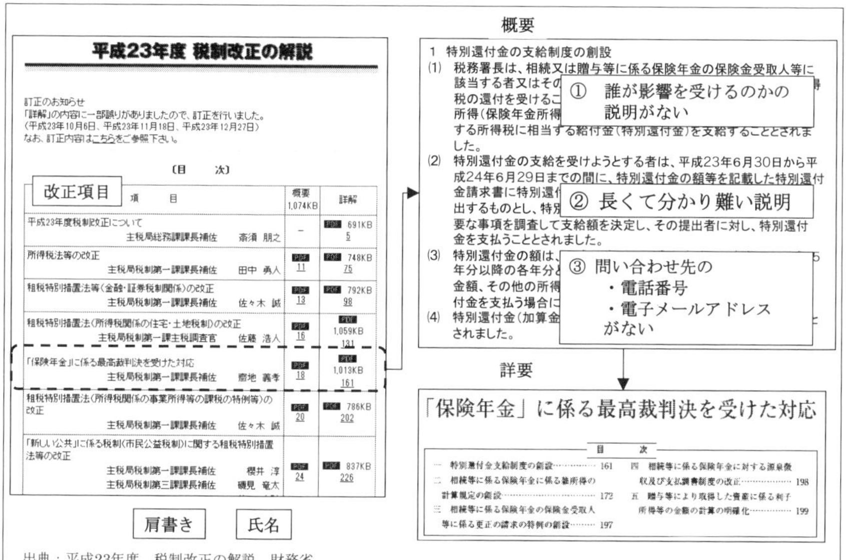

出典：平成23年度　税制改正の解説　財務省

これは平成 23 年度の税制改正の財務省の解説です。イギリスと比べると差は歴然です。次にこれを抜粋すると、①「誰が影響を受けるのかの説明がない」、②「長くて分かり難い説明」、③「問い合わせ先の電話番号と電子メールアドレスがない」です。これは良くご理解頂けると思います。財務省は「概要と詳解」を説明していますが、肝心要の ①「誰が影響を受けるのかの説明がない」です。イギリスと同様に「誰が影響を受けるのか」を最初に説明する事が必要です。これにより直観的に理解できます。また簡潔に分かり易く説明する事が重要です。しかし、財務省の概要と詳解は ②「長くて分かり難い説明」です。これが「霞ヶ関文学の問題」の ⑵「本質を抽象化せず詳細な手順を列記する」です。そのため質問したくなりますが、③「問い合わせ先の電話番号・電子メールアドレスがない」です。確かに「肩書きと名前」はありますが、肝心要の「電話番号・電子メールアドレス」がありません。これはまさに「行政官モデル」です。つまり「国民に法律を告示する。しかし、質問を受けつけず、法律の遵守の監視」です。しかし、税制改正の目的は「税収を増やす」の「正義化２」であり「法律の遵守の監視」ではありません。そのため「正義化」に基づく「経営者モデル」に転換する事が必要です。この事をご理解頂けると思います。では最後に日本のアメリカへのわだかまりを説明します。

1.3.3.4 章　日本のアメリカへのわだかまりの問題の概要

本章は「日本のアメリカへのわだかまりの問題の概要」を説明します。この問題は誰も顕在化させていません。しかし、最も重大な問題と考えています。これを解決する事が日本の問題解決の第 1 歩と考えています。筆者は日本人は戦後 69 年間、次のわだかまりをアメリカに抱いてきたと考えています。

日本のアメリカへのわだかまり

⑴ 日本人は戦争を起こした悪い人間である
⑵ そのためアメリカは悪い日本を懲らしめるために原爆を投下した
⑶ またアメリカは悪い日本人を抑えるために日本の憲法と安保を作った

日本はこのわだかまりを正々堂々とアメリカに言う事なく、じっと我慢して対米追随、対米輸出の繁栄を築いてきたと考えています。これが「実利の追求」を生み出し、更にジャパン・アズ・ナンバーワン以降の「実利の教育」を生み出し、日本を大きく歪めてきたと考えています。しかし、上記の 3 点はアメリカの真意ではありません。これはまったくの「日本風の理解」

です。本章はこの概要を説明します。⑴「日本人は戦争を起こした悪い人間である」を示唆する文章が日本国憲法の前文の次の文言です。

図98　日本国憲法の前文の影響

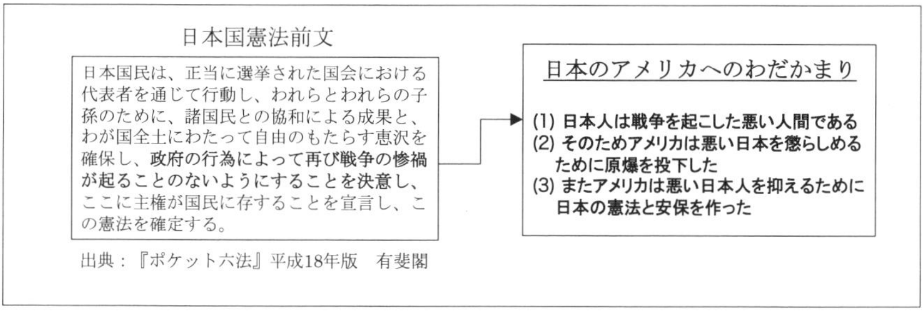

これが「日本人は戦争を起こした悪い人間」という意識を戦後67年間、日本人に抱かせ続けてきたと考えています。しかし、これは完全な誤訳であり、まったくの「日本風の理解」です。アメリカの作成した日本国憲法の英語の文章にはこのような意味はありません。この事は英文の意味を理解すれば容易に理解できます。次に英文と日本語の文章を示します。

英文	resolved that never again shall we be visited with the horrors of war through the action of government
日本語の文章	政府の行為によって再び戦争の惨禍が起ることのないようにすることを決意し

既に説明したように「再び戦争の惨禍が起ることのないように」の「起きる」と訳されている英語が「visited」です。「visited」は「visit」、「訪れる、訪問する」の過去分詞であり、意味は「visit された」つまり「訪れられた、訪問された」です。ここで主語は「shall we be visited」から分かるように「we」つまり「日本国民」です。そのため「日本国民は戦争の惨禍によって訪れられた」と訳せます。「訪れられた」を一般的に言えば、「見舞われた、襲われた」です。そのため「日本国民は戦争の惨禍に見舞われた」が正しい訳語です。つまり「日本国民が戦争の惨禍が起こす」のではなく「日本国民

が戦争の惨禍に見舞われた」です。次に現在の文章と正しい文章を示します。

現在の文章	政府の行為によって再び戦争の惨禍が起ることのないようにすることを決意し
正しい文章	政府の行為によって再び日本国民が戦争の惨禍に見舞われることのないようにすることを決意し

お分かり頂ける通り、「正しい文章」が示すようにアメリカは「日本人が戦争の惨禍を起こした」とは考えていません。そうでなく「政府の行為が戦争を起こした」です。そのため「日本人は戦争を起こした悪い人間」とは考えていません。むしろ、逆です。「日本国民は戦争の惨禍に見舞われた」です。これが英文の意味です。この事は十分ご理解頂けると思います。しかし、率直に言って、この説明に対して多くの日本人は「いや、そうではない。政府と日本国民は一体となり戦争をした」のであり「政府の行為」とは、すなわち「日本国民の行為」と感じると思います。この気持ち、思いが前述の訳語にさせたと思います。しかし、アメリカはそのように考えていません。そうではなく「日本国民も戦争の惨禍に見舞われた被害者」です。この「アメリカの真意」を受け入れる事がなによりも重要です。ここで筆者の37年間のIBM人生でなによりも記憶に残るのは「アメリカ人の暖かい心」です。筆者を助けてくれた「多くのアメリカ人の暖かい心」です。筆者はこれに絶対的な信頼を寄せています。37年間、筆者は裏切られる事はありませんでした。そしてこれは日本国憲法、教育基本法も同じと考えています。既に説明したように「アメリカは日本人、日本国の発展を願って教育基本法、日本国憲法を作成したようだ」と感じられると思います。筆者は「アメリカ人の暖かい心」が日本国憲法と教育基本法を作ったと考えています。

しかし、原爆を落としたアメリカに「暖かい心」などあるハズもないと多くの読者の皆様は感じると思います。これは良く分かります。そのため次に⑵「そのためアメリカは悪い日本を懲らしめるために原爆を投下した」を説明します。既に説明したようにアメリカは (1)「日本人は戦争を起こした悪い人間である」とは考えていません。そのため「アメリカは悪い日本を懲らしめるために原爆を投下したのではない」と考えています。では、なぜアメリカは広島、長崎に原爆を投下したのでしょう。結論から言えば、1,000 年戦争を避けるためだったと考えています。1,000 年戦争は、本シリーズで説明するように日本との新たな 1,000 年戦争です。アメリカは日本本土に上陸したならば日本との新たな 1,000 年戦争を想定していたと考えています。この理由は、上陸し、勝利し、その結果、天皇陛下を処刑せざるを得なくなるからです。つまり上陸したならば、天皇陛下を護るために日本人は特攻隊以上の壮絶な攻撃をするでしょう。そのためそれに勝利したならばアメリカは天皇陛下を処刑せざるを得なくなります。これは日本人に抜き差しならない感情を抱かせる事になります。これが第二次世界大戦は終了しても、新たな日本との 1,000 年戦争の始まりという意味です。1,000 年戦争という言葉はアメリカ政府の公式文書に記述されている言葉です。これは東京裁判の公式文書で「天皇陛下を処刑すれば、1,000 年戦争になる」と明確に記述されています。これを NHK のテレビ番組で放送していました。

お分かり頂ける通り、アメリカは天皇陛下を処刑する事のあまりにも大きな影響というものを良く理解していました。しかし、言うまでもなく、1,000 年戦争は回避しなければなりません。そのためには上陸前に日本が降伏する事が必要です。この結果が原爆の投下だったと考えています。つまり「1,000 年戦争」か「原爆」かの二者択一の苦渋の決断が「原爆」だったと考えています。しかし、率直に言って、原爆に巨大な殺傷能力がある事は予想していても、あれほどの大惨事をもたらす事は想定していなかったと考えています。そのためアメリカとしても忸怩《じくじ》たる思いはあると思います。しかし、1,000 年戦争は回避しなければなりません。そのため苦渋の選択であったと思います。良く言われるように、アメリカ政府は原爆投下は戦争終結を早めるためだったと説明します。「では、どのくらい早めたのですか」と質問すれば、多分 1,000 年を 9 日に早めたと答えると思います。ここで 9 日は、広島の原爆投下の昭和 20 年 8 月 6 日から終戦の 15 日までの 9 日です。

筆者はアメリカ政府の説明する戦争終結の戦争とは第二次世界大戦の戦争終結ではなく、1,000年戦争の戦争終結と考えています。但し、「1,000年戦争はアメリカの妄想、または詭弁だ」と反論される方もおられると思います。しかし、この言葉は事実です。そしてなによりも「もしアメリカが天皇陛下を処刑したならば1,000年戦争になる」という「アメリカの考え」を否定できる日本人はいるでしょうか。「もしアメリカが天皇陛下を処刑したならば」69年経った現在も、日本のどこかで米軍に対し自爆テロが行われているでしょう。多分筆者も自爆テロを行う一人になっていたでしょう。そして自爆テロを行った方の子供、孫は永遠に米軍、アメリカを恨むでしょう。まさに日本とアメリカは1,000年戦争になっていたと思います。これを否定できる日本人は誰もいないと思います。アメリカの「1,000年戦争」か「原爆」かの苦渋の決断が原爆と考えています。

しかし、だからと言って、原爆の大惨事を忘れて良いというものではありません。筆者は高専5年生の時に広島の原爆記念館の被爆者の写真を見て本当に胸が痛みました。その日の晩飯は食べられませんでした。とても晩飯を食べる気持ちにはなれませんでした。これほどの大惨事はありません。そのため食事も喉を通る事はできませんでした。このように原爆の大惨事を忘れて良いというものではありません。原爆記念館の被爆者の写真は後世に伝える事はなによりも必要です。同時に「1,000年戦争」か「原爆」かの二者択一の結果として、アメリカは苦渋の決断として原爆を選択したという事を理解する事も重要です。4年前、広島の原爆記念式典にアメリカ大使が初めて出席しました。この時に、被爆者が「アメリカ大使は謝罪すべきだ」とテレビのインタビューで話していました。これは「思う日本人」のため「とっさ」の言葉が出たのだと思います。しかし、本当に言いたい事はそうではないと思います。そうではなく「良く来てくれた。原爆記念館の写真を見て欲しい」そして「2度とこのような事はしないで欲しい」と訴える事、願いを伝える事だったと思います。誰でも原爆記念館の写真を見れば、そして被爆者から訴えられれば、心に届きます。筆者はアメリカの人々に原爆記念館の写真を見て頂く事はなによりも重要と思います。そして日本人もアメリカが

1,000 年戦争か原爆かの二者択一の結果として原爆を選択した事を知る事はなによりも重要と思います。これにより「アメリカは悪い日本を懲らしめるために原爆を投下したのではない」を自然に受け入れる事ができると思います。

では最後に ③「アメリカは悪い日本人を抑えるために憲法と安保を作った」を説明します。既に今までの説明から「アメリカは悪い日本人を抑えるのではない」は良くご理解頂けると思います。ここでは「日本人の成長、進歩のために憲法と安保を作った」を説明します。説明の容易さから「安保」を説明します。「安保」が「日本人の成長、進歩のために作った事」は安保の前文を見てみれば明らかです。次にこれを示します。

日米安保条約の前文

日本国及びアメリカ合衆国は、両国の間に伝統的に存在する平和及び友好の関係を強化し、並びに民主主義の諸原則、個人の自由及び法の支配を擁護することを希望し、また、両国の間の一層緊密な経済的協力を促進し、並びにそれぞれの国における経済的安定及び福祉の条件を助長することを希望し、国際連合憲章の目的及び原則に対する信念並びにすべての国民及びすべての政府とともに平和のうちに生きようとする願望を再確認し、両国が国際連合憲章に定める個別的または集団的自衛の固有の権利を有していることを確認し、両国が極東における国際の平和及び安全の維持に共通の関心を有することを考慮し、相互協力及び安全保障条約を締結することを決意し、よつて、次のとおり協定する。

ご覧の通り、日米安保の目的は「経済と福祉と安全保障」の３つです。「日米安保」の目的は「経済と福祉と安全」と明確に謳われています。この事は「日米安保」の名称をみても明らかです。これは「日本国とアメリカ合衆国との間の相互協力及び安全保障条約」です。「日米安保」の名称は「日本国とアメリカ合衆国」との間の「相互協力」及び「安全保障条約」であり「安全保障条約」だけではありません。「経済と福祉」という「相互協力」も含まれています。しかし、ほとんどの日本人は「安全保障条約」と思っています。そのため政府・外務省は「日米安保の３つの目的」の「真実」を伝える事が必要です。

お分かり頂けるように、筆者は「原爆・憲法・安保」の「日本のアメリカへのわだかまり」は「大いなる日本風の理解」と考えています。それはアメリカの真意を正確に理解したものではありません。では、なぜこのような「日本風の理解」が生まれたのかと言えば、日本人とアメリカ人の精神風土や思考パターンが大きく異なるからと考えています。これがこのような「大いなる日本風の理解」を生み出し、「アメリカへのわだかまり」を生み出したと考えています。そのため解決策は憲法を正しく訂正し、国民に「真実」を伝える事です。これにより日本の「アメリカへのわだかまり」は氷解されると考えています。

以上、日本の問題の概要を説明しました。様々な分野の問題を説明しましたが、実例と事実に基づいて説明しましたので容易にご理解頂けたと思います。また「解決への道筋」も説明したので「日本の問題は解決できる」と実感されていると思います。では次に「解決策の概要」を説明します。

1.4章　解決策（12章）の概要

ここまでお読み頂き本当にありがとうございます。様々な分野を横断して説明しているので大変だったと思います。では本章で「解決策の概要」を説明します。最初に解決策を全体的にご理解頂くために1.4.1章で「解決策の要約と日本の問題との対応」を説明します。次に3つの章に分けて解決作の概要を説明します。1.4.2章で「1番目と2番目の解決策の概要」、1.4.3章で「3番目と4番目の解決策の概要」、1.4.4章で「5番目の解決策の概要」を説明します。では「解決策の要約と日本の問題との対応」から説明します。

1.4.1 章　解決策の要約と日本の問題との対応

本章は「解決策の要約と日本の問題との対応」を説明します。最初に「解決策の要約」を説明し、次に「解決策と日本の問題との対応」を説明します。これにより解決策を全体的にご理解頂けます。では「解決策の要約」から説明します。次にこれを示します。

図 99　解決策の要約

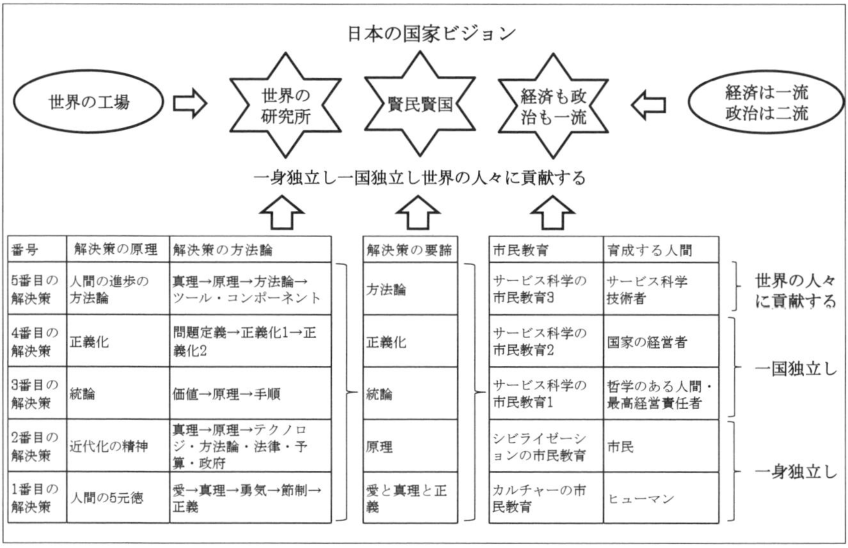

番号	解決策の原理	解決策の方法論	解決策の要諦	市民教育	育成する人間	
5番目の解決策	人間の進歩の方法論	真理→原理→方法論→ツール・コンポーネント	方法論	サービス科学の市民教育3	サービス科学技術者	世界の人々に貢献する
4番目の解決策	正義化	問題定義→正義化1→正義化2	正義化	サービス科学の市民教育2	国家の経営者	一国独立し
3番目の解決策	統論	価値→原理→手順	統論	サービス科学の市民教育1	哲学のある人間・最高経営責任者	一国独立し
2番目の解決策	近代化の精神	真理→原理→テクノロジ・方法論・法律・予算・政府	原理	シビライゼーションの市民教育	市民	一身独立し
1番目の解決策	人間の5元徳	愛→真理→勇気→節制→正義	愛と真理と正義	カルチャーの市民教育	ヒューマン	一身独立し

ご覧の通り、これは 1 番目から 5 番目の解決策を全体的に要約したものです。これを ①「解決策の原理・方法論・要諦」、②「市民教育と育成する人々」、③「日本の国家ビジョン」の 3 つに分けて説明します。では ①「解決策の原理・方法論・要諦」から説明します。これを図 99 から抜粋して次に示します。

解決策	解決策の原理	解決策の方法論	解決作の要諦
1 番目の解決策	人間の 5 元徳	愛→真理→勇気→節制→正義	愛と真理と正義
2 番目の解決策	近代化の精神	真理→原理→テクノロジ・法律・予算・政府	原理
3 番目の解決策	統論	価値→原理→手順	統論
4 番目の解決策	正義化	問題定義→正義化 1→正義化 2	正義化
5 番目の解決策	人間の進歩の方法論	真理→原理→方法論→ツール・コンポーネント	方法論

ご覧の通り、解決策には「解決策の原理」があります。「解決策の原理」は「解決への道筋の本質」を「実現する仕組み」として再定義したものです。これを正確に言えば、「解決策の原理」は「解決の原理」を「具象化した原理」の「解決策の方法論」として導かれています。また「実践知識」は「解決策の原理」の「手順」の「基本型」です。次に「解決策の要諦」は「5 つの解決策の原理」を「抽象化した原理」です。具体的に言えば、「愛→真理→正義→原理→統論→正義化→方法論」です。「解決策の原理」と「解決策の要諦」は 1.2 章から 1.3 章で説明した知識と知見をすべて要約したものです。そのため以降は、これらの要約した言葉により「解決策の原理」の「手順」の「基本型」の「実践知識」に基づいて解決策の具体的内容を説明します。これにより「様々な手順」を説明しますが統一的に容易にご理解頂けます。なお、「実践知識」は 1 番目から 5 番目の解決策でそれぞれ説明します。次に ②「市民教育と育成する人々」は今までの説明から、ご理解頂いていると思います。解決策にはすべて「市民教育」が用意されています。具体的に言えば、1 番目の解決策には「カルチャーの市民教育」、2 番目の解決策には「シビラーションの市民教育」、3 番目から 5 番目の解決策には「サービス科学の市民教育 1/2/3」が用意されています。これにより「マン→ヒューマン→ミドルクラスの人々」つまり「ヒューマン・市民・哲学のあ

る人間・最高経営責任者・国家の経営者・科学技術者」を育成します。具体的に言えば、「ヒューマン＝日本人、市民＝日本国民、哲学のある人間＝官僚・マスコミ、最高経営責任者＝知事、国家の経営者＝首相・大臣、科学技術者＝スティーブ・ジョブズやビル・ゲイツなどのサービス科学技術者」です。この意味は、「“日本人”をマンからヒューマンに育成」、「憲法第10条の定める“日本国民”の育成」、「価値と原理と手順の統論を実践できる“官僚・マスコミ”の育成」、「地域の発展に尽力する“知事”の育成」、「正義化を実践できる“首相・大臣”の育成」、「真理→原理→テクノロジ・方法論を実践できる“スティーブ・ジョブズやビル・ゲイツなどのサービス科学技術者”の育成」です。これらの教育の要点は以降の章で説明します。そのため要点と妥当性を十分ご理解頂ければと思います。なお、ここで3点補足します。本シリーズで説明するように英語では「マン→ヒューマン」また「ヒューマン→ミドルクラスの人々の中核となる市民」を育成する事を「カルチャー」と「シビラーション」と呼びます。そのため「カルチャーの市民教育」と「シビラーションの市民教育」と呼びます。次に「サービス科学の市民教育」は世界で最先端の教育です。これにより日本は確実に「世界の研究所」に成れるとご理解頂ければと思います。また市民教育の教科書は筆者が作成します。これにより体系化された教科書を作成します。これが「筆者の天命」と自覚しています。

最後に ③「日本の国家ビジョン」も今までの説明から概ねご理解頂けると思います。これは「賢民賢国」です。この意味は「経済は一流、政治は二流」から「経済も政治も一流」と「世界の工場」から「世界の研究所」です。次にもう1つご理解頂きたいのは図99に示す「一身独立し一国独立し世界の人々に貢献する」です。これは福沢諭吉の「一身独立し一国独立する」を更に発展させた言葉です。「世界の人々に貢献する」を追加するのは「世界の人々と繁栄する大金持ち」になるためです。これにより「恒久の平和」を築く事ができます。次に「一身独立し、一国独立し、世界の人々に貢献する」を解決策に対応させれば「一身独立し」を実現するのが「1番目と2番目の解決策」です。「一国独立し」を実現するのが「3番目と4番目の解決策」、最後に「世界の人々に貢献する」を実現するのが「5 番目の解決策」です。このように解決策は「一身独立し・一国独立し・世界の人々に貢献する」の 3 つに大別できます。そのため以降は 3 つの章に分けて説明します。

次に「解決策と日本の問題との対応」を説明します。これを次に示します。

図 100　解決策と日本の問題との対応

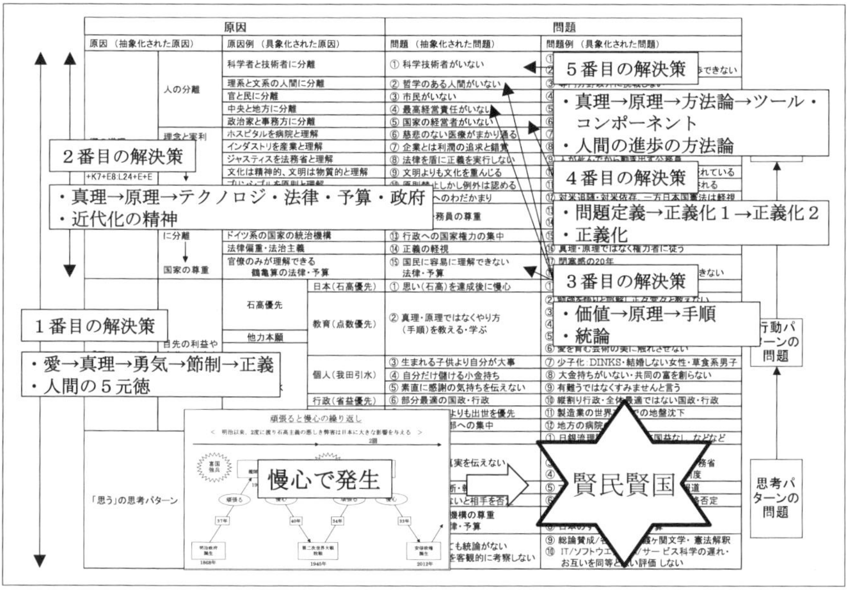

ご覧の通り、1 番目から 5 番目の解決策は体系的に日本の問題を解決します。1 番目の解決策は「人間の 5 元徳」の「原理」に基づいて「思考パターン」と「行動パターン」の問題を解決します。また「社会の営み」の問題解決の根幹になると共に「日本のアメリカへのわだかまり」や「病院・患者・産業・法務省」の「日本風の理解」を解決します。2 番目の解決策は「近代化の精神」の「原理」に基づいて「社会の営みの問題」を解決します。この中で「国民に容易に理解できない法律・予算」は 3 番目の解決策の「統論」

の「原理」により解決します。また「国家の経営者がいない」は４番目の解決策の「正義化」の「原理」により解決します。最後に「科学技術者がいない」は５番目の解決策の「人間の進歩の方法論」の「原理」により解決します。このように解決策は「すべての日本の問題」を解決します。そのため日本の問題は「思考パターン・行動パターン・社会の営みの問題」と大変複雑ですが、体系的に「すべての日本の問題」を解決します。次に日本の問題を解決する時に重要なのが「日本の問題」は「慢心」の時に起きる事です。しかし、現在は「アベノミクス」や「2020年東京オリンピック・パラリンピック」の通り、「頑張る時」であり「日本の問題」を解決する良い機会です。そのため本書の最終章として、以降の説明から「解決策」を具体的にご理解頂き、「日本の問題は解決できる」と十分実感して頂ければと思います。では「１番目と２番目の解決策の概要」から説明します。

1.4.2 章　1 番目と 2 番目の解決策の概要

本章は 1 番目と 2 番目の解決策の概要を説明します。1 番目と 2 番目の解決策を一緒に説明する理由は先に説明したように「一身独立し」を実現するためです。「一身独立し」の意味は「マン→ヒューマン→ミドルクラスの人々の母体となる市民」です。1 番目の解決策は「マン→ヒューマン」を実現します。2 番目の解決策は「ヒューマン→市民」を実現します。では 1 番目の解決策から説明します。これを次に示します。

図 101　1 番目の解決策

【郷の道理から愛と真理と正義による日本人の再生】

郷の道理に従うマンから愛と真理と正義を実践するヒューマンへの日本人の再生

【1-1】カルチャーの市民教育により郷の道理に従うマンから愛と真理と正義を実践するヒューマンに再生する
　【1】日本の良さを愛と真理と正義と統合して教える
　【2】偉人の統論に基づいて日本の良さを教える

日本の良さ
1. なさけ・人情
2. 美意識
3. 勤勉
4. 進取の気性

【1-2】教育基本法の「真理と正義を希求し」を「真理と正義を愛し」に改める
　【1】真理・原理に気づかせる、悟らせる「悟りの教育」からズバリ教える「施しの教育」に改める

【1-3】政府や医者は「郷の道理」や「巧言」を改め、真理・真実を伝える仁政・仁術を実践する
　【1】政府は「巧言」を改め真理・真実を伝える「賢民政策」を実践する
　【2】公務員は「省益あって国益なし」の「郷の道理」を改め、国民の問題を解決する
　【3】医者は「患者負担割合」という「巧言」を改め「合計金額」を伝える

【1-4】現代文明の柱である愛と科学技術と民主主義の日本風の理解から正しい名前に改める

【1】ホスピタル・ペイシェント	病院・患者	→	慈悲院・耐者（愛）
【2】インダストリ	産業	→	勤勉業（科学技術：真理）
【3】ジャスティス	法務省	→	正義省（民主主義：正義）

教育基本法
真理と正義を愛し

【1-5】世のため人のために正義を実行した人々をレコグニッション、認識する
　【1】予算を作成した官僚の名前を予算書に掲載する
　【2】医者を先生ではなく博士と呼ぶ
　【3】「どうもすみません」ではなく「ありがとうございます」と言う

【1-6】憲法・原爆・安保の「日本風の理解」を改め、アメリカへのわだかまりを解決する

【1】憲法	戦争の惨禍が起る	→	戦争の惨禍に見舞われる
【2】原爆	第二次世界大戦の終結	→	1000年戦争の終結
【3】安保	安全保障	→	経済＋福祉＋安全保障

ご覧の通り、1 番目の解決策は「郷の道理から愛と真理と正義による日本人の再生」です。この意味は「郷の道理に従うマンから愛と真理と正義を実践するヒューマンへの日本人の再生」です。これを「愛→真理→勇気→節制

→正義」の「人間の５元徳」の「原理」により実現します。この具体的内容、つまり「手順」が【1-1】から【1-6】です。問題は既に説明したように「思考パターンの問題」は「思い重視の思考パターン」から生まれる「郷の道理」や「巧言により真実を伝えない」などです。また「鶴亀算の思考パターン」から生まれる「国家の統治機構の尊重」、「鶴亀算の法律・予算」、「総論はあっても統論がない」などです。「行動パターンの問題」は「頑張る・慢心→少子化」、「共同の富を創らない」、「悟りの教育」などです。「社会の営みの問題」は「病院・患者・産業・法務省」の「日本風の理解」や「アメリカへのわだかまり」です。既に 1.1 章で「解決策の要点」を実例から説明しています。そのため以降は解決策の主要な「手順」を説明します。

では【1-1】「カルチャーの市民教育により郷の道理に従うマンから愛と真理と正義を実践するヒューマンに再生する」から説明します。次に「カルチャーの市民教育」の全体像を示します。

図 102　カルチャーの市民教育の全体像

日本の良さ

1. なさけ・人情
2. 美意識
3. 勤勉
4. 進取の気性

教育基本法

真理と正義を愛し

対象	学年	日本の偉人	統論	愛（なさけ、人情＆ 美意識）	真理	正義	勤勉	進取の気性
小学生	1年生	永野重雄	日本の名城は大きな石と小さな石の石垣が支えている	大きな石も小さな石も愛する	大きな石と小さな石を擦り合わせる日本人の良さ	亡くなる前に首相に日本の良さを伝えた	戦後から亡くなるまで日本商工会議所に貢献した	日本で初めて亡くなる前に首相に手紙を送る
	2年生	福沢諭吉	天は人の上に人を造らず人の下に人を造らず	すべての人を愛する	すべての人は平等	すべての人に学問をすすめる	戊辰戦争中も塾生に教える	日本で初めて大学を設立
	3年生	聖徳太子	日本は日出る国、中国は日没する国	日本を平和な国にしたい	日本は中国よりも東にある	対等な文化交流を求めた	対等な文化交流の維持・継続	日本で初めて遣隋使を送る
	4年生	東郷平八郎	甲板に立ち日本兵を激励しロシア兵を浮足立たせる	日本をロシアから護る	ネルソン提督の勝利の真理を実践	隠れず真正面に立った	56才まで国際法などの近代学問を学び続けた	日本で初めて欧米の優れた戦略を実践
	5年生	親鸞聖人	善人なおもて往生を遂ぐ、いわんや悪人をや	善人も悪人も愛する	人間の心には善人も悪人も存在する	生涯宗派を確立しなかった	生涯布教に努めた	日本の僧侶で初めて妻帯
	6年生	式年遷宮	内宮と外宮を祀る	日本の永続的な発展を祭る	常若により国を若返らせる	多くの日本国民の寄付	1220年式年遷宮を続ける	20年ごとに新しく造り返し命を新たにする
中学生	1年生	二宮金次郎	自分と相手が社会全体として儲かる大金持ち	同じ村の人間ではないか、助けよう	共同の富の真理を実践	巧言の男を叱責した	薪を背負って歩きながら本を読む	日本で初めて民主主義を実践
	2年生	松下幸之助	平和（P）と幸福（H）は繁栄（P）により実現される（PHP）	日本を極楽浄土にしたい	平和と幸福の真理を発見	松下政経塾を創立した	生涯を経営・PHP研究所・松下政経塾に捧げた	日本で初めて愛と真理と正義を実践した市民
	3年生	昭和天皇の玉音放送	思いを実現する考えを統論として述べる	天皇は国民と共にある	日本の良さ	国民に終戦を伝える	常に国民に心を寄せる	世界の進歩に後れを取るな

ご覧の通り、「偉人の統論」、「伊勢神宮の式年遷宮」、「昭和天皇の玉音放送」から「日本の良さ」を平成18年度に改正される前の教育基本法で定める「真理と正義を愛し」と統合して教えます。この要点は3点です。1つは【1】「日本の良さを愛と真理と正義と統合して教える」の通り、「日本の良さ」と「真理と正義を愛し」を統合して教えます。これより「日本に誇り」を持ち、「郷の道理」に拘束される事なく「愛と真理と正義を実践できるヒューマン」を育成できると考えています。2番目は【2】「偉人の統論に基づいて日本の良さを教える」の通り、「偉人の統論」に基づいて「日本の良さ」を教えます。既に説明したように日本には「統論」という言葉はありませんが、図102の示すように実際は存在していました。そのためこれらの「偉人の統論」に基づいて「日本の良さ」を教えます。これにより「統論」を導ける人間を育成できると考えています。3番目は、授業内容と順番は生徒の発育に合わせる事が重要です。そのため筆者の小学1年生から中学3年生を思い出し、慎重に授業内容と順番を導きました。これらは本シリーズで説明します。本章は小学1年生の授業の要点を説明します。なお、小学1年生で教える「永野重雄」は他の偉人と比べて認知度は高くありません。そのため最初に「永野重雄」を説明し、次に小学1年生の授業の要点を説明します。これから「カルチャーの市民教育」の要点と妥当性を十分ご理解頂ければと思います。これを踏まえて筆者の市民教育の実施に関する基本的考えを説明します。

では「永野重雄」から説明します。「永野重雄」は新日鉄の会長を務め、また長く「日本商工会議所の会頭」を務められた方です。筆者は「永野重雄」を10代の頃から大変尊敬し、私淑していました。なぜ「永野重雄」を私淑してたかと言うと、なにしろ「良い顔」です。高専時代に新聞の写真で見た時に、これが大会社の社長かと思えるほど「田舎の素朴なおじさんの顔」でした。これを見て「この方は良い人間だ」と直感しました。以来、30年以上、私淑してきた方です。この思いはその後の2つの出来事から更に深くしています。1つは昭和天皇が欧州を訪問した時に放送された永野重雄へのインタビューです。永野重雄は「天皇陛下が欧州各国を立派に旅行する事ができて本当に良かった。これで我々経済人も戦後頑張ってきた甲斐があった」とコメントされました。これは大変印象に残りました。言うまでもなく「天皇陛下」は「日本国の象徴」です。その「天皇陛下」が「欧州各国を立派に旅行する事ができて本当に良かった。これで我々経済人も戦後頑張ってきた甲斐があった」という言葉は本当に偉い言葉です。これがまさに「一身独立して一国独立する」です。もう１つは亡くなる前に「日本を託す」という手紙を当時の首相に送った事です。これは「日本の名城は小さな石と大きな石を擦り合わせて築く“石垣”が支えている」という「日本の良さ」を説明しています。これを永野重雄は戦後間もない頃に「日本商工会議所」の月刊誌の題名に「石垣」と命名した経緯から説明しています。ここには戦後の焼け野原から復興する「永野重雄の思い」が込められています。授業はこの手紙に基づいて行います。

次にこれを「愛と真理と正義」から説明します。「愛」つまり「なさけ、人情」は「小さな石」も「大きな石」も「愛する心」です。これが「永野重雄の愛」です。「真理」は日本の名城は「小さな石」と「大きな石」を「擦り合わせ」て築く「石垣」によって支えられているという「日本の良さ」です。これが永野重雄の発見した「真理」です。「正義」は亡くなる前に、この真理を伝えるために「日本を託す」という手紙を首相に送った事です。次に「日本の良さ」は既に「なさけ、人情」は説明していますので「美意識・勤勉・進取の気性」を説明します。「美意識」は日本の「美しい名城」から教えます。「勤勉」は戦後間もない頃から「日本商工会議所」に長く貢献した事から教えます。「進取の気性」は日本で初めて亡くなる前に「日本を託す」と言う手紙を日本の首相に送った事から教えます。次に「統論」は「小さな石」と「大きな石」を統合する「石垣」から教えます。また「小さな石」と「大きな石」から「自立する人間」そして「個人の尊重」の基本となる「一人は全員のために、全員は一人のために」を教えます。これらを「教室を見ると小学１年生」にも「体の小さな人」も「体の大きい人」もいますが「みんなで協力して楽しい教室、学校にしていきましょう」と教えていきます。お分かり頂ける通り、永野重雄の「大きな石と小さな石」の「石垣」の「統論」は小学1年生にも十分理解できるものです。そのため永野重雄の「統論」と実践された「愛と真理と正義」から「日本の良さ」を教えます。なお、本シリーズで説明するように「人間の5元徳」は小学1年生にも分かるように「5本の指」から教えます。具体的に言えば、親指（愛）だけでは、また人差し指（真理）・中指（勇気）・節制（薬指）・小指（正義）の4本指だけでは上手く物を掴めません。上手く掴むには「5本の指」すべてが必要です。これと同様に「愛・真理・勇気・節制・正義」の「人間の5元徳」がなによりも重要と教えます。また「自然の愛」によりすべての動物と植物は支え合っている事、更に支え合う事は「絶対必要」である事を教えます。以降、同様な内容をレベルを少しずつ上げながら、生徒の発育に合わせて小学生には「福沢諭吉→聖徳太子→東郷平八郎→親鸞聖人→式年遷宮」また中学生には「二宮金次郎→松下幸之助→昭和天皇の玉音放送」の「統論」と実践された「愛と真理と正義」から「日本の良さ」を統合して教えます。これにより「日本に誇り」を持ち「郷の道理」に拘束される事なく「愛と真理と正義を実践するヒューマン」を育成できると考えています。

次に筆者の市民教育の実施に関する基本的考えを説明します。これは4点あります。1点目は、既に説明したように戦後教育は平成18年度の改正される前の教育基本法の「真理と正義を愛し」と「日本国憲法の原理」を教えてきませんでした。そのため「カルチャーの市民教育」と「シビライゼーションの市民教育」のエッセンスを「成人」にも実施する事を想定しています。2点目は市民教育の関係です。これは「カルチャーの市民教育」が根幹となっています。具体的に言えば、「真理の重要性」を教える「カルチャーの市民教育」は2番目の解決策の「シビライゼーションの市民教育」で教える「真理→原理→テクノロジ・法律・予算・政府」の「近代化の精神」の根幹です。また「偉人の統論」を教える事により「価値と原理と手順の統論」を教える3番目の解決策の「サービス科学の市民教育1」の根幹となります。このように「カルチャーの市民教育」は市民教育の根幹になっています。3点目は教える知識の本質です。これは「普遍的知識」を教えます。具体的に言えば、「カルチャーの市民教育」では「愛→真理→勇気→節制→正義」の「人間の５元徳」を教えます。次に「シビライゼーションの市民教育」では「真理→原理→テクノロジ・法律・予算・政府」の「近代化の精神」を教えます。またサービス科学の市民教育1/2/3では「価値→原理→手順の統論」、「問題定義→正義化１→正義化２の正義化」、「人間の進歩の方法論」を教えます。このように「普遍的知識」を教えます。この理由は、戦後教育は各分野の学問の「専門知識」のみを教えてきたためです。これは戦後の焼け野原から復興、発展していくためには必要な事でした。筆者の学んだ工業高等専門学校はまさにその代表例です。しかし、これが「理系と文系」に分離し、「哲学のある人間」を育成しなかったのは明らかです。そのため「普遍的知識」を教えます。４点目は教育に対する筆者の基本的考えです。日本では「頭の良い悪いは生まれつきで、どうしようもない」と思われていますが、筆者はそのようには考えてはいません。「人間は、誰でも成長、進歩できる」と考えています。これが筆者の教育に対する基本的考えです。そのため大変重要なのが「真理・原理をズバリと教える施しの教育」です。更にもう１つが「相手に分かる言葉で教える節制の教育」です。人間は「十人十色」です。それぞれに理解できる言葉、ヒント、切り口は異なります。そのため相手に分かる言葉で教える「節制の教育」も大変重要です。このように「真理・原理をズバリと教える施しの教育」と「相手に分かる言葉で教える節制の教育」を統合した「施しと節制の教育」により実施する事を想定しています。

では次に以降の「手順」を説明します。最初に【1-2】「教育基本法の“真理と正義を希求し”を“真理と正義を愛し”に改める」から説明します。これは既に説明しているので良くご理解頂けると思います。「真理と正義」は「絶対必要」です。そのため「愛し」に改めます。また平成18年度の改正で削除された「教育の力」も復活させます。これに併せて【1】「真理・原理を気づかせる、悟らせる“悟りの教育”からズバリ教える“施しの教育”に改める」も実施します。このポイントは既に説明したように「悟りの教育」から「施しの教育」に改める事です。この基本の考えは、既に説明したように「子供は国の宝」という「愛の心」に基づいて「学問の解き明かした真理・原理」をズバリ教える「施しの教育」であり、先に説明したように相手の分かる言葉で教える「節制の教育」であり、「人間の５元徳」で言えば、「真理」を知らない人間に教えようとする「勇気」であり、そして分からない子供を助けようとする「正義」の実践です。これにより生徒も良く理解でき「手順重視」の「石高優先の教育」、「いじめや学級崩壊」、「他力本願の教育」も十分解決できると考えています。

次に【1-3】「政府や医者は郷の道理や巧言を改め、真理・真実を伝える仁政・仁術を実践する」も前半は容易にご理解頂けると思います。後半の「仁政・仁術」の「仁」は孔子の言葉です。また「仁術」は「医は仁術」を略しています。孔子は「仁」の意味を「親孝行」の「孝」や「忠義」の「忠」と説明しています。これを一般的に言えば、「仁」の「人・二」から分かるように「人が二人」いれば、そこに存在するのは「仁」です。では「仁」とは何かと言えば、「愛」です。「人が二人」いれば、そこに存在するのは「愛」です。そのため「仁政・仁術」は「愛政・愛術」です。既に説明したようにイギリスの近代化の源はエリザベスＩ世の「愛の統治」であり「民主主義の源は愛」です。また昨今普及し始めた「ホスピス」は「医は仁術」、つまり「医は愛術」を良く示しています。「愛」に基づいて政治、医療を行う「仁政・仁術」、「愛政・愛術」が社会の基本です。孔子の教えるように「苛政は虎よりも猛し」の通り、「政治」は「虎」よりも猛しいものです。そのため「仁政」は社会の根幹です。また健全な体はすべての基本です。「健全な政治」と「健全な医療」は「健全な社会」を支える基本です。これは昔も今も変わりません。そのため【1-3】は１番目の解決策の基本となります。

では次に具体的内容を説明します。【1】「政府は“巧言”を改め真理・真実を伝える“賢民政策”を実践する」は良くご理解頂けると思います。既に「真理の実践知識」として説明した通り、浜田氏が実践されたように、政府は国民に「真理・真実」を伝える「賢民政策」を実践して頂ければと思います。またレオナルド・ダ・ビンチのモナリザで説明したように「美の真理」つまり「真理」は確実に「マン」から「ヒューマン」に再生します。これを逆説的に示すのが「真理・真実」を直視しなかった「平成バブル」です。「真理・真実」を忘れた人間はバブルに踊ります。そのため国民に「真理・真実」を伝える「賢民政策」は「日本は世界一」と舞い上がってしまう「愚民」の「慢心」を十分解決します。次に重要な事は、日本の問題の大きな原因は「真理」とは180度逆の「郷の道理」である事です。「郷の道理」が「日本の獅子身中の虫」です。これが既に説明したように日本人の「ヒューマン」から「ミドルクラスの人々」への成長、進歩を妨げています。この「郷の道理」の中で最大のものが「省益あって国益なし」の「省益」です。そのため「省益」を解決する事は非常に重要です。ここで「官僚・公務員」の皆様に思い出して頂きたいのは、日本国憲法第15条第2項の「すべて公務員は、全体の奉仕者であつて、一部の奉仕者ではない」です。つまり公務員は「国益」の「全体の奉仕者」であって「省益」という「郷の道理」の「一部の奉仕者」ではありません。そのため公務員の皆様は【2】「公務員は“省益あって国益なし”の“郷の道理”を改め国民の問題を解決する」を実践して頂ければと思います。更にもう1つ思い起こしてもらいたいのは、PRINCE2の教科書は「郷の道理がアジアの国々の問題の原因」と喝破している事です。それでも「省益あって国益なし」の「郷の道理」を続けるのは本当に「愚かな人間」であり「本省・先輩の局長に従うマン」です。そのため速やかに改め「愛と真理」により人々を助ける「正義」を実践して頂ければと思います。言うまでもなく、これが「自浄能力」です。また【3】「医者は“患者負担割合”という“巧言”を改め“合計金額”を伝える」も良くご理解頂けると思います。既に説明したように「田中美知太郎の講演」や「田舎だなー」と言われないよう医者の皆様は是非「ヒューマン」として「合計金額の真実」を伝える「正義」を実践して頂ければと思います。これにより患者も「医療費の真実」を知り「咳が出た」、「熱が出た」と言ってすぐ病院に行くのを止め、自然治癒と自愛を心掛ける「ペイシェント」、「耐者」に成長、進歩し、増大する医療費を抑制できます。そのため速やかに改めて頂ければと思います。

お分かり頂けるように「仁政」と「仁術」は大変重要です。これにより国民も「生まれながらにして持っている愛」に目覚め、日本を確実に「愛のある国」に再生します。その結果「生まれる子供よりも自分が大事」という「少子化」も自然に解決されると考えています。言うまでもなく、人類の長い歴史で他の動物と異なり人口が増加してきたのは「愛」があるからです。つまり「愛のある人間、国」は確実に人口が増えます。逆に言えば、人口が減少するのは「愛のない人間、国」です。そのためこれを解決する要諦は「仁政・仁術」つまり「愛政・愛術」です。既に説明したように「ルネッサンス」の要点は「人間の生まれながらにして持っている愛」に目覚めた事です。そのため政治家・官僚・公務員・医者の皆様も是非「生まれながらにして持っている愛」に目覚めて頂ければと思います。そして「愛政・愛術」を実践して頂ければと思います。これにより国民も「愛」に目覚め、日本を「愛のある国」に再生し、「少子化」から「増子化」に転換できます。また既に説明したように「愛→真理→正義」であり「解決策の要諦」の通り、「愛→真理→正義→原理→統論→正義化→方法論」です。つまり日本を「愛のある国」に再生する事により「真理と正義の国」に再生し、「原理・統論・正義化・方法論の国」に「日本」を再生します。これにより「思い重視の思考パターン」から生まれる「郷の道理」や「巧言により真実を伝えない」や「鶴亀算の思考パターン」から生まれる「国家の統治機構の尊重」、「鶴亀算の法律・予算」、「総論はあっても統論がない」も十分解決します。更に行動パターンの原因の【1】「石高優先」、【2】「我田引水」、【3】「他力本願」や、これらの原因から生まれる⑴「頑張る・慢心→少子化」、⑵「共同の富を創らない」、⑶「悟りの教育」などの問題も十分解決します。更に2番目から5番目の解決策の礎となり「社会の営みの問題」も解決します。そしてなによりも「福島原発事故」の再発を完全に防止します。この基本は「人間の5元徳」の「愛→真理→勇気→節→正義」の通り、「愛」です。「愛」がすべての源です。そのため繰り返しますが、政治家・官僚・公務員・医者の皆様方は「生まれながらにして持っている愛」に目覚め、是非「ヒューマン」として「真理・真実」を伝える「愛政・愛術」の「正義」を実践して頂ければと思います。

これに併せて【1-4】「現代文明の柱である愛と科学技術と民主主義の日本風の理解から正しい名前に改める」も重要です。具体的に言えば、【1】「ホスピタルの病院から慈悲院、ペイシェントの患者から耐者」、【2】「インダストリの産業から勤勉業」、【3】「ジャスティスの法務省から正義省」です。これらも既に説明しているのでご理解頂けると思います。これらに対する筆者の考えは「名は体を表し、体はいつしか名のようになる」です。つまり「体」、「行動」はいつしか「名」のようになると考えています。例を挙げれば、「慈悲院」となれば、医療従事者は医者であれ、看護師であれ、事務員であれ、慈悲、愛を施す事を職責と自覚します。そのため「患者の病を治す」よりも「自分の収入を増やしたい」という「思いで行動」も自然に改まります。また地方から収入の多い都市部に医者が集中するのも改まります。これにより地方の病院の閉鎖も解決できます。更に患者をたらい回しする事もなくなります。また「患者」から「耐者」と改めれば「病を患った人間が悪い」という見方も自然に改まります。これにより「医者」と「患者」という「人の分離」もなくなります。次に「勤勉業」となれば「企業とは利潤の追求」や「本業以外の土地バブルに踊る」なども自然に改まります。更に「正義省」となれば公務員は「正義」を必然的に意識、実践します。また「省益」の「一部の奉仕者」ではなく「国益」の「全体の奉仕者」に自然に改まります。このように筆者が重視するのは「自然に改まる事」です。日本人は「なさけ、人情」があり「優秀」です。「真実の名前」を知ったならば「行動」も必ず改まります。言うまでもなく、イギリス人やアメリカ人はこれらの意味を理解して「ホスピタル・ペイシェント・インダストリ・ジャスティス」を使用しています。そのためすべての日本人に「正しい名前」に改めて頂ければと思います。

これに併せて重要なのが【1-5】「世のため人のために正義を実行した人々をレコグニッション、認識する」です。これはまだ説明していませんが、基本となる考えは「感謝のある社会」に再生する事です。人間を満たすモノは「感謝」の言葉です。「出世」や「金」ではありません。人は人から評価され

「感謝」されて本当に「幸福」を実感します。これにより「目先の利益や自分の都合を優先」という「思いで行動」から生まれる問題も自然に改まります。具体的に言えば、【1】「予算を作成した官僚の名前を予算書に掲載する」です。既に説明したようにアメリカ政府の予算書には最後に作成したすべての官僚の名前が掲載されています。これが「レコグニッション、認識する」です。これは本人と家族・両親にとってなによりも嬉しいものです。このように掲載されるならば「天下り」し、退職後も高収入を得ようという不埒な考えも自然になくなります。そのため政府は是非、予算を作成した官僚の名前を予算書に掲載して頂ければと思います。これは医者も同じです。「ドクターヘリ」からお分かり頂ける通り、アメリカでは「医者」は全員「ドクター」、「博士」と呼ばれます。この理由は、愛、慈悲の心に基づいて病で苦しんでいる患者を救うためです。そのため最大の尊敬の念を持って「博士」と呼ばれます。世には様々な職業がありますが唯一「博士」と呼ばれる職業は「医者」だけです。しかし、日本では「先生」と呼ばれます。そのため是非【2】「医者を先生ではなく博士と呼ぶ」を実践して頂ければと思います。これは些細な事と感じるかもしれません。しかし、「博士」と呼ばれるならば、誰でも高い職業倫理を持ちます。そして「患者の病を治す」よりも「自分の収入を増やしたい」という「不埒な考え」も改まります。先に説明したように「名は体を表し、体はいつしか名のようになる」です。そのため是非、医者の皆様を「博士」とお呼び頂ければと思います。これは【3】「“すみません”ではなく“ありがとう”と言う」も同じです。本シリーズで説明するように「すみません、つまり済まない」は「目上の人が目下の人に言う労いの言葉」です。そのため素直に感謝の気持ちを表したものではありません。そうではなく「感謝の気持ち」を伝える事です。これを孔子の言葉で言えば、「礼」です。「仁」、「愛」を施されたら「礼」、「感謝の気持ち」を伝える事です。「人間を満たすもの」は「感謝の言葉」です。「ありがとう」は確実に「感謝そして愛のある社会」を築きます。そのため是非「ありがとう」と「礼」を実践して頂ければと思います。

次に「アメリカへのわだかまり」は戦後の「実利の追及」を生み出し、日本を大きく歪めてきたと考えています。その結果、「仁政」や「医は仁術」も忘れ去られ、「生まれる子供よりも自分が大事」という「少子化」を招いたと考えています。そのため【1-6】「憲法・原爆・安保の“日本風の理解”を改め、アメリカへのわだかまりを解決する」は日本を健全化する上で不可欠です。具体的に言えば、【1】「“憲法の戦争の惨禍が起る”から“戦争の惨禍に見舞われる”」、【2】「原爆の“第二次世界大戦の終結”から“1,000年戦争の終結”」、【3】「安保の“安全保障”から“経済＋福祉＋安全保障”」に改める事です。これらも既に説明しているので良くご理解頂けると思います。これにより「実利の追求」を根底から改める事ができ「仁政」や「医は仁術」も復活し、「少子化」から「増子化」に転換できると考えています。なお、「憲法」に関しては「オオゴト」と感じる読者の皆様も少なくないと思います。しかし、憲法の「改正」ではなく「訂正」です。そのため与党・野党も含めて粛々と進めて頂ければと思います。これは「誤り」を正すだけです。そのため速やかに訂正して頂ければと思います。これは「安保」も同じです。政府・外務省は「安保」の前文に定められている「経済・福祉・安全保障」の「3つの目的」の「真実」を国民に伝える「正義」を実践して頂ければと思います。先に説明したように、日本人は「なさけ、人情」があり「優秀」です。真実を知ったならば、自ずと解決への道は開かれます。その結果「増大する医療費」や「医者の都市部への集中」も解決し、「沖縄の基地問題」を本土で「対岸の火事」のように眺める事も自然に改まります。最後に「原爆」は「アメリカの考え」であり、日本政府として見解を出すべき立場ではありません。では、どのようにすればいいのでしょう。この要点は将来、アメリカの大統領が広島・長崎の原爆記念式典に出席できるようなった時に、アメリカの考えを表明してもらうのが良いのではないかと考えています。それがいつになるかは筆者も分かりません。しかし、その前に日本のやるべき事は「アメリカへのわだかまり」を解決する事です。これにより「気持ち良く」アメリカの大統領を広島の原爆記念式典に迎える事ができ、アメリカの大統領のスピーチも「気持ち良く」聞く事ができます。本書の説明する「憲法・原爆・安保の真実」が「アメリカへのわだかまり」を解決する事をなによりも願っています。

では次に２番目の解決策を説明します。次にこれを示します。

図 103　２番目の解決策

【国家の尊重から個人の尊重による日本人の成長と進歩】

原理に基づいて社会の問題を解決するミドルクラスの人々の母体となる市民を育成する

【2-1】日本国憲法第13条の「個人の尊重」を実現するためシビライゼーションの市民教育により原理に基づいて人々・社会の問題を解決するミドルクラスの人々の母体となる市民を育成する
日本固有に教える事
【1】日本国憲法第13条で定めるように国政で最も重んじるのは「個人の尊重」
【2】個人の尊重とは国民が思う存分力を発揮し成長、進歩し幸福を実現する事
【3】個人の尊重の３つの基本概念が市民の要件である事
【4】解決策は福利対コストの良い解決策を選択する事
【5】賢民賢国の日本の国家ビジョン

【2-2】政府は「日本国憲法の国政の原理」に基づいて「個人の尊重」を最も重んじる国政を営む事
【1】「国家の統治機構」から「国家の統治原理」へ
【2】「思いの徳政」から「考えの徳政」へ
【3】「福利対コスト」の良い「原理・手順」を選択し国民と共有する

【2-3】個人の尊重に関連する様々な概念と日本国憲法の日本風の理解を改める
【1】原則→原理、　安全と安心→安全と幸福、　公共の→人々の
【2】公共の福祉に反しない限り→人々の幸福な状態を妨げない限り
地方公共団体の長　→地域政府の最高経営責任者

【2-4】ドイツ系の統治機構から英米系の統治機構へ改める
【1】英米系の統治機構では「人」に従うのではなく「真理・原理」に従う
【2】肥大化した行政機構の適正化と給料・年金などの官民格差を解決する
・公務員の人件費を3割削減しイギリス並みにする, などなど

【2-5】全日本科学工学財団を設立し、「個人の尊重」の「根幹となる概念」の「真理→原理→テクノロジ」を「全員は一人のために」として実践する
【1】併せて中小企業庁を経産省の下部組織から各省庁と同格とする

ご覧の通り、２番目の解決策は「国家の尊重から個人の尊重による日本人の成長と進歩」です。この意味は「原理に基づいて社会の問題を解決するミドルクラスの人々の母体となる市民を育成する」です。これを「真理→原理→テクノロジ・法律・予算・政府」の「近代化の精神」の「原理」により実現します。この「手順」が【2-1】から【2-5】です。問題はすべての「社会の営みの問題」です。これは「国家の尊重から生じている問題」、「日本風の理解から生じている問題」、「ミドルクラスの人々がいない」の３つに大別されます。そのため本章の通し番号により明示的に示します。具体的に言えば、「国家の尊重から生じている問題」は ①「官僚・公務員の尊重」、②「行政への国家権力の集中」、③「正義の軽視」、④「国民に容易に理解できない法律・予算」です。また「日本風の理解から生じている問題」は ⑤「原

理を原則」、⑥「安全と幸福を安全と安心」、⑦「人々のを公共の、つまり官僚・公務員の」、⑧「人々の幸福な状態を妨げない限りを公共の福祉に反しない限り」、⑨「地域政府の最高経営責任者を地方公共団体の長」と「日本風に理解」する事です。最後に「ミドルクラスの人々がいない」は ⑩「科学技術者がいない」、⑪「哲学のある人間がいない」、⑫「市民がいない」、⑬「最高経営責任者がいない」、⑭「国家の経営者がいない」です。この中で ④「国民に容易に理解できない法律・予算」と ⑪「哲学のある人間がいない」と ⑬「最高経営責任者がいない」は3番目、⑭「国家の経営者がいない」は4番目、⑩「科学技術者がいない」は5番目の解決策で解決します。

では【2-1】「日本国憲法第13条の“個人の尊重”を実現するためシビライゼーションの市民教育により原理に基づいて社会の問題を解決するミドルクラスの人々の母体となる市民を育成する」から説明します。これも既に説明しているので良くご理解頂けると思います。アメリカでは幼稚園から高校まで一貫した市民教育を行っています。これは ①「憲法に基づく民主主義」、②「真理・原理に基づいて社会の問題を解決する事」、③「福利対コストの良い解決策を選択する事」を教えています。しかし、日本には市民教育はありません。そして日本は「政治は二流」です。そのため「アメリカの市民教育」に基づいて「シビライゼーションの市民教育」を実施します。これによりミドルクラスの人々の母体となる「市民」を育成し、⑫「市民がいない」を解決します。これは「アメリカの市民教育」に日本固有の内容を追加して行います。日本固有の内容は「個人の尊重」に関わるものです。この理由は既に説明したように「個人の尊重」は大変理解し難い事、また「個人の尊重」と「関連する様々な概念」の「日本風の理解」があるためです。そのため最初に【1】「日本国憲法第13条で定めるように国政で最も重んじるのは“個人の尊重”」を教えます。これにより「個人の尊重」はなによりも重要である事を教えます。次に「個人の尊重」の意味の【2】「個人の尊重とは国民が思う存分力を発揮し、成長、進歩し幸福を実現する事」を教えます。これにより「人の命は地球よりも重い。個人を尊重するのは当たり前」の

「日本風の理解」を解決します。次に「思う存分力を発揮し、成長、進歩し幸福を実現する」ためには ①「真理→原理→テクノロジ・法律・予算・政府」の「近代化の精神」の実践が必要である事、また「思う存分力を発揮するる」のは「世のため人のため」つまり ②「一人は全員のために、全員は一人のために」である事、そして ③「個人・人々が真理・原理を共有する事により国家として統合」できる事を教えます。これを【3】「個人の尊重の3つの基本概念が市民の要件である事」として教えます。この時に「日本国憲法」の「国政と外交の原理」も教えます。次に「原理」を実行する時に大変重要なのが【4】「解決策は福利対コストの良い解決策を選択する事」です。これにより「コスト意識」と「最適化の意識」を十分醸成できます。これは「空気と水はただ」また「石高主義」のため「コスト意識」の低い日本では非常に重要です。更に【5】「賢民賢国の日本の国家ビジョン」も教えます。これにより「原理」に基づいて社会の問題を解決するミドルクラスの人々の母体となる「市民」を育成し、「政治も一流」を実現し、「世界の研究所」の基礎を築けると考えています。

では次に以降の「手順」を説明します。最初に【2-2】「政府・行政は“日本国憲法の国政の原理”に基づいて“個人の尊重”を最も重んじる国政を営む事」も良くご理解頂けると思います。日本国憲法には「国政の原理」があります。既に説明したように「国政の原理」の「その福利は国民がこれを享受する」を具象化する「手順」が日本国憲法第13条の「個人の尊重」です。そのため「個人の尊重」を最も重んじる国政を営む事は明らかです。しかし、日本では「個人の尊重」は前述の通り、「人の命は地球よりも重い。個人を尊重するのは当たり前」と「日本風に理解」されます。また「お父さんは家族のために一生懸命頑張った」のように「家族」という意識はあっても「個人」や「人々」という意識は大変希薄です。更に過去数千年にわたって「自然に依存してきた他力本願」のため「国家権力」という大きな力によって保障される「安心」という意識はあっても、自らの努力により「幸福」を実現する「個人の尊重」の意識は希薄です。そのため「個人の尊重」を重んじる国政を営む事は容易ではありません。これを解決する肝は「個人の尊重」の「3つの基本概念」を実践する事です。具体的に言えば、「近代化の精神」の実践が【1】「“国家の統治機構”から“国家の統治原理”に基づく統治・政治へ改める」です。政府は「国家の統治機構」から「国家の統治原理」に基づく統治・政治に改めて頂ければと思います。具体的に言えば、「制度」から「原理」へ転換する事です。なお、そのためには「鶴亀算の法律・予算」から「方程式の法律・予算」に改める事が必要です。これは3番目の解決策で実施します。2番目の解決策で重要な事は「国民一人一人」が「原理」を共有し、理解、実践して「一国独立できる」つまり「一国独立する」を支えているのは「制度」ではなく「国民一人一人」が「原理」を実践する事です。既に「原理の実践知識」で説明したように「問題」を解決するのは「原理」であり「国家権力」ではありません。「国家権力」は「原理」を実行する「手段」です。そのため政府は「近代化の精神」に基づいて法律・予算を策定し、国民に十分説明して頂ければと思います。これにより「国民」も「制度」、「国家権力」、「国家の統治機構」に依存するのではなく、自ら「原理」に基づいて問題を解決し、幸福を実現する「個人の尊重」を実現します。これにより「個人」や「人々」という概念も浸透し、「日本人の公共精神の低さ」も十分解決します。

次に②「一人は全員のために、全員は一人のために」の実践が【2】「“思いの徳政”から“考えの徳政”へ」です。既に「思いの徳政」と「考えの徳政」の本質は説明しました。ここでは「考えの徳政」を具体的に説明し、次に「考えの徳政」は②「一人は全員のために、全員は一人のために」の実践である事を説明します。最初に広辞苑の「徳政」の意味を説明します。これは「①人民に恩徳を施す政治、すなわち、租税を免じ、大赦を行い、物を与えるなどの仁政」です。最初に気がつく事は「徳政」は1番目の解決策で説明した「仁政」に基づく事です。そのため「仁政」に基づき「①人民に恩徳を施す政治」が「徳政」と理解できます。ここで「租税を免じ、大赦を行い、物を与える」は日本も欧米も同じですが、大きく異なるのは既に説明したようにアメリカはトーマス・ジェファーソンの教えるように「分別」つまり「真理・原理」を教える事です。言うまでもなく「真理・原理」は多くの人々の努力により導かれたものです。そのため「真理・原理」を教える事は「全員は一人のために」です。これにより国民も「真理・原理」に基づいて問題を解決する、つまり「一人は全員のために」を実践できます。そのため「制度」、「国家権力」、「国家の統治機構」に依存するのではなく自らの努力により「真理・原理」に基づいて問題を解決し、幸福を実現する「個人の尊重」を実現できます。お分かり頂けるように「真理・原理」を教える「考えの徳政」は ②「一人は全員のために、全員は一人のために」の実践です。それに対して「思いの徳政の感化」は「由らしむべし知らしむべからず」の統治方法です。そのため政府は「思いの徳政」から「考えの徳政」へ改めて頂ければと思います。これにより「思いの徳政」から生まれる「感化する人間」は「感化される人間」よりも「上」という意識を改め「給料などの官民格差」も解決します。併せて【3】「“福利対コスト”の良い“原理・手順”を選択し国民と共有する」も必要です。これも既に説明しているので良くご理解頂けると思います。ここで重要な事は「“福利対コスト”の良い“原理・手順”」は官僚・公務員にコスト意識を醸成する事です。そのため公務員のコスト意識も十分高まります。

これに併せて【2-3】「個人の尊重に関連する様々な概念と日本国憲法の日本風の理解を改める」も必要です。具体的に言えば、⑤「原理を原則」、⑥「安全と幸福を安全と安心」、⑦「人々のを公共の、つまり官僚・公務員の」と「日本風に理解」する事です。この中で「原則から原理」へ改める事は「国家の統治機構」から「国家の統治原理」への転換に不可欠です。そのため政府は「日本国憲法の原理」に基づく国政を実践して頂ければと思います。また「安全と安心から安全と幸福」に改める事は「自らの努力により幸福を実現する市民」を育成する上で不可欠です。これにより先に説明したように「制度」、「国家権力」、「国家の統治機構」に安住するのではなく「自らの努力」より「幸福」を実現する「個人の尊重」を実現できます。そのため政府は憲法第 13 条の「幸福追求」を実現する国政を実践して頂ければと思います。同様に「公共のから人々の」と改める事も不可欠です。既に説明したように「個人」、「Individual」を統合したものが「People」、「人々」、

「人々の」の英語が「Public」です。しかし、「Public」は「公共の」と訳され、更に「官僚・公務員の」と逆の意味に理解されます。そのため「公共の」から「人々の」に改める事は不可欠です。これに伴い「日本国憲法の日本風の理解を改める」も必要です。具体的に言えば、「公共の福祉に反しない限り」は「人々の幸福な状態を妨げない限り」と訂正します。これにより⑧「人々の幸福な状態を妨げない限りを公共の福祉に反しない限り」、更に「公共の福祉に反しない限り」を「官僚や公務員の考えに反しない限り」と「日本風に理解」されるのを防止できます。そのため与野党の国会議員は日本国憲法第13条の「個人の尊重」を既に説明したように「すべて国民は、個人として尊重される。生命、自由及び幸福追求に対する国民の権利については、人々の幸福な状態を妨げない限り、立法その他の国政の上で、最大の尊重を必要とする」と訂正して頂ければと思います。

同様に「(地方公共団体の) 長」を「地域政府の最高経営責任者」と訂正する事も必要です。これにより ⑨「地域政府の最高経営責任者を地方公共団体の長」の「日本風の理解」を解決します。言うまでもなく「地方公共団体の長」は大変軽い言葉です。そのため正しく「地域政府の最高経営責任者」と訂正する事が必要です。これにより地域の発展に尽力し、「地方の疲弊と中央依存体質」を解決できます。なお、そのためには「補助金などの交付金」を「一括交付金」に改める事が不可欠です。これについてはまだ説明していませんが、本シリーズで説明するように憲法第92条の「地方公共団体の組織及び運営に関する事項は、地方自治の本旨に基づいて、法律でこれを定める」には「日本風の理解」があります。これは「地方自治の本旨」です。この英文は「principle of local autonomy」です。これには2つの「日本風の理解」があります。1つは「principle」、「原理」を「本旨」と「巧言」に訳している事です。これでは意味が不明です。しかし、この場合、これは小事の問題です。大事の問題は「autonomy」の「地方自治」という「日本風の理解」です。「autonomy」も「個人の尊重」と同様に日本人には大変理解し難い概念です。この事を筆者はIBMの体験から骨身に沁みて知っています。本シリーズで説明するように「autonomy」には「資金も自立的に使用する」という意味があります。言うまでもなく、資金を自立的に、つまり自分の考え、判断で使用できなければ「自立」ではありません。そのためこの意味から「principle of local autonomy」を説明すれば、地方自治体は「交付金」を「一括交付金」として受け取り「自立的」、つまり知事は「自らの考え、判断」で「地域の発展」のために使用して良いという意味です。なお、この時に「国としての一定水準」を維持する事が必要であり、そのため「交付金」を国が管理する事が必要と言われます。しかし、「国としての一定水準」を定める「価値と原理」が「法律」で定められていれば「地域の特性」に合わせて「福利対コストの良い手順」を知事は「自らの考え、判断」で選択できます。これが「資金も自立的に使用する」という意味です。昨今「地方分権化」と共に「一括交付金」に変わってきています。これは大変良い事です。政府は更に推進して頂ければと思います。これにより「地方の疲弊と中央依存体質」を抜本的に解決できます。この方法は3 番目の解決策で説明します。なお、これらも「憲法」の「改正」ではなく「訂正」です。そのため粛々と進めて頂ければと思います。

また【2-4】「ドイツ系の統治機構から英米系の統治機構へ改める」も不可欠です。既に説明したように日本の「国家の統治機構」は明治から現在まで「ドイツ系の統治機構」です。これが ①「官僚・公務員の尊重」、や ②「行政への国家権力の集中」を生み出し、「鶴亀算の法律・予算」と相俟って「官僚政治・反対野党・法律偏重」など様々な問題を生み出し、「ヒューマン→ミドルクラスの人々」への成長と進歩を大きく阻んでいると考えています。しかし、既に説明したように「内閣とその下の行政が政府」という「ドイツ系の統治機構」を定めている法律はありません。これは戦前からの「郷の道理」です。そのため「英米系の統治機構」へ改める事は不可欠です。政府は「野党」と共に是非「英米系の統治機構」へ改めて頂ければと思います。ここで重要なのが「野党」です。「英米系の統治機構」では「野党」も「政府」です。そのため野党も「政府の一員」という意識を持って国政に取り組んで頂ければと思います。昭和天皇の玉音放送の「同胞排擠互ニ時局ヲ亂リ……朕最モ之ヲ戒ム」の通り、「野党」も「政府の一員」として「与党と統合された法律・予算」を策定して頂ければと思います。また参議院は「良識の府」として普遍的知識から審議して頂ければと思います。同様に裁判官も「政府の一員」として憲法第13条の個人の尊重の「幸福追求」を実現する裁判をして頂ければと思います。具体的に言えば、「真実と正義」に基づく「迅速な裁判」を実践して頂ければと思います。

次に「英米系の統治機構」に改める事により【1】「英米系の統治機構では“人”に従うのではなく“真理・原理”に従う」を実現でき③「正義の軽視」を解決できます。既に説明したように「英米系の統治機構」は「統治原理」に基づいています。そのため局長通達などの「郷の道理」に従うのではなく「原理」に従います。これにより局長通達を発行した「権力者」に従う問題も解決できます。また国民も法律の「原理」を良く理解でき官僚・公務員、更には「行政補完型特例民法法人」に教えてもらう必要もありません。これにより「行政補完型特例民法法人」も適正化され、【2】の前半の「肥大化した行政機構の適正化」も実現できます。既に説明したように大阪府の予算は東京都の半分以下です。しかし、特例民法法人は東京よりも多くあり、財政危機に陥りました。そのため特例民法法人を整理する事は不可欠です。これが財政赤字を削減する最初のステップです。また【2】の後半の「給料・年金などの官民格差を解決する」も必要です。具体的に言えば、「公務員の人件費を3割削減しイギリス並みにする、などなど」です。既に説明したように日本では毎日800億円の金が公務員の人件費として消えていきます。そして公務員の平均の人件費は963万円です。そのため政府は公務員の人件費をイギリスの国家公務員並みに600万円台にして頂ければと思います。また既に説明したように日本の公務員の人件費が高い理由は「公務員」には「徳が必要」という事を示唆する「思いの徳政」があります。これは先に説明したように「思いの徳政」から「考えの徳政」へ改めます。更にもう1つは「官」つまり「統治する人間」は「民」つまり「統治される人間」よりも「上」という「日本風の理解」があるためです。しかし、「英米系の統治機構」では「統治する人間」も「統治される人間」も存在しません。存在するのは「統治原理」であり「統治原理を理解、実践する人間」です。これが「官」と「民」を統合する「市民」です。そのため政府は是非「給料・年金などの官民格差」を解決して頂ければと思います。

では最後に【2-5】「全日本科学工学財団を設立し、“個人の尊重”の“根幹となる概念”の“真理→原理→テクノロジ”を“全員は一人のために”として実践する」を説明します。「全日本科学工学財団」は既に説明した「全米科学財団（NSF)」の日本版です。「全米科学財団（NSF)」は科学や工学の研究費を個人またはグループに交付金として提供する組織です。これがアメリカの「個人の尊重」の「根幹となる概念」の「真理→原理→テクノロジ」の実践であり「全員は一人のために」の実践です。そして「アメリカはテクノロジ」を支える根幹です。昨今、政府は「日本版NSC（国家安全保障会議)」や「日本版NIH（日本医療研究開発機構)」などアメリカと同様な組織を設立しています。そのため政府は是非「日本版NSF」の「全日本科学工学財団」を設立して頂ければと思います。なお、名称に「工学」を入れるのは「テクノロジ」の研究、開発を明示的に示すためです。併せて【1】「併せて中小企業庁を経産省の下部組織から各省庁と同格とする」も必要です。図78の「アメリカの予算書の内訳」には「全米科学財団」の下には「中小企業庁」が各省庁と同格に位置づけられています。これは「全米科学財団」の支援を受け新たなテクノロジを事業化する「起業家」には重要です。事業化は「資金」だけでなく「法律・会計・雇用・労働などの知識」が必要です。そのためこれを支援する「中小企業庁」も大変重要です。政府は是非「中小企業庁」を各省庁と同格に格上げし、「起業家」を育成して頂ければと思います。これらは「個が全体に埋没され、全員は一人のために」のない日本では重要です。そのため是非実践して頂ければと思います。では次に３番目と４番目の解決策の概要を説明します。

1.4.3 章　3 番目と 4 番目の解決策の概要

本章は「3 番目と 4 番目の解決策の概要」を説明します。3 番目の解決策は「方程式の法律・予算」により「健全国家」を実現し、4 番目の解決策は「NPM 正義化」により「最適成長国家」を実現します。これにより「一国独立し」を実現します。では 3 番目の解決策から説明します。次にこれを示します。

図 104　3 番目の解決策

【鶴亀算の法律・予算から方程式の法律・予算による健全国家の確立】

国民の理解できない法律・予算から
国民の理解できる法律・予算に改める

【3-1】方程式の法律・予算を作成・説明できるようにサービス科学の市民教育1を実施する
　【1】教える事：価値と原理と手順の統論

【3-2】国民の理解できない鶴亀算の法律から国民の理解できる方程式の法律へ改める
　【1】法律を「価値と原理と手順の統論」として作成する
　【2】総則から「統則」に改め価値と原理を明確に定める
　【3】法律の原理をすべての状態を想定する状態定義に基づいて定める
　【4】基本法にはすべて前文を設け価値と原理を明確に定める
　【5】法律→方針→ガイドラインを改め１つの統合された法律に定める
　【6】大臣告示や局長通達ではなく法律として正式に定める
　【7】誰が影響を受けるのか、法律の要約、現在と改正の差、問い合わせ先を明らかにして国民に伝える

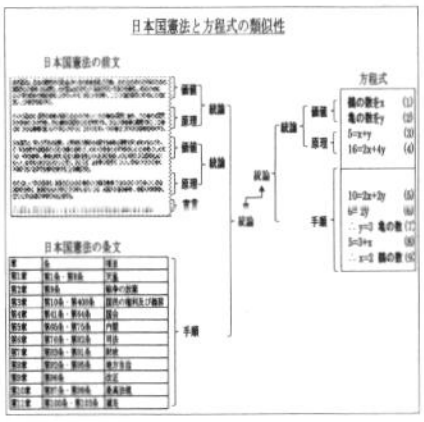

【3-3】国民の理解できない鶴亀算の予算から国民の理解できる方程式の予算へ改める
　【1】予算を「価値と原理と手順の統論」に基づいて作成する
　【2】予算の要約書を作成する
　　① 首相・大臣：価値と原理に基づく問題定義による政策の説明
　　② 各省庁　　　：手順（施策）とコスト（予算）の説明
　　③ コストの見積もり精度は孫氏の7割を活用
　【3】部分最適から全体最適の１つの予算に統合する
　　① 一般会計・特別会計・政府金融機関予算を１つの予算に統合する

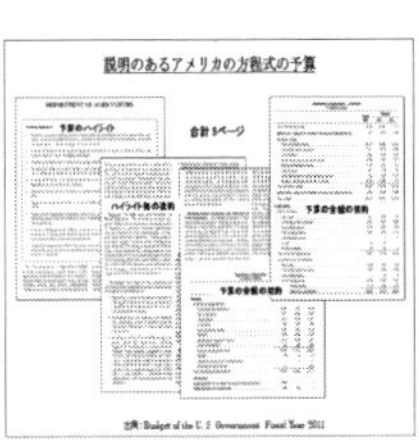

【3-4】政府は「価値と原理と手順の統論」に基づいて法律・予算・政策を説明する
　【1】思いの政治から考える政治へ
　　① 総論・総則・総治から統論・統則・統治へ
　【2】マスコミは価値と原理と手順の統論を政府に質問し報道する

【3-5】企業は「体能」を「価値と原理と手順の統論」に基づいて「国際標準」を提案する
　【1】ガラパゴス化からグローバルスタンダードへ

ご覧の通り、3 番目の解決策は「鶴亀算の法律・予算から方程式の法律・予算による健全国家の確立」です。この意味は「国民の理解できない法律・予算から国民の理解できる法律・予算に改める」です。これを「価値→原理

→手順の統論」の「原理」により実現します。この「手順」が【3-1】から【3-5】です。問題は前章で説明した④「国民に容易に理解できない法律・予算」、⑪「哲学のある人間がいない」、⑬「最高経営責任者がいない」です。

では【3-1】「方程式の法律・予算を作成・説明できるようにサービス科学の市民教育 1 を実施する」から説明します。最初に「サービス科学の市民教育の全体像」を説明し、次に「サービス科学の市民教育 1」を説明します。次に「サービス科学の市民教育の全体像」を示します。

図 105　サービス科学の市民教育の全体像

■ 目的

人間の営みを科学し、真理・法則性を見出し、人間の進歩の方法論を発明できるイノベーション能力のあるグローバルな人材の育成とサービス科学の世界の研究所の実現

■ 育成する人間

市民教育	育成する人間	実施する解決策
【1】サービス科学の市民教育 1	哲学のある人間・最高経営責任	3 番目の解決策
【2】サービス科学の市民教育 2	国家の経営者	4 番目の解決策
【3】サービス科学の市民教育 3	サービス科学技術者	5 番目の解決策

■ 教育項目

(1) サービス科学の概要知識

- ① サービス科学の必然性　：自然科学のテクノロジの性能限界
- ② サービス科学時代の要点　：マネジメントによる最適成長
- ③ サービス科学の本質と学門　：本質=方法学、学問＝計算機科学・最適化理論・経営理論
- ④ サービス科学の成果物　：方法論・ツール・コンポーネント
- ⑤ サービス科学の価値と原理と手順：価値=人間の進歩、原理=方法論、手順=ツール・コンポーネント
- ⑥ サービス科学の実践の要点　：知識の交差の探求による人間の営みの方法の革新・イノベーション

(2) サービス科学の実践知識 1 ＝基本知識

① 抽象化・具象化　② ボトムアップ・トップダウン思考　③ セマンティックス・シンタックス
④ 同一の意味の一貫性　⑤ 真理・原理・ 手順の差　⑥問題定義・状態定義
⑦ 最初にすべての状態を想定　⑧ 計算とは状態の遷移、 ⑨人間の解く 3 種類の問題
⑩ 全体最適≠部分最適の総和　⑪ 経営とは正義と利益の同時の実現　など

(3) サービス科学の実践知識 2 ＝要件知識

- ① 哲学のある人間・最高経営責任　価値と原理と手順の統論&原理と手順の差など
- ② 国家の経営者　問題定義＋正義化 1 ＋正義化 2 の正義化と最適化&PRINCE 2 など
- ③ サービス科学技術者　真理→原理→方法論→ツール→コンポーネントの人間の進歩の方法論 & 計算機科学・最適化理論・経営理論・人間愛＆UML/SysMLなど

■ サービス科学時代の教育に再生

(1) 手順ではなく「価値→真理→原理→手順の統論」として
①「思いを表現する国語」→「思い・考えを統論として表現する国語」
②「計算の数学」　→「数の概念や計算の意味を統論として教える数学」

ご覧の通り、サービス科学の市民教育の目的は「人間の営みを科学し、真理・法則性を見出し、人間の進歩の方法論を発明できるイノベーション能力のあるグローバルな人材の育成とサービス科学の世界の研究所の実現」です。これは今までの説明から良くご理解頂けると思います。「イノベーショ

ン能力のあるグローバルな人材の育成」と「世界の工場から世界の研究所」への成長、進歩はなによりも急がれます。これを「サービス科学の市民教育1/2/3」の3つに分けて実施し、実現します。3番目の解決策では「サービス科学の市民教育1」を実施し、「哲学のある人間・最高経営責任」を育成します。4番目の解決策では「サービス科学の市民教育2」を実施し、「国家の経営者」を育成し、5番目の解決策では「サービス科学の市民教育3」を実施し、「サービス科学技術者」を育成します。なお、この意味は「要件を備えた人材」を育成するという意味です。

教育項目は「サービス科学の概要知識」と「サービス科学の実践知識1/2」に大別されます。また「サービス科学の実践知識1/2」も「サービス科学の基本知識」と「サービス科学の要件知識」に分かれます。「サービス科学の概要知識」と「サービス科学の実践知識1の基本知識」は共通に教えます。「サービス科学の実践知識2の要件知識」は「サービス科学の市民教育1/2/3」に応じて教えます。これらは既に1.2.7章と1.2.8章で説明したものです。そのため概ねご理解頂けると思います。これに併せて「サービス科学時代の教育に再生」も実施します。具体的に言えば、「手順ではなく価値→真理→原理→手順の統論として教える」です。これは ①「思いを表現する国語」→「思い・考えを統論として表現する国語」と ②「計算の数学」→「数の概念や計算の意味を統論として教える数学」です。なお、「真理→原理」の意味は「原理」の基づく「真理」も教えるという意味です。併せて「価値→原理→手順の統論」に基づく「方程式の教科書」に改めます。これにより生徒もすべての学問を統一的に理解できるようになります。次に「サービス科学の市民教育」の対象は「公務員・社会人・及び大学生と高校生の全員」を想定しています。この理由はイノベーション能力のあるグローバルな人材の育成は現在の日本にとって最も重要なためです。そのためこれらの方々に教育する事を想定しています。

では次に「サービス科学の市民教育1」の教育内容を説明します。これは「価値と原理と手順の統論＆原理と手順の差など」を教えます。「価値と原理と手順の統論」は今までの説明から概ねご理解頂けると思います。次に「原理と手順の差」を教える理由は、日本人は「原理と手順」を混同するためです。これを既に説明した「原理＝状態を遷移させる仕組み」、「手順＝状態を遷移させる仕組みの要素、つまり動作」として「連立方程式」や「玉音放送」から教えます。これにより理系・文系に関わらず、統一的に「原理」と「手順」を理解できます。なお、「など」としているのは「アジェンダ会議法」、「アクティブ・リスニング」、「プレゼンテーション・スキル」です。これらは「総論」ではなく「統論」を導くために重要です。そのためこれらも教えます。

次に「価値と原理と手順の統論」は「哲学のある人間」の要件ですが「最高経営責任者」の要件でもあります。この理由は「最高経営責任者」は知事であれ、市長であれ組織を代表して説明する事が必要だからです。これに最適な方法は「価値と原理と手順の統論」として説明する事です。この例は既に説明した黒田日銀総裁です。パネル 3 枚を使って新たな金融政策の「価値と原理と手順」を簡潔に説明しました。このように「価値と原理と手順の統論」は「最高経営責任者」の要件でもあります。ここで「哲学のある人間」については、今まで十分説明しています。しかし、「最高経営責任者」は「CEO」の視点から「地域発展への尽力」と紹介しただけです。また今まで「地方公共団体の長」であった「知事・市長」の方々が「最高経営責任者」として「地域発展へ尽力」と言っても、即できるものではありません。

そのため次に 1.3.3.3 章や前章で紹介した「最高経営責任者」の「地域発展の方法」を説明します。これを「知事」と各都道府県にある「国立・私立大学の教授」から説明します。このポイントは「真理→原理→テクノロジ・方法論・法律・予算・政府」の「近代化の精神」の実践です。具体的に言えば、「知事」は「学問の真理・原理」を理解している「国立・私立大学の教授」に「地域の問題」を相談する事です。つまり地域の農業・商業・産業界などの方々から都道府県の「国立・私立大学の教授」に地域の問題を相談する検討会を開催する事です。これが「知識の交差の探求」つまり「イノベーション」です。これは確実に「解決への糸口」を提供します。何故かと言えば、「問題」と「大学教授の頭脳」が対峙しているからです。率直に言って「問題」と「大学教授の頭脳」が対峙しているならば、確実に「解決への糸口」は見えてきます。事実、筆者はそのようにして新たなテクノロジを研究、開発してきました。そのため十分成功します。次に「解決への糸口」が見えてきたら、知事は２番目の解決策で説明した「資金も自立して使用する」の「principle of local autonomy」に基づいて、少額でも最初の資金を提供する事です。これは大学教授そして地域の農業・商業・産業界の方々を大変勇気づけます。その結果、確実に「大きな動き」に成長します。これにより、時間はかかっても確実に成功します。ここで留意する事は、学問の「真理・原理」に基づかない「俗論」に陥らない事です。そうではなく、あくまでも学問の「真理・原理」に裏付けられた「解決策」を目指す事です。これにより確実に「グローバルなモノ」を創る事ができ、地域は確実に発展します。そして「閉塞感の20年」を自力で打破できます。これが「最高経営責任者」の「地域発展の方法」です。これを実践せず、中央から「補助金」を沢山取ってきても結局「死に金」になります。そのため知事の皆様方は是非実践して頂ければと思います。

では以降の「手順」を説明します。最初に【3-2】と【3-3】の留意点を説明します。これは大きな影響を与える事です。現在の日本の法律はすべて「鶴亀算の法律」です。また現在の日本の「政府・県・市・町・村」の予算もすべて「鶴亀算の予算」です。そのため「方程式の法律・予算」に改めるのは大変な事です。共に10年くらいを目途に実施していくのが良いと思います。では【3-2】「国民の理解できない鶴亀算の法律から国民の理解できる方程式の法律へ」から説明します。この具体的内容は４点です。【1】「法律を価値と原理と手順の統論として作成する」は既に説明しているので良くご理解頂けると思います。そのため【2】「総則から“統則”に改め価値と原理を明確に定める」が必要です。ここで「統則」は本シリーズで説明するように「総則」に対比して筆者が考え出した言葉です。「統則」は法律の「価値と原理」を定めます。これにより「総則＋手順」の法律から「統則＋手順」に改めます。これにより国民の理解できる「方程式の法律」に改まります。

次に重要な事は【3】「法律の原理をすべての状態を想定する状態定義に基づいて定める」です。これも既に「統論の実践知識1」として説明しているのでご理解頂けると思います。「すべての状態を想定する事」により「抜け・漏れ」のない「原理に基づく頑丈な法律」を策定できます。この要点は「状態遷移図」に基づいて「その状態は何から生まれたのか」とボトムアップ的、逆に「それはどのような状態を生み出すか」とトップダウン的に考える事です。特に重要なのが「トップダウン思考」です。これによりデジタコの大臣告示の「特例の組み合わせ」やの局長通達の「生命保険を遺族が年金で分割して受け取る」などの「状態」を発見できます。もう1つ大変重要なのが「不十分な状態である」や「十分な状態にあるとはいえない」や「自動車依存の一本足打法から多様な八ヶ岳構造へ」の「巧言」に陥らない事です。そうではなく「抽象化の実践知識」で説明したように「問題の状態の意味」を「適切な言葉」で表現する「セマンティックスとシンタックス」を実践する事です。言うまでもなく「政治・法律・行政」は「印象」や「思い」を巧みに表現する「和歌や短歌や俳句」の場ではありません。「セマンティックスとシンタックス」により「問題の原因」と「解決への道筋」を明らかにする事です。これにより「方程式の法律」を実現できます。また【4】「基本法にはすべて前文を設け価値と原理を明確に定める」もご理解頂けると思います。「基本法」は言うまでもなく、国民が基本的に知っておかなければならない法律です。そのため前文で「価値と原理」を説明する事が必要です。

次に【5】「法律→方針→ガイドラインを改め1つの統合された法律に定める」も既に説明しているので良くご理解頂けると思います。「東日本大震災復興基本法」や「政策評価法」で説明したように日本の法律は「鶴亀算の思考パターン」に基づいて「大：法律→中：基本方針→小：ガイドライン」と作成されます。これを前述の通り、「最初」にすべて統合して「すべての状態」を想定し、「1つの統合された法律」に定める事が必要です。この時に重要なのが「抽象化と具象化」と「同一の意味の一貫性」です。「法律」の本質を「抽象化」し、具体的内容を「具象化」した「条文」として定める事です。この時に「統論の実践知識2」として説明したように法律全体にわたって「同一の意味の一貫性」を維持する事は非常に重要です。これにより「同一の意味の一貫性」を維持した「体系化された法律」に改める事ができ「霞ヶ関文学の問題」の(3)「巧言により手順の詳細に省益を潜り込ませる」を排除できます。これは【6】「大臣告示や局長通達ではなく法律として正式に定める」も同じです。「大臣告示や局長通達」の本質は「郷の道理」であり「鶴亀算の思考パターン」に基づいています。そのためこれも「1つの統合された法律」に定める事が必要です。この時に、前述の通り、「最初」に「すべての状態」を想定し「抜け・漏れ」が起きないようにする事が重要です。

また新たな法律を国民に伝える時は【7】「誰が影響を受けるのか、法律の要約、現在と改正の差、問い合わせ先を明らかにして国民に伝える」が必要です。これもイギリス政府の税改正から容易にご理解頂けると思います。言うまでもなく、現在は「由らしむべし知らしむべからず」の時代ではありません。賢民賢国として国民に分かり易く説明する事が必要です。これは「行政官モデル」から「経営者モデル」に転換する基本です。次に国民に分かり易い「方程式の法律」を作成する上で有用な方法は「日本国憲法の原理」を常に意識し、「具象化するもの」として「法律」を定める事です。既に説明したように「日本国憲法」の「前文」は抽象化されたものであり、これを具象化するものとして第1条から第103条の「条文」があります。更にこれらの「条文の具象化されたもの」として「法律」を定めて頂ければと思います。これにより国民も「日本国憲法からすべての法律」を体系的、統一的に理解でき、新たな法律も容易に理解できるようになります。

次に【3-3】「国民の理解できない鶴亀算の予算から国民の理解できる方程式の予算へ」の具体的内容は4点です。【1】「予算を価値と原理と手順の統論に基づいて作成する」は「国民に理解できる方程式の予算」に改める基本です。ここで重要なのは【2】「予算の要約書を作成する」です。既に説明したようにアメリカの 2011 年度の予算は「要約書」つまり「予算書」にまとめられています。これにより国民も容易に理解できます。そのため政府・財務省はアメリカ政府と同様に①「予算書」、②「分析的見通し」、③「歴史的表」、④「添付資料」を作成して頂ければと思います。次に予算のもう 1 つの大変重要な点は「見積もりの精度」です。これが ③「コストの見積もり精度は孫氏の 7 割を活用」です。これについては 5 番目の解決策で説明します。もう 1 つ重要なのが【3】「部分最適から全体最適の 1 つの予算に統合する」です。本シリーズで説明するように「一般会計・特別会計予算」と分離するのは一見良さそうに見えますが「部分最適」であり「全体最適」ではありません。つまり「国益」という「全体最適」からまとめられたものではありません。そのため「一般会計・特別会計・政府金融機関予算を 1 つの予算に統合」する「全体最適」を実践して頂ければと思います。これにより国民も「1 つの方程式の予算」として体系的に理解できます。

これに併せて【3-4】「政府は“価値と原理と手順の統論”に基づいて法律・予算・政策を説明する」を実践して頂ければと思います。これにより【1】「思いの政治から考える政治へ」を実現できます。「日本の政治」は「巧言」により巧みに説明する「思いの政治」です。これは「問題の本質」を何も説明しません。そのため「問題の本質」を説明する「考える政治」に転換して頂ければと思います。これにより ①「総論・総則・総治から統論・統則・統治へ」を実現できます。ここで新たな言葉が「総治」です。「総治」は本シリーズで説明するように「統治」に対比して筆者が考え出した言葉です。説明するまでもなく、日本には「総論・総則」という言葉はあっても「総治」という言葉はありません。逆に「統論・統則」という言葉はなくても「統治」という言葉はあります。では、これは何を意味するのかと言えば、日本人は「総論・総則」の「総治」で政治・行政を行えない事を知っているという事です。そうではなく政治・行政で必要なのは「統治」であり「統論・統則」を「本能的」に知っています。つまり「考え」、「真理・原理」

を共有する事により「一国独立する」を知っています。そのため政府は「統論・統則・統治」として「価値と原理と手順の統論」に基づいて「法律・予算・政策」を説明して頂ければと思います。

この時に重要な役割を果たすのが【2】「マスコミは価値と原理と手順の統論を政府に質問し報道する」です。具体的に言えば、「記者」は「日銀総裁・官僚」に「価値と原理」を質問し、概要を理解してから「手順」の詳細を質問する事です。これにより「価値と原理と手順の統論」として理解し易く報道でき、国民も「価値と原理と手順の統論」に基づいて法律・予算や政策を容易に理解できます。またマスコミは「小さな価値」ではなく「大きな価値」の問題を報道して頂ければと思います。この例は既に説明した「国会議員の歳費」です。これは公務員の人件費の「365 日の 1 日分」であり「小さな価値」、「小事の問題」です。これに目を奪われるのではなく「365 日の 364 日分」という「大きな価値」の「公務員の人件費」という「大事の問題」を報道して頂ければと思います。マスコミは「天下の公器」です。「天下の大事」を報道して頂ければと思います。

では最後に【3-5】「企業は“体能”を“価値と原理と手順の統論”に基づいて“国際標準”を提案する」を説明します。これは容易にご理解頂けると思いますが「世界の工場」であった日本は「国際標準」を欧米から輸入してきたため新たな「国際標準」を提案する事が大変苦手です。この代表例が「携帯電話」です。ご存じの方もおられると思いますが、日本の携帯電話は「日本標準」であり「国際標準」つまり「世界標準」ではありません。そのため世界に輸出できません。では、なぜこのような事態に至ったのかと言えば、2 つの原因があると考えています。1 つは「ドコモ」の「国内市場への強大な影響力」です。もう 1 つの隠れた原因が「提案が下手」である事です。以前、テレビで日本の「携帯電話の国際標準」を提案した技術者の取材番組を見た事があります。結論から言えば、日本の提案は「機能・性能の良さ」を提案するものであり「体能」つまり「原理を実行する要因を隅から隅まで完全に理解し統合した実行体の能力」の提案ではありません。言うまでもなく「国際標準」は「機能・性能」で決定されるものではありません。重要な事は「隅から隅まで完全に理解し統合した実行体の能力」つまり「体能」です。更に言えば、「将来への発展の可能性」です。これらを「価値と原理と手順の統論」として統一的に提案する事が必要です。これにより【1】「ガラパゴス化からグローバルスタンダードへ」も実現できます。そのため企業の皆様は是非「体能」として「グローバルスタンダード」を「価値と原理と手順の統論」に基づいて提案して頂ければと思います。なお、これは政府も同じです。政府も「体能」として「価値と原理と手順の統論」に基づいて国連などに新たな提案をして頂ければと思います。

では次に 4 番目の解決策を説明します。これを次に示します。

図 106　4 番目の解決策

【官僚的からNPMの正義化による最適成長国家の実現】

すべての国民に正しく、そして福利を提供し、
誰もがかけがえのないオンリーワンとして成長、進歩する

【4-1】国会議員・官僚だけでなくすべての成人にサービス科学の市民教育2を実施し国家の経営者を育成する
　【1】教える事：問題定義＋正義化１＋正義化２の正義化と最適化&PRINCE2

「NPMの正義化」による「政府の近代化」

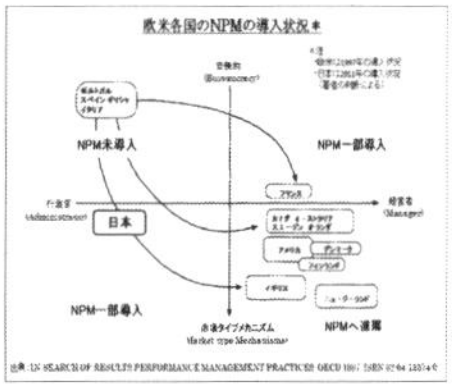

【4-2】増分主義から最適主義の予算の策定・執行方法へ
　【1】GDPの予測→税収の予測→財政の予測→予算の決定・配分

【4-3】PDCAからプロジェクト・マネジメントに基づく予算の策定・執行へ
　【1】事後評価から事前評価へ

【4-4】閣議決定から財政安定化規律法の策定へ
　【1】マンジメントによる最適成長

【4-5】政策の事後評価から事前評価へ
　【1】正義化とすべての状態を想定する状態定義に基づく問題定義の実践

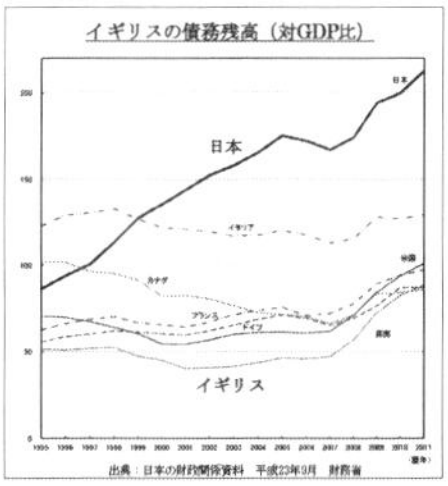

【4-6】現金主義会計から発生主義会計へ
　【1】コストのマネジメントによる正義化の実現

【4-7】曲解・歪められた官製PFI 市場から民主導のPFIへ
　【1】VFMの有無からVFMの最適化へ

【4-8】傲慢・卑下から正義化による外交へ
　【1】アジアに対しては“真実を共有する正義化の外交”、アメリカに対しては“イエス”と賛同される日本へ

【4-9】自然科学からサービス科学に基づく教育・産業政策・法律の策定へ
　【1】先進国の若者の高い失業率はサービス科学へ対応していないため
　【2】全日本科学工学財団はサービス科学に基づく知識集約産業に投資
　【3】法律をSysMLにより作成する事により国民と国家の共同作業として新たな国益の創出

ご覧の通り、4番目の解決策は「官僚的からNPMの正義化よる最適成長国家の実現」です。この意味は「すべての国民に正しく、そして福利を提供し、誰もがかけがえのないオンリーワンとして成長、進歩する」です。これを「問題定義→正義化1→正義化2の正義化」の「原理」により実現します。この「手順」が【4-1】から【4-9】です。「問題」は ⑭「国家の経営者がいない」、「問題例」は図67に示す ⑥「1,039兆円の国の借金」、更に1.3.3.3章で説明した「NPMに関連する様々な問題」です。

では【4-1】「国会議員・官僚だけでなくすべての成人にサービス科学の市民教育2を実施し国家の経営者を育成する」から説明します。この教育項目は「問題定義＋正義化1＋正義化2の正義化と最適化&PRINCE2」です。ここで最も重要なのが「正義化」です。既に説明したように「正義化」は「NPMの要諦」です。「NPM」を導入するという事は「正義化」を導入する事です。しかし、日本は「NPM」の導入が大変遅れています。この理由は既に説明しましたが、更にもう1つ説明したいのが、日本には「正義化」と180度逆の「省益あって国益なし」の「郷の道理」が存在するためです。そのため「NPMの要諦」の「正義化」を導入する事はなによりも急がれます。これにより「省益あって国益なし」の「郷の道理」を完全に解決できます。そのため「サービス科学の市民教育2」の概要として「正義化」の教育の要点を説明します。これは「行政官－官僚的モデル」から「経営者－市場タイプメカニズムモデル」へ転換する肝です。そのため十分ご理解頂ければと思います。なお、「正義化」を実践するプロジェクト・マネジメントは資金を提供する「経営者」と資金を託されプロジェクトの計画を作成し、遂行する「プロジェクト・マネージャー」に大別されます。ここでは「経営者」に焦点を当てて説明します。「プロジェクト・マネージャー」や「最適化」は本シリーズで説明します。

次に「正義化の教育内容」は「問題定義＋正義化1＋正義化2」の「正義化」に加えて次の5つの項目です。これは ①「日本の悪さを正し、良さを活かす正義化」、②「文明史観に基づく正義化」、③「誰もがかけがえのないオンリーワンとして成長、進歩する正義化」、④「正義化の問題定義は、その分野の最も優れた人間が行う」、⑤「正義化はコストのマネジメントにより実現される」です。既に「問題定義＋正義化 1 ＋正義化 2」の「正義化」は説明しています。そのため次に 5 つの項目を説明します。

では ①「日本の悪さを正し、良さを活かす正義化」から説明します。言うまでもなく「国家の経営者」は「日本の悪さ」を正し、「良さ」を活かす「正義化」を実践する事が必要です。具体的には「問題定義」について言えば、「霞ヶ関文学のあいまいな問題定義」を正す事であり、「正義化 1」について言えば、国民に教えない「由らしむべし知らしむべからず」を正す事であり、「正義化 2」について言えば、「省益あって国益なし」の「郷の道理」を正す事です。これはまた「国益の最適化」でもあります。これらの「石高主義の悪しき弊害」の「日本の悪さ」を「正す正義化」を実践して頂ければと思います。併せて「日本の良さを活かす正義化」として「進取の気性」により積極的に「NPM とサービス科学」を導入、実践して頂ければと思います。

次に ②「文明史観に基づく正義化」は「国家の経営者」更に「科学技術者」に最も重要です。この理由は明らかです。「文明史観」、つまり歴史の流れ、時代の流れに沿った「政治」や「研究開発」でなければ、成功しないからです。では「文明史観」とは何かと言えば、既に説明したように「自然科学のテクノロジの性能限界」に伴う「富の増産の終焉」であり、それを乗り越えていく「サービス科学」や「NPM」であり、「マネジメントによる最適成長」です。そのため「国家の経営者」は「国家の営み」をイノベーションしていく事が必要です。これが【4-2】「増分主義から最適主義の予算の策定・執行方法へ」から【4-9】「自然科学からサービス科学に基づく教育・産業政策へ」です。これらは後半で説明します。

次に「政府の近代化」には、もう 1 つ大変重要な要因があります。それは「国家の営み」のイノベーションを支える「技術・技法」です。これはIT 技術・技法です。これを「最適主義の予算の作成方法」で言えば、「GDP の予測」が可能となったのは「予測アルゴリズム」と「コンピュータの高速化」です。これにより「GDP の予測」も可能となりました。これは「発生主義会計」や「民主導の PFI」も同じです。現在「会計ソフト」は一般的です。これにより「発生主義会計」も普及しています。また「民主導の PFI」については、本シリーズで説明するように「VFM の最適性」を判定する「判定プログラム」があります。これにより PFI も可能となりました。これは「プロジェクト・マネジメント」も同様です。イギリス政府が「プロジェクト・マネジメントの有用性」に気がついたのは、本シリーズで説明するようにIT プロジェクトがきっかけです。これが PRINCE2 を生み出しました。そのため「技術・技法の文明史観」も十分ご理解頂ければと思います。

次に重要なのが ③「誰もがかけがえのないオンリーワンとして成長、進歩する正義化」です。「強きは弱きを助ける」の通り、「正義の実践」で大変重要なのが「弱者を助ける事」です。この例を挙げれば、永野重雄が日本商工会議所に戦後間もない頃から長年にわたり貢献した事です。永野重雄は「小さな石の中小企業」を一貫して支援してきました。しかし、日本には「郷の道理」や「国家の尊重」があり「小さな石の中小企業」は「大きな石の大企業」や「国家の統治機構」に従う事が要求されます。では、これを打破するにはどうすればいいのでしょう。ここで大変参考になるのが 18 世紀のイギリスの産業革命です。この要点はワットのように「最も優れた人間」が思う存分活躍できた事により、周囲の人間もいつしか「優れた人間」に成長、進歩した事です。つまりイギリスの産業革命を支えたのは多くの無名の人間が「優れた人間」に成長、進歩した事です。具体的に言えば、当時のイギリスにも「ギルド」、「職人組合」がありました。「ギルド」は「親方」が「郷の長老」と同様に「利権の構造」を作り「暴利」を得ていました。しかし、「ワットの新たな蒸気機関の原理」は「利権の構造」を雲散霧消させました。つまり「ギルド」を打破したのは「労働運動」や「階級闘争」ではなく「新たな蒸気機関の原理」であり「ワットという最も優れた人間」が思う存分活躍する事により、多くの無名の人間が「ミドルクラスの人々」という「優れた人間」に成長、進歩した事です。これは16世紀のスペインの無敵艦隊を破ったのと同じです。つまり「普遍的知識」を習得し、「賢い人間」に成長、進歩した事です。これは「郷の道理」や「国家の尊重」のはびこる日本にとって大変重要なヒントを与えてくれます。つまり「最も優れた人間」が「思う存分活躍できる社会」に改める事です。これにより「最も優れた人間」から「学問の解き明かした真理・原理」が社会に提供され、多くの無名の人間も「優れた人間」つまり「賢い人間」に成長、進歩します。その結果「郷の道理」や「国家の尊重」も雲散霧消します。言うまでもなく「賢い人間」に成長、進歩しなければ「郷の道理」や「由らしむべし知らしむべからず」そして「国家の尊重」は継続されます。そのため「国家の経営者」は「最も優れた人間」を登用する事が重要です。この一例を挙げれば、安倍首相が「愛と真理と正義を実践された浜田氏」を発見し、アベノミクスを生み出した事です。これにより多くの企業が赤字から黒字に転換しました。これが ③「誰もがかけがえのないオンリーワンとして成長、進歩する正義化」です。更に政府は「国民一人一人」に至る「正義化」を実践して頂ければと思います。

そのため大変重要となってくるのが「最も優れた人間」です。「最も優れた人間」も「浜田氏の経済学200年の常識」のように社会の問題を解決する「真理」や「真理に基づく原理」を積極的に発信して頂ければと思います。これは明確な理由があります。1つは「真理・原理」を共有する事により「一国独立できる」からです。もう1つは「国家の経営者」は「問題定義」を行う「当事者」ではないからです。つまり ④「正義化の問題定義は、その分野の最も優れた人間が行う」です。そのため「最も優れた人間」も「郷の道理」に拘束される事なく、「義を見てせざるは勇無きなり」の通り、「勇気」を持って実践して頂ければと思います。これにより多くの無名の人間も「優れた人間」、「賢い人間」に成長、進歩し、社会の問題を解決し、「一国独立」します。そのため是非実践して頂ければと思います。次に「国家の経営者」は「最も優れた人間」を発見し、問題を解決できるように支援し、「問題定義→正義化１→正義化２の正義化」を実践して頂ければと思います。ここで重要なのが ⑤「正義化はコストのマネジメントにより実現される」です。既に説明したように「いくら“憲法の原理”だからと言って、無制限に税金を使って良いというものではなく、“福利対コスト”の良い“原理”」を選択する事が必要です。これにより「予算の範囲内」で問題を解決でき「国益」を創出できます。そのため「国家の経営者」は「福利対コストの良い原理」を選択し、「正義化」を実践して頂ければと思います。

以上が「追加の正義化の教育の要点」です。ここで「国家の経営者」は1.4.1 章で紹介したように「首相・大臣」です。議員内閣制の日本では「国家の経営者」になれるのは「首相・大臣」です。しかし、「国家の経営者の要件」を国民も学ぶ事は大変有用です。そのため成人全員に教育する事を想定しています。

では次に以降の「手順」を「“NPM の正義化”による“政府の近代化”」として説明します。最初に【4-2】「増分主義から最適主義の予算の策定・執行方法へ」から説明します。これは既に説明したように「増分主義」から最適成長時代に相応しい【1】「GDP の予測→税収の予測→財政の予測→予算の決定・配分」の「最適主義予算の策定・執行方法」に改める事です。今後は「最適や　兵どもも　マネジメント」の「最適成長の時代」です。そのため「最適主義予算の策定・執行方法」に改める事は不可欠です。これは既に説明したように「トップ・ダウン思考」です。つまり予算の上限を定め、それに合わせて各省庁の予算を決定、配分していくやり方です。しかし、日本人は、これが大変苦手です。日本のやり方は「積み上げ方式」です。つまり「課の予算」→「部の予算」→「局の予算」→「省の予算」と積み上げる「ボトムアップ思考」です。そのため「ボトムアップ思考」から「トップ・ダウン思考」の「経営者の思考パターン」に転換する事が必要です。

では、これをどのように実現するのでしょう。ここで大変重要なのが既に説明した①「それは正義ですか」、②「正義と利益を同時に実現しますか」

の「正義化の実践知識」です。つまり各省庁の「政策・施策」でやろうとする事は本当に国民の問題を解決し、正義と利益を同時に実現するのかと質問する事です。これを「真実・真理・原理」に基づいて官僚に説明させる事です。これにより「不要な政策・施策」を見抜けます。この時に「資する」などの「巧言」に惑わされない事です。そうではなく、あくまでも「問題を解決するのか」という 1 点に集中する事です。これにより国民の困ってる問題を解決でき「国益」つまり「税収」も増えます。そのため「国家の経営者」は「正義化の実践知識」により「トップ・ダウン思考」に改めて頂ければと思います。併せてイギリスの会計検査院と同じく予測の根拠を会計検査院が検査するよう改めて頂ければと思います。

ここで不可欠なのが【4-3】「PDCA からプロジェクト・マネジメントに基づく予算の策定・執行へ」です。既に説明したように「PDCA」には「正義化」がありません。そのため「プロジェクト・マネジメン」に改める事は不可欠です。これにより【1】「事後評価から事前評価へ」も実現できます。では、日本でどのように「プロジェクト・マネジメン」を導入すればいいのでしょう。ここで重要な事は、財務省は予算の PDCA サイクルを進めている事です。そのため「PDCA」から「プロジェクト・マネジメント」へスムースに転換できます。具体的に言えば、各省庁から財務省に予算を要求し、財務省が査定を行うタイミングから実践します。この時に各省庁は、政策毎に既に説明したイギリスの当大臣の署名と同じ文書を作成し、財務省に提出します。これに基づいて財務省は審査します。これにより「プロジェクト・マネジメント」をスムースに導入できます。

次に重要なのが【4-4】「閣議決定から財政安定化規律法の策定へ」です。このポイントは「閣議決定」ではなく「財政安定化規律法」の「策定」です。「自然科学のテクノロジの“富の増産の終焉”」は歴史的な大転換です。そのため財政安定化規律法の策定は不可欠です。この要点は【1】「マンジメントによる最適成長」です。既に説明したように、これからは「最適や兵どもも　マネジメント」の時代です。これを実践する事が必要です。ここで重要なのがイギリスの財政安定化規律法で説明した「問題定義」です。つまり財政赤字の原因を「閉じられた扉の後ろでの財政政策の決定」や「秘密に隠された予算作成のプロセス」などの「悪しき慣行」と解明し「可視化」の「原理」を定めた事です。しかし、日本の閣議決定の財政赤字の原因は「非効率な公共投資」も「消費税を増税しなかった」などの「自民党が悪かった」という「思いの反省」です。これは「ことを明らか」にした「考えの反省」ではありません。そのため政府は財政赤字の原因を解明し、解決への道筋を明らかにする「考えの反省」の「問題定義」を実践し、「財政安定化規律法」を策定して頂ければと思います。

次に大変重要なのは「お金の取り扱い」です。「husband」の ⑤「節約して使う（1649年）」で説明したように「コストのマネジメント」は大変重要です。しかし、日本の政府や行政の会計は「現金主義会計」です。これではコストをマネジメントできません。そのためこれを解決するのが【4-6】「現金主義会計から発生主義会計へ」です。既に説明したようにイギリス政府は「現金主義会計」から「発生主義会計」へ改めました。また東京都や大阪府も導入し始めました。そのため政府も早急に導入して頂ければと思います。この要点は【1】「コストのマネジメントによる正義化の実現」です。これは筆者のIBMでの体験からの実感です。率直に言って、人間は使ったお金は忘れがちだからです。予算は「まだある」と「思いがち」です。筆者も管理部門から定期的に送られてくる開発コストの使用状況を見て、「これはヤバい」と何度も思った事があります。このように毎月の開発コストの実態を把握する事は非常に重要です。この理由は、予見できない事が発生し、コストは変動するからです。そのため「発生主義会計」に基づいてコストを適切にマネジメンする事は重要です。これにより「正義と利益」を同時に実現できます。逆に言えば、「コスト」を把握していなければ「バカ殿」です。家老が実権を握り、その結果、官僚政治に陥ります。そのため「国家の経営者」は、各大臣に指示し、個々の政策を「発生主義会計」に基づいてコストをマネジメントして頂ければと思います。これが本当の「経営者」です。次に重要なのが、コストの計画値を作成し、日々のコストの実績値と比較する事です。つまり「計画作成」であり「事前評価」です。しかし、既に説明したように日本の政府・行政は PDCA に基づく「事後評価」です。これでは「結果は赤字でした」と報告するだけです。そのためこれを解決するのが【4-5】「政策の事後評価から事前評価へ」です。これを前述の【4-3】のプロジェクト・マネジメントにより実現します。

次に巨額の財政赤字の中で民間資金を活用する「PFI」、「民間資金の主導」は大変重要です。しかし、既に説明したように日本の PFI は「曲解・歪められた PFI」です。つまり「民主導の PFI」ではなく「官製 PFI 市場」です。これを改めるのが【4-7】「曲解・歪められた PFI から正しいイギリスの PFI へ」です。この要点は「VFM の最適化」です。しかし、日本の PFI は「VFM の有無」です。そのため政府は「VFM の有無」から「VFM の最適化」に改めて頂ければと思います。では「VFM の有無」と「VFM の最適化」は何が異なるのかと言えば、「VFM の有無」は V、「価値」だけが対象であり「コスト」を無視する事です。これがコスト意識のない「官制 PFI 市場」を生み出します。それに対し「VFM の最適化」は既に説明したように「国民の要求に応えるモノやサービスのライフサイクル全体のコストと品質（目的への適合度）の“最適な組み合わせ”と定義できる」の通り、「コスト」も対象です。これにより「価値」と「コスト」を最適化できます。そのため「コスト意識のない官製 PFI 市場」から「コスト意識のある民主導の PFI」に十分転換できます。

次に【4-8】「傲慢と卑下から正義化の外交へ」を説明します。これは最近の尖閣諸島や竹島をめぐる中国や韓国との問題から急遽付け加えたものです。そのため解決策のみを説明します。結論から言えば、戦後の日本はアメリカに対しては「卑下」、アジアに対しては「傲慢」であったと考えています。言うまでもなく「傲慢と卑下」は同根です。そのため「正義化の外交」へ改める事が必要です。具体的に言えば、【1】「アジアに対しては“真実を共有する正義化の外交”、アメリカに対しては“イエス”と賛同される日本へ」です。ここで重要なのが既に紹介したように日本国憲法の「外交の原理」は「自国のことのみに専念して他国を無視してはならないのであって」と定めている事です。しかし、戦後の日本の外交は「自国のことのみに専念して他国を無視してきた」と考えています。これを示すのが「一国平和主義」です。日本は「対米追随」の名の下に「一国平和主義」を謳歌してきたと考えています。そのため戦後の日本は「村山談話」に代表されるように「植民地支配と侵略によって、多くの国々、とりわけアジア諸国の人々に対して多大の損害と苦痛を与えました」という理解、認識は希薄だったと考えています。

この事を筆者はIBMの体験から実感しています。本シリーズで説明するように、筆者はこれを体験した事があります。これは筆者のIBMのアメリカの友人に関する体験です。彼は筆者よりも年長で大変温和な方で研究所の要職を務める大変優秀なPh.D.です。たまたまハローウイーンの週末に彼の自宅に招かれ、夕食も終わり夫妻とワインを飲みながら会話していた時です。突然、彼から「私の名前は東郷五十六です」と日本語で話しかけられました。そこにはあたかも日本人が存在するようでした。そのため本当に驚きました。その後、何事もなかったように英語で会話が続きました。この時に、彼は韓国人で昭和20年9月にアメリカに留学し、Ph.D.を取得し、IBMに入社した事を知りました。名前から「アメリカ生まれの中国人」と思っていましたが「日本の朝鮮統治時代の韓国人」でした。そして「日本語の名前」がありました。彼は「日本の朝鮮統治時代」の「悪い話」は何も語りませんでした。しかし、名前を日本語に改め、日本人と同じように生きる事が、どれほど屈辱であったかは容易に察する事ができました。

良く日本では「日本亡国論」が話題になります。しかし、「日本が他国を亡国させた話」はありません。まさにこれは「一国平和主義」です。「日本が台湾・朝鮮・満州を亡国させた」という理解、認識を持つ事は「正義化の外交」では不可欠です。これを忘れて「戦略的互恵関係」だけに力点を置く外交は「実利の追及」であり「ことを明らかにする考えの反省」ではありません。そのため「韓国」や「中国」と問題を生み出します。また「稲作」のため「韓国」や「中国」も「石高主義の悪しき弊害」のため「思いで行動」となります。これを解決する基本は「日本が台湾・朝鮮・満州を亡国させた」という「真実を共有する事」です。これにより「思いで行動」も改まります。そして筆者の友人のように「悪い話」はしません。彼が「東郷五十六」と名乗ったのは「真実を共有して欲しい」という「願い」です。この「気持ち、思い」を「共有」し、「心を寄せる事」は「ヒューマン」として何よりも重要です。そのため政府は是非「真実を共有する正義化の外交」を実践して頂ければと思います。次に「正義化の外交」はアメリカに対しても同じです。「アメリカのノー」と言うだけでなく「正義化」の「問題定義」に基づく「アメリカに対しては“イエス”」と賛同される「正義化の外交」を実践して頂ければと思います。「問題定義」により「真実・真理・原理」を「アメリカ」と共有し、「“イエス”と賛同」を得る事ができます。またアジアに対しても最初は「真実を共有する正義化の外交」、次はアメリカと同じく「問題定義」に基づく「正義化の外交」を実践して頂ければと思います。言うまでもなく、日本国憲法の「自国のことのみに専念と他国の無視」の本質は「実利の追及」であり「卑下と傲慢」です。そのため政府は是非「真実の共有」と「問題定義」に基づく「正義化の外交」を実践して頂ければと思います。

では最後に【4-9】「自然科学からサービス科学に基づく教育・産業政策・法律の策定へ」を説明します。既に説明したように今後はサービス科学の時代です。そのためサービス科学に基づく政策へ転換する事は不可欠です。しかし、本シリーズで説明するように欧米もまだ転換していません。これを示すのが「欧米の先進国の若者の高い失業率」です。この原因は産業の空洞化もありますが、根本原因は【1】「先進国の若者の高い失業率はサービス科学へ対応していないため」と考えています。これを象徴するのがアメリカの 2011 年 9 月の「ウォール街の占拠」です。これは IT 長者や金融投資家に対する「言いようのない不満」が招いたと考えています。この根本原因は、現在の若者は「自然科学に基づく教育」を受け「サービス科学に基づく教育」を受けていないためです。これが先進国に多くの若者の失業者を生み出していると考えています。これを実感するのが筆者のIBM時代の親友の述懐です。これは「今日、入社試験の面接をした。東大で原子物理学で博士号を取得した28才だが、研究所で何をしたいのかと尋ねると、プログラムを書きたいという。では、今までプログラムを書いた事があるのか尋ねると、ないと言う。これでは、どうしようもないね」です。なお、親友は東大卒のため母校の後輩の面接をしました。これは現在の学生の状況を良く示しています。つまり「サービス科学に基づく教育」を受けていない事です。そのため政府・文科省は速やかに「サービス科学に基づく教育」を実施して頂ければと思います。これによりサービス科学時代の「賢民賢国」の「賢民」を実現します。

併せて2番目の解決策で説明した「全日本科学工学財団」については【2】「全日本科学工学財団はサービス科学に基づく知識集約産業に投資」を実践して頂ければと思います。ここで「知識集約産業」はいわゆるIT産業だけではありません。既に説明したように「大臣告示のデジタコ」も「大臣告示という知識を集約した製品」つまり「ハードウエアの知識集約産業化」です。そのため政府は「ハードウエアの知識集約産業化」に投資して頂ければと思います。そのため重要なのが【3】「法律をSysMLにより作成する事により国民と国家の共同作業として新たな国益の創出」です。既に説明したように「国益」は「国民と国家の共同作業」から生まれます。これに「SysMLに基づく法律」は有用です。これを「大臣告示のデジタコ」を例に「国民・国家の共同作業」として説明すれば、「国家＝法律のモデリング」→「国民＝①モデルから付加価値の高い製品の迅速な開発＋②プログラムの自動生成＋③ハードウエアの知識集約産業化」と1石3鳥の効果があります。これによりプロジェクト・マネジメントと併せてサービス科学時代の「賢民賢国」の「賢国」を実現できます。そのため政府はSysMLによる法律のモデリングを推進して頂ければと思います。これは欧米も実践していません。そのため是非推進して頂ければと思います。では次に「5番目の解決策の概要」を説明します。

1.4.4章　5番目の解決策の概要

本章は「5番目の解決策の概要」を説明します。5番目の解決策は「サービス科学技術者」を育成し、「サービス科学の世界の研究所」を実現します。これにより「日本企業と日本経済の再生と成長」と「世界の人々に貢献する」を実現します。次に5番目の解決策を示します。

図107　5番目の解決策

【自然科学からサービス科学による日本企業と日本経済の再生と成長】

自然科学の世界の工場から
サービス科学の世界の研究所へ

【5-1】すべての成人に対してサービス科学の市民教育3を実施しサービス科学技術者を育成する
　【1】教える事：真理→原理→方法論→ツール・コンポーネントの人間の進歩の方法論& 計算機科 学・最適化理論・経営理論・人間愛＆UML/SysMLなど

<u>サービス科学を実践する環境を整える</u>

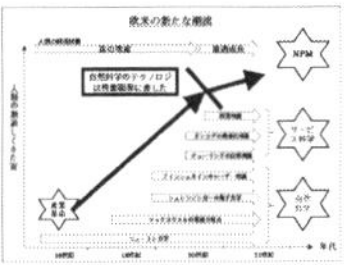

【5-2】メカ・エレキ・ソフト設計からシステムズ設計へ
　【1】SysMLによる開発のQCDの向上と既存製品のスマート化

【5-3】鶴亀算のプログラミングから方程式のモデリングへ

【5-4】サラリーマン社長から投資家エンジェルへ

【5-5】ガラパゴス化から世界の大金持ちへ
　【1】自分だけ儲ける小金持ちではなく自分と相手が儲かる世界の大金持ちへ

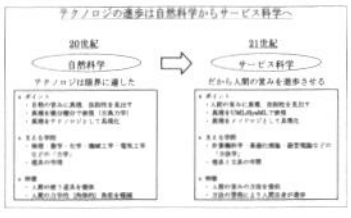

<u>サービス科学の実践により世界の人々と共同の富を創出</u>

【5-6】ハードウエアのスマート化による既存製品の高度化・知識集約産業化
　【1】人間支援の自律的な自動車・家電機器・ロボットなどの研究・開発
　【2】ハードウエアのスマート化に必要な法律をSysMLによりモデリング
　【3】方法論・ツール・コンポーネントをシステムとして研究・開発・提供

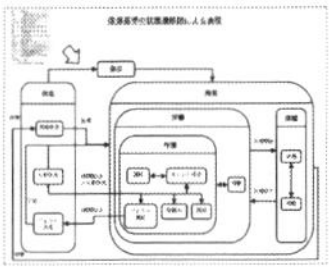

【5-7】システム統合者として太陽光発電などの世界インフラ市場でリーダーシップの確立
　【1】プロジェクト・マネジメントと価値と原理と手順の統論とSysMLの活用

【5-8】世界の人々と共同の富を創るサプライ・チェーン・マネジメントの構築へ
　【1】グローバル人材へ、そしてグローバル人材と協業し、共同の富の創出へ

【5-9】成功事例から真理・法則性を発見し、知識集約産業の中核となる人間の進歩のイノベーターへ
　【1】 例：日経新聞の私の履歴書をサービス科学し、知識・知見をSysMLにより体系化し、オラクルの実現

ご覧の通り、5番目の解決策は「自然科学からサービス科学による日本企業と日本経済の再生と成長」です。この意味は「自然科学の世界の工場からサービス科学の世界の研究所へ」です。これを「真理→原理→方法論→ツー

ル・コンポーネント」の「人間の進歩の方法論」の「原理」により実現します。問題は２番目の解決策で説明した⑩「科学技術者がいない」です。特に「サービス科学技術者」がいません。これが日本の問題です。

では【5-1】「すべての成人に対してサービス科学の市民教育３を実施しサービス科学技術者を育成する」から説明します。教育内容は「真理→原理→方法論→ツール・コンポーネントの人間の進歩の方法論＆計算機科学・最適化理論・経営理論・人間愛＆UML/SysMLなど」の通り、サービス科学のすべてです。ここで「人間愛」を入れているのはスティーブ・ジョッブズの「人間愛と結びついたテクノロジ」や筆者の液晶開発から明らかですが、更にもう１つ理由があります。それはサービス科学の「人間の進歩の方法論」の発明には「人間愛」は不可欠なためです。そのため「人間愛」も教えます。教育内容は1.2.7章と1.2.8章で説明したので概ねご理解頂けると思います。なお、以降でも適宜説明します。これにより人々の営みに真理、法則性を見出し「方法論」としてSysMLにより「問題定義」し、「プロジェクト・マネジメント」により開発を推進し、「イノベーション」を生み出す「世界の研究所」を実現できると考えています。

しかし、現実を直視すれば、現在の日本は「サービス科学技術者」が活躍する環境には程遠いものがあります。そのためこれを解決するのが「サービス科学を実践する環境を整える」の【5-2】から【5-5】です。最初に【5-2】「メカ・エレキ・ソフト設計からシステムズ設計へ」から説明します。これは「メカ・エレキ・ソフト」から構成される自動車、家電品、精密機械などの設計を「メカ・エレキ・ソフトの縦割り設計」から「統一的に設計するシステムズ設計」へ改めるものです。この理由は現在の日本企業の開発体制は「機械工学・電気工学・ソフトウエア工学」などの「縦割り構造」だからです。これは行政の「縦割り行政」と同じです。これは２つの問題があります。１つは「縦割り構造」では多機能化、高機能化する製品開発を円滑に進める事が大変困難になってきたためです。もう１つは「メカ・エレキ・ソフト」のすべてを理解する人間がいないためです。そのためiPod/iPhone/

iPad などの革新的な製品を生み出せない事です。これを抜本的に解決するのが SysML に基づく「システムズ設計」です。「ステムズ設計」の要点は「価値と原理と手順の統論」に基づく「イノベーション」つまり「知識の交差の探求」です。具体的に言えば、従来のように「メカ：大→エレキ：中→ソフト：小」と設計するのではなく、「方法論の実践知識」に基づいて「価値→原理→手順」とトップダウン的にシステムズ設計し、「メカ・エレキ・ソフト」の「知識の交差の探求」を実践する事です。これにより「メカ・エレキ・ソフト」を統合した「イノベーションに富む新たな商品」を生み出す事ができます。

この具体的内容は後半で説明します。ここでは【1】「SysML による開発の QCD の向上と既存製品のスマート化」を説明します。なお、「既存製品のスマート化」は後半で説明します。前者の「開発の QCD の向上」はサービス科学時代の「世界の研究所」として大変重要です。過去の日本は「世界の工場」として「改善」により「生産の QCD の向上」に積極的に取り組みました。しかし、これからは「開発の QCD の向上」です。これは「世界の研究所」として大変重要です。既に説明したように SysML の「要求と実現するサブシステムとの対応図」は「設計の抜け・漏れ」を防止できます。また本シリーズで説明するように様々に設計を検証できます。そのため企業の皆様は是非「SysML による開発の QCD の向上」を実践して頂ければと思います。

これに併せて【5-3】「鶴亀算のプログラミングから方程式のモデリングへ」も重要です。後者の「方程式のモデリング」は今までの説明から良くご理解頂けると思います。それに対して前者の「プログラミング」の本質は本シリーズで説明するように「価値と原理」を明かさず「手順」のみを記述する「鶴亀算」です。そのため「方程式のモデリング」に改める事が必要です。次に SysML の基本となっている UML は大変強力なソフトウエアのモデリング言語です。この事を筆者は IBM での UML の開発ツールを使用した体験から実感しています。なお、この UML の開発ツールは既に説明した

「英語の俳句」の「ブルース・ダグラス」の開発したものです。これは大変強力です。そのためソフトウエアで遅れている日本を大きく前進させます。更にもう1つ大変重要なポイントがあります。それは「問題定義の本質＝状態定義」や「状態遷移図＝原理」を自然に理解できる事です。つまり計算機科学やソフトウエア工学を学ぶ教材としても大変有用です。そのため是非プログラマの皆様は「方程式のモデリングへ」を転換して頂ければと思います。

次に【5-4】「サラリーマン社長から投資家エンジェルへ」は直感的にご理解頂けると思います。「サービス科学技術者」の活躍には、社長や役員は「投資家エンジェル」として投資する事が必要です。既に説明したように筆者は「液晶→光磁気ディスク→経路最適化ソフトウエア→モデリング言語」と研究、開発してきました。今振り返っても、このようにできた要因はIBMには多くの「投資家エンジェル」が存在していたからです。この方々の資金援助があったから筆者も業績を上げる事ができました。そのため社長や役員は「投資家エンジェル」として是非投資して頂ければと思います。次に筆者が「投資家エンジェル」への提案で心掛けたのは「原理」と「将来の姿」を容易に理解できるように説明した事です。これにより「投資しよう」という気持ちが湧いてきます。そのため「サービス科学技術者」は「原理のポンチ絵」と「将来のポンチ絵」により分かり易く説明して頂ければと思います。ここで「将来のポンチ絵」は「対象の理論・テクノロジ」の「過去・現在・将来」を事実に基づいて「状態の遷移」と「遷移を起こさせる主要な動作」を分かり易く描いた図です。これも大変重要です。ワットがボールトンというお金持ちから支援されたように「投資家エンジェル」へ分かり易く説明する事は「科学技術者の3番目の実務要件」です。現在の日本は投資に対して慎重ですが「貿易技術立国」の日本にとって研究、開発は不可欠です。そのため「サービス科学技術者」は「原理と将来のポンチ絵」により分かり易く提案し、社長や役員は「投資家エンジェル」として是非投資して頂ければと思います。

最後に【5-5】「ガラパゴス化から世界の大金持ちへ」も大変重要です。「大金持ち」は既に説明したように「二宮金次郎の言葉」です。この意味は既に説明したように「自分だけ儲ける小金持ちではなく自分と相手が儲かる大金持ち」です。では「大金持ち」、つまり成功するには何が必要かです。これが「問題定義＋正義化 1 ＋正義化 2」の「正義化」です。「正義化」は「政府・企業」に関わらず重要です。この肝が「問題定義」です。しかし、日本人は「問題定義」が大変苦手です。また「石高優先」のため「安直な改良」に走りがちです。これを良く示しているのが、意味のない「多機能化」です。特に IT 化、ソフトウエア化により顕著です。そのため大変使い難い製品になっています。これはまさに「問題定義＝顧客の要望を受け入れる事」と勘違いしている事です。そうではなく顧客の困っている問題を「方法論・ツール・コンポーネント」の「システム」として「解ける形」に「問題定義」する事です。これがイノベーションを生み出し、「世界の大金持ち」へ成長できます。また「問題定義」は普通の技術にも十分有用です。この例が「サムスン」の「インド向けの鍵のかかる冷蔵庫」です。ご存じの通り「サムスン」は世界各国に「調査員」を派遣し、「世界の顧客の問題定義」をしています。これが「サムスン躍進」の原動力です。そのため日本企業も是非「世界の顧客の問題定義」を実践して頂ければと思います。以上【5-2】から【5-5】により「サービス科学を実践する環境」を整えます。

では次に「サービス科学の実践により世界の人々と共同の富を創出」を説明します。最初にどのような製品を開発するのかを説明し、次に「世界の人々に貢献する」として「世界の人々と共同の富を創出」を説明します。これを「ソフトウエア」と「人手」の 2 つの方法論に分けて説明します。【5-6】から【5-7】は「ソフトウエアとして実行する方法論」、【5-8】と【5-9】は「人手で行う方法論」です。では【5-6】から【5-7】を説明します。これらはすべて製品に対する解決策です。そのため最初に今後の製品の研究、開発の要点を説明します。これは ①「省エネ化」、②「多様化」、③「スマート化」の 3 点と考えています。この中で ①「省エネ化」と ②「多様化」の「問題定義」は容易です。それに対して大変難しいのが ③「スマート化」の

「問題定義」です。率直に言って、これが上手くされないため意味のない「多機能化」が行われていると考えています。

そのため次に「スマート化」の「問題定義」を説明します。最初に【5-6】「ハードウエアのスマート化による既存製品の高度化・知識集約産業化」から説明します。ここで重要な概念が既に説明した「ハードウエアの知識集約産業化」です。この意味は【1】「人間支援の自律的な自動車・家電機器・ロボットなどの研究・開発」の通り、「人間支援の自律的な機械」に進化させる事です。この例を挙げれば、既に説明した「大臣告示のデジタコ」です。これは「大臣告示」という「知識」を集約した「人間支援の自律的な機械」です。更にもう1つの例を挙げれば、本シリーズで説明するように「介護ロボットの統一システム」です。介護ロボットの要点は「介護保険法」は「要支援状態」と「要介護状態」を定め、厚生労働省令は「要支援1」から「要介護5」の7つの具体的状態を定めている事です。そのため本シリーズで説明するように介護の状態に応じて必要なアルゴリズムと機能を定義し、介護レベルを認識して適切に支援できる「人間支援の自律的な機械」の「介護ロボットの統一システム」を定義、開発する事ができます。

そのため重要なのが【2】「ハードウエアのスマート化に必要な法律をSysMLによりモデリング」です。つまり「介護保険法」の定める「支援・要介の状態」をSysMLでモデリングする事です。これにより「介護保険法」のSysMLによるモデリングに基づく「介護ロボットの統一システム」を開発できます。次に重要なのは【3】「方法論・ツール・コンポーネントをシステムとして研究・開発・提供」です。このポイントは「方法論・ツール・コンポーネント」として「システム」として開発、提供する事です。現在、自動車、家電機器、携帯電話は益々多機能化しています。この要点は「システム」として開発、提供する事です。つまりSysMLにより顧客、消費者の状態を定義し、各状態で困っている事、どのような機能が必要か、人間と製品のやり取りのシーケンスを定義し、「メカ・エレキ・ソフト」を統合して「システム」として開発する事です。これにより「人間支援の自律的な機械」

に進化でき、またプログラムを自動的に作成でき、そしてサービス科学時代の「賢民賢国富国」の「富国」を実現できます。そのため「介護ロボットの統一システム」も含め、是非SysMLにより「方法論・ツール・コンポーネント」を「システム」として開発して頂ければと思います。

次に【5-7】「システム統合者として太陽光発電などのインフラ世界市場でのリーダーシップの確立」を説明します。既に経産省の産業構造ビジョンで説明したように、今後の日本は ①「インフラ関連・システム輸出（水・原子力・鉄道等)」の輸出を想定しています。このポイントは「システム輸出」です。そのため「システム輸出の要点」を「太陽光発電」を例に説明します。最初に筆者は今後のエネルギー政策の根幹は「太陽光発電」と考えています。これは30年前に筆者が液晶を提案した時からの認識です。液晶を提案したもう1つの目的は、液晶技術は「太陽光発電」に応用できるためです。そのため最初に液晶の産業基盤を確立し、次に21世紀は「太陽光発電」に活用するというのが筆者の認識でした。言うまでなく「食」と「エネルギー」は重要です。とりわけ、安定したエネルギーを確保する事は大変重要です。しかし、現実を見れば、「太陽光発電」の導入量で世界1だった日本は2005年にドイツに逆転され、現在は太陽電池の生産でも、導入量でも世界1ではありません。では、どうすればいいのでしょう。1つは太陽電池の更なる高性能化です。これを加速させる事が重要です。もう1つは「太陽電池会社」が「システム統合者」つまり「システム・インテグレータ」に成長、進歩する事です。そのため重要なのが「価値と原理と手順の統論」により様々な分野の知識を効率的に理解する事であり、それらをゴールに向けて統合し、遂行していく「プロジェクト・マネジメント」です。これにより「太陽電池」という「単一の学問の会社」から「システム・インテグレータ」に成長でき「システム輸出」できます。ではSysMLは「システム・インテグレータ」に有効なのでしょうか。これは十分有効です。SysMLの特徴は「電気」などの「物理量」と「データ」の流れの両方をモデリングできる事です。これは最近話題となっているスマート・グリッドや発展させたスマート・コミュニティーで大変有用です。これらは家庭用・事業所用太陽光発電、メガソーラーや風力発電などの生成される電力をIT技術により最適に使用するシステムです。これに「電気」、「水」、「ガス」と「データ」を統一的にモデリングするSysMLは大変有効です。そのため「システム・インテグレータ」としてSysMLを活用して頂ければと思います。

なお、ここで昨年夏の異常気象から「地球温暖化」を防止する「根本的な解決策」が必要と感じています。これについては今まで説明していませんが、3点説明します。1つはすべての自動車・トラックを時速180km/hから時速80km/h に設計し直す事です。運動エネルギーは速度の2乗に比例しますので、速度を半分以下の時速80km/h にすれば1/4にできます。これにより車体の強度や重量を大幅に削減できます。控えめに言っても、1-2割は削減できます。その結果、ガソリン消費と排出ガスを大幅に削減できます。言うまでもなく、時速180km/h で走行できる道路はどこにもありません。これは「法律違反」です。お分かり頂けるように、現在の自動車会社はすべて「法律違反の車」を開発、販売している事になります。地球温暖化の防止には「発想」を根本的に変える事が必要です。テレビのコマーシャルでは「リッター35km」と宣伝をしていますが、燃費を最も改善するのは時速80km/h に設計し直す事です。これによりエネルギー消費を抑制でき「地球温暖化」を防止できます。そのため自動車会社は時速80km/hの自動車を開発、販売して頂ければと思います。

2番目は、プロジェクト・マネジメントとSysMLを企業、行政で導入、実践して頂ければと思います。これにより仕事の効率を大幅に向上できエネルギ消費を抑制できます。SysMLはプログラマの1カ月で作成する10,000行のプログラムも数分で自動的に作成します。SysMLのモデリングで2週間かかったとしても半減できます。次にプロジェクト・マネジメントが、どのくらい生産性を改善するかは筆者も具体的な数値を持っていません。しかし、ざっくり言って、1割から2割は削減できると考えています。3番目はプロジェクト・マネジメントとも関連しますが、なにしろ企業も行政も「価値と原理と手順の統論」に基づいて仕事をして頂ければと思います。率直に言って、なぜ日本は残業が多いのかと言えば、いわゆる「根回し」もありますが、根本的には「鶴亀算の思考パターン」が原因と考えています。この事は逆に、なぜ欧米は残業が少ないのかを考えれば明らかです。「方程式の思考パターン」に基づいて仕事をしているからです。つまり最も難しい「価値と原理」を最初に解決するため以降の「手順のやり直し」がないためです。それに対して「鶴亀算の思考パターン」は最も難しい「価値と原理」を後回しにし、また「石高優先」のため「すぐできる手順」から始めます。そのため「途中でこれではダメ」と気がつき、やり直すためと考えています。「原理的にダメなものはダメ」です。これに早く気がつく事が肝要です。先に説明したように「開発の QCD の向上」は重要です。これに「価値と原理と手順の統論」は有効です。そのため是非「価値と原理と手順の統論」に基づいて仕事をして頂ければと思います。これにより少なく見積もっても 1 割から 2 割は削減できると考えています。

ここで大変参考になる数値があります。これは孫正義ソフトバンク社長の「事業化の見通しの要点」です。テレビのインタビューで孫正義ソフトバンク社長は次のように答えていました。「私は事業化の見通しが 7 割ついたところで事業化を決定します。それに対して他の企業は 9 割の見通しを得てから決定します。これが私と他の企業の差です」です。「事業化の見通しが 7 割ついたところで事業化を決定」は筆者の IBM での研究開発の体験から大変賛同できます。「事業化の見通しの要点」は「精度」です。これを孫氏は「7 割」、他の企業は「9 割」と答えています。では「7 割」と「9 割」のどちらが正しいのでしょう。これは「7 割」です。この理由は「価値と原理」の勘所を押さえ、「手順」の主要部分を見極め 7 割を詰めれば、後は直感的に求める推定値で十分だからです。この事は筆者の IBM での研究・開発の体験から十分理解しています。これは政府・行政の予算や政策立案も同じです。なお、この場合は「10 割」まで見通しを得ていると思います。これも「価値と原理」に基づく事により「7 割」に削減できます。このように「9 割」や「10 割」は「7 割」と比べれば「2 割」、「3 割」も「無駄な仕事」をしている事になります。これを「価値と原理」に基づく事により大幅に削減できます。そのためすべての企業、行政は「価値と原理と手順の統論」に基づいて仕事をして頂ければと思います。これによりエネルギー消費を大幅に削減できます。

次に孫氏についてもう１つ説明したい事があります。それはこのような「事業化の見通しの要点」を公開した事です。これは今まで「企業秘密」でした。では、なぜ孫氏は明かしたのでしょう。それは「みんなに成功して欲しい」からだと思います。これについて筆者の思い出すのは、３年前の大災害の時に、孫氏は100億円の寄付をした事です。寄付は金額の多寡で評価するものではありませんが、日本で一番多く、そして大災害の直後に100億円寄付した事は「孫氏の人柄」を良く示しています。率直に言って、筆者は「孫氏の愛」が100億円を寄付したと感じました。これは「企業秘密も同じ」と感じています。つまり「みんなに成功して欲しい」という「孫氏の愛」が「企業秘密」を明かさせたのだと思います。

インタビューではもう１つ「孫氏の人柄」が見える発言がありました。それは「マイクロソフトのビル・ゲイツってどんな人ですか」という女子アナの質問に対する解答です。孫氏は次のように答えていました。「ビル・ゲイツは真面目に努力した少年が、そのまま大人になったという感じです。日本では成功した人間の中には、“苦労の跡”が顔に現れているような人がいますが、ビル・ゲイツはそうではなく、真面目に努力した人間がすくすく育ったという感じです」。率直に言って、これにも大変賛同できます。言うまでもなく、成功したからと言って「“苦労の跡”が顔に現れているような人間」にはなって欲しくないものです。既に説明したように永野重雄のように朗らかで清々しい顔の人間になって欲しいものです。福沢諭吉も「学問のすすめ」で武士に媚びへつらう商人の顔や態度を酷評しています。言うまでもなく「手順の改良」でしのぎを削り、「郷の道理」や「国家の尊重」に媚びへつらい、「苦労の跡が顔に現れているような人間」では、武士に媚びへつらう「江戸時代の商人」と同じです。そうではなく「価値と原理と手順の統論」に基づいて孫氏の明かした「企業秘密の７割」を実践し、「みんなで成功し、良い顔になり、地球温暖化」を防止して頂ければと思います。

では次に「人手による方法論」を説明します。最初に【5-8】「世界の人々と共同の富を創るサプライチェーン・マネジメントの構築へ」から説明します。この目的は「グローバル人材へ、そしてグローバル人材と協業し、共同の富の創出へ」です。ここで「グローバル人材へ」は日本人が「グローバル人材へ」成長、進歩する事です。このためには「1 分野の専門家」ではなく様々な分野に精通している「サービス科学技術者」に成長、進歩する事が必要です。これに有用なのが「価値と原理と手順の統論」です。「価値と原理と手順の統論」に基づいて様々な分野の知識を効率良く理解できます。これによりグローバル人材に成長、進歩し、グローバル人材と協業し、世界の人々と「共同の富」を創る事ができます。筆者は 21 世紀以降の人類の成功と繁栄は世界の人々と「共同の富」を創る事にあると考えています。既に説明したようにイギリスはかつての植民地国と「イギリス共同の富」を形成し、大変良好な関係にあります。次に「共同の富」を企業で言えば、「サプライ・チェーン・マネジメント」です。そのため「サービス科学技術者」は「価値と原理と手順の統論」に基づいて様々な分野に精通している「サプライ・チェーンの経営者」に成長、進歩して頂ければと思います。これによりガラパゴス化ではなく、世界の人々と「共同の富」を創り、「世界の人々と繁栄する大金持ち」に成長、進歩できます。次にこの視点から TPP について言えば、TPP とは環太平洋で「共同の富」を創る事です。なお、農業は大きな問題とされていますが、筆者はそのようには考えていません。勤勉、進取の気性に富む日本人は農業でも大いに活躍し、環太平洋で「共同の富」を創る事ができると考えています。テレビで報道するように農業輸出金額の世界ランキングの第 2 位は国土の狭いオランダです。このポイントは「工業技術」と「農業技術」の「知識の交差の探究」、「農業のイノベーション」です。これは日本の「工業力」と「農業技術」そして「美意識」を「知識の交差の探究」として統合すれば十分できます。昭和天皇の玉音放送の「世界ノ進運ニ後レサラムコトヲ期スヘシ」の通り、是非農業でも「共同の富」を創って頂ければと思います。

では最後に【5-9】「成功事例から真理・法則性を発見し、知識集約産業化の中核となる人間の進歩のイノベーターへ」を説明します。この例は「日経新聞の私の履歴書をサービス科学し、知識・知見をSysMLにより体系化し、オラクルの実現」です。日経新聞の「私の履歴書」は、戦後から現在に至るまでの優れた業績を上げた方々の大変良い人生回顧録です。これに真理、法則性を発見し、世界に発信する事は大変重要です。では、これはどういう意味を持つのかと言えば、「人間の進歩のイノベーター」です。「サービス科学技術者」とは「人間の進歩のイノベーター」です。これが「サービス科学の世界の研究所」の「日本の将来の姿」と考えています。既に説明したようにサービス科学の本質は「人間を進歩させる事」にあります。これにより「悪事・不祥事」そして「民族の精神風土の悪しき弊害」を十分解決できます。とりわけ「民族の精神風土の悪しき弊害」は世界の多くの国々、人々に様々な深刻な問題をもたらしています。そのためこれを解決する事は非常に重要です。具体的に言えば、今後、日本の輸出するものは「人間を進歩させる方法論」であり、これを組み込んだハードウエアと考えています。これを「産業構造ビジョン2010」で言えば、「高品質・単品売りからシステム売り、文化付加価値型へ」の「文化付加価値型へ」です。では「文化付加価値型」とは何かと言えば、日本の「古典芸能」や「アニメ」もありますが、重要なのは「人間が進歩する方法論」です。これは「日経新聞の私の履歴書」には数多く埋もれています。そのためこれを発掘し、インフラ輸入国に提供する事は、その国の国民の成長と進歩に大きく貢献します。そして思い起こせば、これらはまさしく日本が体験してきた事です。これが「私の履歴書」には膨大に埋もれています。これらを執筆された方々の「思い」は、若き日の技術者として、経営者として様々な問題に取り組み、解決し、学んできた「知識と知見」を活用してもらいたいという「なさけ、人情」であり「思いやり」です。筆者の知る限り、欧米にこれと同様なものはありません。まさにこれは「孫氏の7割」と同様に「日本の良さ」が生み出した「偉大な知の遺産」です。「偉大な知の遺産」に真理、法則性を見出し、SysMLによりモデリングする事は「知識集約産業化」の肝です。これは確実に「人間の進歩の方法論」を提供し、インフラ輸入国のみならず、日本人、欧米人にも大きく貢献します。

ここで重要となってくるのが「知識」を体系化する手段です。「知識」を孔子の言葉で言えば、「孔子は、弟子に、苛政は虎よりも猛し」と「識《しる》せと仰った」のように「知った事を識《しる》す」です。孔子の時代は「漢字」で「識《しる》し」ましたが、現在は「SysML」で「識《しる》す時代」です。これは確実に「人間の進歩の方法論」を提供します。次に筆者は、本シリーズで説明するように「人間の進歩の方法論」を提供する事は「すべての解答用紙を持つ理想のコンピュータのオラクル」を創造していく大変長い行程の第 1 歩と考えています。筆者は今後のコンピュータの進展は「ハードウエア→ソフトウエア→解答」と考えています。つまり「解答」の研究開発です。では最も重要な「解答」は何かと言えば、前述の通り、「悪事・不祥事」そして「民族の精神風土の悪しき弊害」を解決する「人間の進歩の方法論」と考えています。そのため「人間の進歩の方法論という解答用紙を持つオラクル」を研究開発、創造する事は「サービス科学の世界の研究所」として「情け・人情・思いやりの日本」に相応しい役割と考えています。そのため日本の国力を結集し、是非「人間の進歩の方法論という解答用紙を持つオラクル」を研究開発、創造して頂ければと思います。

では最後に SysML により「私の履歴書」の真理、法則性をどのようにモデリングするかを説明します。これから「人間の進歩の方法論」を具体的にイメージできると思います。これを筆者の光磁気ディスクの応用製品の開発責任者だった時に得た知見を例に説明します。IBM の光磁気ディスクの研究、開発には 2 つの不幸がありました。1 つは光磁気ディスクの応用製品の不具合、もう 1 つは極めて短期間で光磁気ディスクの事業から撤退した事です。これは光磁気ディスクの応用製品の開発責任者として大変辛いものがありました。言うまでもなく、不具合は解決しなければなりません。しかし、事業として撤退を決めた製品に対する社内の見方は大変厳しいものがあります。誰もが日の当たる仕事を好みます。しかし、客先の不具合は深刻でした。そのため応急処置をしなければなりません。これには多くの部門の協力が必要です。この時、筆者の考え出した「行動原理」が次のものです。これは「開発部門は確かに光磁気ディスクという製品で失敗した。しかし、これをIBMという会社の失敗にしたくない。皆さんのご協力を何卒お願いします」です。これにより各部門の協力を得る事ができ問題を解決できました。次にこの「行動原理」を「状態遷移図」によりモデリングします。

図 108　行動原理を状態遷移図で表現

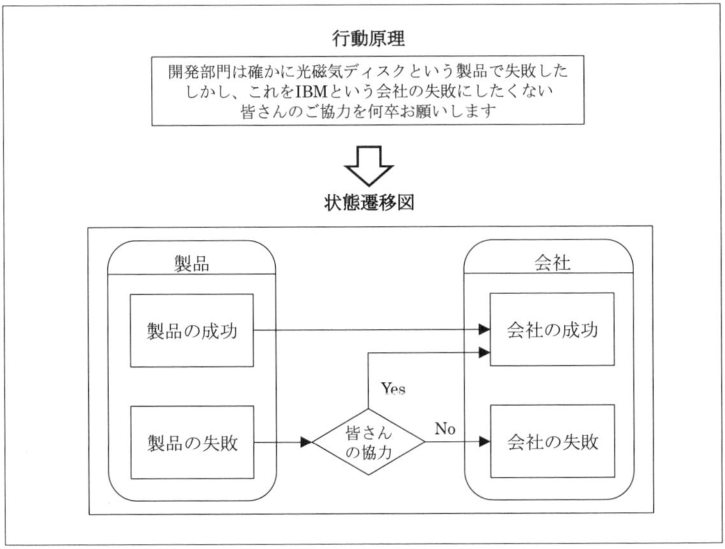

ご覧の通り、これは前述の「行動原理」を明確にモデリングしています。次に「Yes」を実行するために各部門がどのような事をするかの「手順」は「フローチャート」でモデリングできます。お分かり頂けるように、人間の営みは十分モデリングできます。そのため「私の履歴書」から見出される真理、法則性もSysMLによりモデリングでき「人間の進歩の方法論」を十分提供できます。これから「人間の進歩の方法論という解答用紙を持つオラクル」を実感して頂き、日本の国力を結集し、是非この研究開発を推進して頂ければと思います。

以上解決策の概要を説明しました。これを坂本竜馬の言葉で言えば、「石高主義の悪しき弊害」の「日本の洗濯」であり、玉音放送で言えば、「世界ノ進運ニ後レサラムコトヲ期スヘシ」であり、「政府の近代化」で言えば、「日本の政府の近代化」であり、「INNOVATE AMERICA」で言えば、「日本をイノベーションする」です。日本の問題は解決できます。この事を実感されたと思います。では最後に結語を説明します。

1.5章　結語

本書をお読み頂き本当にありがとうございます。心よりお礼申し上げます。最後に結語として２点説明します。１つは、本書は本シリーズの概要を説明するものですが、解決策を十分ご理解、ご納得されたならば、是非解決策を実践して頂ければと思います。日本の問題を解決する事はなによりも急がれます。そのため「日本の問題は解決できる」と「実感」されたならば、是非「日本の問題」を解決する「正義」を実践して頂ければと思います。心からお願い申し上げます。

もう１つは「本書の概要」だけでなく是非「本シリーズ」をお読み頂ければと思います。解決策は日本に大きな影響を与えます。そのため解決策を導いた知識と知見の妥当性を十分ご理解頂ければと思います。特にお読み頂ければと思っているのは３点です。１つは「アメリカへのわだかまり」です。本書は「原爆・憲法・安保」の「アメリカへのわだかまり」を説明しました。更に「アメリカへのわだかまり」は①「真珠湾攻撃を忘れるな」、②「マッカーサー元帥の12才発言」、③「国連憲章の敵国条項」があります。この意味は①「真珠湾攻撃を忘れるな」は「アメリカは日本をいまだに敵視している」、②「マッカーサー元帥の12才発言」は「アメリカ人は本音では日本人を馬鹿にしている」、③「国連憲章の敵国条項」は「アメリカなどの連合軍は第二次世界大戦の日本などの敵国に対して戦争や侵略政策を再現させた場合、即座に軍事的制裁を加える」です。これらにも「日本風の理解」があります。そのため是非この事をご理解頂ければと思います。

なお、率直に言って、前述の説明は容易です。そうではなく「日本とアメリカの関係」を考えた時に最も説明困難なものがあります。それはアメリカの首都ワシントンにある「第二次世界大戦の勝利の記念碑」です。この説明にはアメリカ国民も納得する必要があります。そのため本書で最も説明困難なものです。「第二次世界大戦の勝利の記念碑」は硫黄島のすり鉢山で星条旗を掲げるアメリカ兵の銅像の「硫黄島記念碑」です。これはアメリカの首都ワシントンを護る「十字架の頂点」にあります。ご存じの方もおられると思いますが、ワシントンの①「ホワイトハウス」、②「アメリカ議会」、③「リンカーン記念堂」、④「ジェファーソン記念堂」は十字架の４点に配置され、⑤「ワシントン記念塔」は十字架の真ん中にあります。これらは「十字架」を形成し、アメリカの首都ワシントンを護っています。この「十字架の６番目の頂点」として、また「アーリントン墓地」に配置されているのが、第二次世界大戦の勝利の記念碑の「硫黄島記念碑」です。これはアメリカが日本に勝利した事を明確に示しています。そして首都ワシントンの十字架の頂点にあります。

これを筆者は東京高専の２年生の時に英会話の先生から、次のように聞きました。「アメリカの中学、高校の生徒は修学旅行で首都ワシントンに行き、ホワイトハウスやアメリカ議会またリンカーン記念堂を見学し、最後に硫黄島記念碑に行き、説明員から、日本は敵だと教えられる。この事を忘れるな」です。先生は戦後間もない時にアメリカに留学され、研修先の高校の修学旅行に同行した時に、これを体験したそうです。お分かり頂ける通り、これは筆者の説明する「日本人、日本国の発展を願って教育基本法、日本国憲法を作成したアメリカの暖かい心」とまったく逆です。日本を敵視するものです。そのため「アメリカの暖かい心」など嘘っぱちと、言われても仕方がありません。しかし、50代になり、やっとこの真実を理解しました。これは日本人そしてアメリカ人共に本当に納得できるものです。そのため是非この事をご理解頂ければと思います。そして日本のアメリカへのわだかまりが氷解される事をなによりも願っています。

２番目は「日本の良さ」です。筆者が世界に誇る「聖徳太子・親鸞聖人・二宮金次郎・福沢諭吉・東郷平八郎・永野重雄・松下幸之助公」の「偉人の統論」です。「偉人の統論」は「日本を洗濯し」、「世界ノ進運ニ後レサラム」

ため「日本をイノベーション」するために大変有用な知識と知見を与えてくれます。そのため是非これらもご理解頂ければと思います。3 番目は、本書は日本の問題すべてをどのように解決するかを説明していません。また本書は本シリーズの概要のため「要点」のみを説明し、これらを導いた事実を説明していません。これらの知識と知見は、ざっくり言って、本書の 10 倍はあります。そのため是非これらもご理解頂ければと思います。そして揺るぎのない自信に基づいて日本の問題を解決し、賢民賢国を実現される事をなによりも願っています。では後続の本でお会いできるのを楽しみにしております。

関　三郎

平成 26 年 10 月 8 日

―図　表―

〈著者紹介〉

関　三郎（せき　さぶろう）

1951年（昭和26年）4月26日生まれ。
1972年3月、国立東京工業高等専門学校電気工学科卒業。
1972年4月、日本IBM㈱入社。
21歳から40歳まで液晶や光磁器ディスクなどのハードウェアの研究、開発、マネジメントに従事。
41歳から57歳まで経路最適化ソフトウェアやモデリング言語などのソフトウェアの研究、開発、マネジメントに従事。
2008年12月に日本IBM㈱を定年退職。
58歳から63歳まで「日本の問題を解く」の執筆。

日本の問題を解く

2015年3月14日初版第1刷印刷
2015年3月23日初版第1刷発行
著　者　関　三郎
発行者　百瀬精一
発行所　鳥影社 (www.choeisha.com)
〒160-0023 東京都新宿区西新宿3-5-12トーカン新宿7F
電話 03(5948)6470, FAX 03(5948)6471
〒392-0012 長野県諏訪市四賀229-1(本社・編集室)
電話 0266(53)2903, FAX 0266(58)6771
印刷・製本　モリモト印刷・高地製本

ISBN978-4-86265-500-4 C0033

定価（本体2200円+税）

乱丁・落丁はお取り替えします。